Veröffentlichungen der Vereinigung der Deutschen Staatsrechtslehrer

Heft 28

Richard Bäumlin und Ernst-Wolfgang Böckenförde

Das Grundrecht der Gewissensfreiheit

Wilhelm Henke und Wolfgang Rüfner

Die Rechtsformen der sozialen Sicherung und das Allgemeine Verwaltungsrecht

Berichte und Diskussionen
auf der Tagung der Vereinigung der Deutschen Staatsrechtslehrer
in Bern am 2. und 3. Oktober 1969

Berlin 1970

Walter de Gruyter & Co.

vormals G. J. Göschen'sche Verlagshandlung / J. Guttentag, Verlagsbuchhandlung / Georg Reimer / Karl J. Trübner / Veit & Comp.

Archiv-Nr. 2 489 701

Satz und Druck: Thormann & Goetsch, Berlin

Inhalt

Jahrestagung 1969

In den Tagen vom 1.—4. Oktober 1969 fand zum ersten Male eine Jahrestagung der Vereinigung der Deutschen Staatsrechtslehrer in der Schweiz, und zwar in der eidgenössischen Bundeshauptstadt Bern statt. Der Vorsitzende, Herr Friesenhahn, konnte bei dieser Tagung nicht nur eine ungewöhnlich große Anzahl von Mitgliedern, sondern auch eine Anzahl von weiteren Schweizer Kollegen als Gäste begrüßen; auch waren außer den Vertretern der deutschen Fachzeitschriften, die als ständige Gäste an den Tagungen der Vereinigung teilnehmen, Vertreter von Schweizer Fachzeitschriften erschienen. Der Vorsitzende sprach den Berner Kollegen und ihren Damen, an der Spitze Herrn Professor Hans Huber und seiner Gattin, den herzlichen Dank der Teilnehmer und ihrer Damen für die überaus sorgfältige Vorbereitung der Tagung aus, die einen reibungslosen Verlauf nahm und in angenehmster Atmosphäre stattfand.

Bei einem Empfang in der Rathaushalle wurden die Teilnehmer von dem Regierungspräsidenten des Kantons Bern begrüßt. Die Rechts- und Wirtschaftswissenschaftliche Fakultät der Universität Bern gab den Teilnehmern und ihren Damen einen glanzvollen Empfang im Hotel Bellevue-Palace. Bei diesen Gelegenheiten konnte der Vorsitzende den Dank der Vereinigung für die gastfreundliche Aufnahme durch die Schweizer Behörden und die Berner Fakultät zum Ausdruck bringen.

In der Mitgliederversammlung wurde der seit der letzten Jahrestagung verstorbenen Mitglieder Hermann Mirbt, Max Imboden, Friedrich Warncke und Heinrich Herrfahrdt gedacht und dabei besonders hervorgehoben, daß Max Imboden zusammen mit Hans Huber als erste Schweizer Staatsrechtslehrer im Jahre 1958 der Vereinigung als Mitglieder beigetreten sind und Max Imboden sich in besonderer Weise bemüht hatte, die Vereinigung zu einer Jahrestagung in die Schweiz einzuladen. Die seit der letzten Jahrestagung neu aufgenommenen 18 Mitglieder konnten bis auf einen, der durch Krankheit verhindert war, der Versammlung vorgestellt werden.

Die nachstehend abgedruckten Referate wurden am 2. und 3. Oktober im Großen Hörsaal des Instituts für exakte Wissenschaften der Universität Bern gehalten. An sie schlossen sich jeweils die Aussprachen an.

Erster Beratungsgegenstand:

Das Grundrecht der Gewissensfreiheit

1. Bericht von Professor Dr. Richard *Bäumlin*, Bern

1. Einleitung

„Gewissensfreiheit" betrifft den Kernbereich der geistig-sittlichen Person. Dem wird jedermann beipflichten. Allein, Einigkeit in allzu allgemeinen Aussagen ist selten verläßlich. Der an den Anfang gestellte Satz enthält unbekannte Größen gerade in den Begriffen der „Freiheit" und des „Gewissens".

Soviel kann zu Beginn gesagt werden, daß Gewissen*phänomene* einen Konflikt von Maßstäben anzeigen, eine Spannung zwischen den Richtigkeitsvorstellungen des einzelnen und denjenigen, die im Namen des sozialen Ganzen vertreten und in Recht und Politik geltend gemacht werden. Im Gewissensphänomen kommt eine Verunsicherung des einzelnen in seinem Verhältnis zu Staat und Gesellschaft zum Ausdruck. Individuum und soziales Ganzes sind nicht in Deckungsgleichheit, sondern wechselseitig in Frage gestellt.

Mit dieser Umschreibung des Gewissensphänomens ist gewiß keine Definition des Gewissens*begriffs* vermittelt. Doch wäre es zum vorherein unzulässig, mit einer Gewissensdefinition zu beginnen, aus welcher nachträglich bestimmte verfassungsrechtliche Ergebnisse abgeleitet würden. Denn den *einen* vorjuristischen Gewissensbegriff gibt es nicht. Ist dem einen das Gewissen die „Stimme Gottes in uns" oder die „Stimme des besseren Ich", erörtert die Psychoanalyse die Gewissensphänomene unter dem Titel des „Über-Ich", während bestimmten soziologischen Richtungen das Ich als Produkt der Umstände erscheint. Diese Übersicht soll nicht weiter ergänzt werden. Es genüge die Feststellung, auch der Jurist habe die von einem Theologen getroffene Feststellung zu beachten: „Sage mir, wie du das menschliche Gewissen definierst, und ich sage dir, von welcher theologischen oder philosophischen Anthropologie du herkommst"[1]).

---

[1]) *Ch. Maurer*, Glaubensverbindung und Gewissensfreiheit im N. T., Theol. Zeitschr. Jg. 17, 1961, S. 109; zur Begriffsgeschichte *Johannes Stelzenberger*, Syneidesis, conscientia, Gewissen, Abh. z. Moraltheologie, V, Paderborn 1963.

Ist aber, wenn nicht ein philosophischer, theologischer oder psychologischer, so doch ein *juristischer* Gewissensbegriff vorweg zu klären? Gewiß geht es bei der Vokabel „Gewissen“ wie bei anderen, dem außerrechtlichen Sprachgebrauch entliehenen Wörtern darum, eine spezifisch juristische Bedeutung zu umgrenzen. Doch kann gerade auch der rechtswissenschaftliche Gehalt des Gewissensbegriffs nicht *vor* der Erörterung der konkreten mit dem Gewissensphänomen zusammenhängenden Fragen bestimmt werden. Der juristische Gehalt des Begriffs wird *Ergebnis* der anzustellenden Überlegungen sein und kann nicht — diesen zum voraus — irgendwoher deduziert werden. Dies doch zu versuchen hieße, juristischen Begriffsrealismus zu betreiben.

Dagegen ist noch eine Unterscheidung einzuführen, auf die im folgenden verschiedentlich zurückgegriffen werden soll. Es sind auseinanderzuhalten 1. *„die Sache Gewissensfreiheit“* als Freiheit der geistig-sittlichen Person und 2. das *„Grundrecht der Gewissensfreiheit“* im Sinne eines verfassungsmäßigen Rechts einer bestimmten Rechtsordnung. „Die Sache Gewissensfreiheit“ ist über verschiedene Grundrechte gewährleistet, wobei die Schutzfunktion, die speziell dem „Grundrecht der Gewissensfreiheit“ verbleibt, von Verfassung zu Verfassung verschieden ist.

2. „Gewissensfreiheit“ als Äußerung einer staats- und rechtstheoretischen Gesamtkonzeption.

Jede Theorie der Freiheitsrechte im allgemeinen und der Gewissensfreiheit im besonderen ist mit bestimmten staatstheoretischen Voraussetzungen verknüpft, handle es sich bei diesen nun um unkritisch eingesetzte Vorverständnisse oder um bewußtgemachte und geklärte Positionen. Im folgenden soll dies an drei — im Sinne von Typen — verstandenen Modellen näher erläutert werden.

2.1 Absolutistisches Staatsmodell — Privatisierte Freiheit

Freiheit ist oft als Begrenzung der Macht eines der bürgerlichen Freiheit logisch-systematisch *vorgegebenen „Staatswesens“* verstanden worden. Der Staat erscheint dabei als mythisch, zweckrational oder wie immer sonst begründete, der „Gesellschaft“ selbständig gegenübertretende oberste Macht, die Gewissensfreiheit aber als der im Interesse des Individuums ausgesparte, jedoch unpolitische Raum des geistig-sittlichen Individuums.

Diese Sicht wird etwa durch *Thomas Hobbes* repräsentiert. Man hat diesen in neuerer Zeit zwar als liberalen Denker zu deuten versucht. Nicht preiszugeben ist die Hobbes’sche Beschränkung des Staates auf eine säkulare *salus publica.* Doch ist die Grenze eines liberalen Denkens im Sinne Hobbes deutlich. Die bürgerliche Freiheit ist unpolitisch, d. h. für den Prozeß des staatlich-politischen Lebens nicht konstitutiv. Im Unterwerfungsvertrag entäußern sich die Bürger ihrer politischen Existenz; sie „übertragen" diese auf den „Großen Leviathan". Es gilt fortan eine typische doppelte Anthropologie: einerseits für die Überperson Staat und die Inhaber der Staatsgewalt, andererseits für die Untertanen. Jene gebieten als die Zuständigen über Recht und Politik. Diesen wird in bezug auf den Bereich des staatlichen Lebens die Mahnung zuteil: „Von dem Baume der Erkenntnis des Guten und Bösen sollst du nicht essen"[2]). Zwar heißt es: „Jede Handlung gegen das Gewissen ist eine Sünde". Doch wird hinzugefügt: „Wenn ich auf Befehl etwas tue, was für den Befehlenden eine Sünde ist, so begehe ich, wenn ich es tue, keine Sünde, sofern der Gebieter mein Herr von Rechts wegen ist"[3]). Das individuelle Gewissen wird also zunächst maximal anerkannt. Zugleich wird ihm aber gesagt, seinen Entscheidungen könne politische Relevanz nicht zukommen. Denn „von den Lehren, welche zum Aufruhr reizen, ist die erste, daß das Urteil über das Gute und Schlechte jedem einzelnen zustehe"[4]). Der Konflikt zwischen individuellem und sozialen, d. h. durch den Staat repräsentierten, Gewissen wird in der Weise prinzipiell zu lösen gesucht, daß das individuelle Gewissen als unmaßgeblich gilt. Individuelles Gewissen und „Staatsräson" als „soziales Gewissen" sind grundsätzlich getrennt, damit aber beide — wenigstens virtuell — hypostasiert, zu absolut gesetzten Größen dämonisiert.

Eine vergleichbare Konzeption findet sich etwa in der staatskirchenrechtlichen Theorie des rationalen Territorialismus, z. B. eines *Pufendorf* oder *Thomasius.* Hier ist der Staat auf den Dienst an einer säkular verstandenen *salus publica* oder *beatitudo civilis externa* beschränkt und kann darum individuelle Glaubensfreiheit gewähren, die gerade auch im säkularen öffentlichen Interesse liegt. Zugleich wird aber die Herrschaft des Staates über die Kirche als rechtliche Institution mit Schärfe betont und die Freiheit verflüchtigt sich ins Private und Spirituelle[5]).

Die skizzierte Konzeption der Staatstheorie als Theorie des überragenden „Staatswesens", verbunden mit einem unpoli-

---

[2]) Lehre vom Menschen und vom Bürger, Ausg. Meiner 1918, S. 200.

[3]) AaO. S. 215, vgl. auch Leviathan, Philosophie der Neuzeit, Bd. 6, 1965, S. 250.

[4]) Lehre vom Menschen und vom Bürger, aaO.

[5]) Vgl. dazu etwa *Klaus Schlaich,* Der rationale Territorialismus, ZRG 85, kan. Abt. 54, 1968, S. 269 ff.

tischen Verständnis der Freiheit, setzt ihre Tradition bis in die Gegenwart fort. In ihren Bannkreis gehört zumal das Staatsmodell des juristischen Positivismus, weiter etwa die Entgegensetzung von „Gesinnungsethik" und „Erfolgsethik" im Sinne *Max Webers*[6]). Und die erwähnte Entgegensetzung der je dämonisierten Mächte des Individuellen und des Sozialen findet sich selbst bei *Hermann Heller*, der das sittliche, auf Heldentum verwiesene Rechtsbewußtsein des einzelnen und die der Dämonie der Macht verhaftete staatliche Rechtsverwirklichung in einem tragischen Konflikt sah[7]). Doch ist dem nicht mehr weiter nachzugehen. Vermerkt sei bloß noch, daß — etwa im Gefolge der Romantik und der nationalistischen Ideologien — die Hobbes'sche Beschränkung des Staatszweckes teils wieder aufgegeben worden ist, womit die bisher erwähnte Traditionslinie in die Nähe der sogleich zu erörternden Identitätsideologie rücken konnte.

2.2 Identitäre Gesellschaft (oder „Gemeinschaft") — Gewissensfreiheit als Teilhabe am richtigen „sozialen" Gewissen.

Der Mythos der identitären Gesellschaft oder Gemeinschaft sucht den Konflikt zwischen Person und sozialem Ganzen durch Identifikation der richtig verstandenen Individualperson mit der Sozialperson des Menschen total zu lösen. Individuelles und soziales Gewissen sind identifiziert. Nach der nationalsozialistischen Theorie der Grundrechte besteht die Freiheit „darin, daß der Einzelne sich seiner Bindungen an die völkische Gemeinschaft voll bewußt ist und aus dieser Geisteshaltung am Aufbau und der Gestaltung der Gemeinschaft teilnimmt"[8]. Und ganz ähnlich wird in der „sozialistischen" Gesellschaft nach „Überwindung aller Klassengegensätze" die Freiheit zur „Einbeziehung jedes einzelnen in die sozialistische Gesellschafts- und Staatsordnung . . ."[9]). Speziell in bezug auf die Gewissensfreiheit heißt es dann, es gehe bei ihr um die „volle Freiheit zur Aufklärung des Volkes, um den Bürgern zu helfen, richtige, wissenschaftlich fundierte Anschauungen über alle Gesetze und Erscheinungen in Natur und Gesellschaft zu erhalten"[10]). In der Identifikation mit dem sozialen Ganzen soll also das individuelle Gewissen zu sich selber kommen.

---

[6]) Politik als Beruf, 3. Aufl. 1958, S. 57 ff.

[7]) Staatslehre, S. 227; vgl. dazu *Wolfgang Schluchter*, Entscheidung für den sozialen Rechtsstaat, 1968, S. 203 f.

[8]) *O. Koellreutter*, Deutsches Verfassungsrecht, 3. Aufl. 1938, S. 90.

[9]) *W. Büchner-Uhder*, Sozialistische Menschenrechte in der DDR, 1968, S. 9.

[10]) *F. Noack*, Die Grundrechte und Grundpflichten der Bürger der DDR, 1954, S. 70; zit. bei *H. Scholler*, Die Freiheit des Gewissens, Berlin 1958, S. 106 f. Vgl. auch *A. F. Schischkin*, Grundlagen der marxistischen Ethik, Berlin 1964, S. 425 ff.

Eine breitere Übersicht über die verschiedenen Zweige der Identitätsideologie kann hier nicht angestrebt werden. Vor dem Marxismus hat sie in französischen Varianten einer Ideologie der Demokratie und der Nation Gestalt gefunden. Offensichtlich ist sie heute in der Ideologie der „Neuen Linken" lebendig, nur daß hier anstelle des Gewissensbegriffs meist die Vokabel des „Bewußtseins" steht. Der einzelne wird insoweit zum „mündigen" Menschen, als es ihm gelingt, sich auf die Stufe des rationalen vorurteilslosen, nichtkorrumpierten Bewußtseins zu erheben, welches — gleich wie das sozialistische Gewissen im Marxismus — durch eine Avantgarde der Wissenden repräsentiert wird. Daß Theorien der erhabenen Staatlichkeit und linksradikale Ideologien einander immer wieder wechselseitig rufen, sei nur nebenbei vermerkt.

2.3 Rechtsstaatliches Gemeinwesen und Gewissensfreiheit

Eine Staats- und Rechtstheorie des „rechtsstaatlichen Gemeinwesens" begreift den Staat als Funktion der Gesellschaft und nicht als ein verselbständigt in sich ruhendes Gegenüber zu dieser[11]). Sie geht also — um Begriffe der anglo-amerikanischen Tradition zu übernehmen — von der *civil society* aus, wobei sich die *political society* von dieser bloß insoweit unterscheiden läßt, als man sagen kann, die political society meine die civil society im Hinblick auf eine bestimmte Funktion, nämlich die Verwirklichung der Regeln und Gemeinschaftsaufgaben, die für den geordneten Zustand der Gesellschaft als unerläßlich gelten.

Der Unterschied gegenüber der Hobbes'schen Sicht ergibt sich aus der Grundthese, daß was alle angeht, nur alle lösen können. Dagegen steht gerade auch die hier gemeinte Traditionslinie der Staats- und Rechtslehre hinsichtlich der Aufgabe auf dem gleichen Boden wie *Hobbes*. Der Staat ist auf eine säkulare Aufgabe beschränkt. Um mit *Locke* zu reden: die bürgerlichen Interessen und nicht das Seelenheil sind Gegenstand des Staates. Ein Entscheid über spekulative weltanschauliche Fragen steht dem Magistrat nicht zu[12]).

Das rechtsstaatliche Gemeinwesen ist der Ort, wo hic et nunc praktikable, optimal begründbare Regelungen aufgestellt und

[11]) Vgl. *Horst Ehmke*, „Staat" und „Gesellschaft" als verfassungstheoretisches Problem, in: Staatsverfassung und Kirchenordnung, Festg. f. R. Smend 1962, S. 23 ff.; *Richard Bäumlin*, Der schweizerische Rechtsstaatsgedanke, Zeitschr. des bernischen Juristenvereins, Bd. 101 (1965) S. 81 ff.; *derselbe*, Artikel „Rechtsstaat", in: Evangelisches Staatslexikon, 1966, bes. Sp. 1737 ff.

[12]) *John Locke*, Ein Brief über Toleranz, Englisch-deutsch, 1957, Schriftenreihe, herausgeg. v. Institut internat. de Philosophie, I, S. 13, 81.

durchgesetzt werden, nicht aber der Ort, wo über „Wahrheit" und „Gerechtigkeit" absolut und definitiv zu entscheiden wäre. In der Auseinandersetzung mit den verschiedenen totalitären Herausforderungen hat die demokratisch-rechtsstaatliche Staatslehre gerade heute Anlaß, das Wahrheitsmoment auch der utilitaristischen Theorie — etwa eines *J. S. Mill* — aufzunehmen, statt diese immer wieder von idealistischen Voraussetzungen her schlecht zu machen, ist doch *utilitas* nichts anderes als die säkulare, geschichtliche Gerechtigkeit.

Welches ist nun die *Funktion der Grundrechte* im allgemeinen und der Gewissensfreiheit im besonderen? Freiheitsrechte sind zu verstehen als Grenze der Gemeinschaftsaufgaben. Es wird Distanz genommen von allen Modellen einer geschlossenen Gesellschaft. Die speziell auf die Freiheit der geistig-sittlichen Person bezogenen Grundrechte begrenzen die staatlichen Aufgaben auf die *utilitas* im erwähnten Sinne. Gleichzeitig gewährleisten die Grundrechte Vorbedingungen personaler Existenz, nicht nur im privaten Winkel, sondern auch im staatlich-politischen Bereich. So sind sie für die verfassungsrechtliche Struktur mitbestimmend. Der Staat, der wesentlich von der Freiheit her konstituiert ist, verzichtet auf den Versuch, seine letzten Grundlagen perfektionistisch zu sichern, und ist in diesem Sinne eine offene politische Gesellschaft.

Diese Doppelfunktion der Grundrechte, ihr negativer und positiver Aspekt, zeigt sich auch bei der Gewissensfreiheit. Sie begrenzt die staatlichen Gemeinschaftsaufgaben. Zugleich lebt die Demokratie wesentlich vom kritischen Bewußtsein ihrer Bürger, und ohne solche Freiheit kann es die spezifisch rechtsstaatlich-demokratische Legitimation des Gemeinwesens überhaupt nicht geben.

Zum Verständnis des Gewissens selber ergibt sich folgendes: weder ein subjektives, noch ein — wie immer näher verstandenes „gesellschaftliches" Gewissen darf absolut gesetzt werden. Auf den Anspruch, die Spannung zwischen Individuum und sozialem Ganzen *prinzipiell* zu lösen, ist grundsätzlich zu verzichten. Es bleibt bei einer Dialektik von Zuwendung und Distanz des einzelnen zum Staat.

Das relativ, geschichtlich Richtige, das der *utilitas* entsprechende bedarf der *Verständigung*. Darum ist alles rechtliche Handeln begründungsbedürftig. Das veranlaßt, wo immer sozial belangvolles Handeln in Frage steht, Skepsis gegenüber jeder Gewissensposition, die sich hinter dem angeblichen Selbstwert ihrer Subjektivität verschanzt.

Gerade auch die Rechtslehre hat Anlaß, davon Kenntnis zu nehmen, wie illusionär die subjektivistische Vorstellung des Gewissens wird, wenn man die Ergebnisse der empirischen Wissenschaften der Psychologie und der Soziologie in Rechnung stellt. Dem rechtsstaatlichen Gemeinwesen ist ein Gewissen zugeordnet, welches sich der ohnehin gegebenen zwischenmenschlichen Bedingtheit eines jeden Gewissensphänomens stellt und bereit ist, sich in zwischenmenschlichen Beziehungen und mit Rücksicht auf diese zu verantworten. Damit wird „Gewissen" von autistischer Verschlossenheit distanziert und wiederum als *con-scientia* verstanden. Offenheit und Kommunikation sind dem Gewissen wesentlich. Gerade auf die Gewissensfreiheit trifft der Ausspruch eines amerikanischen Richters zu, der Geist der Freiheit sei der Geist, der nicht allzu sicher sei, recht zu haben.

Zur notwendigen Entmythisierung des individuellen Gewissens gehört aber auch die Preisgabe einer üblichen antithetischen Gegenüberstellung der Gewissensfragen im Sinne von exzeptionellen Fragen, in denen sich — heideggerisch formuliert — die „Eigentlichkeit" Bahn bricht, auf der einen Seite, und den sogenannten bloßen Zweckmäßigkeits- oder Alltagsfragen, dem Bereich des „Man" auf der anderen Seite. Ort des Gewissens ist gerade auch die „schlichte Seinsweise des Menschen in der Alltäglichkeit"[13]). Gewissen meint die individuelle, der Person Kontinuität verschaffende Funktion der kritischen Vergewisserung und Verantwortung der Existenz in deren „großen" und „kleinen" Äußerungen[14]).

Wenn das rationale und als zwischenmenschliches Phänomen aufgefaßte Gewissen als Voraussetzung des funktionsfähigen Gemeinwesens verstanden wird, so heißt das nicht, daß nicht auch dem „Ganz anderen" Toleranz entgegengebracht werden könne — gerade unter dem Rechtstitel der Gewissensfreiheit, freilich unter Vorbehalt von Grenzen solcher Toleranz. Allein, die Begründung ist wichtig. Diese Toleranz kann keinesfalls die Rechtfertigung der subjektiven Position bedeuten. Sie ist nicht mehr, aber auch nicht weniger als eine Anerkennung von Grenzen der rationalen und kommunikationsfähigen Gewissensbildung. Die Teilhabe an der bürgerlichen *con-scientia* ist ihrem ganzen Wesen nach nicht erzwingbar, und das Gemeinwesen selbst kann der optimalen Vernünftigkeit seiner Ordnungen

---

[13]) So in bezug auf die Freiheit: *Wilhelm Keller,* Das Problem der Willensfreiheit, Bern 1965, S. 64.

[14]) Zum Gewissen als *Funktion* insbes. auch *N. Luhmann,* Die Gewissensfreiheit und das Gewissen, AöR 90 (1965) S. 257 ff., bes. S. 285 f.; weiter die Darlegungen über die „Gewissensfreiheit als Ermöglichung konsistenter moralischer Selbstdarstellung" bei *A. Podlech,* Das Grundrecht der Gewissensfreiheit und die besonderen Gewaltverhältnisse, Schr. z. öff. R. Bd. 92, 1969, S. 31 ff.

nie definitiv gewiß sein. Der Satz, der Geist der Freiheit sei der Geist, der nicht allzu sicher sei, recht zu haben, gilt auch für Staat und Gesellschaft als ganzes.

3. Typen der verfassungsrechtlichen Gewährleistung der Gewissensfreiheit

Unbestreitbar kam der Gewissensfreiheit bei der Entstehung der Menschenrechte eine zentrale Bedeutung zu. Die Frage, wieweit ihr oder einem umfassenderen Recht der Religionsfreiheit historisch ein ausschließlicher Primat zukomme[15]), kann hier offen gelassen werden. Die geistesgeschichtlichen und politischen Strömungen, die zur Anerkennung des Grundrechts führten, sind bekannt. *Reinhold Zippelius* hat sie in die Aspekte der Toleranz, der Selbstbestimmung, der Idee unantastbarer Menschenrechte und des Abbaus des Staatskirchentums zusammengefaßt[16]).

Im Folgenden soll bloß eine Teilfrage der Geschichte der Gewissensfreiheit mit kurzen Hinweisen erörtert werden: Das Grundrecht ist Gemeingut der modernen rechtsstaatlichen Demokratien. Doch ist es in den verschiedenen Verfassungen unterschiedlich formuliert. Die Unterschiede gehen teils auf verschieden konzipierte Verständnisse des Grundrechts zurück, teils erklären sie sich auch aus unterschiedlichen Auffassungen über die zu befolgende verfassungstechnische Regelung.

3.1 England und USA

Kennzeichnend für die verfassungsrechtliche Tradition im anglo-amerikanischen Bereich ist, daß die „Sache Gewissensfreiheit" jeweilen in allgemeinen Formulierungen gewährleistet ist, die verschiedene Äußerungen der Freiheit der geistig-sittlichen Person umfassen. Wenn das *Agreement of the People* von 1647 (Ziff. IV, 1) erklärte, „the ways of God's worship" seien jenseits aller menschlicher Gewalt, so sollten damit gleichzeitig die Beschränkung des Gemeinwesens auf säkulare Aufgaben, die Freiheit der religiösen Überzeugung, die Bekenntnisfreiheit und die Freiheit, religiöse Vereinigungen zu bilden, gewährleistet werden. *„To worship God"* mußte gerade nach calvinistischer Auffassung neben dem Denken und Empfinden auch das tätige Leben als Gegenstand der Glaubensbewährung bedeuten. Eine „Gewissensfreiheit" als Spezialgrundrecht ist nicht herausdifferenziert.

---

[15]) Vgl. den Sammelband „Zur Geschichte der Erklärung der Menschenrechte", herausgeg. von *R. Schnur*, Darmstadt 1964, ferner die Literaturübersicht bei *R. Zippelius*, Bonner Komm. Rdnr. 10 z. Art. 4.

[16]) aaO.

Der Begriff des Gewissens wird zwar verwendet, jedoch nicht zur Bezeichnung eines Grundrechtsbereichs. Vielmehr wird die Freiheit des Gewissens als Motiv für die Gewährleistung des umfassenden Rechts *„to worship God"* angeführt: *„. . . we cannot remit or exceed a tittle of what our consciences dictate to be the mind of God without wilful sin"*[17]).

Das 1. Amendment der Unionsverfassung gewährleistet in knapper Formulierung u. a. *free exercise (of religion), freedom of speech, or of the press.* Von *freedom of conscience* ist nicht die Rede; doch ist sie unzweifelhaft als in den von der Verfassung punktuell und ausdrücklich genannten Verbürgungen inbegriffen anzusehen. Insbesondere wäre *„free exercise of religion"* mit Kultusfreiheit zu eng übersetzt. Erfaßt ist grundsätzlich auch die nicht gottesdienstliche Handlung, die Freiheit, seiner Überzeugung gemäß zu leben, womit sich dann freilich die Frage nach den Schranken des so verstandenen Grundrechts stellt[18]).

Zusammenfassend ist festzustellen: Die „Sache Gewissensfreiheit" ist Grundmotiv umfassender Verbürgungen, wie „free exercise of religion". Ein spezielles Grundrecht der Gewissensfreiheit ist nicht herauskristallisiert. Die praktische Frage nach der Freiheit, gemäß seiner Überzeugung, insbesondere einer religiösen, zu handeln, ist als Frage des *„free exercise"* zu prüfen. Es fehlt jeder Verfassungsperfektionismus, sowohl in bezug auf die Systematisierung klar differenzierter Einzelrechte wie auch in bezug auf die Bestimmung der Grundrechtsschranken.

3.2 Schweiz

Die Bundesverfassung von 1848 — die erste Verfassung des schweizerischen Bundesstaates — gewährleistete in Art. 44 die „freie Ausübung der anerkannten christlichen Konfessionen im ganzen Umfange der Eidgenossenschaft". Diese Vorschrift stand geschichtlich in Kontinuität zu der in der Alten Eidgenossenschaft entwickelten konfessionellen Parität[19]). Individual-

---

[17]) Mit gleicher Reichweite gewährleistete die *Virginische* Rechteerklärung vom 12. Juni 1776 „free exercise of religion" (Art. 16), wiederum in Zusammenhang mit der Beschränkung des Staates auf säkulare Aufgaben (Art. 3). Und auch hier erscheint der Begriff „conscience" in der *Begründung* des umfassenden Rechts auf „free exercise of religion" (Art. 16).

[18]) Zur in den USA von Doktrin und Praxis (ohne einen ausdrücklichen verfassungsrechtlichen Vorbehalt) entwickelten Schrankentheorie vgl. nun *Harald K. Voss*, Meinungsfreiheit und verfassungsmäßige Ordnung, Schriften z. öff. Recht 93, 1969.

[19]) *Fritz Fleiner*, Die Entwicklung der Parität in der Schweiz, Zeitschr. f. Schweiz. Recht n. F. 20, S. 97 ff.

rechtlicher Charakter kam ihr nur in sehr geringem Maße zu.

Erst die total revidierte Bundesverfassung von 1874 sollte das Individualrecht folgerichtig verwirklichen. Art. 49 Abs. 1 BV erklärt die Glaubens- und Gewissensfreiheit als unverletzlich. Auch dieser Bestimmung kommt ein institutionell-staatskirchenrechtlicher Gehalt zu, insoweit als durch sie bisherige staatskirchliche Gestaltungen ausgeschlossen wurden[20]).

Insbesondere gewährleistet Art. 49 Abs. 1 BV aber ein Individualrecht, nämlich die integrale Glaubens- und Gewissensfreiheit für jede Religion und Weltanschauung, auch diejenige des Atheisten[21]).

Das Grundrecht schützt zunächst die innere Geistesfreiheit. Lehre und Praxis haben indessen seit jeher angenommen, daß die Glaubens- und Gewissensfreiheit auch die religiöse und weltanschauliche Meinungsäußerungsfreiheit, die Bekenntnisfreiheit und damit zugleich die Freiheit religiöser Kritik gewährleiste[22]). Obschon Art. 50 BV eine besondere Garantie der Kultusfreiheit enthält, wird jedenfalls die Freiheit des privaten Kultus auch schon aus Art. 49 BV abgeleitet. Schließlich haben Lehre und Praxis nie in Zweifel gezogen, daß in der Gewährleistung auch die *Betätigung* der Glaubens- und Gewissensfreiheit eingeschlossen ist, unter Vorbehalt der Schranken, auf die alsbald hinzuweisen sein wird. Die Glaubens- und Gewissensfreiheit meint die Freiheit der geistig-sittlichen Person im religiösen und weltanschaulichen Bereich. Zusammen mit der Pressefreiheit und der Vereinsfreiheit ist sie indessen ein Anknüpfungspunkt zur Begründung der allgemeinen Meinungsäußerungsfreiheit als ungeschriebenes, von der Verfassung vorausgesetztes Grundrecht.

„Glaubens- und Gewissensfreiheit" ist in der Schweiz immer als Gesamtbezeichnung verwendet worden und deckt einen weiten Grundrechtsbereich, der etwa demjenigen entspricht, der in den USA mit „free exercise of religion" bezeichnet wird. Man

---

[20]) Art. 49 Abs. 4 BV hält ausdrücklich fest: „Die Ausübung bürgerlicher oder politischer Rechte darf durch keinerlei Vorschriften oder Bedingungen kirchlicher oder religiöser Natur beschränkt werden".

[21]) Statt aller: *Z. Giacometti*, Schweizerisches Bundesstaatsrecht, 1949, S. 315 f.; *J. F. Aubert*, Traité de Droit Constitutionnel Suisse, Paris/Neuchâtel 1967, II, pp 712 s.

[22]) Vgl. etwa *Z. Giacometti*, aaO., S. 315 ff. *W. Burckhardt* meinte zwar, die Äußerungsfreiheit gehöre „nicht zum engeren Begriff der Religionsfreiheit"; dennoch sei „in Übereinstimmung mit allen bisher geäußerten Ansichten anzunehmen, daß mit den Art. 49 und 50 BV auch das Recht religiöser Meinungsäußerung garantiert sei (Kommentar der Schweiz. Bundesverfassung, 3. Aufl. 1931, S. 443).

hat also nicht versucht, aus Art. 49 BV eine spezielle Glaubensfreiheit herauszudifferenzieren, die dann einer speziellen Gewissensfreiheit gegenübergestellt worden wäre, vielmehr — in der Lehre und in der Praxis — bloß verschiedene Teilbereiche ein und desselben Grundrechts unterschieden. Demzufolge wird in den späteren Erwägungen, in welchen im Zusammenhang mit der Gewissensfreiheit des Bonner Grundgesetzes auch Überlegungen zum schweizerischen Recht angestellt werden sollen, nur ein Ausschnitt des Rechts der „Glaubens- und Gewissensfreiheit" heranzuziehen sein.

Noch ein Wort zu den Schranken der „Glaubens- und Gewissensfreiheit". Art. 49 Abs. 5 BV hält in anscheinend apodiktischer Formulierung fest: „Die Glaubensansichten entbinden nicht von der Erfüllung der bürgerlichen Pflichten". Wird also, so ist zu fragen, eine umfassend gewährleistete, auch die Gewissensbetätigung einschließende Freiheit wiederum gänzlich dem Gesetzgeber ausgeliefert, welchem es obliegt, den Inhalt der bürgerlichen Pflichten festzulegen? Schrankenbestimmungen, die auch für die Glaubens- und Gewissensfreiheit bedeutsam werden können, finden sich sodann auch im Zusammenhang mit der Gewährleistung der Kultusfreiheit in Art. 50, wobei insbesondere an Kompetenzen des Bundes und der Kantone zum Schutze des konfessionellen Friedens zu denken ist. Die Schrankenbestimmungen zur Glaubens- und Gewissensfreiheit haben einen „punktuellen" Charakter. Allein, es ist in Rechnung zu stellen, daß die schweizerische Praxis immer wieder dazu geneigt hat, die Grundrechte generell unter den Vorbehalt der öffentlichen Ordnung zu stellen, wobei deren Begriff im allgemeinen reichlich unkritisch vorausgesetzt wurde. Die Lehre hat diese Praxis meist allzu unkritisch hingenommen[23]). Im Zusammenhang der deutschen Schrankenproblematik wird darauf zurückzukommen sein.

3.3 Deutschland[24])

Gemäß einem Vorschlag Luthers sollte der katholischen Minderheit eines protestantischen Gebiets Gewissensfreiheit im Sinne des Rechts, „in den Kammern anzubeten", eingeräumt werden. Erst der Westfälische Frieden verwirklichte im Zusammenhang seiner Bestimmungen über die Parität eine entsprechende Regelung. „Gewissensfreiheit" erschien nun in der Ge-

---

[23]) Vgl. aber *Hans Huber*, Die Grundrechte in der Schweiz, in: Die Grundrechte I/1, 1966, S. 207.

[24]) Die folgende skizzenhafte Übersicht ist in Anlehnung an die eingehende Darstellung *H. Schollers* (op.cit.) redigiert, auf welche generell verwiesen sei.

stalt der geringsten Stufe der Kultusfreiheit für die Angehörigen der reichsrechtlich anerkannten Konfessionen. Preußen dehnte solche Toleranz auf die Sekten aus, und das ALR bestätigte diesen Rechtszustand, trug aber mit dem Begriff der Freiheit des „inneren Gottesdienstes" sprachlich zur Spiritualisierung der Gewissensfreiheit als Freiheit im Bereich des „Unsichtbaren" bei[25]). Derart spiritualisierte und privatisierte Freiheit entsprach sowohl den individualistisch-subjektivistischen Strömungen der Zeit wie auch den obrigkeitsstaatlichen, einem aufgeklärten Absolutismus, welcher die Toleranz als auch im öffentlich-staatlichen Interesse liegend zu verstehen vermochte[26]).

In der preußischen Verfassung von 1850 ging die nicht mehr erwähnte Gewissensfreiheit in der religiösen Bekenntnis- und Kultusfreiheit auf. Die Gewissensfreiheit als Recht auf einfache Hausandacht wurde also obsolet. Was Wunder, wenn später bei der Beratung der Weimarer Reichsverfassung *W. Kahl* die Auffassung vertrat, von einem besonderen Schutz der Gewissensfreiheit sei abzusehen. Soweit es um Äußerungen gehe, reiche die religiöse Meinungsäußerungsfreiheit aus, während die Gewissensfreiheit als Gedankenfreiheit das reine Internum betreffe und damit dem rechtlichen Zugriff und Schutz entzogen sei[27]).

Art. 135 WRV gewährleistete dann doch die „volle Glaubens- und Gewissensfreiheit", was in der Rechtswissenschaft Anlaß dazu geben sollte, den Begriff der Gewissensfreiheit zum „übergeordneten Begriff der religiösen Freiheit" zu erklären. Gewissensfreiheit im weiteren Sinn wurde also gleichbedeutend mit Glaubens- oder Religionsfreiheit und im Gefolge Anschütz' üblicherweise aufgeteilt (1.) in eine Freiheit des forum internum, (2.) die Kultusfreiheit und (3.) die Vereinigungsfreiheit, wobei der Gewissensfreiheit im Sinne des freien forum internum von manchen der Rechts- und Grundrechtscharakter bestritten wurde, weil als Rechtsnorm nur angesehen werden könne, was ein äußeres Verhalten betreffe[28]).

Art. 4 Abs. 1 GG erklärt nun „die Freiheit des Glaubens, des Gewissens und die Freiheit des religiösen und weltanschaulichen Bekenntnisses als unverletzlich". *H. Scholler* hat diese Formulierung als „Kompromiß zwischen Verfassungspietät und Rechtsdogmatik" bezeichnet. Ein durch die Tradition geheiligter

---

[25]) aaO. S. 58.
[26]) Vgl. auch *Klaus Schlaich*, aaO., passim.
[27]) Zit. bei *H. Scholler*, aaO S. 82
[28]) aaO. S. 87.

Begriff sei übernommen worden, obschon die Rechtsdogmatik diesem Inpraktikabilität vorgeworfen habe[29]).

4. *Der Bereich der Gewissensfreiheit nach Art. 4 GG*

4.1 Keiner einläßlichen Begründung bedarf die Aussage, daß Gewissensfreiheit nicht im Sinne des früheren Rechts auf Hausandacht gemeint sein kann. Dagegen spricht schon die systematische Stellung der Gewissensfreiheit im Grundgesetz. Das Grundrecht ist aus dem staatskirchenrechtlichen Zusammenhang herausgenommen und findet sich nun unter den für den Status des Bürgers konstitutiven Grundrechten.

Die Freiheiten des Art. 4 Abs. 1 GG gelten für jede, auch für die atheistische Weltanschauung. War die Gewissensfreiheit ursprünglich eine Äußerung von Religionsfreiheit, erscheint heute die Freiheit des religiösen Glaubens und des religiös motivierten Gewissens als Anwendungsfall einer allgemeinen Überzeugungs- und Gewissensfreiheit[30]).

4.2 Art. 4 regelt Aspekte der „Sache Glaubens- und Gewissensfreiheit" in verschiedenen Teilrechten. Bleibt neben der Kultusfreiheit, der Bekenntnisfreiheit und der Glaubensfreiheit als Sondergehalt der Freiheit des Gewissens nur das *forum internum*? Diese Interpretation hat etwa *Reinhold Zippelius*[31]) vertreten, im Ergebnis ähnlich auch *Heinrich J. Scholler*[32]), der das Gewissen als „Tiefenperson", und die Gewissensfreiheit als „Freiheit der Anschauung im Bereich der Geheimsphäre" versteht. Die rechtliche Funktion der Gewissensfreiheit wird dann im Schutz der Geheimsphäre erblickt. Ebenso schließe sie die Anwendung von Narkoanalyse, Hypnose, „Plauderdrogen" und dergleichen aus[33]). Hierzu ist freilich zu sagen, daß das Schweigerecht schon aus der Meinungsäußerungsfreiheit abgeleitet werden kann; und die Freiheit der Aussage im Strafprozeß ist wohl doch sachgerechter dem Grundrecht der freien Persönlichkeit als demjenigen der Gewissensfreiheit zuzuordnen.

Im Folgenden soll die These vertreten werden, die Gewissensfreiheit schütze nicht nur die Freiheit der inneren Gewissensbil-

---

[29]) aaO. S. 115 f.

[30]) So etwa *v. Mangoldt-Klein*, Das Bonner Grundgesetz, Kommentar, 2. Aufl. 1955 ff., S. 216; *Roman Herzog*, Die Freiheit des Gewissens und der Gewissensverwirklichung, in Deutsches Verwaltungsblatt Jg. 84, 1969 S. 718.

[31]) Bonner Kommentar Rdnr. 44 zu Art. 4 GG.

[32]) Die Freiheit des Gewissens, 130 ff, 217; vgl. nun aber auch *H. Scholler*, Gewissen, Gesetz und Rechtsstaat, Die öff. Verwaltung Jg. 22, 1969, S. 528

[33]) Die Freiheit des Gewissens, S. 146 ff.

dung, sondern auch die *Gewissensbetätigung.* Mit *Roman Herzog*[34]) ist anzunehmen, diese Interpretation werde zunächst durch das Staatsbild des Grundgesetzes gestützt, in welchem der freien Entfaltung der Persönlichkeit und der Idee der verantwortlichen Gesellschaft freier Menschen zentrale Bedeutung zukommt. Eine auf das *forum internum* begrenzte Gewissensfreiheit wäre damit nicht vereinbar. Denken und Handeln lassen sich nicht trennen — weder erkenntnistheoretisch noch ethisch. Gewissensfreiheit beschränkt auf innere Freiheit zu postulieren, ist ein Zynismus gegenüber der Person, verdeckt durch den Anschein des Respekts. „Nichts über die tiefen Gefühle und Einsichten. Freilich der Ernst des Lebens gebietet, daß sie gänzlich folgenlos bleiben". „Kein Mensch muß müssen". Von Lessing läßt man's sich im Theater gerne sagen und erlabt sich dran. Doch für's Leben darf's nicht taugen. Was Wunder, wenn sich da das „Establishment" die Gegenideologie der „repressiven Toleranz" auflädt!

Ein weiteres Argument ergibt sich aus der *Europäischen Menschenrechtskonvention,* die in ihrem Artikel über die Gedanken-, Gewissens- und Religionsfreiheit (Art. 9 Abs. 1) implizit auch die Gewissensverwirklichungsfreiheit mitumfaßt[35]). Aus der unmittelbaren Geltung im innerstaalichen Bereich folgt das Gebot der konventionskonformen Auslegung des Art. 4 Abs. 1 GG dahingehend, daß Gewissensfreiheit auch Gewissensverwirklichungsfreiheit meine.

5 Die Schranken der Gewissensfreiheit

5.1 Gewissensverwirklichungsfreiheit kann gewiß nicht anarchische Freiheit bedeuten. Wie sind aber die Schranken zu begründen? Haben wir wirklich, wie gesagt worden ist, mit kaum zu überwindenden dogmatischen Schwierigkeiten zu rechnen?

Die oft wiederholte Aussage, es fehle an *Vorbehaltsschranken,* ist zwar zutreffend, soweit es sich um den Wortlaut des Art. 4 GG handelt. Sie ist aber erstaunlich, wenn man Art. 136 WRV mitbedenkt, der ja nach Art. 140 der geltenden Verfassung Bestandteil dieses Grundgesetzes ist.

Wenden wir uns aber zunächst der Frage der *immanenten Schranken* zu, die sich allenfalls aus dem Gewissensbegriff ergeben. Ihnen hat das bisherige Interesse der Doktrin besonders

---

[34]) aaO. S. 119.

[35]) Freilich enthält Art. 9 Abs. 2 einen weitreichenden Schrankenvorbehalt. Statt anderer: *Karl Josef Partsch,* Die Rechte und Freiheiten der europäischen Menschenrechtskonvention, in: Die Grundrechte I/1 1966, S. 424, bes 428 ff.

gegolten, wobei aber Grenzen und Mängel dieser Schrankentheorie sehr deutlich geworden sind. Die Hauptschwierigkeit besteht darin, daß der Gewissensbegriff selber Gewissensfrage sein kann.

Nicht folgen kann man etwa dem Vorschlag *Willi Geigers,* der einerseits postuliert, kein Rechtssatz könne verlangen, was das Gewissen verbiete, andererseits aber eine „objektive sittliche Ordnung" voraussetzt, der das subjektive Gewissen (unter Vorbehalt der Verbildung und Selbsttäuschung) spontan entspreche[36]). Diese Auffassung bedingt für den Konfliktsfall eine oberste Instanz mit sozusagen lehramtlichen Funktionen, eine Instanz, die in Kenntnis der objektiven Ordnung den Inhalt der „richtigen" Gewissensentscheidung festzustellen hat. Strukturell unterscheidet sich eine solche Schrankentheorie kaum von derjenigen totalitärer Ideologien, insbesondere nicht von derjenigen des Marxismus-Leninismus (nur daß eine andere Wertordnung vorausgesetzt wird). Im weltanschauungsneutralen Staat ist sie unzulässig.

Auch die vom *Bundesverwaltungsgericht* in bezug auf das Kriegsdienstverweigerungsrecht entwickelte Abgrenzung halte ich nicht für unbedenklich (ohne damit zu Urteilsergebnissen Stellung nehmen zu wollen). Hier gelten „die im Inneren des Menschen vorhandene Überzeugung von Recht" sowie ein damit verbundener Verhaltens*zwang* als für die „echte" Gewissensentscheidung kennzeichnend. Diesen Kriterien stellt die Praxis die Erwägung nach Zweckmäßigkeitsgesichtspunkten und die „von der Vernunft her bestimmte Güterabwägung" als unmaßgeblich gegenüber[37]). Die Argumentation liegt geistesgeschichtlich in der Linie eines extremen Idealismus individualistischer Prägung und zeigt dessen Sackgassen an. Mit eben denselben Kriterien — absolut gesetzte „Innerlichkeit", „Verhaltens*zwang*" — könnte der Psychiater die Zwangsneurose und die für diese typische existentielle Verschlossenheit umschreiben. Dagegen schließt die Begriffsbestimmung des Bundesverwaltungsgerichts mit der *con-scientia* als auf den anderen hin offenes Wissen und Verantworten eine rationale und sozial-bezogene Ethik, die es ohne „von der Vernunft her bestimmte Güterabwägung" gerade nicht geben kann, implizit aus der „Ethik" aus.

Der Versuch, die Schrankenproblematik über die Interpretation

[36]) Gewissen, Ideologie, Widerstand, Nonkonformismus, Grundfragen des Rechts, 1963, S. 60, 63.

[37]) So gerade auch ein neues Urteil des BVerwG vom 24. 4. 1969, auszugsweise wiedergegeben in: Deutsches Verwaltungsblatt Jg. 84, 1969, S. 748 ff.

des Gewissensbegriffs zu bewältigen, muß sich bescheiden. Ein Gewissenskonflikt ist ein Widerstreit zwischen individuellen und sozialen Richtigkeitsvorstellungen mit Geltungsanspruch. Eine Abgrenzung gegenüber anderen Konflikten zwischen divergierenden Maßstäben ist so zu treffen, daß man sagen kann, eine Gewissensfrage stelle sich dann, wenn ein Entscheid in einer bestimmten Sache für die Konstituierung oder Dekonstituierung der Person, für ihre Identität als geistig-sittliche Existenz bedeutsam sei. Derart ergibt sich die Unterscheidung der Gewissensfreiheit von einer ganz allgemeinen Handlungsfreiheit. Der Bereich der gewissensrelevanten Entscheidungen ist nicht feststehend, vielmehr geschichtlich sozial und durch die individuelle Lage bedingt.

Damit eine Gewissensposition im mitmenschlichen Zusammenleben berücksichtigt werden kann, muß sie indessen als solche *rational mitteilbar* sein. Das Schrankenproblem ist mit diesen Feststellungen nicht gelöst. Denn wenn eine Gewissensposition rational mitteilbar ist, muß erst noch geprüft werden, wieweit sie geschützt werden könne oder wieweit sie gegenüber konkurrierenden Prinzipien der Rechtsordnung zurückweichen müsse. Auch die „Gewissensposition" des Überzeugungsverbrechers kann ja durchaus rational mitteilbar, z. B. psychoanalytisch deutbar sein.

Eine Abgrenzung in bezug auf den Grundrechtsberechtigten ergibt sich in diesem Zusammenhang nebenbei. Subjekt der Gewissensfreiheit i. S. des Art. 4 Abs. 1 GG ist nur die natürliche Person. Ihr allein, nicht dagegen den juristischen Personen kann sich die Frage der personalen Identität im erwähnten Sinne stellen.

5.2 Doch zurück zu den Schranken der Gewissensfreiheit. Der Lösungsvorschlag, den ich zur Diskussion stellen möchte, läßt sich dahin zusammenfassen, die Grundrechte insgesamt seien als Teile einer *verfassungsrechtlichen Gesamtordnung* zu verstehen, deren Elemente im Verhältnis wechselseitiger Beziehung stehen, teils sich ergänzend und verstärkend, teils sich begrenzend. Das Schrankenproblem erweist sich damit als Aufgabe, zwischen den einzelnen Momenten der Verfassung namentlich dem Grundrechtsteil einerseits und den verfassungsrechtlich angeordneten oder vorausgesetzten staatlichen Gemeinschaftsaufgaben wie Schule, Militär, öffentliche Verwaltung andrerseits, *optimale praktische Konkordanz* herzustellen. Zur näheren Begründung der Methode solcher Konkordanz, die insbesondere nicht auf der Annahme einer ontisch vorgegebenen Wertordnung beruht, darf ich auf *Konrad Hesse* und eigene frühere Darlegungen zu diesem Thema verweisen[38]). Festgehalten sei bloß, daß es sich um Konkordanz zwischen nicht in eine strikte Rangordnung zu bringenden Teilprinzipien handelt. Die Frage, wer vorher da gewesen sei, das Individuum oder die Gesellschaft, ist unbeantwortbar, weil falsch gestellt. Gleiches gilt für die Frage nach dem Vorrang der Freiheit oder der verfassungsmäßigen Gemeinschaftsaufgaben. Denn durch die Grundrechte wird der Staat als Gemeinwesen mitgeformt, und umgekehrt sind die Grundrechte Rechte des Einzelnen im Gemeinwesen und werden durch dessen historisch-konkrete Struktur und Funktion mitbestimmt. Es gibt keine prinzipielle Nachordnung der Freiheitsrechte. Das zeigt die Wesensgehaltsgarantie. Doch gälte das auch ohne sie. Es gibt auch keine unbedingte Vorordnung der Grundrechte im Verhältnis zu den Gemeinschaftsaufgaben. Das kommt in Art. 136 Abs. 1 WRV i. V. m. Art. 140 GG zum Ausdruck, wäre aber auch ohne diesen Vorbehalt anzunehmen. Bei der inhaltlichen Bestimmung der bürgerlichen Pflichten sind, wie es in der Schweiz schon *Walther Burckhardt* postuliert hat[39], die Freiheitsrechte mitzubedenken. Und umgekehrt steht jedes Individualrecht unter dem Gemeinschaftsvorbehalt.

Nach dem Gesagten muß gewiß nicht mehr näher begründet werden, daß hier nicht versucht wird, die ältere Lehre vom Vorbehalt der „öffentlichen Ordnung" wiederherzustellen, eine Lehre, die die Grundrechte schließlich dem Gesetzgeber zur Disposition stellte. Dagegen ist noch kurz dem denkbaren Einwand zu begegnen, die hier vertretene Betrachtungsweise werte die „Vorbehaltsschranken" der einzelnen Grundrechte völlig ab. Allerdings erscheinen die Vorbehaltsschranken nun in einem anderen Licht als es verfassungsperfektionistischen Erwartungen lieb wäre. So wie indessen die Grundrechte nicht ein geschlossenes System darstellen, sondern als punktuelle Gewährleistungen zu verstehen sind[40]), deren Nennung und Formulierung zumal von bestimmten politischen Erfahrungen abhängt, so haben auch die Schrankenbestimmungen der Verfassungen einen punktuellen Charakter. Teils nennen sie Selbstverständliches aber besonders Erinnerungswürdiges. Auch ohne den ausdrücklichen Vorbehalt in Art. 5 Abs. 2 GG hätten Gesetzgebung und Rechtspraxis das Verhältnis von Meinungsäußerungsfreiheit und straf- und zivilrechtlichem Schutz der persönlichen Ehre näher zu bestimmen. Andere Schrankenbestimmungen ha-

[38]) *Konrad Hesse*, Grundzüge des Verfassungsrechts der Bundesrepublik Deutschland, 3. Aufl. 1969, S. 28 f., 105, 126 f., 130; *R. Bäumlin*, Staat, Recht und Geschichte, Zürich 1961, S. 26 ff.

[39]) aaO. S. 447.

[40]) *K. Hesse*, aaO. S. 118 ff.

ben die Funktion, bestimmte besonders umstrittene oder nach der Erfahrung besonders wichtige Fragen, die sich bei der Konkordanz von „Freiheit" und „Bindung" ergeben, zum voraus zu entscheiden. Solche Schrankenbestimmungen stellen zuweilen Anforderungen an die Erlassesform von Schrankenvorschriften, zuweilen legen sie die Konkordanz von „Freiheit" und „Bindung" auch materiell in bestimmter Weise fest. In diesem Sinne ist gerade Art. 4 Abs. 3 GG zu deuten. Es ist umstritten, ob das Kriegsdienstverweigerungsrecht als Bestätigung und Erweiterung der Gewissensfreiheit anzusehen sei oder ob es sich um ein selbständiges Grundrecht handle, das über die Gewährleistungen der Absätze 1 und 2 hinausgehe, ja im Verhältnis zu diesen sogar Ausnahmebestimmung sei[41]). Beide Auffassungen können nicht recht befriedigen. Absatz 3 ist vielmehr als materielle Konkordanznorm für die Harmonisierung von Gewissensfreiheit und Wehrdienst als öffentlicher Pflicht anzusehen.

Ist mit den angestellten Überlegungen — so möchte man vielleicht noch einwenden — nicht die Geltung der Grundrechte als unmittelbar anwendbares Recht in Frage gestellt? Dies ist zu verneinen. Zwar bedarf die Konkordanz zwischen Grundrechten und anderen Bestandteilen der verfassungsrechtlichen Ordnung mannigfacher Konkretisierung, zu welcher vornehmlich der Gesetzgeber berufen ist, neben ihm — weiterführend und allenfalls auch korrigierend — aber auch die Verfassungs- und die Verwaltungsgerichtsbarkeit. So kommt den Grundrechten doch Wirksamkeit unmittelbarer Rechtsgeltung zu, wobei sie freilich weniger als Basis logisch zwingenden Deduzierens denn als Teilgesichtspunkte eines Abwägungsprozesses der praktischen juristischen Vernunft wirken.

6. Versuch einer Gliederung der Konkordanzprobleme der Gewissensfreiheit

6.1 Leitgedanke der folgenden Überlegungen, in welchen der Versuch unternommen wird, die Konkordanzprobleme der Gewissensfreiheit zu gliedern, ist — um eine Begriffsbildung *Siegfried Grundmanns* zu übernehmen — die *„Toleranz als Rechtsprinzip"*[42]). Toleranz und Rechtsgüterkonkordanz gehören zusammen. Bereitschaft zur Konkordanz in einer Welt, in der sich die Dinge nicht auf einen Nenner bringen lassen, ist Toleranz, die über schöne milde Gesinnungen hinausgeht und praktisch wird. Toleranz soll den Leitgedanken abgeben sowohl dort, wo

[41]) Zu dieser Streitfrage etwa *R. Zippelius*, aaO. Rdnr. 42 ff. zu Art. 4 GG.

[42]) Artikel „Toleranz" in: Evangelisches Staatslexikon, 1966, Sp. 2302 ff.

es um den Ausgleich zwischen Individuum und staatlichen Gemeinschaftsaufgaben geht, wie auch bei der Konkordanz der Freiheit des einen mit derjenigen des anderen.

6.2 Zunächst ist zu vermerken, daß sich die Konkordanzprobleme der Gewissensfreiheit nicht hinreichend als Fragen einer traditionellen Schrankentheorie auffangen lassen, welche einen vorgegebenen Grundrechtsinhalt voraussetzt, der dann nachträglich durch Schrankenbestimmungen einzugrenzen wäre. Vielmehr ergeben sich aus der Gewissensfreiheit auch *Konkretisierungsaufträge*, zumal an die Adresse des Gesetzgebers, ähnlich also wie bei der Rechtsgleichheit.

Damit ist nicht bestritten, daß sich schon aus der Grundrechtsgewährleistung selber unmittelbare Rechtswirkung ableiten lasse. Auch ohne eine besondere verfassungsrechtliche Norm wäre die Verweigerung der Aktivbürgerrechte oder staatlicher Leistungen aus Gründen einer bestimmten Gewissensposition der Betroffenen verfassungswidrig. Meint aber Gewissensfreiheit „Nichtidentifikation“[42]) des Staates mit einer bestimmten Weltanschauung oder — positiv ausgedrückt — Toleranz in einer pluralistischen Sozialordnung, und hat sich der Staat daher an der *utilitas* im Sinne geschichtlicher, auf ein ethisches Minimum ausgerichteter Gerechtigkeit zu orientieren, so ergibt sich hieraus die allgemeine Forderung an die Rechtssetzung, die Rechtsordnung so auszugestalten, daß der Gewissensfreiheit und gerade auch der Freiheit, nach selbst verantworteten Maßstäben zu handeln, optimal Raum bleibt. Es geht darum, die Konfliktsmöglichkeiten zum voraus einzugrenzen, wobei festgestellt werden darf, daß die rechtsstaatliche Rechtsordnung diesem Erfordernis auch aus nicht speziell an der Gewissensfreiheit orientierten Gründen Genüge tut. So kommt der Gewissensverwirklichungsfreiheit etwa die Freiheit des Berufs zu Hilfe, die es ihrerseits gewährleistet, daß bei der Berufswahl auch die Forderungen des individuellen Gewissens bestimmend sein können. Vor allem ist auch an das Privatrecht mit seinen disponiblen Regelungen zu denken. Die Vertragsfreiheit läßt einer an Gründen des Gewissens orientierten Privatautonomie Raum.

Konkretisierende Normen zur Verwirklichung der Gewissensfreiheit sind speziell dann nötig, wenn der Konflikt zwischen individuellem Gewissen und Rechtspflicht durch tragbare *Alternativen* auf Seiten der Rechtsordnung beseitigt oder gemildert werden kann.

In dieser Frage möchte ich mich der These anschließen, die *Adalbert Podlech* in Anlehnung an *N. Luhmanns* funktionale

---

[42]) *Herbert Krüger*, Allgemeine Staatslehre, 1964, S. 178 ff.

Grundrechtsinterpretation formuliert hat: „Die rechtliche Gewährleistung der Gewissensfreiheit verpflichtet die öffentliche hoheitlich handelnde Gewalt, rechtliche Alternativen bereitzustellen, wenn eine generelle rechtliche Regelung einzelne zu gewissenswidrigem Verhalten verpflichtet, es sei denn daß es Alternativlösungen nicht gibt oder mögliche Alternativlösungen für die staatlich verfaßte Gesellschaft nicht tragbar sind“[44]).

Gewisse Alternativen sieht schon das Verfassungsrecht selber vor. Neben dem Ersatzdienst der Kriegsdienstverweigerer gemäß Art. 12 Abs. 2 GG ist etwa die Alternative des Eides ohne religiöse Beteuerung nach Art. 56 Abs. 2 GG zu nennen. Die Fragen des Schulrechts fallen bei der für das GG kennzeichnenden weitgetriebenen Spezialisierung der „Sache Gewissensfreiheit“ eher unter die Glaubens- und die Bekenntnisfreiheit als unter die Gewissensfreiheit im engeren Sinn. Als Freiheit der Gewissensbildung steht freilich auch sie im Spiel. Nach Art. 7 Abs. 5 GG soll den Eltern die Privatschule als Alternative zur öffentlichen Schule gerade aus Gründen der Weltanschauungsfreiheit offen bleiben. Die Hauptaufgabe, die sich im Schulrecht aus der „Sache Gewissensfreiheit“ ergibt, besteht allerdings darin, eine über den konfessionellen Gegensätzen stehende neutrale öffentliche Schule zur Verfügung zu stellen. Ob und unter welchen Voraussetzungen die christliche Gemeinschaftsschule hierfür ausreicht, möchte ich hier nicht entscheiden[45]).

6.3. Überall, sowohl bei der Konkordanz der Gewissensfreiheit mit staatlichen Gemeinschaftsaufgaben wie auch mit den Rechten anderer, geht es, wie gesagt, um eine Aufgabe der *Rechtsgüterabwägung*. Ein Abwägungsproblem — und nicht etwa ein formallogisch beantwortbares — ist auch die Frage, ob es in concreto Alternativen gebe und ob diese für das Gemeinwesen tragbar seien. Das schließt es aus, daß bloßer Deduktion fähige Rezepte gegeben werden könnten. Die Lösung muß schließlich in der konkret-fallbezogenen Analyse und Bewertung gefunden werden. Immerhin lassen sich einige *problemgliedernde Grundsätze* der praktischen juristischen Vernunft formulieren.

6.3.1. Zunächst ist zu postulieren, es sei jeweilen der im einzelnen geltend gemachte Grund des öffentlichen Wohls kritisch zu analysieren und zu werten und weiter sei zu prüfen, ob nach rational mitteilbaren Erwägungen ein höherer oder ein gerin-

---

[44]) aaO. S. 35.

[45]) Dazu statt anderer *Axel Freiherr v. Campenhausen*, Erziehungsauftrag und staatliche Schulträgerschaft, 1967, S. 182.

gerer Grad an Bedeutsamkeit einer Sachfrage für die Konstituierung bzw. Dekonstituierung der Person anzunehmen sei. Es ist also nicht zulässig, von einem prinzipiellen Primat der Freiheit oder der Gemeinschaftsanforderungen auszugehen. Wer zwecks Erfüllung einer Gewissenspflicht zunächst mit dem Wagen reisen muß, darf gewiß sowenig wie ein anderer die Stopplichter überfahren. Dagegen ist die Reinhaltung der Straßen kein ausreichender Grund, um die Verteilung von Flugblättern zu verweigern. Wesentliche Unterschiede gibt es aber auch in bezug auf die persönlichkeitsintegrierende Wirkung geltend gemachter Gewissenspositionen. Daß sie in hohem Maße bei der Kriegsdienstverweigerung gegeben sein kann, leuchtet ein. Dagegen ist nicht ohne weiteres einzusehen, daß der Weigerung eines niederländischen Geistlichen, Beiträge an die allgemeine Altersversicherung zu zahlen, hohe Relevanz für die Persönlichkeitsidentität zukommen konnte[46]). Das Argument, es sei nach der Kirchenordnung Sache der Gemeinde, für ihn im Alter zu sorgen, betrifft das Verhältnis von Staat und Kirche und nur entfernt seine Persönlichkeitsstruktur. Unter dem Vorbehalt von Geldleistungen, die zu weltanschaulichen Zwecken erhoben werden, kann generell gesagt werden, daß die Persölichkeitsstruktur bei einer Zahlungspflicht weniger tangiert ist als bei der Verpflichtung zu einem Tun.

6.3.2. Unvereinbar mit der Gewissensfreiheit ist die direkt *weltanschauungsbezogene* Norm, d. h. die Norm, die unmittelbar darauf ausginge, die Gewissensausübung zu erschweren. Eine solche Norm wird durch das Toleranzprinzip ausgeschlossen. Zulässig ist allein die Beschränkung auf Grund des *allgemeinen Gesetzes,* zu dessen materialem Gehalt ein *überzeugend nachgewiesener Grund des weltanschaulich neutralen Staates* gehört. In Betracht kommen etwa gewerbe- und gesundheitspolizeiliche Gesichtspunkte. Solche Momente des öffentlichen Wohls sind aber jeweilen speziell mit der Gewissensfreiheit zu konfrontieren.

Entspricht eine als Gewissenspflicht verstandene Tätigkeit zugleich einer solchen, die unter ein anderes Grundrecht und dessen Schrankenbestimmungen fällt, so ist die Zulässigkeit der Beschränkung also speziell auch unter dem Gesichtspunkt der Gewissensfreiheit zu prüfen.

Die Praxis des schweizerischen Bundesgerichts, welches den Vertrieb religiöser Schriften vorbehaltslos den Bestimmungen über den Hausiererhandel unterstellt[47]), genügt diesem Erfor-

---

[46]) Nachweis bei *K. J. Partsch,* aaO. S. 429, Anm. 653.

[47]) BGE 56 I 431.

dernis nicht. Es müßte untersucht werden, ob die im einen Fall gerechtfertigten polizeirechtlichen Überlegungen auch im andern sachlich überzeugend sind. Von da aus ergibt sich auch eine gewisse Korrektur an der gelegentlich vertretenen Auffassung, auch auf die Freiheiten nach Art. 4 GG seien die Schrankenbestimmungen zu anderen Grundrechten immer dann anwendbar, wenn die Äußerungen der Freiheitsrechte nach Art. 4 GG zugleich unter ein anderes Grundrecht fallen[48]). Es ist jeweilens besonders unter dem Gesichtspunkt des Art. 4 GG zu differenzieren.

Das Toleranzprinzip hat, wie gezeigt, bei der Umgrenzung der sachlich gerechtfertigten Gründe des öffentlichen Wohls eine negative, begrenzende Funktion. Zugleich kommt ihm aber auch eine positive, inhaltsbestimmende Funktion zu. Da das Toleranzprinzip „nicht nur passiv i. S. des Desinteresses, sondern auch aktiv i. S. eines Freiheitsschutzes" zu verstehen und zu handhaben ist[49]), folgt aus ihm — um mit dem Bundesverfassungsgericht zu reden — die Verantwortung des weltanschaulich neutralen Staates als „Heimstatt aller Bürger"[50]). Wenn die schweizerische Bundesverfassung einen ausdrücklichen Vorbehalt von Schranken zum Zwecke des Schutzes des konfessionellen Friedens enthält, so nennt sie damit einen elementaren, selbstverständlichen Grund des allgemeinen Gesetzes.

6.3.3. Neben dem Erfordernis des sachlich gerechtfertigten Grundes gilt das Gebot der *Verhältnismäßigkeit* des Eingriffs. Auch diese steht, wie schon *Fritz Werner*[51]) festgestellt hat, in enger Beziehung zum Toleranzprinzip. Toleranz gegenüber dem Andersartigen erheischt, daß, wenn diesem aus zwingenden Gründen Schranken auferlegt werden müssen, jedes Übermaß unterbleibe. Gesetzliche Bestimmungen über Feiertage und Arbeitsruhe sind sachlich etwa mit Motiven der Gewerbe- und der Gesundheitspolizei zu begründen. Das völlige Verbot der Arbeit am Sonntag wäre, an den zulässigen Aufgaben des religiös neutralen Staates gemessen, unproportional und damit unzulässig. Auch soweit es sich um die Friedenssicherung im Verhältnis verschiedener religiöser oder weltanschaulicher Gruppen handelt, ist Zurückhaltung geboten. Schützenswert ist gemäß dem Toleranzprinzip nur diejenige Einstellung, die ihrerseits den Andersartigen in seinem Recht läßt, nicht dagegen z. B. eine religiöse Empfindlichkeit, die die Welt unerträg-

---

[48]) Vgl. etwa *v. Mangoldt-Klein,* aaO. S. 219 f.

[49]) *S. Grundmann,* aaO.

[50]) BVerfG 19, 206, 216; dazu *P. Häberle,* Exzessive Glaubenswerbung in Sonderstatusverhältnissen, JuS 1969, S. 271.

[51]) Recht und Toleranz, Verhandlungen des 44. Deutschen Juristentages 1962, Tübingen 1964, B S. 13.

lich und sich selber gefährdet findet, wenn der Nachbar sonntags seinen Garten jätet.

Praktische Bedeutung kommt dem Verhältnismäßigkeitsprinzip zumal auch im Zusammenhang mit dem Alternativenproblem zu. Fehlt einer Freiheitsbeschränkung der sachlich vertretbare Grund des weltanschaulich neutralen Staates, so ist sie von vornherein unzulässig, und die Frage einer Alternative stellt sich überhaupt nicht. Beruht dagegen eine Norm auf sachlichen Gründen des allgemeinen Gesetzes, führt sie aber Anhänger einer bestimmten Gewissensposition in einen Gewissenskonflikt, so ist sie dann im Verhältnis zur Gewissensfreiheit unverhältnismäßig, wenn es eine Alternative gibt, über welche dem Zweck des allgemeinen Gesetzes Genüge getan werden kann. Unter diesem Gesichtspunkt ist die obligatorische *Ziviltrauung*, welche der kirchlichen voranzugehen hat, wohl doch kritisch zu betrachten. Auch wenn man durchaus der Meinung ist, es sei Sache des Staates, ein für alle geltendes weltliches Eherecht aufzustellen, wird man im kirchlichen Trauakt kaum mit Gründen eine Beeinträchtigung dieser staatlichen Aufgabe erblicken können.

6.3.4. Die soeben getroffene Feststellung führt uns zu einem vierten und letzten Gesichtspunkt für die Abgrenzung. Die Gewissensfreiheit als Äußerung des Toleranzprinzips ist unter keinen Umständen ein Rechtstitel für die Vergewaltigung der anderen. Sie schützt weder das herrscherliche subjektiv-moralistische Gewissen, das Maßgeblichkeit auch für die anderen beansprucht noch das ins Rebellische gekehrte „wahre und vorurteilslose Bewußtsein" von Gruppen, die sich die Kompetenz zusprechen, stellvertretend für alle anderen den Weg zum Richtigen zu weisen.

Von hier aus ergeben sich Konsequenzen für verschiedene Fallgruppen. Einmal handelt es sich darum, die erlaubte Kritik von ihrem Mißbrauch in der Gestalt eines vorwiegend auf Verletzung ausgehenden Verhaltens und sonstigen Formen „exzessiver Glaubenswerbung" abzugrenzen. Nach deutschem Verfassungsrecht steht hier allerdings mehr die Umgrenzung der Glaubens- und der Bekenntnisfreiheit als diejenige der Gewissensfreiheit i. e. S. in Frage. In diesem Zusammenhang sind aber auch die Fragen der *Drittwirkung* der Gewissensfreiheit, namentlich im Vertragsrecht und innerhalb von Weltanschauungsgemeinschaften, etwa innerhalb der Kirchen zu beurteilen. *Innerkirchliche Gewissensfreiheit gegenüber den dogmatischen Ansprüchen der Kirche,* durchgesetzt mit der Hilfe der staatlichen Gewalt, würde es dem Dissenter gestatten, der Kirche die Verwirklichung ihres Selbstverständnisses zu vereiteln und sie damit nach den Forderungen seines individuellen Gewissens zu possedieren[52]). Im *Vertragsrecht* ist mit *F. Wieacker*[53]) anzunehmen, daß der Überzeugungseifer so wenig zur Leistungsverweigerung ermächtigt, wie er geeignet sein kann, den Überzeugungstäter von Schuld und Strafbarkeit zu befreien. Vorbehalten bleiben nur Verpflichtungen, die nach *allgemeiner* Rechtsüberzeugung nicht vertretbar sind und daher nach den allgemeinen Regeln des Privatrechts des Schutzes nicht teilhaftig sein könnte. Im Fall der berühmt gewordenen Apotheker-Gehilfin handelte es um den unzulässigen Versuch, die wirtschaftlichen Folgen der eigenen Gewissensposition auf den Dienstherrn abzuwälzen. Der herrscherliche, Maßgeblichkeit auch für die anderen beanspruchende Gewissensstandpunkt verbindet sich zuweilen mit eigenartiger Weinerlichkeit in bezug auf die selber zu tragenden Konsequenzen.

Die skizzierten Gesichtspunkte der Rechtsgüterabwägung mögen sich verfeinern und ergänzen lassen. Zu vollständigen Rezepten wird man sie nicht verdichten können. Auch bei der Gewissensfreiheit ist die Spannung zwischen Individualität und Sozialität nicht prinzipiell und definitiv lösbar. Der Außenseiter wird immer wieder auch optimalen Konkordanzlösungen der praktischen politischen und juristischen Vernunft seinen Protest entgegensetzen, weil Konkordanz als Schlichtungsverfahren den Hochzielen seiner kompromißlosen Position schon im Ansatz zuwider ist. Die in diesem Bericht vertretene Sicht wird ihm vielleicht gerade als besonders hinterhältige Rechtfertigung „repressiver Toleranz" gelten. Allein, der rechtsstaatlichen Demokratie ist es wesentlich, daß sie mit den Grenzen, die ihrer Ordnungsfähigkeit überhaupt gesetzt sind, auch das Ärgernis des Protests auszuhalten weiß. Das wird ihr in dem Maße gelingen, wie sie sich selbstkritisch und offen für ständige Reform von einer selbstgefälligen Verklärung des Bestehenden ebenso freizuhalten vermag wie von selbstquälerischer Resignation.

7. *Würdigung des Gesamtergebnisses*

Die praktisch bedeutsame Schutzfunktion der Gewissensfreiheit als Spezialgrundrecht ist heute eher gering. Dies ergibt sich einmal infolge der sehr weit gehenden Grundrechtsdifferenzierung des Grundgesetzes. Wenn die Fälle, in denen die Ge-

---

[52]) *Rudolf Smend*, Glaubensfreiheit als innerkirchliches Grundrecht, in: Mensch und Staat in Recht und Geschichte, Festschr. f. *K. Kraus*, S. 211 vgl auch *Martin Heckel*, Die Kirchen unter dem Grundgesetz, VVDStRL 26, 1969, S. 13 f.

[53]) Vertragsbruch und Gewissensnot JZ 1954, S. 466.

wissensfreiheit angerufen wird, selten sind, hängt das aber auch damit zusammen, daß die Forderungen, welche sich aus diesem Grundrecht an die Adresse des Gesetzgebers ergeben, weitgehend verwirklicht sind. Das könnte sich freilich auch einmal ändern, wobei dann der Gewissensfreiheit erhöhte praktische Bedeutsamkeit als Rechtstitel gegen die staatliche Verplanung personaler Existenz durch ideologisches Recht zukäme.

Es wäre indessen unangemessen, diese Überlegungen abzuschließen, ohne nochmals daran zu erinnern, daß das „Grundrecht der Gewissensfreiheit" nicht die ganze „Sache Gewissensfreiheit" ausmacht. „Die Sache Gewissensfreiheit" weist über alle Grundrechte hinaus und meint letztlich die rationale, welt- und kommunikationsoffene geistig-sittliche Existenz der Person. Auch der weitestgehende Grundrechtsperfektionismus kann diese nicht sicherstellen. Es erübrigt sich, kultur- und sozialkritische Bilder zu zeichnen. Die Phänomene sind bekannt, etwa die Massensuggestion in einer Zeit tiefenpsychologisch einhackender Werbung. Und — so muß man etwa noch fragen — wie weit wird heute mit jener mündigen, rationalen bürgerlichen con-scientia gerechnet, wenn eine staatstragende Partei den Sozialismus in ihrem Lande in der Weise zu bekämpfen sucht, daß sie an die Angst vor Konsumeinbuße appelliert und auf England als schlechtes Beispiel hinweist? — auf England, also auf den Staat, dem die freiheitlich-demokratische Tradition wie kaum einem anderen verpflichtet ist. Nun, die bürgerliche *con-scientia* ist in allen Demokratien gefährdet. Sie scheint ein zerbrechliches, jedenfalls nie gesichertes Spätprodukt der individuellen und der sozialen Entwicklung zu sein. Sie setzt die Kraft voraus, sich selber kritisch in Frage stellen zu lassen, zugleich aber auch die Vertrauensfähigkeit, immer wieder das Leben in einer ungesicherten Welt auf Zukunft hin aufzunehmen. Toleranz und bürgerliche *con-scientia* zu schützen und zu befördern, sind Recht und Politik des rechtsstaatlichen Gemeinwesens schlechthin gefragt: vom Wettbewerbsrecht zum Schulrecht bis hin zum Stil demokratischer Auseinandersetzung und Regierung, auf daß mehr von dem lebendig werde, was *Bundespräsident Heinemann* in seiner Inaugurationsrede als „relative Utopie einer verbesserten Welt" bezeichnet hat.

Leitsätze des Berichterstatters über:

Das Grundrecht der Gewissensfreiheit

1. Einleitung

Gewissensphänomene zeigen einen Konflikt von Maßstäben an, eine Spannung zwischen den Richtigkeitsvorstellungen des einzelnen und denjenigen, die im Namen des sozialen Ganzen in Recht und Politik geltend gemacht werden.

Die Überlegungen können nicht bei einem bestimmt umgrenzten Gewissensbegriff einsetzen. Es gibt zwar eine „Sache Gewissensfreiheit" im Sinne eines allgemeinen, grundsätzlichen Problems. Jeder Versuch einer Begriffsbestimmung ist aber mit bestimmten theologischen, philosophischen und politischen Implikationen verbunden.

2. „Gewissensfreiheit" als Äußerung einer staats- und rechtstheoretischen Gesamtkonzeption.

2.1. Im absolutistischen Modell (Staat als „entfremdetes Staatswesen", der „Gesellschaft" gegenübergestellter „Staat") ist die Freiheit „privatisiert", insbesondere auch die Gewissensfreiheit. Der Konflikt zwischen individuellem Gewissen einerseits, Rechtsgebot und Politik andererseits wird durch Unmaßgeblichkeit des Gewissens für diese prinzipiell gelöst.

2.2. Die Ideologie der identitären „Gesellschaft" oder „Gemeinschaft" will die Distanz zwischen Individuum und sozialem Ganzen aufheben. Gewissensfreiheit bedeutet die Übereinstimmung des individuellen Gewissens mit der „Wahrheit" und „Gerechtigkeit" des sozialen Ganzen. Der Konflikt soll durch Identifikation prinzipiell bewältigt werden.

2.3. Die Idee des „rechtsstaatlichen Gemeinwesens" versteht den Staat von der Gesellschaft her. Die political society ist die civil society in bezug auf eine bestimmte Funktion: die Lösung sozialer Konflikte durch Bewältigung unbedingt nötiger (aber auf geschichtliche utilitas bezogener) Gemeinschaftsaufgaben. Eine prinzipielle Lösung des Konflikts zwischen dem individuellen Gewissen und gesellschaftlich-staatlich sanktionierten Richtigkeitsvorstellungen wird nicht angestrebt („offene Gesellschaft"). Vielmehr handelt es sich darum, optimale Konkordanz herzustellen, praktikable Lösungen der Konfliktsbewältigung zu entwickeln. Dem rechtsstaatlichen Gemeinwesen ist ein Ge-

wissen zugeordnet, welches wiederum als con-scientia verstanden wird, wozu die Offenheit für rationale Kommunikation gehört. Das schließt die gegenüber dem „Außenseiter" praktisch geübte Toleranz nicht aus; denn die Teilhabe an der bürgerlichen con-scientia ist ihrem ganzen Wesen nach nicht erzwingbar, und das Gemeinwesen kann der optimalen Vernünftigkeit seiner Ordnungen nie definitiv gewiß sein.

3. Typen der verfassungsrechtlichen Gewährleistung der Gewissensfreiheit

3.1. In der amerikanischen Verfassungstradition ist „die Sache Gewissensfreiheit" durch umfassende Verbürgungen (insbesondere der Religions-, Rede- und Pressefreiheit) gewährleistet. Ein spezielles Grundrecht der Gewissensfreiheit ist nicht herauskristallisiert. Wo der Begriff des Gewissens in die Verfassungsrechtsquellen aufgenommen wird, geschieht es, um das Motiv der positivrechtlichen Gewährleistungen zu bezeichnen. Kennzeichnend für die amerikanische Auffassung der „Sache Gewissensfreiheit" ist die Einbeziehung der „Verwirklichungsfreiheit" (unter Vorbehalt von Schranken). Sodann wird auch die öffentliche Funktion der Freiheit betont. Schließlich fehlt jeder Verfassungsperfektionismus, sowohl in bezug auf die Vollständigkeit eines „Systems" klar differenzierter Einzelgrundrechte, wie auch in bezug auf die Grundrechtsschranken.

3.2. Das schweizerische Verfassungsrecht gleicht in diesen Eigenschaften dem amerikanischen, obschon es ausführlicher ist. „Glaubens- und Gewissensfreiheit" im Sinne des Art. 49 BV ist immer als ein Gesamtbegriff verstanden worden. Sie bedeutet nicht nur Religions- sondern auch allgemeine Weltanschauungsfreiheit und umfaßt zugleich die „Gewissensverwirklichung". Art. 49 Abs. 5 BV („Die Glaubensansichten entbinden nicht von der Erfüllung der bürgerlichen Pflichten") nennt indessen einen Art. 136 WRV entsprechenden Vorbehalt. Obschon Art. 50 BV die Kultusfreiheit speziell gewährleistet, wird angenommen, auch diese und die weltanschauliche Korporationsfreiheit seien schon in Art. 49 BV angelegt. Einzelvorschriften der BV konkretisieren die Säkularisation des Staates. Besonders wird die Aufgabe des Bundes und der Kantone hervorgehoben, den Frieden unter den Konfessionen zu schützen.

3.3. Im Unterschied zur amerikanischen und der schweizerischen Tradition kam der Gewissensfreiheit in ihren Anfängen in Deutschland eine ausgesprochen „spezialrechtliche" Bedeutung zu (Recht konfessioneller Minderheiten insbesondere auf private Hausandacht). In der weiteren Entwicklung wurde das Grundrecht zunehmend spiritualisiert und blieb der privaten

Existenz zugeordnet. Zur Zeit der WRV rechnete die herrschende Lehre die Gewissensfreiheit dem forum internum zu und verneinte ihre rechtliche Relevanz. Im Bonner Grundgesetz tritt die Gewissensfreiheit als Spezialgrundrecht auf, welches nur einen Ausschnitt dessen deckt, was mit der schweizerischen „Glaubens- und Gewissensfreiheit" gemeint ist.

4. Der Bereich der Gewissensfreiheit nach Art. 4 Abs. 1 GG

4.1. Systematischer Ausgangspunkt ist nicht mehr die Religionsfreiheit. Vielmehr erscheint heute die Freiheit des religiösen Glaubens und des religiös motivierten Gewissens als Äußerung einer allgemeinen Überzeugungs- und Gewissensfreiheit.

4.2. Bleibt als Sonderbereich der Gewissensfreiheit nur das forum internum? Es ist einzuräumen, daß auch das forum internum des rechtlichen Schutzes bedürftig sein kann (insbesondere Freiheit der Gewissensbildung). Dieser ließe sich indessen schon aus Art. 2 und 5 GG ableiten.

„Gewissensfreiheit" ist auch im Sinne der „Gewissensverwirklichungsfreiheit" zu verstehen. Dies ergibt sich aus dem Staatsbild des Grundgesetzes und als Folge einer der Europäischen Menschenrechtskonvention konformen Auslegung des Art. 4 Abs. 1 GG.

5. Die Schranken der Gewissensfreiheit

5.1. Der Versuch, das Schrankenproblem als Frage nach den immanenten begrifflichen Schranken zu bewältigen, muß sich bescheiden.

Unhaltbar ist z. B. die These, die das Gewissen des einzelnen für maßgeblich erklärt, dabei aber eine objektive sittliche Ordnung voraussetzt, welcher die „richtige" Gewissensentscheidung spontan entspreche. Unbefriedigend ist auch die vom Bundesverwaltungsgericht entwickelte Begriffsbestimmung der Gewissensentscheidung. Sie führt zum paradoxen Ergebnis, daß eine rationale Gemeinschaftsethik, die es ohne „von der Vernunft her bestimmte Güterabwägung" gerade nicht geben kann, mit der con-scientia als auf den andern hin offenes Wissen und Verantworten, implizit aus der „Ethik" ausgeschieden wird.

Zur Abgrenzung der Gewissensfreiheit von einer allgemeinen Handlungsfreiheit kann man sagen, die Gewissensfrage stelle sich dann, wenn ein Entscheid in einer bestimmten Sache für die Konstituierung oder Dekonstituierung der Person bedeutsam sei. Diese Wirkung einer Entscheidung muß, damit sie berücksichtigt werden kann, rational mitteilbar sein. Damit ist indessen das Schrankenproblem noch nicht gelöst.

5.2. Die Grundrechte sind als Teile einer verfassungsrechtlichen Gesamtordnung zu verstehen, deren Elemente im Ver-

hältnis wechselseitiger Beziehung stehen. Eine systematische Rangordnung im Verhältnis von Freiheitsrechten und Gemeinschaftsaufgaben kann nicht angenommen werden. Bei der Ausgestaltung der staatlichen Gemeinschaftsaufgaben ist die Freiheit mitzubedenken. Umgekehrt stehen alle Grundrechte unter dem Gemeinschaftsvorbehalt (was freilich nicht im Sinne der älteren Lehre vom Vorbehalt der „öffentlichen Ordnung" zu verstehen ist). Die Schrankenprobleme sind deshalb Fragen der optimalen praktischen Konkordanz zwischen verschiedenen Verfassungsprinzipien.

So wie die Grundrechte nicht ein geschlossenes System darstellen, haben auch die Schrankenbestimmungen einen punktuellen Charakter. Teils nennen sie Selbstverständliches, teils legen sie die Konkordanz von „Freiheit und Bindung" in bestimmter Weise fest. Als materielle Konkordanznorm ist insbesondere Art. 4 Abs. 3 GG zu verstehen.

6. Versuch einer Gliederung der Konkordanzprobleme der Gewissensfreiheit

6.1. Leitgedanke ist die „Toleranz als Rechtsprinzip". Konkordanz ist praktisch geübte Toleranz.

6.2. Die Gewissensfreiheit auferlegt dem Staat Beschränkung. Es ergibt sich aus ihr aber auch ein Konkretisierungsauftrag. Es handelt sich darum, die Rechtsordnung so auszugestalten, daß die Konfliktsmöglichkeiten zum voraus möglichst eingegrenzt werden. Wo Konflikte durch Alternativen vermieden werden können, die für das Gemeinwesen tragbar sind, sollen solche Alternativen bereitgestellt werden.

6.3. Die Konkordanz von „Freiheit und Bindung" (z. B. auch die Frage der Tragbarkeit einer Alternativlösung) ist immer eine Frage der fallbezogenen Rechtsgüterabwägung. Es lassen sich jedoch problemgliedernde Grundsätze entwickeln.

6.3.1. Es ist jeweilen das konkret in Frage stehende „öffentliche Interesse", welches mit einer Gewissensposition kollidiert, kritisch zu werten. Zu prüfen ist sodann, in welchem Grade eine Entscheidung für die Konstituierung bzw. Dekonstituierung der Person bedeutsam sein kann.

6.3.2. Die Beschränkung der Gewissensfreiheit setzt einen überzeugend nachgewiesenen Grund des weltanschaulich neutralen Staates voraus.

6.3.3. Zusätzlich gilt das Gebot der Verhältnismäßigkeit. Ein Eingriff ist z. B. schon dann unverhältnismäßig und damit grundrechtswidrig, wenn es eine Alternative gibt, die den Gewissenskonflikt vermeidet und das geltend gemachte Gemeinschaftsinteresse ausreichend wahrt.

6.3.4. Die Gewissensfreiheit ist als Äußerung der Toleranz unter keinen Umständen ein Rechtstitel für die Vergewaltigung der anderen. Von hier aus sind die Fragen der Drittwirkung, etwa im Vertragsrecht und innerhalb von Weltanschauungsgemeinschaften zu beurteilen.

7. Würdigung des Gesamtergebnisses

Angesichts der sehr weitgehenden Grundrechtsdifferenzierung des GG ist die speziell dem Grundrecht der Gewissensfreiheit zukommende Funktion gering, jedoch keineswegs bedeutungslos für den Schutz der personalen Existenz des Menschen gegen ihre staatliche Verplanung.

„Die Sache Gewissensfreiheit", die letztlich die rationale, welt- und kommunikationsoffene Autonomie der geistig-sittlichen Person meint, weist freilich über das Grundrecht der Gewissensfreiheit hinaus. Recht und Politik des rechtsstaatlichen Gemeinwesens schlechthin sind hier gefragt.

Das Grundrecht der Gewissensfreiheit*)

2. Mitbericht von Prof. Dr. Ernst-Wolfgang *Böckenförde*,
Bielefeld

Wenn man sich nach der im Sinne des Grundgesetzes richtigen und sinnvollen Interpretation der in Art. 4 GG als „unverletzlich" verbürgten Freiheit des Gewissens fragt und zu diesem Zweck die einschlägige Literatur und Judikatur durchmustert, wird man alsbald an ein Wort des Berner Hauslehrers und späteren Professors der Philosophie in Jena, Heidelberg und Berlin, *G. W. F. Hegel*, in seiner Rechtsphilosophie erinnert: „Die Zweideutigkeit in Ansehung des Gewissens", sagte er, liege darin, „daß es in der Bedeutung jener Identität des subjektiven Wissens und Wollens und des wahrhaften Guten vorausgesetzt, und so als Heiliges behauptet und anerkannt wird, und ebenso als die nur subjektive Reflexion des Selbstbewußtseins in sich doch auf die Berechtigung Anspruch macht, welches jener Identität selbst nur vermöge ihres an und für sich vernünftigen Inhalts zukommt"[1]). In dieser Zweideutigkeit, von der Hegel spricht, liegt es begründet, daß die Frage nach dem Inhalt der verfassungsrechtlich verbürgten Gewissensfreiheit nicht nur ganz unterschiedliche Antworten hervorruft, sondern darüber hinaus sogleich grundlegende Fragen im Hinblick auf die Verbindlichkeit der staatlichen Rechtsordnung, die unüberschreitbaren Grenzen staatlicher Freiheitsverbürgung und die Legitimation des modernen Staates und Rechtsstaates aufwirft.

[Ist der Staat, ist die staatliche Rechtsordnung überhaupt in der Lage, eine Freiheit des individuellen Gewissens anzuerkennen, die über die Freiheit der Innerlichkeit des sog. forum internum, die freilich kaum einer rechtlichen Garantie bedarf, hinausgeht? Gibt die staatliche Rechtsordnung damit nicht ihre

---

*) Der Bericht mußte dem hochschulpolitisch bewegten Jahr 1968/69 an der Universität Heidelberg abgerungen werden. Um so dankbarer bin ich meinem damaligen Assistenten, Herrn Priv. Doz. Dr. Podlech, sowie den Teilnehmern meines verfassungsrechtlichen Seminars im SS 1969 für etliche Anregungen, die ich aus den Referaten und Diskussionen dieses Seminars für meine eigene Urteilsbildung erhalten habe.
Die in [eckige Klammern] gesetzten Abschnitte konnten aus Zeitgründen nicht mündlich vorgetragen werden.

[1]) *G. W. F. Hegel*, Grundlinien der Philosophie des Rechts, Ausg. Gans, Stuttgart 1952, § 137 (S. 197 f.).

Allgemeinheit und Allgemeingültigkeit, die Grundlage ihrer befriedenden Kraft, zumal in einer nicht-homogenen Gesellschaft, preis? Anderseits: Wenn es ein oder das Ziel des Rechtsstaates und auch der freiheitlichen Demokratie ist, die Freiheit des Individuums zu gewährleisten, muß dann nicht gerade das Gewissen des einzelnen, als der innerste Kern seiner Persönlichkeit, unverletzlich sein und der Staat prinzipiell darauf verzichten, seine Bürger gegen ihr Gewissen zu zwingen? Aber: Kann man davon ausgehen, daß das Gewissen, daß die individuellen Gewissen in ihrer Gesamtheit eine Instanz sind, auf der eine staatliche Ordnung sich bruchlos erbauen kann — die „Stimme Gottes in uns", wie es in Kreisen der christlichen Theologie vertreten wird[2]) — oder öffnet sich hier ein Abgrund, der nur dadurch überbrückt werden kann, daß das Gewissen sich seinerseits an objektiven ethisch-sittlichen und rechtlichen Normen orientiert[3])?]

Die Interpretationen, die Art. 4 GG im Hinblick auf die Gewissensfreiheit erfährt, müssen — gerade auch in ihrer Divergenz — vor dem Hintergrund dieser Fragen gesehen werden[4]). Das kommt nicht von ungefähr. Das Grundgesetz hat die

[2]) Dies ist ein alter Topos der christlichen Gewissenslehre, der seinen exegetischen Anhaltspunkt in 2 Röm 15 hat; vgl. etwa *G. Biederlack* SJ, Art. Gewissen, Gewissensfreiheit: Staatslexikon d. Görresgesellschaft, 2. Aufl., Bd. 2, Sp. 1051. *H. Hartmann*, Toleranz und christlicher Glaube, Frankfurt 1955, S. 182, 188; *Mausbach-Ermecke*, Katholische Moraltheologie, Bd. 1, 9. Aufl. Münster 1959, S. 158, 161; aus jüngster Zeit einerseits Erzbischof *H. Schäufele* in seinem Fastenhirtenbrief 1969, Amtsblatt der Erzdiözese Freiburg 1969, S. 236 f., anderseits *Adolf Arndt* in NJW 1968, S. 2370. Kritisch zu diesem Verständnis des Gewissens von theologischer Seite *H. Thielicke*, Gewissen, Gewissensfreiheit I: Theologisch, in: Evangel. Staatslexikon, Sp. 671; auch *G. Lanzenstiel*, Gewissen, Gewissensfreiheit I: Theologisch, ebd., Sp. 672 f.

[3]) Die christliche Theologie sucht der sich hier auftuenden Aporie durch eine im Bereich theologischer Argumentation mögliche Vermittlung zu entgehen. Einerseits wird das individuelle Gewissen als nächste Norm und verbindliche Instanz für das konkrete ethisch-sittliche Handeln anerkannt, anderseits wird die Verpflichtung gelehrt, das Gewissen an den Normen des Glaubens und der kirchlichen Lehre zu orientieren und zu bilden.

[4]) Einen Überblick über die verschiedenen Interpretationen nach dem Stand von 1958 gibt *H. Scholler*, Die Freiheit des Gewissens, Berlin 1958, S. 115—125. Sucht man die verschiedenartigen Interpretationen je nach der inhaltlichen Ausdehnung, die sie der Gewissensfreiheit geben, auf einige Grundtypen zurückzuführen, so lassen sich unterscheiden:

a) die *restriktive* Interpretation: Gewissensfreiheit schützt nur das sog. forum internum und/oder die individuelle Geheimsphäre: so vor allem *Zippelius*, in: Bonner Kommentar, Art. 4, Rdn 45; *Scholler*, aaO., S. 131 ff.; in seiner jüngsten Äußerung zum Thema ist Scholler

in Art. 4 ausgesprochene Gewährleistung der Freiheit des Glaubens und des Gewissens nicht unter einen einschränkenden Vorbehalt zugunsten der „allgemeinen Gesetze“ oder der „bürgerlichen und staatsbürgerlichen Pflichten“ gestellt. Diese Abweichung von Art. 135 WRV wie auch von den entsprechenden Garantien etwa der Schweizerischen und der Österreichischen Verfassung und der Europäischen Menschenrechtskonvention[5]) ist, wie vorwegnehmend festgestellt sei[6]), nicht ohne Vorbedacht geschehen. Die Frage nach dem Grundrecht der Gewissensfreiheit stellt sich also unmittelbarer und schärfer; sie fordert nachdrücklicher zu prinzipiellen Überlegungen auf, was mit der in dieser Form gewährleisteten Gewissensfreiheit inhaltlich gemeint ist und gemeint sein kann und in welchem Umfang eine Verfassung, die den Staat als demokratischen Rechtsstaat ver-

---

von dieser restriktiven Interpretation abgerückt, vgl. *ders.*, Gewissen, Gesetz und Rechtsstaat: DÖV 1969, S. 526 (529);

b) die *extensive* oder anarchische Interpretation: niemand darf zu einem (eigenhändigen) Tun gegen sein Gewissen gezwungen werden; so vor allem *W. Geiger*, Gewissen, Ideologie, Widerstand, Nonkonformismus, München 1963, S. 67 f., 72 f.; *ders.*, in: Schule und Staat. Studien und Berichte der Kath. Akademie in Bayern, Heft 9, München 1959, S. 43; *Adolf Arndt*, NJW 1965, S. 2196 (Anmerkung zu BVerfGE 19, 135); *ders.*, NJW 1966, S. 2205; *ders.*, NJW 1968, S. 980;

c) die *funktionale* oder abwägende Interpretation: so vor allem *N. Luhmann*, Die Gewissensfreiheit und das Gewissen: AöR 90 (1965), S. 257—286; A. *Podlech*, Das Grundrecht der Gewissensfreiheit und die besonderen Gewaltverhältnisse, Berlin 1969, passim, insbes. S. 35 ff.; H. *Weber*, Ersatzdienstverweigerung aus Gewissensgründen, NJW 1968, S. 1610 f.

[5]) *Schweiz:* Art. 49 Abs. 5 BV (Vorbehalt zugunsten der „bürgerlichen Pflichten“; die Schranke der öffentlichen Ordnung, in etwa gleichbedeutend mit den allgemeinen Gesetzen, gilt nach herrschender Lehre für alle Grundrechte, einschl. der Gewissensfreiheit, vgl. *Fleiner-Giacometti*, Schweizerisches Bundesstaatsrecht, 1949, S. 246 f.; *Aubert*, Traité de droit constitutionnel suisse, T. 2, Neuchâtel 1967, S. 633 ff.; kritisch dazu *H. Huber*, Die Grundrechte in der Schweiz, in: Die Grundrechte, Bd. 1, 1, Berlin 1968, S. 207).
Österreich: Art. 14 II BVG (Vorbehalt der staatsbürgerlichen Pflichten; s. *Ermacora*, Handbuch der Grundrechte und Grundfreiheiten, Wien 1963, S. 366 f.);
Europ. Menschenrechtskonvention: Art. 9 Abs. 2 (Vorbehalt solcher Beschränkungen, die „in einer demokratischen Gesellschaft notwendige Maßnahmen im Interesse der öffentlichen Sicherheit, der öffentlichen Ordnung, Gesundheit und Moral oder für den Schutz der Rechte und Freiheiten anderer sind“; dazu *K. J. Partsch*, in: Die Grundrechte, Bd. 1, 1, Berlin 1968, S. 425 f.).
Auch in den USA wird die „free exercise“-Klausel des 1. Amendments, die die Glaubens- und Religionsfreiheit gewährleistet, innerhalb der Schranken der öffentlichen Ordnung geltend verstanden, s. dazu die Entscheidung des Supreme Court Cantwell v. Connecticut 310 US 296 (1940) und *H. W. Bayer*, ZaöRV Bd. 24 (1964), S. 204.

[6]) Siehe unten S. 47 ff.

faßt, diese Gewissensfreiheit, die sie gewährleisten will, zu gewährleisten in der Lage ist, ohne sich dadurch wiederum selbst in Frage zu stellen.

I.

Die Gewissensfreiheit steht nicht allein von ihren geistigen Grundlagen her, sondern auch in ihrer Erscheinungsform als Grundrecht in einer starken historischen Kontinuität. Das in ihr liegende Prinzip wird mit Recht als Grundlage der modernen individuellen Freiheitsrechte, ja des modernen Freiheitsgedankens überhaupt angesehen. Die Frage nach dem Inhalt der Gewissensfreiheit, wie sie Art. 4 GG gewährleistet, kann daher nicht voraussetzungslos angesetzt werden, sondern nur unter Beachtung jener geistigen und geschichtlichen Kontinuität[7]).

1. Sowohl Art. 135 WV als auch, über diesen vermittelt, Art. 4 GG gehen der äußeren Gestalt und verfassungsrechtlichen Tradition nach auf das Grundrecht der „Glaubens- und Gewissensfreiheit" zurück, das uns in den Verfassungen des 19. Jhs. entgegentritt[8]). Dieses Grundrecht hat zu dieser Zeit einen klaren und umgrenzten Inhalt; er läßt sich indessen kaum aus dem Wortlaut und schon gar nicht aus der Wertordnung der konstitutionellen Verfassungen, sondern nur aus der verfassungsgeschichtlichen Entwicklung der Gewissensfreiheit selbst ermitteln. Freiheit des Gewissens hat, als rechtlicher Begriff verstanden, seit ihrem Ursprung in den konfessionellen und politischen Auseinandersetzungen des 16. und 17. Jhs. — sie erscheint ausdrücklich zum ersten Mal in der Utrechter Union von 1579 und dann im Westfälischen Frieden[9]) — den Sinn eines Abwehrrechts des Individuums gegen unmittelbaren Glaubens- und

---

[7]) Das gilt im übrigen für die Grundrechtsinterpretation allgemein. *Scheuner*, Die Religionsfreiheit im Grundgesetz: DÖV 1967, S. 586; *ders.*, Pressefreiheit: VVDStRL 24 (1965), S. 45 ff., hat mit Recht darauf hingewiesen, daß jedes einzelne Grundrecht nicht lediglich als Ausformung oder spezialisierter Anwendungsfall eines allgemeinen Hauptfreiheitsrechts verstanden werden kann, vielmehr seinen bestimmten Gegenstand aus seinem Antwortcharakter auf besondere Freiheits- und Rechtsgefährdungen erhält und in seinem Inhalt nicht ohne Rücksicht auf diese „historisch-verfassungsrechtliche Sinngebung" bestimmt werden kann. Die hier vorgelegte Interpretation folgt diesem methodischen Ausgangspunkt.

[8]) Etwa bayer. Verfassung Tit. IV § 9 I; württ. Verf. §§ 24 u. 27 I; bad. Verf. § 18; hess. Verf. § 22; kurhess. Verf. § 30 S. 1; hannov. Verf. v. 1833, § 30 I.

[9]) In der Utrechter Union von 1579 wird sie als Institut der öffentlichen Ordnung der Niederlande anerkannt, vgl. *Hamel*, Glaubens- und Gewissensfreiheit, in: Die Grundrechte, Bd. IV, 1, S. 40; *Joh. Kuhn*, Toleranz und Offenbarung, 1923, S. 389 ff. Im Westfäl. Frieden: IPO Art. V § 34, dazu *Kahl*, Lehrsystem des Kirchenrechts und der Kirchenpolitik, Freiburg u. Leipzig 1894, S. 316 f.

Bekenntniszwang. Sie ist bezogen und begrenzt auf Glaubens- und Religionsfragen — der spätere einheitliche Begriff ‚Glaubens- und Gewissensfreiheit' ist darin angelegt, ihr Adressat ist der landesherrliche Religionsbann und das landesherrliche jus reformandi, denen gegenüber ein bestimmter Freiheitsbereich des Individuums rechtlich ausgegrenzt und gesichert wird. Insofern ist auch in der deutschen Verfassungsentwicklung die Gewissensfreiheit das erste Grundrecht in dem präzisen Sinn eines säkularen individuellen Freiheitsrechts[10]), das dem Individuum um seiner selbst willen zukommt, es rechtlich aus bestimmten Bindungen emanzipiert und den gewährten Freiheitsbereich gegen hoheitliche Eingriffe sichert. Inhalt und Umfang dieser Gewissensfreiheit sind freilich begrenzt. Sie bezieht sich inhaltlich nur auf die Freiheit von Zwang zur Annahme oder Beibehaltung eines bestimmten Glaubens bzw. Bekenntnisses, auf das Recht der (einfachen) Hausandacht gemäß dem eigenen Bekenntnis und auf das sog. beneficium emigrationis, das Auswanderungsrecht um der Religionsausübung willen[11]). Und sie

---

[10]) Die Gewissensfreiheit als (erstes) säkulares individuelles Freiheitsrecht: *M. Heckel*, Parität: Sav.Zs. Kan.Abt. 49 (1963), S. 350, mit kritischer Bewertung des Vorgangs. In der bekannten Kontroverse im Anschluß an die Schrift von *Georg Jellinek*, Die Erklärung der Menschen- und Bürgerrechte, 4. Aufl. 1927, wurde die Frage nach der historischen Entstehung der französischen Erklärung v. 26. 8. 1789 und nach der Entstehung des Prinzips der modernen Freiheitsrechte und seiner ersten Konkretisierung nicht genügend voneinander unterschieden, vgl. dazu das Vorwort von *Roman Schnur* in dem Sammelband: Zur Geschichte der Erklärung der Menschenrechte, hrsg. v. R. Schnur., Darmstadt 1964, S. X—XI. Im Hinblick auf die zweite Frage, um die es hier geht, scheint die These Jellineks nach wie vor zu Recht zu bestehen: die Gewissensfreiheit als Individualrecht bringt über ständische Unterschiede hinweg das unmittelbare Verhältnis Individuum — Staat ins Spiel und sie bringt — zum ersten Mal — die prinzipielle, systematische *Vorordnung des Individuums* und seiner Lebenszwecke vor dem Staat zum Ausdruck, wie sie für den modernen Rechts- und Verfassungsstaat grundlegend ist, vgl. dazu *Carl Schmitt*, Verfassungslehre, S. 157 f. — Hiervon zu unterscheiden ist die Frage, ob die geistigen Grundlagen, von denen her die Gewissensfreiheit als Grundrecht möglich und in ihrer Verwirklichung befördert wurde, solche religiös-reformatorischer oder natur- und vernunftrechtlicher Art sind, siehe dazu die Beiträge von *O. Voßler* und *G. Ritter* in dem erwähnten Sammelband ‚Zur Geschichte der Erklärung der Menschenrechte', sowie *G. Oestreich*, Zur Entwicklung der Menschenrechte und Grundfreiheiten, in: Die Grundrechte, Bd I, 1, Berlin 1968, S. 48—57.

[11]) Vgl. IPO Art. V §§ 34, 35, 37, und *W. Kahl*, aaO. (N. 9), S. 316 f. Hinsichtlich des Rechts auf Hausandacht galt die Unterscheidung zwischen devotio domestica simplex — einfache Hausandacht, d. h. ohne Geistlichen, und devotio domestica qualificata, d. h. unter Zuziehung eines Geistlichen; nur die einfache Hausandacht wurde in die Gewissensfreiheit einbezogen. Über Inhalt und Erscheinungsformen des

erstreckt sich nur auf Anhänger der drei im Reich anerkannten Konfessionen, nicht auf Anhänger von Denominationen oder Sekten, die für die politische und religiöse Ordnung gleichermaßen als gefährlich galten und dem landesherrlichen Religionsbann und Ausweisungsrecht ungeschützt unterstanden[12]). Das dirigierende Prinzip der Reichsverfassung für die Behandlung der Religionssachen war Parität, nicht Toleranz oder Glaubensfreiheit[13]).

Eine Ausdehnung der Gewissensfreiheit über diesen Rahmen hinaus fand unter dem Einfluß der Ideen der Aufklärung und des Vernunftrechts[14]) zuerst in Brandenburg-Preußen statt, in praktischer Übung seit dem späteren 17. Jh., ausdrücklich anerkannt im Wöllnerschen Religionsedikt und dann in den berühmten §§ 1—4, 7—8 II 11 ALR. Das ALR gewährte „vollkommene" Glaubens- und Gewissensfreiheit, nicht nur zwischen den reichsrechtlich anerkannten Religionsparteien, sondern auch für die Sekten, es schloß jede Beunruhigung oder Verfolgung wegen der Religionsmeinungen und damit das landesherrliche Ausweisungsrecht aus und gewährleistete ausdrücklich den ‚inneren' und häuslichen Gottesdienst[15]). Diese Aus-

beneficium emigrationis, das einerseits aus eigenem Entschluß wahrgenommen werden konnte, um in den Genuß ‚voller' Religionsausübung in einem anderen Territorium zu gelangen, anderseits ein Abwehranspruch gegenüber dem landesherrlichen Ausweisungsrecht — ius reprobationis — war vgl. *Kahl*, aaO., S. 317; *J. J. Moser*, Von der Landeshoheit im Geistlichen, Frankfurt u. Leipzig 1773 (Neudruck 1967), S. 861—867; *U. Scheuner*, Die Ausreisefreiheit in der Verfassungsgeschichte und im Verfassungsrecht Deutschlands: Festschrift für Richard Thoma, Tübingen 1950, S. 199 (208 ff.).

[12]) IPO Art. VII § 2 a. E.; *J. J. Moser*, Von der Teutschen Religionsverfassung, Frankfurt u. Leipzig 1773 (Neudruck 1967), S. 28 f., 36 f. Moser unterscheidet deshalb ganz folgerichtig die „Gewissensfreiheit überhaupt", die er, ganz im Sinne eines säkularen Freiheitsrechts, darin sieht, daß „der Mensch (!) in Religionssachen denken und handeln darf, wie er will, ohne von der geistlichen oder weltlichen Obrigkeit darin verhindert oder deswegen bestraft zu werden", und die in Deutschland geltende „umschränkte und gemäßigte" Gewissensfreiheit, kraft deren „jedermann, von dem Höchsten bis zum Niedrigsten, sich zu der Evangelisch-Lutherisch- oder Reformierten, oder zu der Römisch-Katholischen Religion bekennen, und einer solchen Person nichts wider die Grundsätze ihrer Religion zugemutet werden darf", ebd. S. 36/37.

[13]) *Martin Heckel*, aaO. (N. 10), S. 350.

[14]) Siehe *Hamel*, Glaubens- und Gewissensfreiheit, aaO. (N. 9), S. 43 u. f.; *C. G. Suarez*, Vorträge über Staat und Recht, hrsg. v. Conrad und Kleinheyer, Köln Opladen 1960, S. 52 f.

[15]) ALR 11 II, § 1: Die Begriffe der Einwohner des Staats von Gott und göttlichen Dingen, der Glaube, und der innere Gottesdienst, können kein Gegenstand von Zwangsgesetzen seyn.
§ 2: Jedem Einwohner im Staate muß eine vollkommene Glaubens- und Gewissensfreiheit gestattet werden.

dehnung und Umgrenzung ist es, die künftighin und vor allem in den konstitutionellen Verfasungen der Vormärzzeit und des Jahres 1848 den Rechtsbegriff der Glaubens- und Gewissensfreiheit bestimmt und in der die Glaubens- und Gewissensfreiheit zu den „bürgerlichen Rechten" i. S. des Art. 16 der Deutschen Bundesakte gezählt wurde[16]); die Beziehung auf Religionssachen bleibt ihr immanent.

Das Verlangen nach Freiheit der Glaubensbetätigung drängt jedoch über diesen, durch die Gewissensfreiheit umschriebenen Bereich hinaus. Wieder unter Vorantritt Preußens trat in etlichen deutschen Staaten im Laufe des 19. Jhs., allgemein aber erst 1919 mit der Weimarer Verfassung[17]), zur Glaubens- und Gewissensfreiheit die Freiheit der vollen, d. h. häuslichen und *öffentlichen* Religionsausübung für alle Bekenntnisse, die sog. Kultusfreiheit, und die Freiheit der Vereinigung zu Religions-

---

§ 3: Niemand ist schuldig, über seine Privatmeinung in Religionssachen Vorschriften vom Staate anzunehmen.
§ 4: Niemand soll wegen seiner Religionsmeinungen beunruhigt, zur Rechenschaft gezogen, verspottet, oder gar verfolgt werden.
§ 7: Jeder Hausvater kann seinen häuslichen Gottesdienst nach Gutbefinden anordnen.
§ 8: Er kann aber Mitglieder, die einer andern Religionspartey zugethan sind, zur Beiwohnung desselben wider ihren Willen nicht anhalten.
Über Umfang und Inhalt der landrechtlichen Gewährleitsung der Glaubens- und Gewissensfreiheit — die Verdoppelung findet sich hier erstmals — im einzelnen *Kahl*, Lehrsystem, S. 318 f.; *Fürstenau*, Das Grundrecht der Religionsfreiheit, Leipzig 1891, S. 77 f.; auch *Scholler*, aaO. (N. 4), S. 57 f., der jedoch die Aufhebung des ius reprobandi übersieht.
Wieweit Preußen hiermit, unbeschadet der fortbestehenden Staatskuratel über die als Religionsgesellschaften qualifizierten Kirchen, den Staaten seiner Zeit voraus war, zeigt u. a. der Vergleich mit dem Toleranzpatent Josefs II. von 1781 für die österreich. Erblande. Das Toleranzpatent gewährte den Anhängern der beiden protestantischen Bekenntnisse und dem nicht unierten griechischen Bekenntnis eine qualifizierte private, keineswegs die öffentliche Religionsübung; das reichsrechtliche Sektenverbot blieb unrevidiert. Hierzu bestimmte das Gesetz v. 18. Juni 1782 (angeführt bei *Ignaz Beidtel*, Untersuchungen über die kirchlichen Zustände in den Kaiserlich Österreichischen Staaten . . ., Wien 1849, S. 84 f.): „Ferner, wenn sich ein Mann, ein Weib oder wer immer bei einem Ober- oder Kreisamte als Deist, Israelit oder sog. Lampelbruder meldet, sollen ihm ohne weitere Anfrage 24 Prügel- oder Karbatschstreiche auf den Hintern gegeben und er damit nach Hause geschickt werden. Dieses soll so oft wiederholt werden, als er neuerdings kommt sich zu melden, nicht weil er ein Deist ist, sondern weil er sagt, das zu sein, was er nicht weiß, was es ist."

[16]) Dazu *Kahl*, Lehrsystem, S. 320 f.; *Fürstenau*, aaO. (N. 15) S. 110 ff.

[17]) Ein Überblick über die Entwicklung bei *Kahl*, aaO., S. 204—236, 322 ff.

gesellschaften (religiöse Assoziationsfreiheit). Mit der Anerkennung dieser Rechte wurde freilich die Glaubens- und Gewissensfreiheit als *eigenes* Grundrecht inhaltlich überholt[18]). Gegenüber der allgemeinen Freiheit der Religionsausübung und der religiösen Vereinigungsfreiheit war sie ohne eigene inhaltliche Bedeutung, außer daß sie die denknotwendige Voraussetzung dieser Freiheiten ausdrückte und das mit diesen zur Selbstverständlichkeit gewordene Verbot staatlichen Glaubenszwanges noch einmal bekräftigte. Ungeachtet dieses weitgehenden Funktionsverlustes blieb sie aber in den Verfassungstexten als selbständiges Grundrecht erhalten. Die Glaubens- und Gewissensfreiheit erscheint in der Verfassung der Paulskirche neben der vollen Freiheit der Religionsausübung und der religiösen Vereinigungsfreiheit[19]), und in gleicher Weise findet sie in die Weimarer Verfassung Eingang. Darin liegt nicht nur eine Traditionswirkung von Verfassungstexten über veränderte verfassungsrechtliche Zusammenhänge hinweg; dahinter steht ebenso die hohe Bedeutung, die der Gewissensfreiheit in der geistigen Bewegung und der geistig-politischen Auseinandersetzung des 19. Jhs. zugemessen wurde. Sie gründete sich auf die Idee der Autonomie der Persönlichkeit und die Auffassung von der dem Menschen angeborenen Freiheit des Denkens und Urteilens, wie sie im Denken des europäischen Rationalismus seit dem 17. Jh. und dann besonders eindrucksvoll in der Philosophie Kants entwickelt worden war[20]). Gewissen und Gewissensfreiheit werden in dieser Bewegung freilich in einen anderen Zusammenhang gestellt. Das Gewissen wird gelöst aus der Verbindung zum Glauben, es wird auf sich gestellt und als letzte und höchste Instanz der autonomen Persönlichkeit begriffen, die im Gewissen das Organ ihrer moralischen Erkenntnis hat, unmittelbar zu sich selbst ist und sich die Gesetze des

---

[18]) Siehe *Scholler*, aaO. (N. 4), S. 59/60. Die ‚Überholung' wird deutlich an der Formel, mit der *H. Fürstenau*, aaO. (N. 15), die Gewissensfreiheit als ‚bürgerliches Recht' des einzelnen umschreibt: „daß der einzelne ein Recht hat auf Teilnahme an der Religionsübung seiner Kirche, sofern diese Kirche nämlich ein Recht auf Religionsübung hat, daß er aber kein Recht hat auf Religionsübung seiner Kirche."

[19]) Vgl. § 144 („volle Glaubens- und Gewissensfreiheit"), § 145 (gemeinsame häusliche und öffentliche Übung der Religion), § 147 (freie Bildung von Religionsgesellschaften).

[20]) Dazu *Hamel*, Art. Gewissen, Gewissensfreiheit II: Rechtlich, in: Evangel. Staatslexikon, Sp. 677—679, ferner *ders.*, Glaubens-und Gewissensfreiheit, aaO. (N. 9), S. 41 f., 44; *Klaus Schlaich*, Kollegialtheorie. Kirche, Recht und Staat in der Aufklärung, München 1969, S. 156—158; Kants Lehre von der Autonomie der (sittlichen) Persönlichkeit: Grundlegung zur Metaphysik der Sitten, Ausg. Vorländer (Philos. Bibl.), S. 57 ff.; Kritik der praktischen Vernunft, Ausg. Vorländer (Philos. Bibl.), S. 39 (Lehrsatz IV).

Handelns selbst gibt[21]). Freiheit des Gewissens bedeutet dann nicht nur Freiheit zum eigenen Glauben — gegenüber dem jus reformandi des Landesherrn —, sondern ebenso Freiheit vom Glauben und darüber hinaus generell die Freiheit des Handeln- und Sich-Verhaltenkönnens der Persönlichkeit nach ihrem eigenen, im Gewissen sich selbst gegebenen Gesetz[22]). Eben diese Gewissensfreiheit ist es, die die Katholische Kirche im 19. Jh. beharrlich bekämpft und über die Karl Marx seine spöttisch-kritischen Bemerkungen macht[23]).

2. Mußte diese Auffassung in dem Maße, als sie im geistigen Bewußtsein der Zeit vorherrschend wurde, Anlaß zu einer neuen Frage nach dem Inhalt der verfassungsrechtlichen Gewissensfreiheit geben[24]), so war eine solche Frage freilich

---

[21] Grundlegend dafür die Autonomie- und Gewissenslehre Kants. Vgl. neben den Note 20 angeführten Belegen insbes. Metaphysik der Sitten, Tugendlehre, Einleitung XII b (Ausg. Vorländer, S. 242 f.) und § 13 (Ausg. Vorländer, S. 289 ff.). Kant sieht zwar das Gewissen als das „Bewußtsein eines inneren Gerichtshofes im Menschen", das sich einen andern als sich selbst zum Richter seiner Handlungen denken muß; aber diese andere Person erscheint nur als *Postulat*, damit das Phänomen des Gewissens (als individuelle Urteilsinstanz) vernünftig gedacht werden kann, sie „mag nun eine wirkliche oder bloß idealische Person sein, welche die Vernunft sich selbst schafft" (Tugendlehre, § 13); das Prinzip der Autonomie, der Selbstgesetzgebung im Gewissen, bleibt erhalten, siehe dazu insbes. die Anmerkung in § 13 der Tugendlehre, aaO., S. 290/291. — Gegen diese Gewissensauffassung richtet sich die Kritik Hegels, aaO. (N. 1), § 135, S. 194. Über die Fortwirkung der Kantischen Auffassung in der Literatur des 19. Jh. siehe u. a. *J. Stelzenberger*, Syneidesis, conscientia, Gewissen, Paderborn 1963, S. 118 ff.

[22]) In diesem Sinn wurde die Gewissensfreiheit vornehmlich vom weltanschaulichen Liberalismus und bestimmten Richtungen des politischen Liberalismus und der demokratischen Linken aktualisiert; vgl. dazu etwa den Artikel „Liberalismus" des Führers der liberalen Opposition in der württemberg. Zweiten Kammer, *Paul Pfizer*, im Staatslexikon von Rotteck-Welcker, Bd. 9, 1. Aufl. Altona 1841, S. 713 ff. (716 ff.) (Auszüge bei *W. Mommsen*, Deutsche Parteiprogramme, München 1960, S. 103 ff.); ferner etliche Äußerungen in den Beratungen der Grundrechte in der Frankfurter Nationalversammlung, vgl. dazu demnächst *H. Scholler* (Hrsg.), Die Grundrechtsdiskussion in der Paulskirche.

[23]) Enzyklika „Mirari vos" Gregors XVI. v. 15. 8. 1832 (Denzinger, Enchiridion Symbolorum, 33. Aufl. 1965, S. 549 f.); Enzyklika Quanta cura Pius IX. v. 8. 12. 1864 (Denzinger, S. 574 ff.); Syllabus errorum Pius IX. von 1864, Nr. 78 u. 79 (Denzinger, S. 577 ff.); Enzyklika Libertas praestantissimum Leos XIII. v. 20. 6. 1888 (Denzinger, S. 629 ff.). *Karl Marx*, Zur Judenfrage I, in: K. Marx, Die Frühschriften, hrsgg. v. Landshut, Stuttgart 1953, S. 197/198.

[24]) Ansätze dazu kommen zum Vorschein, wenn die württemberg. Verfassung von 1819 einerseits in § 27 jedem, ohne Unterschied der Religion, „ungestörte Gewissensfreiheit" (im traditionellen Sinn) verbürgt, anderseits in § 24 festlegt, daß der Staat jedem Bürger

ebenso durch die verfassungsrechtlichen Veränderungen nahegelegt, die mit dem Übergang zur Weimarer Verfassung eingetreten waren. Indem die Weimarer Verfassung die staatliche Religions- und Kirchenhoheit grundsätzlich beseitigte, ungeachtet der Restposten in Art. 136 ff.[25]), war für die Glaubens- und Gewissensfreiheit in ihrer bisherigen Form der Bezugspunkt entfallen. Dieser Bezugspunkt war das in der staatlichen Religions- und Kirchenhoheit enthaltene jus reformandi, demgegenüber die Glaubens- und Gewissensfreiheit einen Freiheitsraum des einzelnen ausgrenzte[26]). Die WV schied dieses jus reformandi mit der Staatskirchenhoheit generell aus dem Bereich möglicher Staatshoheitsrechte aus — der Staat wurde weltliches Gemeinwesen im strengen Sinn. Damit stellte sich notwendig die Frage, ob nicht auch die Glaubens- und Gewissensfreiheit ‚weltlich' werden mußte, d. h. nicht mehr das religiöse Gewissen, als Organ des Glaubens, sondern das von dieser Bestimmung gelöste weltliche Gewissen als die Instanz letzter, autonom gefundener individueller Lebensüberzeugungen den Ausgangspunkt der Gewissensfreiheit zu bilden hatte.

Hinzu kam ein Weiteres. Die preußische Verfassung von 1850 bestimmte in Art. 14, daß unbeschadet der Religionsfreiheit bei denjenigen Einrichtungen des Staats, welche mit der Religionsübung im Zusammenhang stehen, die christliche Religion zugrunde gelegt werde[27]). Das war ein Vorbehalt gegen die volle

„Freiheit der Person, Gewissens- und Denkfreiheit (!), Freiheit des Eigentums und Auswanderungsfreiheit" sichert, und wenn im Lehrbuch des Deutschen Staatsrechts von *Meyer-Anschütz* (7. Aufl. 1914—19) die Religionsfreiheit in der systematischen Gliederung als Unterfall der „Freiheit der geistigen Bewegung" erscheint (nebengeordnet zur ‚Preßfreiheit').

[25]) *Godehard J. Ebers*, Art. Religionsgesellschaften, in: Die Grundrechte und Grundpflichten der Reichsverfassung, hrsgg. von Nipperdey, Bd 2 (1930), S. 362 ff., 365; *ders.*, Staat und Kirche im neuen Deutschland, 1930, S. 119 ff., 131 ff.; *P. Mikat*, Kirchen und Religionsgemeinschaften, in: Die Grundrechte, Bd IV, 1, S. 126 ff., insbes. 129, dort auch die abweichenden Meinungen. Daß in der Staatspraxis, insbesondere in den ehemals protestantisch geprägten Ländern, trotz des grundsätzlichen Wegfalls der staatlichen Kirchen- und Religionshoheit eine begrenzte Kirchenhoheit vielfach weiter ausgeübt wurde, gehört zur Verfassungswirklichkeit der Weimarer Zeit; über die Gründe siehe *P. Mikat*, aaO., S. 129/130.

[26]) Ganz folgerichtig hatte *W. Kahl* demgemäß in seinem Lehrsystem des Kirchenrechts und der Kirchenpolitik die Glaubens- und Gewissensfreiheit in dem Abschnitt ‚Bildung und Umbildung des Begriffs des Jus reformandi' (S. 315—323) behandelt.

[27]) Über Entstehung, Inhalt und Tragweite dieser Bestimmung siehe umfassend *G. Anschütz*, Die Verfassungsurkunde für den preußischen Staat. Ein Kommentar für Wissenschaft und Praxis, Berlin 1912, S. 260 ff.

religiös-weltanschauliche Neutralität des Staates, die Erhaltung der „christlichen Grundlage“ des Staates. Auch dieser Vorbehalt, der in den Einzelstaaten mit Staatskirche noch stärker bestand als in Preußen, wurde — ungeachtet der beibehaltenen besonderen Stellung der Kirchen — durch die Weimarer Verfassung dem Prinzip nach aufgehoben. Der Staat war nicht mehr nur bekenntnisneutral, d. h. christlich-paritätisch und im übrigen tolerant, sondern dem Prinzip nach religionsneutral[28]). Diese Entscheidung, die den geistigen Gehalt des Staates neu bestimmte, mußte ebenfalls zur Neubestimmung der Gewissensfreiheit drängen[29]): nicht nur eine religiöse, sondern jede Gewissensüberzeugung, unabhängig von ihrer Grundlage, muß den Schutz der Gewissensfreiheit genießen. Und darüber hinaus implizierte sie eine Aktualisierung der Gewissens*betätigungs*freiheit. Denn gegenüber dem religiös-neutralen Staat, der insoweit an keine inhaltlichen Ordnungsprinzipien gebunden war, kam es in besonderer Weise darauf an, die Freiheit des Leben- und Handelnkönnens nach der eigenen Gewissensüberzeugung zu sichern. Es entbehrte so nicht der inneren Logik, wenn in der Weimarer Nationalversammlung bei der Auseinandersetzung über die Gestaltung des Erziehungs- und Schulwesens nahezu alle Parteien sich mit Nachdruck auf die Gewissensfreiheit beriefen, um ihre recht unterschiedlichen Forderungen zu begründen[30]), anderseits aber diese Nationalversammlung mit der kaum diskutierten Übernahme der „vollen Glaubens- und Gewissensfreiheit“ aus der Paulskirchenverfassung ein in seinem Inhalt weithin unverstandenes Grundrecht verfaßte.

3. Die Staatsrechtslehre der Weimarer Zeit hat versucht, mit dem ihr gestellten Problem fertig zu werden, wenngleich die „Glaubens- und Gewissensfreiheit“ des Art. 135 eine systematische Erörterung nicht gefunden hat. Das war ihr erleichtert durch den in Art. 135 WRV enthaltenen Vorbehalt zugunsten der allgemeinen Staatsgesetze. Die alte Einheit von Glaubens-

[28]) *Godehard J. Ebers,* Art. Religionsgesellschaften aaO. (N. 25), S. 363.

[29]) Auf die Beziehung zwischen herrschendem Staatsbegriff (i. S. von Staatsauffassung) und Inhalt der Gewissensfreiheit weist *Scholler,* aaO. (N. 4), S. 96, zutreffend hin.

[30]) Vgl. dazu die Debatten im Plenum der Nationalversammlung, 17. u. 19. Sitzung vom 28. 2. und 3. 3. 1919 (*Heilfron,* Die deutsche Nationalversammlung im Jahre 1919, Bd. 2, S. 938 ff., 1109 ff.), 25. Sitzung v. 11. 3. 1919 (*Heilfron,* aaO., Bd. 3, S. 1641 ff.), 59. u 60. Sitzung v. 17. und 18. 7. 1919 (*Heilfron,* aaO., Bd. 6, S. 4001 ff., 4075 ff.) sowie die Protokolle des Verfassungsausschusses der Dt. Nationalversammlung, 19. u. 21. Sitzung vom 1. 4. und 3. 4. 1919, passim, und 42. Sitzung vom vom 18. 6. 1919, insbes. S. 5 und 12.

und Gewissensfreiheit wird teils indirekt, teils ausdrücklich aufgegeben, die Ausdehnung auf die generelle Handlungsfreiheit *gemäß* Glauben und Gewissen ist allgemein. *Anschütz* umschreibt im Handbuch des Deutschen Staatsrechts die Religionsfreiheit als die rechtliche Möglichkeit, „seinen religiösen, irreligiösen, antireligiösen Überzeugungen gemäß leben zu dürfen, alles tun zu dürfen, was diese Überzeugungen fordern, alles unterlassen zu dürfen, was sie verbieten ..."[31]). Hier ist neben der Ausdehnung zur Handlungsfreiheit auch die Neutralisierung zur allgemeinen Überzeugungsfreiheit vollzogen. *Hermann Mirbt*[32]) spricht von der Freiheit, „seine Weltanschauung zu bilden oder nicht zu bilden" und „diese Überzeugungen zu äußern und ihnen entsprechend zu handeln". *Stier-Somlo*[33]), *Giese*[34]) und *G. J. Ebers*[35]) unterscheiden die Gewissens- von der Glaubens- und Bekenntnisfreiheit und definieren sie als die Freiheit, „dem sittlichen Gewissen gemäß zu handeln" bzw. als Grundrecht sittlicher Handlungsfreiheit.

Diese ausdehnende Interpretation, oder besser: Neubestimmung, blieb freilich zunächst praktisch folgenlos, weil die Gewährleistung der Gewissensfreiheit in den Vorbehalt der

---

[31]) *Gerhard Anschütz,* Religionsfreiheit: HDStR, Bd 2, S. 681. Religionsfreiheit ist für Anschütz der Oberbegriff zu Glaubens- und Gewissens-(=Bekenntnis)freiheit, Kultusfreiheit und religiöser Vereinigungsfreiheit. Diese Terminologie, die Anschütz auch in seinem Kommentar zur Weimarer Reichsverfassung zugrunde legte, geht zurück auf die Kommentierung zu Art. 12 der preuß. Verfassung von 1850. Hier war sie durch die Wortfassung nahegelegt, indem Art. 12 die Freiheit des religiösen Bekenntnisses, der Vereinigung zu Religionsgesellschaften und der gemeinsamen häuslichen und öffentlichen Religionsübung nebeneinander garantierte und für alle diese Freiheiten in Satz 3 unter der zusammenfassenden Bezeichnung ‚Religionsfreiheit' den Vorbehalt der bürgerlichen und staatsbürgerlichen Pflichten festlegte. Die drei genannten Erscheinungsformen der Religionsfreiheit bezeichneten dann in aufsteigender Linie die verschiedenen sachlich und historisch aufeinander folgenden Stufen religiöser Freiheitsgewährleistung, vgl. *Anschütz,* Preußische Verfassung, aaO. (N. 27), S. 120 f. — Im Kommentar zur Weimarer Reichsverfassung hat Anschütz die Glaubens- und Gewissensfreiheit noch im Sinne der Beschränkung auf das Haben- und Bekennen- bzw. Nichtbekennendürfen eines Glaubens oder einer weltanschaulichen Überzeugung bestimmt, vgl. Die Verfassung des Deutschen Reiches, 13. Aufl. 1933, Anm. 1 zu Art. 135.

[32]) Glaubens- und Gewissensfreiheit, in: Die Grundrechte und Grundpflichten der Reichsverfassung, hrsgg. v. Nipperdey, Bd 2, S. 328.

[33]) *Fritz Stier-Somlo,* Art. Glaubens-, Gewissens- und Bekenntnisfreiheit: HWB Rechtswiss., Bd 3, 1928, S. 2 l.

[34]) *Friedrich Giese,* Die Verfassung des Deutschen Reiches, 8. Aufl. Berlin 1931, Anm. 1 zu Art. 135 (S. 286).

[35]) *G. J. Ebers,* Staat und Kirche im neuen Deutschland, 1930, S. 151.

allgemeinen Gesetze eingebettet war. *Anschütz*[36]) begnügte sich in seinem liberalen Etatismus mit der einprägsamen Formel „Staatsgesetz geht vor Religionsgebot"; nur Gesetze, die gegen die Religionsfreiheit als solche gerichtet sind, sollen ausgeschlossen sein — hier lag freilich bei der neuen Inhaltsbestimmung des Grundrechts das eigentliche Problem. Eindringlicher hat *Hermann Mirbt*[37]) die prinzipielle, auf die Ursprungsproblematik des modernen Staates zurückführende Seite der Sache gesehen, die eben darin liegt, daß nicht allein dem Staat, sondern ebenso der religiösen Überzeugung das Recht zugesprochen wird, auch äußeres Verhalten zu bestimmen, und daß der Staat nicht den Inhalt einer religiösen Überzeugung festlegen kann. Mirbt hielt die Sache für den Staat nur dadurch zu retten, daß dieser — die Formulierung erscheint genau überlegt — „sein Abgrenzungsrecht betont und durchsetzt und seine Gleichgültigkeit gegenüber den darin liegenden Konflikten mit religiösen Überzeugungen und Lehren behauptet"(!)[38]); aber gleichwohl müsse bei Konflikten im einzelnen der Versuch gemacht werden, „das Grundrecht der Religionsfreiheit und die Unterworfenheit aller unter die staatliche Rechtsordnung so miteinander zu verbinden, daß keine von beiden in ihrem Bestande gefährdet wird"[39]).

So wurde schon die Weimarer Staatsrechtslehre zu jenen Fragen und Problemen hingedrängt, die auch die gegenwärtige Diskussion um die Gewissensfreiheit bestimmen. Die Kontinuität der Fragestellungen und des Argumentationsfeldes, die historische Determinante ist stärker, als es zunächst den Anschein hat. Der Grund liegt in der Sache selbst: Die Gewissensfreiheit begleitet den modernen Staat von Anfang an; das in ihr liegende individualistische Freiheitsprinzip drängt angesichts verschiedener historisch-politischer Situationen mit wachsender Durchsetzungstendenz zu neuen Aktualisierungen.

II.

Vor diesem Hintergrund erhält die Frage ihre Aktualität, wie weit das Grundgesetz in Art. 4 I Inhalt und Sinn des Art. 135 WRV übernommen und uns damit die von der Weimarer Staatsrechtslehre gesehenen, aber keineswegs gelösten Interpretationsprobleme unverändert übergeben hat, oder wie weit die

[36]) Die Verfassung des Deutschen Reiches, 13. Aufl., Bem. 3 zu Art. 135.

[37]) aaO. (N. 32), S. 350 f.

[38]) ebd. S. 351. Der Konflikt sei, sagt Mirbt kurz zuvor (S. 350), auf dem Boden der positiven Rechtsordnung nicht aufzulösen, die tatsächliche Lösung ergebe sich durch die staatliche Macht.

[39]) ebd. S. 350.

Gewissensfreiheit in Art. 4 GG neue Akzente oder einen neuen, weiterreichenden Inhalt erhalten hat.

1. Orientiert man sich zunächst an äußeren Anhaltspunkten, so fällt folgendes auf: Art. 4 GG ist aus den die Kirchen und Religionsgesellschaften betreffenden Bestimmungen herausgelöst und deutlich als ein jedermann zukommendes individuelles Freiheitsrecht akzentuiert; die gegenüber Art. 135 WRV veränderte Wortfassung erwähnt ausdrücklich auch die Freiheit des weltanschaulichen Bekenntnisses und zielt nicht nur auf die Freiheit des Glaubens und Gewissens, sondern auf die *Unverletzlichkeit* dieser Freiheit, also wohl auf eine besondere Unantastbarkeit und Unbedingtheit. Dem entspricht das Fehlen des Vorbehaltes zugunsten der allgemeinen Gesetze, der in Art. 135 WRV enthalten war. In Abs. 3 schließlich wird das Recht der Kriegsdienstverweigerung angefügt und nicht auf Glauben *und* Gewissen, sondern allein auf das Gewissen bezogen. Das alles deutet auf eine Verselbständigung und Verstärkung dieses Grundrechts, auf eine generelle Übereinstimmung mit dem Prinzip religiös-weltanschaulicher Neutralität und demgemäß, in Verbindung mit der sachlichen Beziehung zwischen Abs. 1 und Abs. 3, auf eine selbständige Garantie der Freiheit des Gewissens neben der Glaubens- und Bekenntnisfreiheit, und zwar auf der Grundlage eines nicht mehr religiösen, sondern säkularen Gewissensbegriffs.

Man sollte freilich solche Anhaltspunkte aus sich allein nicht allzu hoch einschätzen[40]), denn man kommt dann leicht in die Gefahr, die Verfassung als Codex nach Art eines Verfassungsgesetzbuches vorauszusetzen und zu interpretieren, das sie nicht ist, und ihren — gesetzestechnisch gesehen — notwendigerweise unvollständigen und fragmentarischen, zudem aus den historisch-politischen Umständen ihrer Entstehung spezifisch geprägten Charakter zu übersehen[41]). Die Bedeutung solcher Anhaltspunkte für die Interpretation kann sich vielmehr [will man nicht Gefahr laufen, Zufälligkeiten der Entstehungsgeschichte aufzusitzen,] erst aus ihrer Übereinstimmung mit den grundlegenden normativen Impulsen der Verfassung bzw. des Verfassunggebers, den verfassunggestaltenden Grundentscheidungen i. S. *Carl Schmitts*[42]), ergeben. Ein solcher grundlegen-

[40]) Etwas zu weitgehend daher m. E. *Herzog*, Die Freiheit des Gewissens und der Gewissensverwirklichung: DVBl. 1969, S. 718.

[41]) Siehe dazu *E.-W. Böckenförde*, Die Organisationsgewalt im Bereich der Regierung, Berlin 1964, S. 17, und *ders.*, DÖV 1966, S. 35 r.

[42]) Verfassungslehre, 4. Aufl. 1965, S. 20 ff., insbes. 23 f.; vgl. auch *Hans J. Wolff*, Rechtsgrundsätze und verfassungsgestaltende Grund-

der normativer Impuls, der im Grundgesetz selbst vielfachen Niederschlag gefunden hat und sich aus den Beratungen belegen läßt, ist für das hier interessierende Verhältnis Bürger — Staat der Rückgriff auf die klassischen Freiheitsrechte und das Freiheitsprinzip des liberalen Rechtsstaates als Antwort auf die elementaren Freiheitsverletzungen der NS-Zeit[43]). Um der Freiheit und Sicherheit der einzelnen willen soll der Staat des Grundgesetzes da sein[44]), die Gewährleistung der als vorstaatliche Menschenrechte proklamierten individuellen Freiheitsrechte ist sein vornehmes Ziel, die Würde des Menschen zu achten und zu schützen seine Pflicht[45]). Diese Grundbestimmung führt, in der konkreten Ausgestaltung, zu einer Bekräftigung des rechtsstaatlichen Verteilungsprinzips[46]): [alle Grundrechte sind unmittelbar geltendes Recht (Art. 1 III), sie binden auch den Gesetzgeber, diese Bindung unterliegt gerichtlicher Kontrolle (Art. 93 I, 100); ihre Einschränkung ist nur begrenzt, und nur soweit es ausdrücklich zugelassen ist, rechtens (Art. 19 I, II).] Ein Generalvorbehalt zugunsten der öffentlichen Sicherheit, Sittlichkeit und Gesundheit, wie ihn der Entwurf von Herrenchiemsee vorgeschlagen hatte, wird in den Beratungen ausdrücklich abgelehnt[47]); es sollen nur die bei den Einzelgrund-

---

entscheidungen als Rechtsquellen: Gedächtnisschrift f. Jellinek, München 1955, S. 48 ff.

[43]) Dazu eingehend *Hermann v. Mangoldt*, Das Bonner Grundgesetz, Kommentar, Frankfurt u. Berlin 1953, Einleitung zum Grundrechtsabschnitt, S. 34 ff.; v. Mangoldt war Vorsitzender des Grundsatzausschusses des Parlamentarischen Rates, der u. a. den Grundrechtsabschnitt beraten hat, vgl. auch seinen *Bericht* an das Plenum des Parlamentarischen Rates zum Grundrechtsabschnitt, in: Parlamentar. Rat, Schriftl. Bericht zum Entwurf des GG für die Bundesrepublik Deutschland, S. 5 ff.

[44]) Siehe Art. 1 Abs. 1 des Herrenchiemseer Entwurfes (HCHE) und die einschlägige Begründung im Bericht über den Verfassungskonvent auf Herrenchiemsee, München 1950, S. 21 Ziff. (3).

[45]) Art. 1 GG ist insofern Ausdruck einer Grundentscheidung des Verfassunggebers, die — ungeachtet der Frage, inwieweit unmittelbare Rechtsansprüche aus Art. 1 selbst hergeleitet werden können (vgl. dazu einerseits *Dürig* in Maunz-Dürig-Herzog, Grundgesetz, Rdn. 4, 15 und 16 zu Art. 1, anderseits *Nipperdey*, Die Menschenwürde, in: Die Grundrechte, Bd. 2, Berlin 1954, S. 11 ff.) — jedenfalls und gerade für die Interpretation des Grundrechtsteils und grundrechtlicher Einzelverbürgungen richtungweisende Bedeutung erhält; in diesem Sinne auch *H. v. Mangoldt* aaO. (N. 43), S. 43/44.

[46]) Zum rechtsstaatlichen Verteilungsprinzip: *Carl Schmitt*, Verfassungslehre, § 12, S. 125—128. *Giacometti*, Allgemeine Lehren des rechtsstaatlichen Verwaltungsrechts, 1966, S. 1—8, 10 f.

[47]) *v. Doemming-Füßlein-Matz*, Entstehungsgeschichte der Artikel des Grundgesetzes: JöR NF 1 (1950/51), S. 178; *v. Mangoldt*, aaO. (N. 43), S. 36/37 und *ders.*, Bericht an das Plenum des Parlam. Rates, aaO. (N. 43), S. 5 r.

rechten jeweils genannten, sorgfältig abgewogenen gesetzgeberischen Eingriffsmöglichkeiten zulässig sein; die Freiheitssphäre des einzelnen wird im Sinne der rechtsstaatlichen Freiheitsvermutung als prinzipiell unbegrenzt, der mögliche gesetzgeberische Eingriff als prinzipiell begrenzt, meßbar und kontrollierbar[48]) normiert — man sprach in der Tat von Eingriffen und Schranken, nicht von Werten und einem Wertsystem, und verstand die Einzelfreiheitsrechte betont als leges speciales zu dem allgemeinen Freiheitsrecht des Art. 2[49]). Entsprechend dieser Grundintention werden jene Freiheitsbereiche, die in der NS-Zeit in besonderer Weise staatlicher Mißachtung und Bedrohung ausgesetzt waren, besonders gegen Eingriffsmöglichkeiten gesichert, sie sollen „unverletzlich" und „unantastbar" sein.

Es liegt in der Konsequenz dieser grundlegenden Verfassungsentscheidung zugunsten der individuellen Freiheit — ich bitte um Ihre Nachsicht, wenn ich Sie vielleicht etwas lange mit Selbstverständlichkeiten aufgehalten habe, aber seit dem Eindringen der Wertphilosophie und Wertabwägung in unsere Grundrechtsinterpretation und der vom BVerfG zur Theorie erhobenen Nichtachtung der Entstehungsgeschichte drohen die einfachen Wahrheiten des Jahres 1949 zuweilen in Vergessenheit zu geraten —, es liegt in der Konsequenz dieser normativen Grundentscheidung, wenn die Freiheit des Glaubens, des Gewissens und des Bekenntnisses in Art. 4 I als unverletzlich und unbedingt garantiert wird. Gegenüber der tausendfachen Bedrohung gerade der Freiheit von Glauben, Gewissen und Bekenntnis im Dritten Reich sollte nun ein jedem staatlichen Zugriff entzogener Bereich ‚natürlicher' Freiheit des Individuums gewährleistet und gesichert werden. „Glauben, Gewissen und Überzeugung sind frei", heißt es nicht ohne Pathos in etlichen Landesverfassungen[50]), und darin ist das gemeinsame, in den Debatten mehr vorausgesetzte als ausgesprochene Einverständnis treffend zum Ausdruck gebracht[51]). Der einzelne

[48]) Zu diesen Konkretisierungen der rechtsstaatlichen Freiheitsvermutung siehe *Carl Schmitt*, Inhalt und Bedeutung des zweiten Hauptteils der Reichsverfassung: HDStR, Bd. 2, S. 590 ff. = *ders.*, Verfassungsrechtliche Aufsätze, Berlin 1958, S. 208/209.

[49]) *H. v. Mangoldt* aaO. (N. 43), S. 38; *ders.*, Bericht an das Plenum des Parlamentarischen Rates, aaO. (N. 43), S. 6/7.

[50]) Art. 4 brem. Verf.; Art. 9 hess. Verf.; Art. 4 saarl. Verf.; Art. 6 I HCHE; ähnlich Art. 8 rheinl.-pfälz. Verf.

[51]) Es fällt auf, daß es bei der Beratung der Länderverfassungen kaum je eine Debatte über die Gewährleistung der Gewissensfreiheit (Glaubens- und Gewissensfreiheit) gegeben hat; man war sich darüber von vornherein einig. Diese Einigkeit läßt sich aus dem gemeinsamen Zeitbewußtsein, dem Abwehrwillen gegen die Frei-

soll in dem, was das Innere, den Kern seiner Persönlichkeit ausmacht, unbehelligt und unverletzt bleiben. Der erfahrene Widerstreit zwischen Staatsbefehl und Gottes- und Gewissensgebot soll nicht mehr stattfinden oder, andersherum gewendet, der zugespitzte Satz von Gerhard Anschütz: „Es ist dem Staatsbürger nicht erlaubt, seinem Gott, an den er glaubt, mehr zu gehorchen als dem Staat"[52]) soll keine Interpretationsmaxime für die Glaubens- und Gewissensfreiheit mehr sein. Über den Vorbehalt der allgemeinen Gesetze und über Schranken überhaupt wurde *nur* bei Abs. 2 des Art. 4 gesprochen, im Hinblick auf die Gewährleistung der öffentlichen Religionsausübung[53]), und auch hier wurde die Aufnahme einer einschränkenden Klausel schließlich abgelehnt — wiederum aus der normativen Intention gegen das Dritte Reich, obwohl man darüber einig war, daß gewisse Einschränkungen, z. B. ein polizeiliches Prozessionsverbot wegen Seuchengefahr, zulässig bleiben sollten[54]).

Nimmt man die dargetane normative Grundentscheidung des Verfassunggebers und die von ihm daraus gezogenen Folgerungen ernst — und ich sehe kein Auslegungsprinzip, das den Ver-

---

heitsbedrohungen der NS-Zeit, erklären, was nicht ausschließt, daß bei den verschiedenen politischen und weltanschaulichen Gruppen mit dem Ausdruck Gewissensfreiheit teilweise verschiedene inhaltliche Vorstellungen verbunden wurden. Vgl. statt anderer die Beratungen des Verfassungsausschusses der bayer. verfassunggebenden Landesversammlung, Stenogr. Berichte, Bd. 1, S. 208 (9. Sitzung v. 31. 7. 1946).
Im Grundsatzauschuß des Parlamentarischen Rates wurden die Gewissensfreiheit und der Gewissensbegriff ebenfalls nur kurz diskutiert, vgl. dazu das Protokoll der 8. und der 24. Sitzung des Ausschusses für Grundsatzfragen vom 7. 10. und 23. 11. 1948. In der 24. Sitzung machte der Abg. *Dr. Süsterhenn* die Bemerkung, daß bei der Freiheit des Glaubens, des Gewissens und des religiösen und weltanschaulichen Bekenntnisses „innere Tatbestände", „innere Entscheidungen" gegeben seien (Protokoll, S. 4), was dann der Vorsitzende *v. Mangoldt* mit den Worten aufnimmt: „Wir haben zunächst den Glauben und das Gewissen. Das ist das Innere. Dies Innere stellen wir dem Äußeren, dem Bekenntnis gegenüber" (ebd. S. 5). In welcher Weise und in welchem Umfang dieses ‚Innere', das den Tatbestand des Gewissens ausmacht, geschützt sein soll — für die Erstreckung der Gewissensfreiheit von wesentlicher Bedeutung —, wird gar nicht erörtert. Zur Entstehungsgeschichte des Art. 4 GG auch *Scholler*, aaO. (N. 4), S. 110—115.

[52]) *Anschütz*, Die Verfassungsurkunde für den preußischen Staat, S. 229/230.

[53]) Parlament. Rat, Ausschuß für Grundsatzfragen. Protokoll der 24. Sitzung v. 23. 11. 1948, S. 12—18. Wortführer gegen die Aufnahme einer Schrankenklausel war der Abg. Dr. Süsterhenn, Wortführer für einen Vorbehalt zugunsten der allgemeinen Gesetze der Vorsitzende Dr. v. Mangoldt.

[54]) ebd., S. 12 f.; *v. Doemming-Füßlein-Matz*, aaO. (N. 47), S. 74/75.

fassungsinterpreten davon dispensieren könnte, dies zu tun —, so ergibt sich daraus die Richtigkeit der oben angedeuteten Interpretation, daß nämlich der alte, einheitliche Begriff Glaubens- und Gewissensfreiheit, der schon in der Weimarer Verfassung problematisch geworden war, aufgegeben und die Freiheit des Gewissens als *eigenes* Grundrecht (neben der Glaubens- und der Bekenntnisfreiheit) garantiert ist, und zwar auf der Grundlage eines allgemeinen, gegenüber religiösen oder weltanschaulichen Begrenzungen neutralen Gewissensbegriffs. Es widerspricht der normativen Zielrichtung und der aufgewiesenen Abwehrfunktion gegenüber konkreten Freiheitsbedrohungen der NS-Zeit, die Art. 4 I hat, ihn einheitlich nur als Gewährleistung der Freiheit des religiösen oder weltanschaulichen Bekenntnisses zu verstehen, das sein Organ im Gewissen hat, wie dies *Hamel* tut[55]). [Dies um so mehr, wenn der Bekenntnisbegriff in der von ihm vertretenen Weise gefaßt und aktualisiert wird[56])]. Das Verhältnis der verschiedenen, in Art. 4 I und II garantierten Grundrechte ist dann derart, daß sie als solche selbständig sind, aber praktisch ineinandergreifen können. Die Ausübung der Glaubens-, Bekenntnis- oder Religionsausübungsfreiheit muß nicht, aber sie kann — im Einzelfall — zugleich eine Ausübung der Gewissensfreiheit sein.

2. Damit stellt sich die Frage nach dem *Inhalt* dieser selbständig garantierten Gewissensfreiheit. Es erscheint nicht möglich, die von Art. 4 I garantierte Freiheit des Gewissens auf das sog. „forum internum“ zu beschränken und die Freiheit der Gewis-

---

[55]) *W. Hamel*, Glaubens- und Gewissensfreiheit: Die Grundrechte, Bd IV, 1, Berlin 1960, S. 37—110, passim, insbes. S. 56, 60 u. ff. Wie hier *Herzog*, aaO. (N. 40), S. 718, *Podlech*, aaO. (N. 4), S. 21 ff.

[56]) *Hamel*, ebd., S. 64. H. sieht die Bekenntnisfreiheit, von einer Wertinterpretation der Grundrechte ausgehend, nur „um des Bekennens zu absoluten Mächten willen“ bestehen, enthält sie daher — konsequenterweise — dem Skeptizisten oder Nihilisten vor. Diese Interpretation, die davon ausgeht, daß „nur wenn und weil im Grundrecht sich ein Wert, ein Gemeinschaftsgut, entfaltet“, es „eine Funktion im Aufbau der Gemeinschaft hat“, bringt den *rechtsstaatlichen* Freiheitsgehalt des Grundrechts, der primär eine rechtliche Ausgrenzung gegenüber staatlichen Eingriffen und Einflußmaßnahmen beinhaltet, zum Verschwinden. Der Staat wird Richter und Urteiler darüber, ob eine Weltanschauung ein „Bekenntnis“, ein „Bekenntnis zu absoluten Mächten“ usf. darstellt oder nicht, ob die Ausübung des Grundrechts noch einen „Gemeinschaftswert entfaltet“ oder nicht; damit ist nicht mehr Freiheit, sondern nur werthafte Freiheit mit staatlicher Definitionszuständigkeit über die Werthaftigkeit garantiert. Gegen Hamel schon *Podlech*, Der Gewissensbegriff im Rechtsstaat: AöR 88 (1963), S. 185—221; die Antikritik von Hamel, Die Gewissensfreiheit im Grundgesetz. Eine Erwiderung: AöR 89 (1964), S. 322—335, trifft nicht den entscheidenden Punkt der Kontroverse.

sensbetätigung davon auszuschließen[57]). Eine solche restriktive Interpretation mag sich zwar nahelegen, um mit dem Problem des fehlenden Vorbehalts und der fehlenden Schranken in Art. 4 I fertig zu werden. Ist die Gewissensfreiheit ein eigenes Grundrecht, so kann ja dieses Problem nicht mehr ohne weiteres über Art. 136 WRV gelöst werden. Es ist auch einzuräumen, daß die Gewissensfreiheit bei dieser Reduktion auf die ‚Gedankenfreiheit in Gewissensfragen' nicht völlig leerlaufen würde [weil sie nur etwas schützt, das ohnehin rechtlichem Zugriff nicht unterliegt][58]); die moderne technische Zivilisation verfügt auch über äußere Mittel, das Gewissen als forum internum zu zerstören oder außer Funktion zu setzen. Aber man kann Gewissen und Sich-dem-Gewissen-gemäß-Verhaltenkönnen nicht trennen, wenn die Gewissensfreiheit des Art. 4 I einen realen und den gemeinten Sinn behalten und nicht auf ein Maß reduziert werden soll, das auch jeder Diktator gewähren kann, sofern er sich nur Orwell'scher Methoden enthält. Es ist zu einfach, das in Art. 4 GG vom Verfassunggeber bewußt gestellte Schrankenproblem durch eine Interpretation zu lösen, die es von vornherein als Problem beiseiteschafft[59]). Von ihren ersten Anfängen an hat die Gewissensfreiheit, als Recht verstanden, immer auch die Richtung auf die Freiheit der Gewissens*betätigung*, auf das Handeln- und Sich-Verhaltenkönnen gemäß der eigenen Gewissensüberzeugung gehabt. Im 16./17. Jh. war es nicht nur das innere Glaubenkönnen, sondern auch eine Mindestform von Betätigung dieses Glaubens, die Hausandacht, die zur Gewissensfreiheit gehörte; und sie drängte nach dem ihr innewohnenden Prinzip auf weitere, private oder öffentliche Betätigungsformen — schließlich zur vollen Kultusfreiheit. [*J. J. Moser* zählte zur Gewissensfreiheit auch die Freiheit, nach seinen Religionsbegriffen leben zu können[60]), und

---

[57]) So aber *Zippelius*, in: Bonner Kommentar, Rdn. 44 zu Art. 4; *R. Thoma*, Über die Grundrechte im Grundgesetz für die Bundesrepublik Deutschland: Recht, Staat, Wirtschaft, hrsg. v. H. Wandersleb, Bd 3, Düsseldorf 1951, S. 17/18; nicht eindeutig *v. Mangoldt-Klein*, Das Bonner Grundgesetz, Bd 1, Berlin und Frankfurt 1957, Bem. III, 1 zu Art. 4 (S. 218).

[58]) Insofern geht die Kritik *Schollers*, aaO. (N. 4), S. 131, an der Interpretation der Gewissensfreiheit als Freiheit (nur) des forum internum fehl.

[59]) Das tut aber *Zippelius*, aaO. (N. 57), Rdn. 42—44, und zwar auch insofern, als seine Kommentierung aus der Resignation vor dem — gewiß schwierigen — Schrankenproblem (Rdn. 43) zur Beschränkung der Gewissensfreiheit auf das „forum internum" gelangt.

[60]) Diese Freiheit ist in seiner oben Note 12 angeführten Definition der Gewissensfreiheit enthalten: „... und einer solchen Person nichts wider die Grundsätze ihrer Religion zugemutet werden darf." (Von der Teutschen Religionsverfassung, S. 37.) Sie wurde auch sonst in

eben diese Betätigungsfreiheit war es, die die Ausdehnung der Gewissensfreiheit auf Sekten und Nichtchristen, insbesondere die Juden, zum Problem machte[61]).] Und im 19. Jh., dem Zeitalter des voll entfalteten staatlichen Souveränitätsanspruchs, bestätigt gerade der in einzelne Verfassungen eingefügte Vorbehalt zugunsten der bürgerlichen und staatsbürgerlichen Pflichten von der Negation her diesen Zusammenhang[62]).

Die Konfliktsmöglichkeiten zwischen Gesetz und Gewissen blieben freilich, wegen des sich noch christlich verstehenden Staates und der Übereinstimmung der christlichen Bekenntnisse in der Sozialmoral, gering. Wenn jetzt, mit dem unter der WRV begonnenen und vom Grundgesetz vollendeten Übergang von der alten Glaubens- und Gewissensfreiheit zur Gewissensfreiheit schlechthin, folgeweise auch die Konfliktmöglichkeiten zwischen staatlichem Gesetz und individueller Gewissensbetätigung zunehmen, so ist das dadurch entstehende Problem noch

---

der deutschen Staats- und Kirchenrechtslehre als Bestandteil der Gewissensfreiheit vorausgesetzt, weshalb umgekehrt die Gewissensfreiheit für die Anhänger anderer Bekenntnisse nicht leicht zugestanden wurde, vgl. dazu neben *M. Heckel*, Staat und Kirche nach den Lehren der evangelischen Juristen Deutschlands in der ersten Hälfte des 17. Jh., München 1968, S. 63 ff., 168 ff., neuestens *Klaus Schlaich*, aaO. (N. 20), S. 82—84, 154—156.

[61]) Die Einräumung der Gewissensfreiheit bzw. Glaubens- und Gewissensfreiheit an Sekten und Juden ging deshalb einher mit besonderen rechtlichen Regelungen, die den so Tolerierten ein Leben nach ihren „Religionsbegriffen" ermöglichten. So hat das landrechtliche Preußen Mennoniten und Quäker von der Wehrpflicht freigestellt (siehe dazu unten Note 89), für Sektenanhänger und Juden eine Befreiung von der christlichen Eidesform vorgesehen (§§ 317—351 I 10 Allg. GerichtsO), das Sabbatgebot und die Eheschließungsform der Juden respektiert (§§ 24, 25 des Edikts betr. die bürgerlichen Verhältnisse der Juden in dem Preußischen Staate v. 11. 3. 1812, GS S. 17) und überhaupt jede unmittelbare Erzwingung einer Handlung gegen die eigenen Religionsbegriffe untersagt (§§ 30, 31 II, 11 ALR). Grundlage dieser weitgehenden Toleranz war einerseits die vernunftrechtliche Staatstheorie, die den Staat auf weltliche Zwecke begrenzte und hierbei der individuellen Freiheit und Sicherheit einen besonderen Rang einräumte, anderseits die Auffassung und Zuversicht, daß alle Religionen in ihren Lehren über die Pflichten des einzelnen gegen seine Mitbürger und den Staat im wesentlichen übereinstimmten, die Pflichten der natürlichen Moral also in ihnen enthalten seien. Siehe dazu vor allem *C. G. Suarez*, Vorträge über Recht und Staat, Köln Opladen 1960, S. 53/54.

[62]) *Anschütz*, Preußische Verfassung, aaO. (N. 27), S. 194 ff. (ebenso *ders.*, Die Verfassung des Deutschen Reiches, 13. Aufl. 1933, Erl. zu Art. 135) zählte zur Glaubens- und Gewissensfreiheit (Bekenntnisfreiheit) auch das Recht religiöser Propaganda und Kritik, das Recht der — vom Staat unbehelligten — religiösen Kindererziehung, der Entscheidung über die Teilnahme am oder das Erteilen von Religionsunterricht, später auch das Recht des (staatlich-rechtlichen) Kirchenaustritts.

kein Grund, die gewollte Ausdehnung der Gewissensfreiheit durch die Reduktion der Gewissensfreiheit auf personale Innerlichkeit in ihr Gegenteil zu verkehren[63]). Die in Art. 4 GG gewährleistete Gewissensfreiheit umfaßt also nicht nur die Freiheit zum Haben eines Gewissens, sondern ebenso auch die Freiheit, vom Staat, d. h. genauer — mit *Podlech*[64]) — von der öffentlichen hoheitlich handelnden Gewalt nicht gehindert zu werden, sich diesem Gewissen, d. h. seinen Geboten und Verboten, gemäß zu verhalten[65]).

3. Damit stellt sich freilich das Problem, inwieweit eine solche Freiheit *unbedingt* gewährleistet werden kann. Unbedingte Gewissensfreiheit, muß sie nicht in der Konsequenz dazu führen, daß die Geltung der allgemeinen Rechtsordnung dem privaten Gewissensurteil der Bürger überantwortet und damit praktisch aufgehoben wird, gibt sie nicht das für die staatliche Friedensordnung unentbehrliche ‚Quis judicabit?' vom Staat und der in ihm repräsentierten Gesamtheit wieder an den einzelnen zurück [und löst sie damit nicht die Handlungsfähigkeit und

---

[63]) Den entscheidenden Punkt trifft *Keim*, Schule und Religion, Hamburg 1967, S. 121 mit dem Satz: „Das Gewissen, das lediglich für sich Entscheidungen treffen darf, ohne sie auch in der Welt verwirklichen zu können, muß ebenso verkümmern wie der Glaube, der nicht bekannt werden darf ... Das Gewissen ist wesensmäßig gelebtes Gewissen." — Aufschlußreich auch die Erläuterung der Gewissensfreiheit bei *H. v. Mangoldt*, aaO. (N. 43), Bem. 2 zu Art. 4, die — anknüpfend an seine Überlegungen im Parlamentarischen Rat (siehe oben Note 51) — vom Gewissen als dem „Inneren" ausgeht, aber dann wie von selbst zur Erstreckung in den Bereich des Handelns gelangt („Verfassungsmäßig gesichert werden soll das Recht, sich zu einem religiösen Glauben zu bekennen und seinem sittlichen Gewissen gemäß zu handeln"), zugleich ein Zeichen dafür, wie wenig die oben N. 51 zitierten sporadischen Äußerungen über das Gewissen als das „Innere" als Willen des Verfassunggebers in Richtung auf eine Garantie lediglich des forum internum gedeutet werden können.

[64]) Das Grundrecht der Gewissensfreiheit, aaO. (N. 4), S. 41.

[65]) Das ist heute die überwiegende Meinung in der Literatur, wobei der Umfang dieser Betätigungsfreiheit im einzelnen unterschiedlich bestimmt wird. Siehe etwa *v. Mangoldt-Klein*, aaO. (N. 57), Bem. III, 1 zu Art. 4 (nicht eindeutig); *W. Hamel*, Glaubens- und Gewissensfreiheit, aaO. (N. 55), S. 52; *ders.*, Art. Gewissen, Gewissensfreiheit II: Rechtlich, in: Evangel. Staatslexikon, Sp. 682; *W. Geiger*, Gewissen, Ideologie, Widerstand, Nonkonformismus, München 1963, S. 67 f., 72 f.; *Ad. Arndt*, NJW 1965, S. 2195; *ders.*, NJW 1966, S. 2204 f.; *ders.*, NJW 1968, S. 979 f.; *Scheuner*, Die Religionsfreiheit im Grundgesetz: DÖV 1967, S. 586 f.; *N. Luhmann*, aaO. (N. 4), S. 2; *W. Keim*, aaO. (N. 63), S. 121; *H. Weber*, Ersatzdienstverweigerung aus Gewissensgründen: NJW 1968, S. 1610; *A. Podlech*, Das Grundrecht der Gewissensfreiheit, aaO. (N. 4), S. 35 ff.; *H. Scholler*, Gewissen, Gesetz und Rechtsstaat: DÖV 1969, S. 528 f.; *R. Herzog*, aaO. (N. 40), S. 719 f.

Autorität der staatlichen Organe, ja schließlich den Staat selbst auf][66])? Bleibt demnach nicht nur die Alternative, entweder die Gewissensfreiheit doch dem Vorbehalt der allgemeinen Gesetze, ungeachtet der Intention des Verfassunggebers, zu unterstellen oder aber ihren Inhalt von vornherein zu beschränken, wenn anders dem Grundgesetz nicht die Absicht unterstellt werden soll, den von ihm verfaßten Staat sogleich wieder aufzulösen?

Hierauf ist zunächst folgendes zu sagen. Einmal: Freiheit als rechtliche Freiheit kann niemals schrankenlos und absolut sein; denn es gehört zu ihrem Begriff, daß sie mit der Freiheit anderer zusammen bestehen kann. Absolute, unbegrenzte Freiheit bedeutet nur absolute Macht, und zwar über andere. Zum andern darf keine Verfassungsnorm so interpretiert werden, daß sie den Rechtsgrund bietet, die Verfassung selbst aus den Angeln zu heben. Eine solche Interpretation wäre ein logischer Widerspruch.

Dies vorausgesetzt, ist die entscheidende Frage jedoch die, ob eine Interpretation der Gewissensfreiheit, die gemäß der Intention des Verfassunggebers darauf abzielt, die Unverletzlichkeit des Gewissens soweit irgend möglich zu sichern, und die daher die Schranken der Gewissensfreiheit nicht schon bei den allgemeinen Gesetzen oder der öffentlichen Ordnung im hergebrachten Sinn, sondern erheblich später ansetzt, wirklich, wie vielfach befürchtet, die Auflösung der staatlichen und rechtsstaatlichen Ordnung impliziert oder ob sie nicht eher in der Konsequenz des modernen Staatsgedankens liegt. Im Sinne der Staatsauffassung, wie sie dem liberalen Rechtsstaat zugrunde liegt, dürfte die Antwort im letzteren Sinn kaum Zweifeln begegnen. Der Staat hat ihr zufolge sein Umwillen zuvörderst in der Gewährleistung und Sicherung der Menschenrechte des Individuums, in der Sicherung von Freiheit und Eigentum des einzelnen[67]). Das Gewissen, als innerstes Zentrum der Persön-

---

[66]) Es ist dies die Frage, die, aus der Situation der konfessionellen Bürgerkriege heraus, am Ursprung des modernen Staates und der modernen Staatstheorie steht und den Kernpunkt aller Staatsvertragslehren bildet: Das Individuum verzichtet in dem, was für den gemeinsamen Frieden und die Sicherheit erforderlich ist, auf sein privates Urteil und unterstellt sich den Anordnungen des Souveräns; es erhält dafür die Sicherheit, gesetzliche Freiheit und Entfaltungsmöglichkeit des status civilis anstelle des ungesicherten und schutzlosen „status naturalis"; vgl. *Thomas Hobbes,* Elementa philosophica de cive, cap. 5, 7; *John Locke,* Two treatises on government, T. 2, cap. 9 Nr. 128, 129; *Rousseau,* Contrat social, Buch I, cap. 6; *Kant,* Metaphysik der Sitten, T. 2 § 47 u. § 49 Anmerkung A.

[67]) Grundlegend, die vernunftrechtliche Staatszwecklehre in einen Rechtssatz zusammenfassend, Art. 2 der declaration des droits de l'homme et du citoyen vom 4. 8. 1789; systematisch entwickelt bei

lichkeit und ihrer Freiheit, ist ihm vorgegeben, ,unverletzlich' und daher soweit nur irgend möglich zu respektieren.

Aber auch unabhängig hiervon, wenn man auf den modernen Staatsgedanken schlechthin zurückgeht, wird man zu keinem anderen Ergebnis kommen. Eines der konstituierenden Prinzipien des modernen Staates ist das Prinzip der Nichtidentifikation bzw. Neutralität; *H. Krüger* hat es jüngst mit großem Nachdruck wieder hervorgehoben[68]). Wie die Gewissensfreiheit am Beginn der Freiheit des Individuums, so steht die Nichtidentifikation (Neutralität) am Beginn des modernen Staates; beide korrespondieren einander. Durch den zunehmenden Abbau bestehender Identifikationen ist der Staat zum Wegbereiter der individuellen Freiheit und im eigentlichen Sinn zum gemeinsamen Haus aller seiner Untertanen und Bürger geworden. Aus der Nichtidentifikation bezieht er daher in hohem Maße seine Legitimität. Nun besteht aber die Nichtidentifikation nicht nur darin, daß der Staat keine Besonderheit, keinen partikulären materiellen Gehalt zum Inhalt seiner Allgemeinheit macht, sondern ebenso darin, daß die Besonderheit als Besonderheit sich entfalten kann, in Freiheit gesetzt ist. Die Nichtidentifikation verweist nicht nur auf eine sich distanzierende Neutralität (gegenüber Identifikationsansprüchen religiöser, ideologischer oder gesellschaftlicher Provenienz), sondern zugleich, von der Seite des einzelnen her, auf eine übergreifende, offene Neutralität derart, daß der einzelne, um mit Herbert Krüger zu reden, „sich in seiner Eigenart als geistige und sittliche Persönlichkeit in seinem Staat unberührbar und geborgen weiß“[69]). Eben aus diesem Umstand, daß der einzelne

---

Carl Schmitt, Verfassungslehre, S. 125 f. und *ders.*, Verfassungsrechtliche Aufsätze, Berlin 1958, S. 192.

[68]) *Herbert Krüger*, Allgemeine Staatslehre, Stuttgart 1964, S. 178—184; ferner, mit anderer Akzentsetzung, *M. Heckel*, Staat, Kirche, Kunst, Tübingen 1968, S. 208 ff. sowie neuestens *Klaus Schlaich*, Zur weltanschaulichen und konfessionellen Neutralität des Staates: Essener Gespräche zum Thema Staat und Kirche, 4, Münster 1970, S. 9—43. Aus der Rechtsprechung: BVerfGE 12, 45 (54) und 19, 206 (216). Für den geistesgeschichtlichen Hintergrund: *Carl Schmitt*, Das Zeitalter der Neutralisierungen und Entpolitisierungen, in: *ders.*, Der Begriff des Politischen, 3. Aufl. 1963, S. 79—95; *E.-W. Böckenförde*, Die Entstehung des Staates als Vorgang der Säkularisation, in: Säkularisation und Utopie, Ebracher Studien, Stuttgart 1967, S. 75—94.

[69]) *H. Krüger*, aaO. (N. 68), S. 183; siehe auch *M. Heckel*, aaO. (N. 68), S. 208 f. Die zitierte Formulierung macht deutlich, daß es auch H. Krüger letztlich um eine *übergreifende*, das Individuum in seiner Besonderheit und Eigenart nicht von sich weisende, sondern in sich bergende Neutralität und Allgemeinheit geht. Mit Recht weist er darauf hin, daß aus dem „Vertrauen auf die Unberührbarkeit der Eigenart“ durch den Staat die wirkungsvollste Staats-

sich vor Zumutungen von seiten des Staates an seine Individualität, seine geistige und sittliche Persönlichkeit und damit insbesondere an sein Gewissen sicher wissen kann, gewinnt der Staat die Legitimation, seinen Bürgern mit dem Anspruch auf unbedingte Loyalität, ja auf Gehorsam, um auch hier H. Krüger zu folgen, gegenüberzutreten[70]). An dieser Stelle spannt sich vielleicht doch eine Brücke zwischen Hamburg und Tübingen, wenn ich an unsere Beratungen vor zwei Jahren denke, jedenfalls liegt hier die Antwort auf unsere Frage[71]).

Die Achtung des Gewissens durch den Staat, die Anerkennung seiner Unverletzlichkeit, der Verzicht, im Konfliktsfall das Gewissen zu „kränken", ein sacrificium conscientiae zu verlangen, bedeutet so nicht die Auflösung des Staates und seiner verbindlichen Entscheidungsgewalt, sondern eher deren Voraussetzung und Legitimation. Indem der Staat hier seinerseits bis zur äußersten Grenze — scheinbarer Schwäche — geht, gewinnt er anderseits seine volle Wirklichkeit und Überlegenheit.

[Man kann freilich fragen, ob eine solche Argumentation nicht in einer Demokratie, die von vornherein die staatlichen Entscheidungen aus der Mitwirkung und Zustimmung der Bürger herleitet, ihre Stringenz und Berechtigung verliere. Im Sinne des demokratischen Prinzips der Mitwirkung aller an den für alle verbindlichen Entscheidungen[72]) wäre es in der Tat konsequent, jeden einzelnen ohne Ausnahme diesen Entscheidungen zu unterwerfen; alles Weitere wäre eine Ausgliederung aus der demokratischen Identität und die Statuierung eines Privilegs. Aber die freiheitliche, rechtsstaatliche Demokratie, zu der das Grundgesetz sich bekennt, gewinnt ihre Legitimation und Autorität nicht allein aus dem demokratischen Prinzip der Mit-

---

bejahung hervorgeht (aaO., S. 181). Eine Neutralität in diesem Sinn kann freilich dort nicht mehr nur distanzierend sein, wo die individuelle Besonderheit, um sich als Besonderheit entfalten zu können, darauf angewiesen ist, sich in (heute) staatlich getragene und gesteuerte Einrichtungen zu begeben, was vor allem im Bereich von Erziehung und Schule der Fall ist. Hier muß sich die Neutralität anders, als Gewährung von Entfaltungsmöglichkeiten für Besonderheiten auch im Bereich des Öffentlichen, darstellen. Sehr fruchtbar für die weitere Diskussion des Problems erscheint die von *A. Podlech*, aaO. (N. 4) S. 78 ff. in diesem Zusammenhang aufgestellte Unterscheidung zwischen ‚Gemeinwesen' als Gesamtheit der Bürger und „Staat" als bürokratisch organisiertem (hoheitlichen) Entscheidungssystem.

[70]) Allgemeine Staatslehre, S. 184.

[71]) Vgl. den Diskussionsbeitrag von *Ipsen* in: VVDStRL 26 (1968), S. 118.

[72]) Prägnant formuliert bei *Rousseau*, Contrat social, Buch 1, cap. 6. Vgl. dazu *J. Fetscher*, Rousseaus politische Philosophie, 2. Aufl. Neuwied 1968, § 8, insbes. S. 96 ff., ferner S. 121 f., 135 ff.

wirkung, sondern ebenso, wenn nicht primär aus dem liberalen Prinzip der Gewährleistung und Sicherung individueller Freiheit, das das demokratische Prinzip relativiert und in seiner Tragweite begrenzt[73]). Für den Staat des Grundgesetzes behält daher die vorgetragene Argumentation ihre Bedeutung.]

4. Auch eine staatliche Rechtsordnung, die in dieser Weise das Gewissen achtet, seine „Unverletzlichkeit" garantiert, kommt freilich nicht daran vorbei, die unüberschreitbaren Grenzen möglicher Gewissensbetätigung abzustecken. Aber sie wird sie eben nicht schon in den allgemeinen Gesetzen[74]) oder der (polizeirechtlich verstandenen) öffentlichen Ordnung finden[75]), und

---

[73]) Gegenüber vielfachen Harmonisierungsversuchen der heutigen Staatsrechtslehre und Politikwissenschaft gilt es daran festzuhalten, daß Liberalismus und Demokratie von ihrem Prinzip her keineswegs identisch sind, wenngleich sie einen gemeinsamen Sektor haben. Das Prinzip der Teilnahme aller an den politischen Entscheidungen und der Ausübung der staatlichen Gewalt, d. h. die demokratische Mitwirkungsfreiheit, verbürgt keineswegs eo ipso die Freiheit des einzelnen i. S. individueller Selbstbestimmung. Dazu bedarf es der verbindlichen Festlegung der Grenzen auch demokratischer Herrschaftsausübung und Mehrheitsentscheidung. Siehe dazu — statt anderer — *Adolf Arndt*, NJW 1966, S. 2206.

[74]) So neben *Thoma,* aaO. (N. 57), S. 18, wo dies freilich nur behauptet, nicht begründet wird [... es ist doch gar kein Zweifel], vor allem *v. Mangoldt-Klein,* aaO. (N. 57), Bem. III, 5 zu Art. 4 (S. 220) und die Rechtsprechung der Oberlandesgerichte — vornehmlich in Fällen der Verurteilung von Ersatzdienstverweigerern — unter Berufung auf Art. 136 I WRV, vgl. OLG Stuttgart v. 8. 2. 63 = NJW 1963, S. 776; OLG Karlsruhe v. 25. 5. 64 = JZ 1964, S. 761; OLG Hamburg v. 22. 7. 1964 = MDR 1965, S. 63; OLG Köln v. 23. 6. 65 = NJW 1965, S. 1448. Argumentationsbasis ist jeweils (auch bei v. Mangoldt-Klein) die problemlose Gleichsetzung von Religionsfreiheit — Freiheit der Religionsausübung — und Gewissensfreiheit, obwohl doch schon der formale Aufbau des Art. 4 eine Unterscheidung nahelegt, und folglich das völlige Beiseitelassen der Frage nach dem (eigenen) Inhalt der Gewissensfreiheit. Eine scharfe Kritik an dieser Rechtsprechung bei *Ad. Arndt*, NJW 1966, S. 2204 ff.

[75]) So — vorherrschend — die Schweizer Staatsrechtslehre, die die „öffentliche Ordnung" allgemein als immanente Schranke grundrechtlicher Gewährleistungen ansieht, vgl. *Burckhardt,* Kommentar der Schweizerischen Bundesverfassung, 3. Aufl. Bern 1932, S. 443, 446 f.; *Fleiner-Giacometti,* Schweiz. Bundesstaatsrecht, Zürich 1949, S. 330; *Aubert,* Traité de droit constitutionnel suisse, Bd 2, Neuchatel 1967, S. 633; kritisch *Hans Huber,* in: Die Grundrechte, Bd I, 1, Berlin 1968, S. 207. Aubert erörtert freilich — unter Bezugnahme auf die neuere deutsche Literatur — sehr eingehend die Wechselbeziehung zwischen der öffentlichen Ordnung als Begrenzung grundrechtlicher Freiheiten und der inhaltlichen Bestimmung der öffentlichen Ordnung eines staatlichen Gemeinwesens durch eben die grundrechtlichen Freiheiten, vgl. aaO. S. 635 f. unter der kennzeichnenden Überschrift „Action réciproque de l'ordre sur la liberté, et de la liberté sur l'ordre." Siehe ferner den Erstbericht von *R. Bäumlin* in diesem Band, S. 19 f.

ebensowenig ist dann die vielberufene „Wertordnung des Grundgesetzes“ ein geeigneter Ausgangspunkt. Abgesehen von der prinzipiellen Irrationalität der Werte und dem Fehlen eines rational erkenn- und diskutierbaren Vorzugssystems für eine Wertordnung[76]), würde damit die Gewissensfreiheit gerade in das werthaft verstandene staatliche Ganze prinzipiell einbezogen, auf einen bestimmten Stellenwert innerhalb dieses Ganzen relativiert, anstatt diesem Ganzen und seinen Zugriffsmöglichkeiten prinzipiell vorauszuliegen, als ein Reservat individueller Freiheit, das um seiner selbst willen besteht[77]). Diese Logik des Wertdenkens ist unabweisbar — schon *Rudolf Smend* hat sie 1927 aufgezeigt[78]) — und die praktische Konsequenz läßt sich

[76]) *Arnold Brecht*, Politische Theorie, Tübingen 1959, S. 155 ff., 342 ff.; *A. Podlech*, Grundrechte und Staat: Der Staat 6 (1967), S. 349 ff.; *ders.*, Werte und Wertungen im Recht, AöR Bd 95 (1970).

[77]) Eingehend dazu *Forsthoff*, Zur heutigen Situation einer Verfassungslehre: Epirrhosis, Festgabe für Carl Schmitt, Bd 1, Berlin 1968, S. 209—211. Wie freiheitsabbauend diese Interpretation der Grundrechte werden kann, wenn sie in die Hand einer schnellfertigen, zivilrechtlich vorgeprägten Argumentation gerät, zeigt *Eike v. Hippel*, Grenzen und Wesensgehalt der Grundrechte, Berlin 1965, passim; insbes. S. 19, 25 f., 31 f. Betont rational und auf dem Boden verfassungsrechtlicher Hermeneutik argumentierend demgegenüber *F. Müller*, Die Positivität der Grundrechte, Berlin 1969. Kritisch zur Wertinterpretation der Grundrechte ferner *N. Luhmann*, Grundrechte als Institution, Berlin 1965, S. 45 ff.

[78]) *R. Smend*, Die Freiheit der Meinungsäußerung, in: VVDStRL 4 (1928), S. 44 ff., insbes. 51—53. Diese berühmt gewordene Abhandlung Smends, die den Ausgangspunkt der wertbezogenen und geisteswissenschaftlichen Grundrechtsinterpretation darstellt, zeigt die angeführte immanente Logik dieser Betrachtungsweise deutlich auf. Das Thema ist die nähere Bestimmung der Schranke der „allgemeinen Gesetze“ für die Freiheit der Meinungsäußerung i. S. des Art. 118 WRV. Diese Allgemeinheit bestimmt Smend als „die Allgemeinheit derjenigen Gemeinschaftswerte, die als solche den ursprünglich individualistisch gedachten Grundrechtsbetätigungen gegenüber Vorrang haben, so daß ihre Überschreitung eine Verletzung, ein Mißbrauch des Grundrechts ist.“ (52) Diese formale Bestimmung, die kein Kriterium dafür angibt, welche Gemeinschaftswerte einen solchen Vorrang haben, präzisiert er — wiederum formal — dahin, daß „allgemeine Gesetze i. S. des Art. 118“ solche seien, „die deshalb Vorrang vor Art. 118 haben, weil das von ihnen geschützte gesellschaftliche Gut wichtiger ist als die Meinungsfreiheit“ (52) oder — kurz später — „ein die Meinungsäußerungsfreiheit einschränkendes Gesetz ist jedes Gesetz, das diesen Vorrang vor der Äußerungsfreiheit verdient“ (53). Damit hängt alles an einer Bewertungsfrage — Smend selbst weist auf das Fremdartige dieser Interpretation hin, das darin liege, daß der Tatbestand einer Rechtsfolge lediglich dahin bezeichnet werde, „daß er ein die Rechtsfolge rechtfertigender Tatbestand sein müsse“ (52). Der Maßstab für diese Bewertung wird dann dem sittlichen und kulturellen Werturteil der Zeit entnommen: „Zu solchen das öffentliche Leben betreffenden Wertkonstellationsfragen nehmen die Grundrechte Stellung, und es ist die Aufgabe der

symptomatisch BVerfGE 12,1 entnehmen[79]). Gewissensfreiheit, im Rahmen der Wertordnung des Grundgesetzes garantiert, würde gerade jenen schützen, der dieses Schutzes nicht bedarf, weil er ohnehin mit den herrschenden Auffassungen konform geht, nicht aber den Außenseiter, den Dissidenten im wörtlichen Sinn, für den sie vorzugsweise relevant wird.

Die unüberschreitbaren Grenzen der Gewissensfreiheit sind vielmehr erst dort anzusetzen, wo die elementaren, *letzten Zwecke* des modernen Staates — der Staat hat solche Zwecke, und nicht nur einen Sinn[80]) — *unmittelbar* bedroht sind: der innerstaatliche Friedenszustand, der Bestand des Staates und die Möglichkeit seiner Sicherung nach außen, die Sicherung von Leben und Freiheit der Person, die unbedingt zu schützenden Rechte der einzelnen[81])[82]). Das Gewissen, das für sich vom

---

Grundrechtsauslegung, diese Fragen und ihre in den Grundrechten gegebene oder (wie in Art. 118 und 129) durch die Grundrechte dem sittlichen und kulturellen Werturteil der Zeit(!) zugeschobene Beantwortung herauszustellen" (53). Hier liegt mit aller Deutlichkeit die Konsequenz zutage, daß die grundrechtliche Freiheit nicht mehr unabhängig von, sondern nur noch *im Rahmen* des „sittlichen und kulturellen Werturteils der Zeit" gewährleistet ist, daß sie also dem Zugriff der jeweils vorherrschenden — und im 20. Jahrhundert erfahrungsgemäß schnell wechselnden — Werturteile des sozialen Ganzen nicht entzogen, sondern in Bestand und Umgrenzung ihnen ausgeliefert ist. Hierin eine rechtliche Sicherung der individuellen Freiheit zu sehen, wie die rechtsstaatliche Verfassung sie intendiert, erscheint m. E. nicht möglich. Wer dies gleichwohl meint, muß sich mit *Forsthoff* fragen lassen, ob er „die Besonderheit dieses Jahrhunderts (das noch nicht zu Ende ist) mit seinen Ab- und Umwertungen, seinen Hosiannah und Cruzifige, seinen unendlichen geistigen Fluktuationen" [aaO. (N. 77) S. 209] begriffen hat.

[79]) BVerfGE 12,1 (4 f.). Zu dieser Entscheidung ist sachlich-kritisch (nur) zu fragen, ob sie ebenso gelautet hätte, wenn der Strafgefangene mit dem Angebot von Zigaretten bei seinen Mitgefangenen nicht für einen Kirchenaustritt, sondern für einen Kirchen*eintritt* geworben hätte.

[80]) Dies vor allem gegen *H. Krüger*, der, obwohl er eine Lehre vom neuzeitlichen, geschichtlich gewordenen Staat geben will, die Staatszwecke ganz eliminiert und nur die Fähigkeit, auf (unbekannte) Lagen zu reagieren, als Ausrichtung des Staates gelten läßt (Allgem. Staatslehre, S. 192 ff.), und die Integrationslehre, die dem Staat zwar einen Sinn, aber keine Zwecke zuerkennt, vgl. zuletzt *A. v. Campenhausen*, Erziehungsauftrag und staatliche Schulträgerschaft, Göttingen 1967, S. 232 ff., insbes. S. 234 oben.

[81]) Eine gesetzliche Festlegung elementarer Staatszwecke: §§ 1—2 II 13 ALR; theoretisch entwickelt worden sind sie in der Staatsvertragslehre des Vernunftrechts, vgl. etwa *Th. Hobbes*, Elementa philosophica de cive, cap. 13, 7; *John Locke*, Two treatises on government, T. 2, cap. 9 Nr. 124 u. ö.; *C. G. Suarez*, Vorträge über Staat und Recht, Köln Opladen 1960, S. 7 ff.; *I. Kant*, Über den Gemeinspruch . . ., Werke, Ausg. Weischedel, Bd. 8, Darmstadt 1968, S. 153 f.

Staat Freiheit und unbedingte Achtung verlangt, muß auch seinerseits die Rechte und die Freiheit der andern respektieren, darf sie und den Staat selbst nicht überherrschen wollen. Auch dort, wo das Gewissen sich zu solch elementarer Sozialverträglichkeit nicht verstehen kann und der Staat gezwungen ist, die Gewissensbetätigung zu hindern oder zu ahnden — die Fälle sind, Gott sei Dank, nicht zahlreich —, läßt sich freilich durch die Art, in der dies geschieht, insbesondere durch Form und Ausmaß der Sanktionen, der Respekt vor solcher Gewissensüberzeugung, auch wenn man sie nicht nachvollziehen kann, bekunden[83]). Im übrigen, wo es nicht um jenen elementaren, nur um den Preis des Selbstwiderspruchs aufgebbaren Bereich geht — und dort liegt die Hauptzahl der Fälle —, versteht sich der Staat, um der Achtung des Gewissens willen, zu einem

[82]) Diese Lösung unterscheidet sich von den (zu vagen) Grenzbestimmungen bei *Hamel*, aaO. (N. 20) S. 679 (Grenzen, die „zur Erhaltung der menschlichen Gesellschaft und damit der Freiheit selbst unbedingt notwendig sind") und *A. Podlech*, aaO. (N. 4), S. 35 (es sei denn, daß „mögliche Alternativlösungen für die staatlich verfaßte Gesellschaft nicht tragbar sind") dadurch, daß sie diese formalen und inhaltlich weithin leeren Bestimmungen durch Beziehung auf die genannten elementaren Staatszwecke näher konkretisiert und (eingrenzend) präzisiert, von derjenigen *Scheuners*, Die Religionsfreiheit im Grundgesetz: DÖV 1967, S. 588 f. (unterschiedliche Begrenzung nach ‚Kernbereich' und ‚Randzonen') dadurch, daß sie von der Einsicht ausgeht und sie festhält, daß in Gewissensfragen eine solche Unterscheidung nicht getroffen werden kann, ohne über Gewissensüberzeugungen (unzulässigerweise) ein Richteramt auszuüben; für die differenzierende Grenzbestimmung, die *Herzog*, aaO. (N. 40), S. 720—722 unternimmt, gibt sie Kriterien und Maßstäbe an, damit die Frage nicht im Bereich von Einzelabwägungen verbleibt.

[83]) Für eine solche Differenzierung der Rechtsfolgen und der Art der Sanktionen für Gewissenstäter vor allem *Welzel*, Gesetz und Gewissen, in: Hundert Jahre deutsches Rechtsleben. Festschrift zum hundertjährigen Bestehen des Deutschen Juristentages, Karlsruhe 1960, S. 399; vgl. ferner die Referate von *Heinitz* und *Noll*, Der Überzeugungstäter im Strafrecht: ZgesStrafrWiss 18 (1966), S. 615 ff., 638 ff. Dies setzt, um durchführbar zu sein, die Unterscheidung des Gewissenstäters vom Überzeugungstäter voraus. Daß diese möglich ist, zeigt die Abhandlung von *Karl Peters*, Gewissenstäter und Überzeugungstäter, in: Beiträge zur gesamten Strafrechtswissenschaft. Festschrift f. Hellmuth Mayer zum 70. Geburtstag, Berlin 1967, S. 257 ff.; auch *Welzel*, aaO., S. 395. Das Problem des „Gewissenstäters" kann nicht auf die Fälle beschränkt werden, wo die Gewissensüberzeugung nur ein Unterlassenkönnen begehrt, dem durch partielle Entpflichtung u. U. Rechnung getragen werden kann (so aber wohl — irrig — *Ad. Arndt*, NJW 1966, S. 2205), wenngleich diese in der Praxis die häufigsten sind. Die Abschaffung jeder besonderen Form von Strafhaft durch die derzeitige Strafrechtsreform, die auch von den Verfassern des sog. Alternativentwurfs nicht in Frage gestellt worden ist, hat sich dem hier gestellten Problem verschlossen.

„System von Toleranzen und partiellen Entpflichtungen“, wie es *Ad. Arndt* treffend genannt hat[84]): Er gestattet dem seinem Gewissen folgenden einzelnen, sich partiell aus der Allgemeinheit durch Passivität (Unterlassen) auszuschließen, damit er an seinem Gewissen keinen Schaden nimmt.

Solche Toleranzen sind vor allem und am unbedingtesten dort angebracht, wo es sich um Pflichten handelt, die ihrer Natur nach nur durch *eigenhändiges,* höchstpersönliches Tun erfüllt werden können (Wehrpflicht, Eideszwang)[85]). Hier ist der Konflikt für den einzelnen am schärfsten; denn es macht, gerade im Hinblick auf die Verantwortung vor dem eigenen Gewissen, einen Unterschied, ob man zum *Selbsttun,* mit eigener Tatherrschaft, gegen das Gewissen gezwungen oder ob dieses Tun bzw. sein Erfolg durch das Dazwischentreten eines andern (Steuerpfändung; Ersetzung der Einwilligung zur Bluttransfusion) herbeigeführt wird[86]). Es sind auch kaum Fälle ersichtlich, in denen solche Entpflichtungen von *eigen*händigem Tun den unaufgebbaren Bereich der elementaren Staatszwecke infragestellen würden — der Impfzwang mag einen, mit konkreter Toleranz regelmäßig noch lösbaren Grenzfall markieren[87]).

Damit solche Toleranz und partielle Entpflichtung nicht zum Privileg wird, das den auf sein Gewissen sich Berufenden aus der staatsbürgerlichen Gleichheit (und der demokratischen Identität) ausgliedert, kann und soll die staatliche Rechtsordnung, soweit möglich, Verhaltensalternativen auferlegen. Sie hat das Recht dazu, denn der Unterlassensanspruch des einzelnen richtet sich nur auf das konkrete gewissenswidrige Tun, nicht auf eine ersatzlose Freistellung, und sie hat, im Sinne der

---

[84]) *Ad. Arndt,* Das Gewissen in der oberlandesgerichtlichen Rechtsprechung: NJW 1966, S. 2205. Eine solche partielle Entpflichtung hebt die (generelle) Gültigkeit der betreffenden Rechtsnorm nicht auf, es wird von ihrer Anwendung in einem als Ausnahmefall anerkannten Einzelfall abgesehen.

[85]) Dazu *Arndt,* aaO. (N. 84), S. 2205/06.

[86]) Vgl. die Ausführungen von *H. Hirschmann* SJ in seiner Stellungnahme zur Frage der Kriegsdienstverweigerung vor dem Verteidigungsausschuß des Deutschen Bundestages am 1. 6. 1956, Stenogr. Protokoll (Sonderprotokoll) der 94. Sitzung des Ausschusses für Verteidigung am 1. 6. 1956, S. 15. Das Problem bedarf weiterer Erörtung. Die Parallelisierung und Verknüpfung dieser Unterscheidung mit derjenigen zwischen passivem und aktivem Widerstandsrecht, die *Herzog,* aaO. (N. 40) S. 720 r. vornimmt, mißversteht ihren Sinn sowohl genetisch als auch systematisch. Daß Gewissensfälle weit öfter im Hinblick auf ein Unterlassenkönnen als im Hinblick auf ein bestimmtes positives Tun vorkommen, ist in der Struktur von Gewissensentscheidungen begründet, s. unten Abschnitt III, 1. S. 68 und *Luhmann,* aaO. (N. 4), S. 282 f.

[87]) Vgl. *Herzog,* aaO. (N. 40), S. 722; anderer Auffassung wohl *Welzel,* aaO. (N. 83), S. 398.

Wahrung der staatsbürgerlichen Gleichheit, auch die Verpflichtung dazu. Hier liegt der elementare, über die wichtigen Gesichtspunkte der Praktikabilität der Gewissensfreiheit hinausgehende Sinn der von *Luhmann* und *Podlech* erhobenen Forderung nach Aufstellung von Verhaltensalternativen für Gewissenspositionen[88]).

Die Gewährung solcher Toleranzen gegenüber der allgemeinen Rechtsordnung um der Achtung von Gewissenspositionen willen, dieser Weg ist im übrigen nicht so neu, wie es den Anschein haben mag. In der Geschichte der Gewissensfreiheit stellte sich das Problem zum erstenmal, als die Glaubens- und Gewissensfreiheit auch auf die Sekten ausgedehnt wurde, die sich z. T. durch ihre religiösen Überzeugungen gehindert sahen, allen gesetzlichen Pflichten nachzukommen. Das landrechtliche Preußen hat, auch hierin vorbildlich, Mennoniten und Quäkern solche Toleranzen, insbesondere im Hinblick auf die Leistung von Kriegsdiensten, gewährt, sie dafür anderseits, aus dem Bemühen um Gegenseitigkeit und konkrete Gerechtigkeit, in gewissen bürgerlichen Rechten beschränkt[89]). Das ALR sah ausdrücklich die Möglichkeit solcher Toleranzen vor, indem es (§ 29 II 11) bestimmte, daß Ausnahmen von gewissen Gesetzen den Anhängern bestimmter Religionsmeinungen nur dann zustatten kommen könnten, wenn sie vom Staat ausdrücklich zugelassen seien. Und es fährt dann, seinen Prinzipien treu, fort: „Ist dies nicht geschehen, so kann zwar der Anhänger einer solchen Religionsmeinung etwas gegen seine Überzeugung zu tun nicht gezwungen werden; er muß aber die nachteiligen Folgen, welche die Gesetze mit ihrer unterlassenen Beobachtung verbinden, sich gefallen lassen[90])". Ähnliche Beispiele finden sich in Baden 1807 und in § 27 II der Württemberg. Ver-

---

[88]) *N. Luhmann*, aaO. (N. 4), S. 274 f.; *A. Podlech*, aaO. (N. 4), S. 35 ff.

[89]) So im „Gnadenprivilegium für die Mennonitengemeinden im Königreich Preußen" Friedrichs d. Gr. von 1783, im Edikt vom 30. 7. 1789, verschiedentlich neu deklariert, durch Kabinettsordres vom 9. 7. 1840 und 9. 11. 1843 auf weitere Gebiete Ostpreußens ausgedehnt und durch § 22 des westpreußischen Provinziallandrechts von 1844 (GS S. 106) auch für Westpreußen bestätigt, in der Kabinettsordre vom 16. 5. 1830 für Brandenburg und die westlichen Provinzen, mit möglicher Erstreckung auch auf die Quäker, vgl. die Nachweise dazu *H. Hecker*, Die Kriegsdienstverweigerung im deutschen und ausländischen Recht (Dokumente, hrsg. v. d. Forschungsstelle für Völkerrecht und ausländ. öffentl. Recht der Univ. Hamburg, Heft 13), Frankfurt und Berlin 1954, S. 9. Die dahinterstehende konkrete Humanitätsgesinnung des aufgeklärten Absolutismus in Preußen bringt *C. G. Suarez*, Vorträge, aaO. (N. 61), S. 55/56 treffend zum Ausdruck.

[90]) §§ 30, 31 II 11 ALR.

fassung von 1819[91]). Das spätere 19. Jh. hatte freilich für solche konkrete Humanitätsgesinnung wenig Verständnis[92]) und zog sich mit dem ihm eigenen Pathos auf die Abstraktheit der Gesetzesgeltung und der staatlichen Souveränität zurück[93]). Aber zeigen jene landrechtlichen Sätze wirklich einen Mangel an Staatsgesinnung, wie *Anschütz*[94]) gemeint hat? Der Gesetzgeber der Bundesrepublik jedenfalls hat sich jüngst mit Gesetz v. 14. 8. 1969[95]) zu jenem landrechtlichen Geist konkreter Toleranz und Humanität bekannt: es eröffnet den Ersatzdienstverweigerern aus Gewissensgründen, d. h. den Zeugen Jehovas, eine für sie annehmbare Verhaltensalternative mit der Möglichkeit der Ersatzdienstbefreiung. Man sollte an diesem Gesetz, das das Problem der Bestrafung der Ersatzdienstverweigerer endlich an der richtigen Stelle, und nicht erst bei der Mehrfachbestrafung, wie das BVerfG, gelöst hat[96]), nicht achtlos vorübergehen; in ihm spricht sich der Geist des Staatswesens aus.

5. Die bisherigen Überlegungen erlauben es nun, Inhalt und Charakter der im Grundgesetz gewährleisteten Gewissensfreiheit noch genauer zu bestimmen. Der eigentliche Gegenstand,

---

[91]) Baden: Erstes Konstitutions-Edikt, die kirchliche Staatsverfassung des Großherzogtums Baden betreffend, v. 14. 5. 1807, § 1; § 27 II württ. Verfassung von 1819: „Den vollen Genuß der staatsbürgerlichen Rechte gewähren die drei christlichen Glaubensbekenntnisse. Andere christliche und nicht christliche Glaubens-Genossen können zur Teilnahme an den bürgerlichen Rechten nur in dem Verhältnis zugelassen werden, als sie durch die Grundsätze ihrer Religion an der Erfüllung bürgerlicher Pflichten nicht gehindert sind." Für einzelne Unionstaaten in Nordamerika Beispiele bei *K. Rothenbücher*, Die Trennung von Staat und Kirche, München 1907, S. 134, und bei *Hecker*, aaO. (N. 89), S. 30 ff.

[92]) Schon *R. v. Mohl*, Das Staatsrecht des Königreiches Württemberg, Bd 1, Tübingen 1829, S. 321, hält es für eine Vorschrift gegen alle Rechte und Pflichten des Staats, „Bürger zu dulden, die den allgemeinen Verständlichkeiten nicht gehorchen wollen". *Fürstenau*, Das Grundrecht der Religionsfreiheit, Leipzig 1891, S. 124, spricht von § 27 II württ. Verf. Urkunde als einer „ganz eigentümlichen" Bestimmung, deren Sinn er offensichtlich nicht (mehr) versteht.

[93]) *Kahl*, aaO. (N. 9), S. 293; *G. Anschütz*, Preußische Verfassung, aaO. (N. 27), S. 229 f. Für die Verteilung der Positionen ist es aufschlußreich, daß die Regierungsvorlage zum Wehrpflichtgesetz des Norddeutschen Bundes v. 9. 11. 1867 (BGBl. S. 131) die in Preußen geltenden Privilegien (s. Note 89) noch enthielt, die vom Norddeutschen Reichstag beschlossene Fassung sie dann gestrichen hatte, worauf der König durch Kabinettsordre v. 3. 3. 1868 verfügte, daß dienstverweigernde Mennoniten nur als Nichtkombattanten ausgehoben werden sollten, vgl. *Hecker*, aaO. (N. 89), S. 9.

[94]) Preußische Verfassung, aaO. (N. 27), S. 229.

[95]) BGBl. I, S. 1105.

[96]) Beschluß v. 7. 3. 1968, BVerfGE 23, 191 (202 ff.); die mangelnde innere Folgerichtigkeit der Argumentation wird zutreffend von *H. U. Evers*, JZ 68, S. 575 ff. herausgestellt.

das Schutzgut der Gewissensfreiheit ist nicht die „Handlungsfreiheit gemäß dem sittlichen Gewissen“[97]). Diese schon in der Weimarer Zeit aufgekommene Formel[98]) mag sich zwar als inhaltliche Umschreibung anbieten, nachdem auch die Gewissensbetätigung zum Inhalt der Gewissensfreiheit gehört. Aber sie ist zu unbestimmt und ungenau, sie erfaßt die eigene Mitte und die Zielrichtung des Grundrechts nicht, und sie verleitet dazu, die Gewissensfreiheit in die Nähe der allgemeinen Handlungsfreiheit zu rücken[99]). Das würde dann unweigerlich eine ebenso weite Schrankenformel implizieren, und die leidige Diskussion um Art. 2 I GG würde unter anderer Flagge noch einmal geführt. Das Schutzgut und der Kern der grundgesetzlichen Gewissensfreiheit, von denen aus ihr Begriff sich entfalten muß[100]), liegen vielmehr in der auch durch die Wortfassung des Art. 4 nahegelegten Garantie der *Unverletzlichkeit* des Gewissens. Gewissen und Gewissensbetätigung sollen dadurch frei und unverletzlich sein, daß die Bildung von Gewissensüberzeugungen sich frei, d. h. ohne Beeinträchtigung durch Maßnahmen der öffentlichen Gewalt, vollziehen kann und daß niemand — die dargelegten Grenzen vorbehalten — von der öffentlichen hoheitlich handelnden Gewalt zu einem Verhalten (Tun oder Unterlassen) gezwungen werden darf, das dem Gebot des eigenen Gewissens widerspricht. Das ist einerseits weniger als eine Handlungsfreiheit gemäß dem Gewissen, anderseits aber, wegen der Ausrichtung auf Unbedingtheit, auch mehr. Nicht alles, was das Gewissen erlaubt und was insofern gemäß dem Gewissen geschieht, ist durch die Gewissensfreiheit geschützt; und nicht schon Gewissens*bedenken*, die jemand hat, sondern erst das Gewissens*gebot*, die Gewissensüberzeugung, lösen den grundrechtlichen Abwehranspruch aus[101]). Das oft zitierte Mormonenbeispiel ist also gar kein Fall der Gewissensfreiheit, denn seine religiöse Überzeugung erlaubt dem Mormo-

---

[97]) So *v. Mangoldt*, aaO. (N. 43), Anm. 2 zu Art. 4; *Süsterhenn-Schäfer*, Verfassung von Rheinland-Pfalz, Bem. zu Art. 8; *v. Mangoldt-Klein*, aaO. (N. 57), Bem. III, 1 zu Art. 4, wenngleich er anderseits Gewissens- und Bekenntnisfreiheit, die alte Auffassung Anschütz' übernehmend, gleichsetzt. Ähnlich wohl *Blomeyer*, Gewissensprivilegien im Vertragsrecht, JZ 1954, S. 309/310.

[98]) siehe oben S. 44.

[99]) Zu dieser Problematik, die sich ergibt, wenn alle oder einzelne Grundrechte als Anwendungsfall eines Hauptgrundrechts der „allgemeinen Handlungsfreiheit“ angesehen werden, eingehend und kritisch *Scheuner*, Pressefreiheit: VVDStRL Heft 22 (1965), S. 40—44; vgl. aber auch *Dürig*, ebd. S. 195/196.

[100]) *Scheuner*, aaO. (N. 99), S. 45—47, hält dies mit Recht für den Ausgangspunkt der begrifflichen Erfassung der einzelnen Grundrechtsverbürgungen.

[101]) In diesem Sinn auch *Ad. Arndt*, NJW 1966, S. 2205.

nen zwar, gebietet ihm aber nicht, mehrere Frauen zu haben. Ebenso betrifft der Lumpensammlerfall[102]) nicht die Gewissensfreiheit, sondern nur die Freiheit der Religionsausübung. Eine sinnvolle, um differenzierte Lösungen bemühte Dogmatik der Gewissensfreiheit muß von dieser Inhaltsbestimmung ihren Ausgang nehmen.

Die Gewissensfreiheit in dieser, auf Unbedingtheit zielenden inhaltlichen Bestimmung verdankt ihre Entstehung, wie sich gezeigt hat, dem Toleranzprinzip; sie ist ferner, in einer rechtsstaatlichen Verfassung, nicht mehr das Einlaßtor, sondern Abschluß und Vollendung der Freiheitsrechte. Das begründet [auch als Grundrecht] ihre besondere Eigenart. Der Staat geht, indem er sie gewährleistet, bis an die äußerste Grenze; um seinen Bürgern auch im Falle des Konflikts zwischen Gesetz und Gewissen, der leicht ein äußerster Fall wird, nicht die Geborgenheit im Staat zu nehmen, gewährt er ihnen, im Wege partieller Entpflichtung, Asyl. Ein solches Asyl muß, um bestehen zu können, beiderseits, von seiten des Staates wie von seiten der Bürger, als Asyl respektiert werden; es setzt ein hohes Maß an Loyalität voraus. Dementsprechend muß auch die Handhabung und Ausübung der Gewissensfreiheit dem Toleranzprinzip unterstellt bleiben.

Daraus ergeben sich einige Folgerungen. Zunächst: Die Gewissensfreiheit ist nur gewährleistet als ein *höchstpersönliches* Individualrecht, nicht — im Unterschied zur Freiheit der Religionsausübung — als ein Recht von Gruppen, auch nicht der Religionsgesellschaften; sie ist erst recht kein Einfallstor für indirekte Gewalten. Die Gewissensfreiheit ist ferner kein Grundrecht, das aus sich heraus zur Propaganda für seine Ausübung ermächtigt — ein Problem, das besonders im Zusammenhang des Art. 4 III GG aktuell wird[103]). Wer es als politische Waffe gebraucht, mißachtet das Asyl. Schließlich muß unter diesem Gesichtspunkt auch das Problem der Anerkennungsverfahren gesehen werden. So problematisch der mögliche Effekt solcher Verfahren sein mag — auf welchem Weg ist das Gewis-

[102]) BVerfG v. 16. 10. 68 = BVerfGE 24, S. 236 ff. und dazu *Häberle*, Grenzen aktiver Glaubensfreiheit: DÖV 1969, S. 385 ff. Die Entscheidung leidet darunter, daß sie innerhalb des Art. 4 GG nicht Freiheit der Religionsausübung und Gewissensfreiheit unterscheidet, auch im Hinblick auf die verschiedenartigen Schrankenbestimmungen (Art. 4 II — Art. 136 II), und dadurch einer problematischen Ausdehnung eigener Betätigungsfreiheit zu Lasten anderer Raum gibt, ohne daß ein gerade auf *diese* Betätigung gerichtetes Gewissensgebot (Almosengeben ist auf vielerlei Weise möglich) ersichtlich ist.

[103]) Siehe dazu *Köttgen*, in: Die Grundrechte der Soldaten, München 1956, S. 74, und BVerwG v. 25. 2. 69 = DÖV 69, S. 349.

sen von außen her schon feststellbar und kontrollierbar? —, die prinzipielle Berechtigung solcher Verfahren, soweit sie darauf abzielen, die Echtheit, das sog. „Ob“ der Gewissensentscheidung festzustellen, um dadurch den Mißbrauch von Gewissenspositionen abzuwehren, kann nicht in Zweifel gezogen werden. Wer für sich eine besondere, auf Abweichung von der Allgemeinheit zielende Rechtsposition geltend macht, ist nicht befugt, die Kommunikation abzubrechen[104]).

III.

Ungeachtet der gefundenen inhaltlichen Bestimmung der Gewissensfreiheit erscheint es notwendig, dem eigentlichen Gegenstand des Schutzes, dem Gewissen, noch einige Aufmerksamkeit zuzuwenden. Wir haben ja bislang das Gewissen als eine umschriebene und bekannte Größe immer vorausgesetzt.

Der Jurist steht hier vor einem gewissen Dilemma. Das Grundgesetz garantiert die Gewissensfreiheit nicht nur für bestimmte Gewissen, die einem von ihm gebildeten oder vorausgesetzten Rechtsbegriff des Gewissens unterfallen, sondern für alle Gewissen. Es kennt keinen eigenen Rechtsbegriff des Gewissens, sondern verweist auf das Gewissen als eine im sozialen Leben vorgegebene Wirklichkeit[105]).

Damit ist freilich die Aufgabe, einen Gewissensbegriff zu formulieren, noch nicht entfallen; denn es kommt nun darauf an, einen allgemeinen, an das Gewissens*phänomen* anknüpfenden Begriff des Gewissens zu finden, um davon Erscheinungen wie Meinung, Überzeugung, Ansicht und dergl., abzugrenzen. Dieser allgemeine Gewissensbegriff läßt sich freilich nicht durch einen Rückgriff auf theologische und philosophische Gewissensvorstellungen oder Gewissensdeutungen bestimmen[106]). Der Jurist würde damit nur Partei in der geistigen Auseinandersetzung um das Gewissen werden und die ihm durch die Verfassung auferlegte Pflicht zur religiös-weltan-

---

[104]) *Podlech,* aaO. (N. 4), S. 71 f.; richtig daher BVerwGE 9,97 (99 f.); 14,146 (149).

[105]) BVerfG 12,45 (54); *Ad. Arndt,* NJW 1968, S.779; *ders.,* Verhandlungen des Deutschen Bundestags, 2. Wahlperiode, Stenogr. Berichte, S. 8838 B und C.

[106]) Einen Überblick über die Vielzahl und Verschiedenheit theologischer und philosophischer Gewissensvorstellungen und -deutungen in der Studie von *J. Stelzenberger,* Syneidesis, conscientia, Gewissen, Paderborn 1963; ferner *M. Hinzmann,* Die aktuelle Kriegsdienstverweigerung, Hamburg 1959, S. 18—29. Zu den aktuellen theologischen Gewissenslehren der christlichen Konfessionen vgl. einerseits *H. Thielicke,* Theologische Ethik, Bd. 1, 2. Aufl. Tübingen 1958, S. 481 ff., anderseits *Mausbach-Ermecke,* Katholische Moraltheologie, Bd. 1, 9. Aufl. Münster 1959, S. 157 ff.; *B. Häring,* aaO. (N. 118), S. 165 ff.

schaulichen Neutralität verfehlen[107]). Ebenso erscheint der Rückzug auf den allgemeinen Sprachgebrauch, den das BVerfG angetreten hat[108]), problematisch, und in gleicher Weise das Auskunftsersuchen des BVerwG bei Nachschlagewerken und Lexika[109]), wobei, pluralistisch-paritätisch, der Große Herder und Große Brockhaus zugleich befragt wurden, ohne daß die Inhomogenität beider Definitionen recht bemerkt wurde. Wieso kann sich nicht gerade im allgemeinen Sprachgebrauch, und erst recht in Handbüchern und Lexika, ebenfalls eine bestimmte (normative) Gewissens*vorstellung* niederschlagen, etwa die in der Gesellschaft oder bei bestimmten gesellschaftlichen Gruppen vorherrschende[110])?

An dieser Stelle kann die Analyse und Beschreibung der *Funktion* des Gewissens im Rahmen und für die menschliche Persönlichkeit weiterführen, die *Niklas Luhmann*[111]) unternommen hat. Luhmann sieht die eigentliche Funktion des Gewissens darin, daß es die Identität der Persönlichkeit mit sich selbst erhält; es erscheint als Kontrollinstanz, die darüber wacht, daß das Ich die Grenzen der eigenen Persönlichkeit nicht sprengt, daß seine zunächst grenzenlosen potentiellen Verhaltensmöglichkeiten in seiner Umweltbeziehung zu einer in sich kohärenten Selbstdarstellung und Lebensführung reduziert werden[112]). Das Gewissen tritt deshalb nicht immer und jeden Tag, sondern als die regulierende und fordernde Instanz dort in Erscheinung, wo die Persönlichkeit — durch eigene Verhaltensmöglichkeiten oder durch Verhaltensanforderungen, die die Umwelt an sie stellt — in ihrer Struktur, in der Möglichkeit, die eigene Identität zu wahren, kritisch berührt und betroffen ist[113]).

---

[107]) Grundlegend hierzu BVerfGE 12,45 (54 f.); ferner BVerfGE 19,1 (18) und 19,206 (216). Das BVerfG läßt deshalb mit Recht die nähere Erörtung philosophischer und theologischer Gewissenslehren als für die rechtliche Interpretation des Gewissensbegriffes unerheblich beiseite. Die Kritik von *S. Grundmann* an diesem Verfahren (Evangel. Staatslexikon, Sp. 682 f). verkennt den Unterschied von Gewissensbegriff und Gewissensinhalt.

[108]) BVerfGE 12,45 (54).

[109]) BVerwGE 7,242 (246).

[110]) Gerade die vom BVerfG unter (vorgeblichem) Rückgriff auf den Sprachgebrauch gefundene Gewissensvorstellung („unmittelbar evidente Gebote unbedingten Sollens"; „an den Kategorien von ‚Gut' und ‚Böse' orientierte Entscheidung", vgl. E 12,54/55) gibt zu dieser Frage Anlaß. Außerdem: Wo wird der „allgemeine Sprachgebrauch" abgelesen? Nicht wiederum an theologischen oder philosophischen Handbüchern, an Nachschlagewerken und Lexika?

[111]) *Niklas Luhmann*, Die Gewissensfreiheit und das Gewissen: AöR 90 (1965), S. 257—286, insbes. S. 264—270.

[112]) *Luhmann*, aaO. S. 264 ff.

[113]) aaO., S. 267 f.

Was läßt sich aus dieser funktionalen Beschreibung für die begriffliche Erfassung des Gewissensphänomens gewinnen? Mir scheint es vor allem folgendes zu sein:

1. Das Gewissen kann nicht als reine Innerlichkeit, als eine isolierte Wertwelt in sich verstanden werden, sondern steht unlösbar in sozialer Kommunikation, formt und bildet sich daraus in seinen Überzeugungen und Urteilen[114]). Darin liegt der Grund für die Urteilsbildung des Gewissens als geistiger Prozeß, für die Präformierung des Gewissens durch familiäre und schulische Erziehung, den Einfluß der in einer Gesellschaft lebendigen Ideen und Überzeugungen auf das Gewissen, sein plötzliches ‚Wachwerden' als Folge gesteigerter Reflexion, schließlich für die Variabilität und Veränderung von Gewissensüberzeugungen, auch für die Möglichkeit ihrer Manipulation. Zum andern erklärt sich daraus der Umstand, daß das Gewissen primär in Abwehrfunktion auftritt, seine Gebote vorwiegend Gebote des Unterlassens gegenüber Anforderungen von außen sind. Denn bei positivem Tun verfügt das Gewissen selbst über die Alternativen — Prinzipien und Gebote lassen sich positiv in aller Regel auf verschiedene Weise realisieren[115]).

2. Es zeigt sich, was auch nahezu alle Gewissenslehren betonen[116]), daß Gewissensfragen weder gegenständlich noch nach dem Inhalt des Gewissensgebots noch nach Gründen und Motiven irgendwie begrenzbar sind. Alles Verhalten, sofern es die Integrität und Identität der Persönlichkeit kritisch betrifft, kann, wegen der Kontrollfunktion des Gewissens, gewissensrelevant werden. Welches Verhalten oder welche Verhaltensbereiche das in concreto sind, bestimmt sich nach der Individualität der Persönlichkeit, nach den ihre Selbstdarstellung und Identität tragenden ‚Normen'. Gewissensfragen sind deshalb nicht auf einen gegenständlichen Bereich von „Sittlichkeit" beschränkbar[117]), Gewissensüberzeugungen können sich nicht nur in allgemeinen Prinzipien, sondern ebenso in konkreten, situationsgebundenen Imperativen äußern[118]), und sie kön-

---

[114]) Darauf weist u. a. *Th. Würtenberger*, Vom rechtschaffenen Gewissen: Festschrift für Erik Wolf, Frankfurt 1962, S. 340 ff. nachdrücklich hin; in die gleiche Richtung die Hinweise bei *Thielicke*, aaO. (N. 2), Sp. 671.

[115]) Vgl. auch *Luhmann*, aaO. (N. 111), S. 282 f.

[116]) Siehe die Darlegungen bei *Hinzmann*, aaO. (N. 106), S. 3—18, 18 ff.

[117]) Eine solche Beschränkung, die vielfach auch die moraltheologische Gewissenslehre kennzeichnet, klingt in BVerfGE 12,45 (54 f.) an.

[118]) Vgl. *Hinzmann*, aaO. (N. 106), S. 26—29; BVerwGE 7,242 (246 f.); ebenso die theologischen Gewissenslehren, einerseits *B. Häring:* Das Gesetz Christi, 3. Aufl., Bd. 1, 1963, S. 215 ff.; anderseits *H. Thielicke*,

nen sich bilden aus religiösen ebenso wie aus rationalen oder politischen Überzeugungen[119]).

[3. Die Auffassung, daß Gewissensentscheidungen jeweils durch einen ‚letzten Ernst', eine ‚Unbedingtheit' getragen sind und sich daran ausweisen[120]), ist keine bloße Eigentümlichkeit zahlreicher Gewissenslehren, sie hat ihren Grund im Gewissen selbst. Als Gebotsinstanz, als ‚Rufer' tritt das Gewissen erst dort in Aktion, wo die Persönlichkeit als solche, in ihrer Identität, kritisch bedroht ist („ein solcher, der dies tut, kann ich nicht sein"). Wer sein Leben in Übereinstimmung mit den Geboten seines Glaubens führt, wer die staatlichen Gesetze loyal befolgt, fällt nicht tagtäglich Gewissensentscheidungen[121]). Das Gewissen regiert den Konfliktsfall, nicht den Normalfall. Die Befürchtung einer ‚Inflation' von Gewissensentscheidungen verfehlt daher die soziale Realität.]

4. Das Kriterium für das Vorliegen einer wirklichen Gewissensentscheidung kann nicht in deren Wahrheit in der Form der Übereinstimmung mit allgemeinen Rechtsgrundsätzen, dem Sittengesetz, dem allgemeinen sittlichen Bewußtsein, einer angenommenen Wertordnung o. ä. gefunden werden[122]). Damit

aaO. (N. 106), S. 520 ff., 543 ff.; eher ablehnend BVerfGE 12,45 (57), dazu unten S. 75.

119) Das Urteil des BVerwG v. 20. 6. 1968, VIII C 9.67 (unveröff.), vollzieht insofern nur eine richtige Erkenntnis gegenüber teils abweichenden, teils unklaren Äußerungen seiner eigenen Spruchpraxis, insbes. BVerwGE 7,242 (246 f.); 9,97 (97 f.); 12,271 (272 f.); teilweise korrigierend bzw. klarstellend schon BVerwG v. 27. 5. 1960 = JZ 60,699; unklar insoweit BVerfGE 12,45, vgl. einerseits S. 57 f., anderseits S. 60 f.

120) Statt anderer *Welzel*, aaO. (N. 83), S. 395 mit Anm. 51; BVerwGE 7,242 (244 f.); BVerfGE 12,45 (55).

121) Darauf weist *Ad. Arndt*, NJW 1966, S. 2205 mit Recht hin.

122) Grundlegend hierzu *Eduard Spranger*, Die Individualität des Gewissens und der Staat: Logos 22 (1933), S. 171—202. Unklar bleibt insoweit *W. Geiger*, aaO. (N. 4), indem er einerseits Art. 4 I GG i. S. eines unbedingten, ausnahmelosen Verbots interpretiert, Rechtszwang gegen eine Gewissensüberzeugung auszuüben (S. 72; für „positives" Gewissenstun allerdings teilweise einschränkend S. 74), anderseits aber das Gewissen nicht als autonome Urteilsinstanz versteht, sondern von dem Gewissen spricht, „das der Anlage und der Idee nach Ausdruck der objektiven Sittenordnung ist" (59; gemeint ist die katholisch-naturrechtliche Sittenordnung). Hier bleibt offen, welche Rechtsposition das im Sinne dieser (oder einer andern) „objektiven Sittenordnung" *irrige* Gewissen bzw. die irrige Gewissensentscheidung hat: Ist sie eine Gewissensentscheidung, die i. S. von S. 72 Anspruch auf unbedingte Beachtung hat oder nicht? — für eine *rechtliche* Betrachtung der Gewissensfreiheit ist gerade dies die entscheidende Frage. Geiger macht nicht deutlich, wie weit er als katholischer Naturrechtsphilosoph oder als Jurist und Interpret des auf religiös-weltanschauliche Neutralität zielenden Grundgesetzes argumentiert.

würde gerade die Individualität des Gewissens[123]), seine Freiheit und Selbstgesetzlichkeit, negiert. Es würden nur diejenigen Gewissen als Gewissen anerkannt, die sich solcher von außen kommender, ihnen keineswegs notwendig immanenter Wahrheit unterwerfen[124]). Eine staatliche Rechtsordnung, die solcherart zwischen ‚richtigen' und ‚irrigen' Gewissen unterscheiden wollte, würde sich einen Maßstab zusprechen, der nicht den Gewissen selbst entnommen und ihr darum, im Zeichen der Gewissensfreiheit, untersagt ist[125]).

Die Aufschlüsse, die sich auf diese Weise für die Wirklichkeit des Gewissens und einen auf sie bezogenen Gewissensbegriff ergeben, bringen freilich das Grundproblem für die praktische Handhabung der Gewissensfreiheit nicht zum Verschwinden; sie lassen es erst deutlich hervortreten. Das Gewissen entzieht sich, als geistig-seelischer Vorgang der Persönlichkeit, weithin, ja nahezu ganz der Überprüfung und Kontrolle von außen[126]). Weder von ihrem Gegenstand noch von der Art ihrer Motivation noch von der Übereinstimmung mit einer vorgegebenen sittlichen Ordnung her läßt sich eine behauptete Gewissensposition auf ihre Echtheit überprüfen. Das Gewissen bleibt, so gesehen, unzugänglich, das Geheimnis der Person, und darin liegt wohl sein stärkster Schutz. Angesichts dieser Sachlage ist der Rückgriff auf die allgemeine Glaubwürdigkeit des Gewissensträgers, den das BVerwG unternommen hat[127]), zwar verständlich, aber er löst das Problem nicht. Glaubwürdigkeit kann möglicherweise ein Indiz, aber schwerlich ein Kriterium für das Gewissen sein.

---

[123]) *Eduard Spranger*, aaO. (N. 122), insbes. S. 187 ff., S. 193 ff.

[124]) Eine solche Situation hat *Ad. Arndt* in der Bundestagsdebatte um die Gestaltung des § 25 WpflG beschworen, vgl. Verhandlungen des Deutschen Bundestages, 2. Wahlperiode, Stenogr. Berichte, Bd. 31, S. 8838 B: „Es wäre deshalb ein verhängnisvoller Irrtum und mit dem Grundgesetz unvereinbarer Zwang, von Gesetzes wegen feststellen zu wollen, welche theologische Lehre als sittliche Grundauffassung richtig sei, welches Gewissen die rechte Stimme hört und welches sich irrt. Wir kämen dann in Versuchung, den Glauben des andern nicht zu glauben, weil es nicht unser Glaube ist, das Gewissen des andern, weil es nicht unser Gewissen ist, auch nicht als sein Gewissen hinzunehmen."

[125]) So auch BVerfGE 12,45 (56); ferner *G. W. Heinemann*, NJW 1961, S. 355 (Anmerkung zu BVerfGE 12,45) und *Ad. Arndt*, NJW 1968, S. 979.

[126]) *Luhmann*, aaO. (N. 111), S. 276 ff.; *Herzog*, aaO. (N. 40), S. 719 f.; auch *Thielicke*, Theologische Ethik, Bd. 2, Tübingen 1960, S. 656 f.

[127]) Vgl. BVerwGE 7,242 (249); BVerwG v. 24. 6. 59 = BVerwGE 9,97 (98 f.); vom 24. 7. 59 = JZ 59,641; BVerwGE 9,100 (102); BVerwG v. 10. 11. 61 = BVerwGE 13,171 (172 f.); BVerwG v. 11. 5. 62 = BVerwGE 14,146 (149).

Dennoch bleibt, folgt man Luhmann, ein Punkt, an dem das Gewissen, wenngleich indirekt, auch von außen greifbar wird: die Bereitschaft zur Konsequenz[128]). Die Gewissensentscheidung erweist sich daran, daß ihre Ernsthaftigkeit, von der oft die Rede ist, nicht eine abstrakte, sondern eine konkrete ist: die Bereitschaft, bei der getroffenen Entscheidung zu bleiben, sie sich nicht abhandeln zu lassen und dafür auch Nachteile in Kauf zu nehmen. An dieser Stelle taucht nun noch einmal das Problem der Bereitstellung von Verhaltensalternativen auf, diesmal nicht unter dem Gesichtspunkt der Gerechtigkeit und staatsbürgerlichen Gleichheit, sondern in seiner praktisch-verfahrensmäßigen Funktion. Luhmann spricht mit Grund von ‚lästigen Alternativen', die demjenigen, der sich auf sein Gewissen beruft, ein zumutbares Opfer auferlegen[129]). Eben dies ist von praktischer Bedeutung. Solche Alternativen laden denjenigen nicht ein, der andere Gründe als die seines Gewissens hat, und sie erlauben, die problematischen Verfahren der Gewissenserforschung abzukürzen oder eventuell darauf zu verzichten. Sie diskriminieren auch den nicht, der sich auf sein Gewissen beruft, denn sie führen zugleich für ihn nach außen, gegenüber der Allgemeinheit der Bürger, den Beweis, daß er um seines Gewissens willen so handelt und darum Achtung und Respekt verdient[130]). Sie schützen schließlich nicht nur den Staat vor dem Mißbrauch der am leichtesten zu mißbrauchenden Freiheit, die er garantiert, sondern ebenso die Gewissensfreiheit selbst, weil sie, im Sinne des sie dirigierenden Toleranzprinzips gehandhabt, am ehesten Bestand haben wird.

IV.

[Das wichtigste Einzelproblem der Gewissensfreiheit und zugleich das derzeit aktuellste in der Bundesrepublik ist die Kriegsdienstverweigerung aus Gewissensgründen. In ihr hat die Gewissensfreiheit ihr Paradigma. Der Grund dafür liegt nicht nur in der seit 1½ bis 2 Jahren sprunghaft gestiegenen Zahl der Kriegsdienstverweigerer[131]) und der seit etwa 1½ Jah-

---

[128]) *Luhmann,* aaO. (N. 111), S. 283—285.

[129]) aaO. (N. 111), S. 284 f.

[130]) Richtig *Luhmann,* l. c. S. 284: „Man sollte sich gerade hier vor den Verwirrungen des Mitleids hüten; denn wenn man hier vor jeder Opferzumutung zurückschreckt, setzt man nicht nur den „Wert" des Gewissens herab, sondern ist zugleich auch genötigt, andere Korrektive, namentlich normative Vorurteile über zulässige Gewissensthemen, zu benutzen . . .".

[131]) Die Zahl der Anträge auf Anerkennung als Kriegsdienstverweigerer betrug 1967 5963 (davon 871 Soldaten), 1968 11 789 (davon 3456 Soldaten), 1969 insgesamt 14 374 (davon 2507 Soldaten). Die Angaben: Jahresbericht 1968 des Wehrbeauftragten des Dt. Bundestages, Drucksache V/3912, S. 7; Jahresbericht 1969, Drucksache VI/453, S. 7.

ren von Gruppen der APO systematisch und mit zersetzender Absicht betriebenen politischen Propaganda für die Kriegsdienstverweigerung[132]), sondern ebenso in der Besonderheit der rechtlichen Regelung, die diese Frage im Recht der Bundesrepublik gefunden hat.

Auf einige mir wichtig erscheinende Fragen sei daher kurz eingegangen.

1. Im Unterschied zu anderen Staaten, die eine Kriegsdienstverweigerung zulassen — in Europa sind es alle rechtsstaatlich-demokratisch verfaßten Staaten außer Italien und der Schweiz, ferner die DDR[133]) — hat das Grundgesetz die Möglichkeit der Kriegsdienstverweigerung als *Grundrecht* ausgestaltet. Das ist ein bemerkenswerter Vorgang. Was früher verschwiegen in Gnadenerlassen und Kabinettsordres stand[134]) und seither allenfalls in Gesetzen seine Regelung gefunden hat — Toleranz dieser Art wird unauffällig geübt, nicht auf dem Markt plakatiert[135]) —, ist durch das Grundgesetz in die Reihe grundrechtlicher Verbürgungen aufgenommen worden, in denen das staatliche Gemeinwesen seinen Geist ausspricht und definiert. So etwas geschieht nicht ohne Folgen — wie sollte eine solche Deklaration an zentraler Stelle der Verfassung nicht ihrerseits bewußtseinsbildend wirken[136])? — und die gegenwärtige Aktualisierung der Kriegsdienstverweigerung hat sicher einen ihrer Gründe auch in diesem Vorgang, wie umgekehrt dieser Vorgang selbst seinen Grund in der erlebten Geschichte unseres Gemeinwesens hat.

---

[132]) Vor allem in den Zeit- und Flugschriften „konkret" (Hamburg), insbes. 1968 Nr. 8, 1969 Nr. 3; APO-Press, Hamburg; APO-Press, München; Was tun?, Mannheim; underground, Frankfurt (Schülerzeitschrift); diskus, Frankfurt; Spontan, Hamburg. — Auch etliche Flugblätter des Verbandes der Kriegsdienstverweigerer (VK), Gruppe Frankfurt, sind hierher zu rechnen. Vgl. den informativen Bericht von *Rolf Henkel*, Zwischen Gewissensentscheidung und politischer Agitation: Bayer. Staatszeitung v. 27. 6. 1969, S. 9.

[133]) Siehe die Übersicht bei *Hecker*, aaO. (N. 89) sowie *Haack*, Die Rechtsstellung des Wehrdiestverweigerers aus Gewissensgründen in den Mitgliedstaaaten des Europarats: ZaöRV 27 (1967), S. 222 ff. Für die DDR: Anordnung v. 7. 9. 1964 (GBl. I, S. 129) üb. d. Aufstellung von Baueinheiten im Bereich des MinNatVert.

[134]) Siehe oben Anm. 89.

[135]) Vgl. den Überblick über die Regelungen in den einzelnen europäischen und außereuropäischen Staaten bei *Hecker*, aaO. (N. 89), S. 8—9, 15—35.

[136]) Der Abg. *Th. Heuß* lehnte im Parlament. Rat die Ausgestaltung der Kriegsdienstverweigerung als Grundrecht zugunsten einer umgrenzten gesetzlichen Regelung ab, weil er andernfalls einen ‚Massenverschleiß an Gewissen' befürchtete, vgl. Parlament. Rat, Hauptauschuß, Stenogr. Protokolle, S. 545.

Im Sinne der normativen Grundentscheidung des Verfassunggebers zugunsten der individuellen Freiheit, von der bereits die Rede war, hat die Aufnahme der Kriegsdienstverweigerung in den Grundrechtskatalog, und ebenso ihre lapidare und weite Fassung, freilich innere Konsequenz: Wie die Freiheit des Gewissens überhaupt, soweit irgend möglich, unverletzlich, das Gewissen dem Staat ‚vorgegeben' sein soll, so auch und gerade in dem Fall, wo der Konflikt mit den Belangen der staatlichen Gemeinschaft am schärfsten werden, möglicherweise existentielle Bedeutung erlangen kann. Auch dann soll dieser Staat nicht, koste es was es wolle, zwingen können[137]). Das ist der Geist des Jahres 1948/49; er hat sich in Art. 4 III GG zum Rechtssatz verformt. Es erhebt sich freilich die Frage, ob eine derartige, in Verfassungsrang erhobene Gewährleistung der Kriegsdienstverweigerung für einen Staat, der die Selbstverteidigung in eigene Hand nehmen will, überhaupt tragbar ist, ob es sich hier nicht um ein staatsbegriffswidriges Grundrecht handelt[138]). Im Sinne des oben entwickelten Prinzips der modernen Staatlichkeit[139]) muß das nicht notwendig der Fall sein. Aber es läßt sich diesem Bedenken nur begegnen, wenn auch das Kriegsdienstverweigerungsrecht, ebenso wie die Gewissensfreiheit, in der Anwendung und Handhabung konsequent dem Toleranzprinzip unterstellt wird[140]), dem sie entstammt und das allein sie zu rechtfertigen vermag. Die Interpretation steht an dieser Stelle in besonderer Weise vor der Aufgabe, einerseits die normative Intention, die dieser Verfassungsbestimmung zugrunde liegt, zu respektieren, anderseits sie aber nicht zum Hebel werden zu lassen, um andere normative Inhalte der Verfassung, wie etwa den des Art. 87 a n. F. GG, aus den Angeln zu heben.

2. Die entscheidende Frage ist in diesem Zusammenhang zu-

---

[137]) In diesem Sinne unter Berufung auf die Beratungen des Parlamentar. Rates, an denen er selbst beteiligt war, *Carlo Schmid* in der Debatte des Dt. Bundestages bei der Beratung des § 25 WpflG, Verhandlungen des Dt. Bundestages, 2. Wahlperiode, Stenogr. Protokolle, S. 8853 B und C; ähnlich *Ad. Arndt*, NJW 1968, S. 979: „Sogar dann, wenn das Dasein des Gemeinwesens durch Krieg in Frage gestellt wird, soll es bei der Grundwertentscheidung bleiben, daß dieser unser Staat seine Kraft aus der Freiheitlichkeit seiner Ordnung schöpfen will und seine Lebensberechtigung gerade darauf gründet, ein Staat zu sein, der niemand gegen sein Gewissen zwingt."

[138]) Dieser Ansicht ist wohl *H. Krüger*, Allgemeine Staatslehre, S. 951. Zum Problem aus philosophischer Sicht im Anschluß an Hegels Gewissenslehre *H. Lübbe*, Gewissensfreiheit und Bürgerpflicht, in: Humanität und Verantwortung. Festschrift für Hans Barth, Zürich-Stuttgart 1964, S. 198 ff., 208 f.

[139]) Siehe oben S. 55 f. (und Leitsatz 13).

[140]) Oben S. 65 (und Leitsatz 19).

nächst die nach dem *Umfang* des Kriegsdienstverweigerungsrechts. In Art. 4 III GG ist vom Gewissen schlechthin die Rede, nicht von bestimmten, etwa religiösen oder ethischen Gewissensgründen oder bestimmten Gewissenspositionen, etwa denjenigen der prinzipiellen Kriegsdienstverweigerer. Es gibt keinen Anhaltspunkt dafür, weder aus dem Wortlaut noch aus der Entstehungsgeschichte[141]), daß der Gewissensbegriff hier nicht in dem allgemeinen Sinn des Abs. 1, sondern in einem demgegenüber verengten, normativen Sinn gebraucht ist; Art. 4 III GG ist, wie überhaupt so auch in dieser Hinsicht, eine Konkretisierung von Art. 4 I GG[142]). Demgemäß kann sich nicht nur der

---

[141]) Zur Entstehungsgeschichte vgl. *v. Doemming-Füßlein-Matz*, aaO. (N. 47), S. 76 ff.; Ausschuß für Grundsatzfragen, 26. Sitzung v. 30. 11. 48, Stenogr. Protokoll S. 81—83; Hauptausschuß, 43. Sitzung v. 18. 1. 49, Stenogr. Protokoll S. 545 f. Gerade die Debatte im Hauptausschuß läßt erkennen, daß nicht nur bestimmte, sondern alle Gewissenspositionen gegen den Kriegsdienst mit der Waffe erfaßt werden sollten; so auch *Hecker*, aaO. (N. 89), S. 12.

[142]) Die Frage nach dem systematischen Verhältnis von Art. 4 I und Art. 4 III GG stellt sich sowohl im Hinblick auf den verwendeten Gewissensbegriff als auch im Hinblick auf die rechtliche Tragweite des Art. 4 III (abschließende Erweiterung/Einschränkung oder bekräftigende Konkretisierung gegenüber Art. 4 I). Die Antwort läßt sich nur aus einer Interpretation des Art. 4 I gewinnen. Die vor allem vom BVerfG und der Kommentarliteratur zum WehrpflichtG vertretene Auffasung, daß Art. 4 III GG eine abschließende Regelung der Gewissensfreiheit für den Bereich der Wehrpflicht sei (BVerfGE 19, 135 [138]; 23, 127 [132]), setzt, um schlüssig zu sein, voraus, daß entweder Art. 4 III eine bewußte *Einschränkung* des Art. 4 I GG ist, was das BVerfG selbst nicht für möglich hält, oder die Gewissensfreiheit des Art. 4 I GG grundsätzlich auf die Freiheit des forum internum und/oder der Geheimsphäre beschränkt ist. Nur in diesem Fall kann sich dann Art. 4 III als eine Ausdehnung der Gewissensfreiheit darstellen, die wegen ihres ausdehnenden Charakters gegenüber dem inhaltlichen Prinzip der allgemeinen Gewissensfreiheit auch abschließenden Charakter hat.

Obwohl seine Interpretation des Art. 4 III GG diese weitgehenden Rückwirkungen für die Interpretation des Art. 4 I hat, hat das BVerfG in den beiden Urteilen zur Ersatzdienstverweigerung mit keinem Satz den Inhalt von Art. 4 I ausdrücklich erörtert, sondern dessen restriktive Interpretation einfach implicit unterstellt. Die Berufung auf einen angeblich „offensichtlichen Sinn" des Art. 4 III GG verdeckt, wie stets so auch hier, das Fehlen eines Arguments. Zur Kritik vgl. *Ad. Arndt*, NJW 1965, S. 2195; *ders.*, NJW 68, S. 979; *Podlech*, aaO. (N. 4), S. 131 f.

Geht man, wie die hier vorgelegte Interpretation, davon aus, daß Art. 4 I auch die Freiheit garantiert, nicht zu einem Verhalten gegen das Gebot des eigenen Gewissens rechtlich gezwungen zu werden, so ergibt sich, daß Art. 4 III eine *Konkretisierung* von Art. 4 I für einen besonderen, im Hinblick auf die Schranken des Art. 4 I nicht ohne weiteres eindeutigen Fall darstellt, gegenüber Art. 4 I also eine Klarstellungs- und Bekräftigungsfunktion hat; so nachdrücklich *Arndt*, l. c. und *Podlech*, aaO. (N. 4), S. 125 f. Auch der Gewissensprinzipielle, sondern auch der sogenannte aktuelle Kriegsdienstverweigerer auf Art. 4 III berufen[143]). Die Verfassung verzichtet darauf, zwischen ‚richtigen' und ‚irrigen', ‚beachtlichen' und ‚unbeachtlichen' Gewissenspositionen zu unterscheiden, sie setzt nur voraus, daß es sich um *wirkliche* Gewissenspositionen handelt. Dahin geht die „einfache Logik" des Art. 4 III, von der *Forsthoff* spricht[144]).

Der Gesetzgeber ist dem in § 25 WPflG nicht gefolgt, er hat das Kriegsdienstverweigerungsrecht restriktiv auf die prinzipiellen Kriegsdienstverweigerer eingeschränkt. Das BVerfG hat dies zwar nicht in vollem Umfang, wohl aber hinsichtlich der Ablehnung der situationsbedingten Kriegsdienstverweigerung bestätigt[145]). Die Frage ist damit formell res judicata. Mag man dieses Ergebnis aus Gründen der politischen Räson begrüßen oder bedauern, in der Sache widersprechen Gesetz und Urteil dem Inhalt und der Intention von Art. 4 III GG. Das BVerfG konnte zu seiner Begründung, wie eine Lektüre der Entscheidung sogleich zeigt, nur dadurch gelangen, daß es — in Widerspruch zu dem selbstgegebenen Verbot, Gewissensentscheidungen zu bewerten — die Gewissenspositionen der situationsbedingten Kriegsdienstverweigerer zu Gewissens*bedenken* herunterstufte und dann nur die Position der prinzipiellen Kriegsdienstverweigerer als wirkliche *Gewissensentscheidung* gegen den Kriegsdienst mit der Waffe ansah[146]). Der Praxis hat diese Zwiespältigkeit keinerlei Erleichterung gebracht. Die Folge war

begriff in Art. 4 I und 4 III GG ist dann der gleiche. Das Verhältnis von Art. 4 I und Art. 4 III GG ist analog dem von Art. 3 I und Art. 3 III GG, vgl. *Ad. Arndt,* NJW 1965, S. 2195, und *Dürig,* Art. 103 III GG und die ‚Zeugen Jehovas': JZ 1967, S. 427.
Das unmittelbar praktische Interesse an der Frage, das sich daraus ergab, ob dem Ersatzdienstverweigerer neben der Berufung auf Art. 4 III, die seine Weigerung nicht deckt, auch der Rückgriff auf Art. 4 I offensteht, ist durch die inzwischen erfolgte gesetzgeberische Lösung des Problems der Ersatzdienstverweigerer (Ges. v. 14. 8. 1969, BGBl. I, S. 1105) entfallen.

[143]) Ebenso *Hamel,* Glaubens- und Gewissensfreiheit, aaO. (N. 9), S. 108; *Hinzmann,* aaO., S. 59 f.; *Ad. Arndt,* NJW 1965, S. 2195; *Podlech,* aaO. (N. 4), S. 126 f.; abweichend *Scheuner,* Der Schutz der Gewissensfreiheit und das Recht der Kriegsdienstverweigerer: DÖV 1961, S. 201 ff.; unentschieden *v. Mangoldt-Klein,* aaO. (N. 57) Bem. VI, 12 zu Art. 4.

[144]) *Forsthoff,* in: Der Kampf um den Wehrbeitrag, Bd 2, 2, München 1953, S. 317.

[145]) BVerfGE 12, 45: Ablehnung der situationsbedingten Kriegsdienstverweigerung (57/58), Erweiterung der prinzipiellen Kriegsdienstverweigerung über die sog. dogmatischen Pazifisten hinaus (60/61).

[146]) Eine eingehende Kritik dieser Argumentationsweise bei *Podlech,* aaO. (N. 4), S. 126—129; vorher schon, mehr auf das Ergebnis zielend, *Heinemann,* NJW 1961, S. 355 f.

— und ist — nicht eine geringere Zahl von Kriegsdienstverweigerern, sondern (nur) die Umstilisierung „aktueller", „situationsgebundener" Gewissensgründe in prinzipielle, was nur das Bedürfnis nach Vorinformation bei den Verweigerern erhöht und das Prüfungsverfahren in Mißkredit gebracht hat[147]).

3. Diese Anerkennungsverfahren stellen ein zweites Problem dar. Ihre Berechtigung wird neuerdings unter Berufung auf den Grundrechtscharakter von Art. 4 III GG in Frage gestellt[148]). In der Tat läßt sich ja fragen, ob die Ausübung eines Grundrechts derart von einschränkenden Voraussetzungen abhängig gemacht werden darf, ob nicht die einfache Erklärung oder das Bekenntnis, man sei Kriegsdienstverweigerer aus Gewissensgründen, für den Eintritt der Befreiung vom Wehrdienst genügen muß.

Darauf ist zu antworten, daß Art. 4 III GG trotz seines Verfassungsrangs zur Wehrpflicht, die er i. S. eines ungeschriebenen Tatbestandsmerkmals als bestehend voraussetzt, in einem Regel-/Ausnahmeverhältnis steht und insofern den Charakter einer Ausnahmevorschrift hat[149]); er reduziert die Wehrpflicht nicht auf Freiwilligkeit. Nimmt man noch das erwähnte Toleranzprinzip hinzu, dem die Anwendung des Art. 4 III GG unterstellt ist, so erscheint die Abhängigkeit der Anerkennung als Kriegsdienstverweigerer von einem vorherigen Anerkennungsverfahren rechtlich bedenkenfrei. Eine andere Frage ist ihre Zweckmäßigkeit. Gegenstand dieses Verfahrens darf, bei voller Geltung des Art. 4 III, entgegen der derzeitigen Praxis nur die Echtheit der Gewissensentscheidung gegen den Waffendienst, ihr „Ob", nicht ihr prinzipieller oder situationsbedingter Gehalt sein. Die Funktion solcher Verfahren kann über eine grobe, recht weitmaschige Mißbrauchsabwehr kaum hinausgehen; das

---

[147]) Nicht nur die Publikationen der APO (siehe oben N. 132), auch die Verbände der Kriegsdienstverweigerer sind dazu übergegangen, anhand der Rechtsprechung des Bundesverwaltungsgerichts Informationen darüber zu erteilen, welche Art von Gewissensgründen angegeben werden müssen, damit die Voraussetzungen „prinzipieller" Kriegsdienstverweigerung erfüllt sind.

[148]) Denkschrift des Verbandes der Kriegsdienstverweigerer „Das Anerkennungsverfahren für Kriegsdienstverweigerer aus Gewissensgründen", 1968, nicht veröffentlicht, S. 4 ff. Mehr aus Praktikabilitäts- als aus prinzipiellen Gründen ist ein Abbau der Anerkennungsverfahren von *Helmut Schmidt* namens der SPD vorgeschlagen worden, vgl. Grundsätze sozialdemokratischer Wehrpolitik, S. 39.

[149]) Vgl. *v. Mangoldt-Klein,* aaO. (N. 57), Bem. VI, 1 zu Art. 4 (S. 225). BVerwGE 7, 242 (250) übersieht den Charakter der Wehrpflicht als ungeschriebenes Tatbestandsmerkmal, wenn es aus der zeitlich späteren und nur gesetzlichen Begründung der Wehrpflicht das Regel-/Ausnahmeverhältnis in Frage stellt; richtig demgegenüber BVerwGE 14, 146 (147 f.).

bestätigt auch die bisherige Praxis[150]). Lohnt aber dann ihr Aufwand?

Realisiert man den Umstand, daß Gewissenspositionen darstellbar und damit auch einlernbar sind und daß das wohl einzige von außen feststellbare Kriterium der Gewissensentscheidung die Bereitschaft zur Konsequenz ist, so liegt die Möglichkeit der Sicherung des Art. 4 III gegen unberechtigte Inanspruchnahme und organisierten Mißbrauch kaum in solchen Verfahren, sondern einmal in der Lösung des Problems der Wehrgerechtigkeit[151]), zum andern in der entsprechenden Ausgestaltung und Organisation des Ersatzdienstes als ‚lästiger' Alternative in dem bereits erläuterten Sinn.

Daran fehlt es heute. Es begegnet indessen keinerlei rechtlichen Bedenken, sondern erscheint zur (indirekten) Sicherung des Kriegsdienstverweigerungsrechts eher rechtlich geboten, die Kapazitäten des Ersatzdienstes so auszubauen, daß jeder Ersatzdienstpflichtige auch zum Ersatzdienst herangezogen wird, und die Ersatzdienstzeit im Rahmen der nach Art. 12 a GG zulässigen Höchstzeit (Grundwehrdienst + Wehrübungen) zu erhöhen. Nicht nur der Teufel, auch die sinnvollen Lösungen stecken zuweilen im Detail.

4. Das sprunghafte Ansteigen der Zahl der Anträge auf Anerkennung als Kriegsdienstverweigerer *innerhalb* der Bundeswehr[152]) hat der Frage nach Zulässigkeit und Modalitäten der Kriegsdienstverweigerung aus Gewissensgründen durch Soldaten besondere Aktualität verliehen. Man wird die Antworten auf die sich ergebenden Probleme auch hier einerseits aus Inhalt und Intention des Art. 4 III GG, anderseits aus dem seine Anwendung dirigierenden Toleranzprinzip finden müssen.

Es erscheint nicht möglich, das Antragsrecht auf die Zeit *vor* der Einberufung zu beschränken. Das Gewissen ist nicht nach

---

[150]) Der sachliche Grund liegt in der Schwierigkeit, Gewissenspositionen überhaupt von außen nachzuprüfen; sie sind, ohne Rücksicht auf die wirkliche Gewissensüberzeugung, ‚darstellbar'. Die Anerkennungsquote der zur Entscheidung kommenden Verfahren beträgt derzeit laut Mitteilung aus dem Bundesverteidigungsministerium 81—82 %, davon etwa 75 % vor den Prüfungsausschüssen bzw. Prüfungskammern. Vgl. dazu neuestens den Jahresbericht 1969 des Wehrbeauftragten des Dt. Bundestages, Drucksache VI/453, S. 8 f.

[151]) Laut Angaben des Bundesverteidigungsministeriums waren bis Juli 1969 von den ca. 320 000 Wehrpflichtigen des Geburtsjahrgangs 1946 etwa 283 000 = 88 % gemustert und etwa 160 000 = 50 % tatsächlich zum Wehrdienst einberufen.

[152]) 3456 Anträge für 1968 gegenüber 871 Anträgen für 1967 und 480 Anträgen für 1966, vgl. Jahresbericht 1968 des Wehrbeauftragten des Dt. Bundestages, aaO. (N. 131), S. 9. Im Jahr 1969 ist die Zahl der Anträge auf 2507 zurückgegangen, vgl. Jahresbericht 1969 des Wehrbeauftragten, aaO. (N. 150), S. 7.

Zeit und Stunde festlegbar, und gerade weil Art. 4 III GG nicht nur die dogmatischen Pazifisten schützen will, schließt er eine solche Reduzierung aus. Dies muß auch deshalb gelten, weil man nach dem Informationsstand der Öffentlichkeit nicht voraussetzen kann, daß der Wehrpflichtige schon vor Eintritt in die Bundeswehr eine genaue Vorstellung vom ‚Verteidigungsfall' in concreto hat oder haben kann. Anderseits darf der Staat, der seinen Bürgern dies Verweigerungsrecht einräumt, erwarten, daß der einzelne sich beizeiten Gedanken macht und daß er sich Verpflichtungen, die er ohne Gewissenszwang eingegangen ist, nicht zur Unzeit entzieht, um so mehr, solange der Ernstfall, auf den sich die Kriegsdienstverweigerung ja eigentlich bezieht, noch gar nicht vorliegt[153]). Unter diesem Gesichtspunkt begegnet es keinen Bedenken, das Antragsrecht nach Abschluß der Ausbildungsstufe, die die Kenntnis der möglichen Realität des ‚Verteidigungsfalls' vermittelt, nicht mehr von Tag zu Tag, sondern nur zu bestimmten Zeitpunkten einzuräumen.

Eine weitere Frage ist, ob die Dienstpflicht des Soldaten während der Dauer des Anerkennungsverfahrens ungemindert fortbesteht. Die Bundeswehr ist hier von 1966 bis zum letzten Jahr im Geist preußisch-landrechtlicher Staats- und Humanitätsgesinnung verfahren. Antragsteller wurden für die Zeit des Verfahrens grundsätzlich nur im waffenlosen Dienst verwendet[154]). Solche Loyalität von seiten des Staates — der Erlaß des Generalinspekteurs v. 15. 10. 1966 sprach sie aus — setzt freilich eine entsprechende Loyalität auf der anderen Seite voraus: die Respektierung des Asyls. Daran fehlt es, seit Gruppen der APO die Kriegsdienstverweigerung erklärtermaßen als strategisches und taktisches Mittel zur Verunsicherung und Schwächung der Bundeswehr verwenden[155].) Damit wurde der

---

[153]) Dieser Gesichtspunkt, daß auch für den ernsthaften Kriegsdienstverweigerer innerhalb der Bundeswehr in Friedenszeiten das Tun, gegen das seine Gewissensüberzeugung sich richtet, noch nicht gefordert ist, wird in der Diskussion meist übersehen. Für den Verteidigungsfall ist die Freistellung derjenigen Soldaten, deren Anerkennungsverfahren läuft, als Sollvorschrift vorgesehen, § 48 II WehrpflG.

[154]) Erlaß des Bundesministers der Verteidigung (Generalinspekteur der Bundeswehr) vom 15. 10. 1966 — S I 4 — Az 24—11 —. Neben der sachlichen Regelung verdient der folgende Satz hervorgehoben zu werden: „Je selbstverständlicher Soldaten, die ihre Anerkennung als Kriegsdienstverweigerer beantragt haben, mit Verständnis behandelt werden, desto weniger stellen sie eine Belastung für die Disziplin in der Truppe dar."

[155]) Dazu den Bericht von *Rolf Henkel*, Zwischen Gewissensentscheidung und politischer Agitation, aaO. (N. 132), S. 9; ferner FAZ v. 10. 9. 1968: „SDS rüstet zur ‚Bundeswehrkampagne' ".

Rückzug auf den Rechtsstandpunkt herausgefordert — er ist 1968 zum Teil, in diesem Frühjahr ganz vollzogen worden[156]).

Man wird diesen Rechtsstandpunkt, daß die Dienstpflicht während des Verfahrens fortbesteht, nicht in Frage stellen können[157]). Art. 4 GG beinhaltet nicht das Recht, die einmal übernommene und wegen des schon vorher möglichen Verfahrens ja nicht *gegen* das Gewissen übernommene Dienstpflicht durch einfache Selbsterklärung, ohne Rücksicht auf das Anerkennungsverfahren, aufzukündigen oder sie auf den waffenlosen Dienst zu begrenzen. Daß eine solche Begrenzung, als Akt konkreter Toleranz, geraten und darüber hinaus, insbesondere im Verteidigungsfall, zweckmäßig sein mag, steht auf einem andern Blatt[158]).

Die Lösung des Problems liegt auch hier weniger auf rechtlichem Gebiet als in praktisch-organisatorischen Maßnahmen, die die rechtlichen und tatsächlichen Konfliktslagen überholen. Unabhängig von der Rechtslage kann die Bundeswehr kein Interesse an Soldaten in ihren Reihen haben, die gegen den militärischen Dienst prinzipiell opponieren, gerade wenn dies in Verfolgung politischer Strategien geschieht. Die sofortige Überstellung von Antragstellern an Ersatzdienstgruppen für die Dauer des Anerkennungsverfahrens, verbunden mit einer differenzierten Lösung für die Anrechnung dieser Zeit, wäre möglicherweise eine praktikable und effektive Lösung zugleich.]

* * *

Ich komme damit zum Schluß[158a]). Jede Interpretation einer rechtsstaatlichen Verfassung, die deren Grundsinn auch im einzelnen zur Geltung bringen will, steht vor der Aufgabe, zwei Widersprüche zu vermeiden. Der eine Widerspruch besteht darin, eine einzelne Bestimmung derart zu interpretieren, daß mit ihrer Hilfe die Verfassung als ganze oder ein wesentlicher Teil davon aus den Angeln gehoben werden kann. Davon war

---

[156]) Der Erlaß vom 1. 7. 1968 — Fu S I 3 — Az 24—11 — schränkte die Verwendung im waffenlosen Dienst grundsätzlich auf die Zeit bis zur Entscheidung des Prüfungsausschusses ein, der Erlaß vom 21. 2. 1969 — Fu SI 3 — Az 24—11 — hat alle Vergünstigungen während der Laufzeit des Anerkennungsverfahrens aufgehoben. Das BVerwG hat die erste Rücknahme ausdrücklich für rechtmäßig erklärt, vgl. BVerwG v. 14. 1. 69 = DÖV 69, 350.

[157]) Vgl. BGH, Beschluß v. 21. 5. 68 = NJW 1968, S. 1636 f.; das BVerwG hat auch die wiederholte disziplinarische Bestrafung wegen Befehlsverweigerung vor der Anerkennung als Kriegsdienstverweigerer für rechtmäßig erklärt. BVerwG v. 3. 12. 68 = NJW 1969, S. 629.

[158]) Demgemäß sieht § 48 II Ziff. 2 WehrpflG eine Freistellung vom Waffendienst im Verteidigungsfall als Möglichkeit vor.

[158a]) Über Gewissensprobleme im Schulbereich siehe die Leitsätze Nr. 30—33.

schon die Rede[159]). Der andere Widerspruch besteht darin, die Interpretation einer Verfassungsbestimmung nicht von der in der Verfassung vorausgesetzten Normallage her anzusetzen, sondern im Hinblick auf mögliche Auswirkungen bei Wegfall dieser Normallage[160]). Die vorgelegte Interpretation der Gewissensfreiheit i. S. des Art. 4 GG geht bewußt von der im GG wie in jeder rechtsstaatlichen Verfassung vorausgesetzten Normallage aus. Zu dieser Normallage gehört neben dem Umstand, daß die Zahl der Gewissen, die an dieser oder jener Stelle in Konflikt zur staatlichen Rechtsordnung geraten, erfahrungsgemäß gering ist, vor allem die staatsbürgerliche Loyalität, d. h. insbesondere der Verzicht darauf, die Gewissensfreiheit als politische Waffe zu gebrauchen. Fehlt diese Loyalität und entfällt damit die vorausgesetzte Normallage, so läßt sich dieser Situation nicht dadurch begegnen, daß man sie vorbeugend bereits in die Interpretation der Freiheitsrechte einbaut. Damit würde die Interpretation der rechtsstaatlichen Verfassung selbst korrumpiert. Es gehört zur Struktur des freiheitlichen Rechtsstaates, daß er von Voraussetzungen lebt, die er selbst nicht garantieren kann, ohne seine Freiheitlichkeit infragezustellen[161]). Aber man darf sich dadurch weder von den Prinzipien des Rechtsstaates noch den Prinzipien des modernen Staates überhaupt abbringen lassen. Der moderne Staat steht unter dem Gesetz der ‚Entzweiung', das die moderne Welt bestimmt[162]). Er gründet sich nicht auf eine geoffenbarte Wahrheit, sondern auf vernünftige Zwecke. Er bleibt, nach den Erfahrungen der konfessionellen Bürgerkriege, bewußt im Bereich der *Setzungen*, im *vor*letzten Raum. Eben deshalb kann er seine Bürger nicht mit der Unbedingtheit und Kraft einer offenbaren Wahrheit verbinden, sondern nur mit der Kraft seiner Zwecke. Dem entspricht es,

---

[159]) Siehe oben S. 54.

[160]) Über die notwendige Bezogenheit zwischen rechtlicher Norm und der von ihr vorausgesetzten Normalität vgl. *H. Heller*, Staatslehre, Leiden 1934, S. 254 ff.; *Carl Schmitt*, Politische Theologie, 2. Aufl. 1934, S. 19/20; konkret im Hinblick auf die Interpretation des Art. 4 III GG *Ad. Arndt*, NJW 1966, S. 2205.

[161]) *E.-W. Böckenförde*, Werden und Wandel des Rechtsstaatsbegriffs: Festschrift für Adolf Arndt, Frankfurt 1969, S. 75 f. Zutreffend daher *Herzog*, aaO. (N. 40), S. 722: „Wenn nämlich die wirklichen zentralen Fragen, ja u. U. sogar die Frage ‚Ordnung oder Anarchie' zum Gegenstand der Gewissensentscheidung dissentierender Gruppen werden, ist eine der selbstverständlichsten Vorausetzungen des demokratischen Verfassungsstaates entfallen . . . Dann ist die Verfassung als ganzes ad absurdum geführt und man wird sehen müssen, welche Form des politischen Zusammenlebens in einem solchen Falle adäquat ist."

[162]) *J. Ritter*, Hegel und die französische Revolution, Köln-Opladen 1956.

daß er auf das Letzte im Menschen, sein Gewissen, nicht zugreift, sondern es respektiert. Gewissensfreiheit ist, so gesehen, ein Prinzip des modernen Staates, des Rechtsstaates zumal, und begründet seine Vernunft. Der Staat, der in diesem Sinne dem Anspruch genügt, ein imperium rationis zu sein — was nun wahrlich nicht mit einem Reich verwirklichter Werte verwechselt werden sollte —, wird die innere Kraft haben, auch dort Toleranz zu gewähren, wo er ein Recht nicht anzuerkennen vermag[163]).

[163]) *Hegel*, aaO. (N. 1), § 270, S. 354 mit Anm. und dazu *H. Lübbe*, Gewissensfreiheit und Bürgerpflicht, aaO. (N. 138), S. 205 ff.

Leitsätze des Mitberichterstatters über:

Das Grundrecht der Gewissensfreiheit

1. Die Frage nach dem Inhalt der verfassungsrechtlich garantierten Gewissensfreiheit stellt sich für das GG wegen des hier fehlenden Vorbehalts der ‚allgemeinen Gesetze' unmittelbarer und schärfer als für andere rechtsstaatliche Verfassungen; sie wirft grundlegende Fragen im Hinblick auf die Allgemeinverbindlichkeit der staatlichen Rechtsordnung und die Legitimation des modernen Staates und Rechtsstaates auf.

I.

2. An ihrem historischen Ursprung erscheint die Gewissensfreiheit als Abwehrrecht des Individuums gegen unmittelbaren Glaubens- und Gewissenszwang. Ihr Adressat ist der landesherrliche Religionsbann und das landesherrliche jus reformandi, denen gegenüber ein bestimmter Freiheitsbereich des Individuums ausgegrenzt und rechtlich gesichert wird. Sie ist auch in der deutschen Verfassungsentwicklung das erste Grundrecht im Sinne eines dem Staat gegenüber bestehenden individuellen Freiheitsrechts.

3. Die Gewissensfreiheit wird zunächst nur den Anhängern der drei reichsrechtlich anerkannten Konfessionen garantiert. Zu ihrem Inhalt gehören neben der Freiheit von Zwang zur Annahme oder Beibehaltung eines bestimmten Glaubens das Recht auf Hausandacht und das beneficium emigrationis.

Das preuß. ALR dehnt sie auch auf die Sekten aus („vollkommene" Glaubens- und Gewissensfreiheit) und erweitert ihren Inhalt auf die Freiheit von der Landesverweisung. Diese Ausdehnung und Umgrenzung liegt dem Begriff der ‚Glaubens- und Gewissensfreiheit' in den konstitutionellen Verfassungen des 19. Jhs. zugrunde. Die Beziehung und Begrenzung auf Religionssachen bleibt ihr immanent.

4. Mit der Anerkennung der Freiheit der privaten und öffentlichen Religionsausübung (Kultusfreiheit) und der religiösen Vereinigungsfreiheit wird die Glaubens- und Gewissensfreiheit als eigenes Grundrecht inhaltlich überholt.

5. Angesichts der Aufgabe der staatlichen Religions- und Kirchenhoheit und dem Übergang zum nicht nur bekenntnis-, sondern religionsneutralen Staat durch die WRV entfällt der bisherige Bezugspunkt der Glaubens- und Gewissensfreiheit. Die damit notwendige Neubestimmung zielt auf eine Verselbständigung der Gewissensfreiheit gegenüber der Glaubens- und Bekenntnisfreiheit und auf eine Aktualisierung der Gewissensbetätigungsfreiheit.

II.

6. Die Frage, wie weit Art. 4 I GG der Gewissensfreiheit neue Akzente oder einen weiterreichenden Inhalt gegenüber der WRV verleiht, kann nicht allein aus äußeren Anhaltspunkten (Aufbau, systematische Stellung, Wortfassung) entschieden werden.

7. Für das Verhältnis Einzelner — Staat geht die normative Grundentscheidung des Verfassunggebers auf eine Wiederherstellung und Verstärkung der klassischen Freiheitsrechte und des Freiheitsprinzips des liberalen Rechtsstaats als Antwort auf die elementaren Freiheitsverletzungen der NS-Zeit. Das Fehlen einer Einschränkungsmöglichkeit in Art. 4 Abs. 1 ist Ausdruck eines bewußten Normierungswillens der Verfassung.

8. Art. 4 I GG garantiert die Gewissensfreiheit gemäß der normativen Grundentscheidung der Verfassung und seiner konkreten Abwehrfunktion als eigenes Grundrecht neben der Glaubens- und Bekenntnisfreiheit und der Freiheit der Religionsausübung.

Die Ausübung der Glaubens-, Bekenntnis- oder Religionsausübungsfreiheit muß nicht, aber sie kann — im Einzelfall — zugleich eine Ausübung der Gewissensfreiheit sein.

9. Der Inhalt der Gewissensfreiheit kann nicht auf die Freiheit des ‚forum internum' beschränkt und die Freiheit der Gewissensbetätigung davon ausgeschlossen werden.

10. Umfaßt die Gewissensfreiheit auch die Freiheit der Gewissensbetätigung, so stellt sich das Problem, inwieweit eine solche Freiheit — ungeachtet der normativen Intention des Verfassunggebers — überhaupt unbedingt gewährleistet werden kann. Dafür gilt grundsätzlich:

a) Freiheit als rechtliche Freiheit kann niemals schrankenlos und absolut sein. Unbegrenzte Freiheit bedeutet nur absolute Macht, und zwar über andere.

b) Keine Verfassungsnorm darf so interpretiert werden, daß sie die Grundlage bieten kann, die Verfassung selbst mit ihrer Hilfe aus den Angeln zu heben.

11. Weder der Rechtsstaatsgedanke noch der moderne Staatsgedanke schließen eine Interpretation aus, die die Schranken der Gewissensfreiheit erheblich später als bei den „allgemeinen Gesetzen" oder der „öffentlichen Ordnung" ansetzt; sie legen sie vielmehr nahe. Das für den modernen Staat konstitutive Prinzip der Nichtidentifikation zielt auf eine übergreifende Neutralität und Allgemeinheit des Staates derart, daß der einzelne „sich in seiner Eigenart als geistige und sittliche Persönlichkeit in seinem Staate unberührbar und geborgen weiß" (H. Krüger). Eben daraus gewinnt der Staat die Legitimation, seinen Bürgern mit dem Anspruch auf unbedingte Loyalität gegenüberzutreten.

12. Der Verzicht des Staates, im Konfliktsfall ein Handeln gegen das Gewissen zu erzwingen und dadurch das Gewissen zu „kränken", bedeutet daher nicht die Auflösung staatlicher Entscheidungsgewalt, sondern eher deren Voraussetzung und Legitimation.

13. Die unüberschreitbaren Grenzen möglicher Gewissensbetätigung sind dementsprechend nicht schon bei den ‚allgemeinen Gesetzen', der ‚öffentlichen Ordnung' (im polizeirechtlichen Sinn) oder der ‚Wertordnung des Grundgesetzes' anzusetzen, sondern erst dort, wo die elementaren, letzten Zwecke des modernen Staates unmittelbar bedroht sind. Als solche Zwecke sind (nur) anzusehen: der innerstaatliche Friedenszustand (Gewaltverbot), der Bestand des Staates und die Möglichkeit der Sicherung nach außen, die Sicherheit von Leben und Freiheit der Person, die Gewährleistung der unbedingt zu schützenden Rechte der einzelnen.

14. Wo es nicht um jenen elementaren, nur um den Preis des Selbstwiderspruchs aufgebbaren Bereich geht, erscheint, um der Achtung des Gewissens willen, ein „System von Toleranzen und partiellen Entpflichtungen" (Ad. Arndt) möglich und angebracht. Der einzelne hat ein Abwehrrecht auf Unterlassenkönnen eines eigenhändigen Tuns, das ihn zu einem Handeln gegen ein Gewissensgebot zwingen würde.

15. Die partielle Entpflichtung beinhaltet keinen Anspruch auf ersatzlose Freistellung von gesetzlich begründeten Pflichten. Die staatlichen Organe haben vielmehr das Recht und im Sinne der Wahrung der staatsbürgerlichen Gleichheit die Pflicht, (lästige) Verhaltensalternativen bereitzustellen und aufzuerlegen.

Ein Beispiel für eine derartige partielle Entpflichtung bei Auferlegung einer Verhaltensalternative ist das Gesetz v. 14. 8. 1969 (BGBl. I, S. 1105).

16. Der Inhalt der Gewissensfreiheit läßt sich nicht nach der Formel „Handlungsfreiheit gemäß dem sittlichen Gewissen" bestimmen. Gegenstand und Schutzgut ist nicht diese Handlungsfreiheit, sondern die Gewährleistung der Unverletzlichkeit des Gewissens.

17. Die Gewissensfreiheit i. S. des Art. 4 I GG enthält demgemäß die Abwehrrechte, daß

1. in Bestand und Funktionsfähigkeit des Gewissens nicht eingegriffen wird,

2. die Bildung von Gewissensüberzeugungen sich frei, d. h. ohne Beeinträchtigung durch Maßnahmen der öffentlichen Gewalt vollziehen kann,

3. niemand innerhalb der dargelegten Grenzen (Nr. 13, 15) von der öffentlichen Gewalt zu einem Verhalten (Tun oder Unterlassen) rechtlich gezwungen werden darf, das dem Gebot des eigenen Gewissens widerspricht.

18. Als Ausfluß des Toleranzprinzips unterliegt die in dieser Weise gewährleistete Gewissensfreiheit auch in ihrer Anwendung und Handhabung dem Toleranzprinzip. Das bedeutet

a) sie ist ein höchstpersönliches Individualrecht, kein Recht von Gruppen, auch nicht der Religionsgesellschaften,

b) sie ist kein Grundrecht, das zur politischen Propaganda für seine Ausübung ermächtigt,

c) Anerkennungsverfahren, die der Überprüfung der Echtheit einer Gewissensentscheidung zum Zwecke der Mißbrauchsabwehr dienen, sind rechtlich zulässig.

III.

19. Das Grundgesetz kennt keinen eigenen Rechtsbegriff des Gewissens; es verweist auf das Gewissen als eine im sozialen Leben vorgegebene Wirklichkeit.

20. Dieser allgemeine Gewissensbegriff läßt sich nicht durch Rückgriff auf theologische oder philosophische Gewissensvorstellungen, auf den allgemeinen Sprachgebrauch (BVerfG) oder auf die Gewissensbegriffe in Handbüchern und Lexika (BVerwG) umschreiben. Weiterführen kann die Analyse und Beschreibung der Funktion des Gewissens für die Persönlichkeit (Luhmann).

21. Gewissensfragen lassen sich weder gegenständlich noch nach dem Inhalt des Gewissensgebots noch nach Gründen und Motiven begrenzen. Alles Verhalten kann, sofern es die Integrität und Identität der Persönlichkeit kritisch betrifft, gewissensrelevant werden.

22. Als Gebotsinstanz tritt das Gewissen erst dort in Aktion, wo die Persönlichkeit als solche, in ihrer Identität, kritisch be-

droht ist. Das Gewissen regiert den Konfliktsfall, nicht den Normalfall.

23. Das Kriterium für eine ‚wirkliche' Gewissensentscheidung kann nicht in deren Übereinstimmung mit allgemeinen Rechtsgrundsätzen, dem Sittengesetz, einer angenommenen Wertordnung o. ä. gefunden werden. Äußerlich prüfbar wird die Echtheit einer Gewissensentscheidung kaum anders als in der Bereitschaft zur Konsequenz.

24. Die Bereitstellung ‚lästiger' Alternativen für Gewissenspositionen hat daher auch eine praktisch-verfahrensmäßige Funktion. Solche Alternativen können nicht unter Berufung auf das Diskriminierungsverbot zurückgewiesen werden.

IV.

25. Die Ausgestaltung der Kriegsdienstverweigerung aus Gewissensgründen als Grundrecht ist dann nicht staatsbegriffswidrig, wenn ihre Handhabung, ebenso wie die der Gewissensfreiheit, dem Toleranzprinzip (Nr. 18) unterstellt bleibt.

26. Art. 4 III GG geht, wie Art. 4 I, von dem allgemeinen, nicht einem normativ verengten Begriff des Gewissens aus. Er will alle Gewissenspositionen schützen, die sich als solche gegen den Kriegsdienst mit der Waffe richten, nicht nur die sogenannte prinzipielle Kriegsdienstverweigerung. § 25 WpflG und BVerfGE 12, 45 stehen mit Inhalt und Intention des Art. 4 III nicht in Einklang.

27. Ungeachtet seines Verfassungsrangs steht Art. 4 III GG zur Wehrpflicht im Regel- Ausnahmeverhältnis. Ein Anerkennungsverfahren für Kriegsdienstverweigerer (§ 26 WpflG) ist als solches rechtlich zulässig; die Überprüfung der Gewissensentscheidung auf ihren Inhalt darf jedoch nur im Rahmen des Art. 4 III GG erfolgen (siehe Nr. 26).

28. Die Sicherung von Art. 4 III GG gegen unberechtigte Inanspruchnahme und organisierten Mißbrauch liegt weniger in einem Anerkennungsverfahren als vielmehr in der Ausgestaltung des Ersatzdienstes i. S. einer ‚lästigen' Alternative. Eine Ausdehnung der Ersatzdienstzeit auf die Zeit von Wehrdienst und Wehrübungen insgesamt ist verfassungsrechtlich zulässig.

29. Für die Inanspruchnahme des Rechts auf Kriegsdienstverweigerung innerhalb der Bundeswehr gilt folgendes:

a) Das Antragsrecht auch nach der Einberufung kann nicht prinzipiell ausgeschlossen, wohl aber auf bestimmte Zeitpunkte begrenzt werden.

b) Die Dienstpflicht besteht für die Dauer des Anerkennungsverfahrens fort. Ein Rechtsanspruch auf Verwendung im waffenlosen Dienst besteht nicht; sie empfiehlt sich jedoch insbesondere im Verteidigungsfall.

c) Die Möglichkeit der Mißbrauchsabwehr liegt weniger auf rechtlichem Gebiet, sondern vielmehr in praktisch-organisatorischen Maßnahmen, wie z. B. der sofortigen Zuweisung des Antragstellers an eine Ersatzdienstgruppe für die Dauer des Anerkennungsverfahrens.

V.

30. Im Schulbereich ist unmittelbar nicht die Gewissensbetätigungsfreiheit, sondern die Freiheit der Gewissensbildung berührt.

31. Art. 4 I GG begründet keinen Anspruch auf Errichtung bestimmt gearteter Schulformen durch den Staat. Er begründet ein Abwehrrecht gegen den Zwang zum Besuch von (materiellen) Bekenntnisschulen nicht der eigenen, sondern einer fremden Konfession. Dies gilt auch für bekenntnismäßige christliche Gemeinschaftsschulen. Soweit dadurch Bindungen für die Gestaltung des öffentlichen Schulwesens begründet werden, handelt es sich um Reflexwirkungen, die den Normbereich eines rechtsstaatlichen Abwehrrechts nicht überschreiten.

32. Die langfristige Lösung des Schulproblems unter dem Gesichtspunkt der Gewissensfreiheit erscheint nur möglich, wenn die öffentlichen Schulen, soweit sie Regel- oder alleinige Schulen sind, als gegenüber den verschiedenen Bekenntnissen relativ-neutrale Schulen ausgestaltet werden und daneben — als öffentliche Antrags- oder Privatschulen — Bekenntnis- und Weltanschauungsschulen zulässig sind.

33. Gewissensforderungen nach Errichtung von Bekenntnisschulen (z. B. cc 1113, 1372, § 1 CIC) ist durch Art. 7 V GG ausreichend Rechnung getragen. Art. 4 I GG begründet kein ‚Naturrecht auf Subvention'; die Frage der finanziellen Unterstützung von Privatschulen untersteht Art. 3 I und 3 III GG.

* * *

34. Die Interpretation der Gewissensfreiheit i. S. der normativen Grundentscheidung der Verfassung ist eine Interpretation von der Normallage her, die im Grundgesetz wie in jeder rechtsstaatlichen Verfassung vorausgesetzt ist. Zu dieser Normallage gehört die staatsbürgerliche Loyalität und der Verzicht darauf, die Gewissensfreiheit als politische Waffe zu gebrauchen. Ein möglicher Wegfall der Normallage kann in die Interpretation nicht eingebaut werden, ohne sie zu korrumpieren. Es gehört zur Struktur des freiheitlichen Rechtsstaates, daß er von Voraussetzungen lebt, die er selbst nicht garantieren kann.

Das Grundrecht der Gewissensfreiheit

3. Aussprache und Schlußworte

Quaritsch (Diskussionsleiter): Die Referenten haben ihren Darlegungen jeweils einen allgemeinen Teil vorangeschickt. Herr Bäumlin stellte die Gewissensfreiheit zu drei Staatsmodellen in Beziehung, Herr Böckenförde schilderte die geschichtliche Herausbildung der Gewissensfreiheit aus der Toleranz bis hin zu den Stellungnahmen der Weimarer Zeit. Im Einverständnis mit den Berichterstattern schlage ich vor, diese beiden Komplexe nicht gesondert und vorweg zu diskutieren, weil die Erörterung so allgemeiner Konzeptionen leicht vom Thema wegführen könnte. Diese Einschränkung soll selbstverständlich nicht placet und veto zu jenen Darlegungen ausschließen, sie soll nur dazu anregen, auf diese Fragen allein im Zusammenhang mit den speziellen Problemen des Grundrechts der Gewissensfreiheit einzugehen. Da neuerdings Leser unserer Veröffentlichungen unterstellen, daß diejenigen, die sich in der Diskussion nicht zu Wort meldeten, mit allem einverstanden gewesen seien, was auf der Tagung gesagt worden ist, sehe ich mich zu der Feststellung veranlaßt, daß die kanonistische Regel „qui tacet, consentire videtur" in unserer Vereinigung nicht gilt. Wäre es anders, müßte ich beispielsweise Bedenken anmelden gegenüber der Beschreibung des absolutistischen und des rechtsstaatlichen Staatsmodells durch Herrn Bäumlin, gegenüber seiner Bewertung der von Hobbes über Max Weber zu Hermann Heller führenden Denklinie oder auch gegen die Übernahme der importierten Begriffe „political society" und „civil society", Termini, über deren Brauchbarkeit in diesem Kreise bereits 1961 Herr Friesenhahn und Herr Ehmke diskutiert haben.

Statt dieser sehr ins Allgemeine gehenden Probleme schlage ich vor, zunächst die Gewissensfreiheit unter folgender Fragestellung zu erörtern: Schützt Art. 4 I GG nur das forum internum, die private Innerlichkeit, oder ist dieses Grundrecht darüber hinaus angelegt auf den Schutz der „Gewissensverwirklichungsfreiheit" (Bäumlin), der „Gewissensbetätigungsfreiheit" (Böckenförde)? Vielleicht dürfen wir hierzu einen Diskussionsbeitrag von Herrn Zippelius erwarten, weil er sich gerade zu dieser Frage dezidiert abweichend im Bonner Kommentar geäußert hat. — Punkt 2 der Aussprache wäre dann dem Phänomen „Gewissen" zu widmen, dem Begriff des „Gewissens" mit den Vorbehalten, die von den Referenten gegenüber der Möglichkeit begrifflicher Erfassung vorgebracht worden sind. Als Stichwort bietet sich die Frage an: Ist das Gewissen erst und nur berührt, wenn die Persönlichkeit des Einzelnen dekonstituiert wird (Bäumlin) oder wenn der Einzelne in Gefahr gerät, seiner Identität verlustig zu gehen (Böckenförde)? Über abstrakte Formeln wird man sich leicht einigen können. Es wäre aber wohl nützlich, wenn auch aus dem Kreise der Diskussionsteilnehmer praktische Beispiele für Dekonstituierungen und Identitätsverluste genannt würden. Hierbei wird vielleicht auch die Frage zu erörtern sein, ob der Grundrechtsträger als isoliertes Individuum und jenseits des Staates stehend gedacht oder ob er von vornherein in gewisse staatliche Bezüge hineingestellt wird, die mit der Existenz des Staates von vornherein gegeben sind, z. B. Schutz nach außen. Dann wäre mit dem Einzug in die Kaserne grundsätzlich keine Dekonstituierung und kein Identitätsverlust der Persönlichkeit zu befürchten. Eine andere Auffassung des Verhältnisses von Individuum und Staat käme vielleicht schon deshalb zu einem anderen Ergebnis. — Drittens sind die „Schranken der Gewissensfreiheit" zu erörtern. Damit soll nicht der Streit pro und contra „Schrankendenken" neu entfacht werden; ich möchte nur auf bestimmte Sachprobleme hinweisen, die von den Referenten selbst vorgetragen worden sind, nämlich auf den sehr interessanten Vorschlag von Herrn Bäumlin, wegen des Zusammenhanges der Gewissensfreiheit mit der Glaubens- und Religionsfreiheit Art. 136 I WRV als Schranke heranzuziehen, eine These, der Herr Böckenförde widersprochen hat. Herr Böckenförde hat seinerseits Schranken aus dem modernen Staatsbegriff entwickelt (Leitsatz 13). Diese sind wiederum nicht identisch mit den Schranken des Art. 2 I GG. In diesem Zusammenhang wäre auch auf die von Herrn Bäumlin angesprochene Rechtsgüterabwägung und das Problem der Verhältnismäßigkeit einzugehen. — Punkt 4 der Diskussion sollte den vorgesehenen, zum Teil schon verwirklichten, aber von den Referenten als ausdehnungsfähig und -bedürftig erachteten Verhaltensalternativen für bestimmte Gewissensdispositionen gewidmet sein.

Zippelius: In beiden Referaten ist die Frage angeschnitten worden, ob die Garantie der Gewissensfreiheit sich auf das forum internum beschränkt oder auch die Betätigungsfreiheit umfaßt. Beide haben sich für die zweite Interpretation entschieden. Ich würde meinen, daß diese Entscheidung nicht ganz so unproblematisch ist, wie es auf den ersten Blick scheinen mag.

Die Ansicht, die Gewissensfreiheit erstrecke sich auch auf die *Verwirklichung* der Gewissensentscheidungen, entspricht dem Ideal, man könnte auch sagen der regulativen Idee einer Koexistenz autonomer individueller Sittlichkeit. Aber diese Idee ist nicht durchführbar. Sie ist kein realistisches Modell einer Gemeinschaftsordnung. Denn die Gewissensentscheidungen der verschiedenen Menschen konvergieren nicht, sondern geraten in Widerstreit. So rückt schon Hegel vom Subjektiven ab. Dem Juristen liegt das Stichwort „Überzeugungsverbrechen" nahe. Diese Interpretation des Art. 4 GG muß deshalb in das Gewissen selbst oder wenigstens in die Betätigungsfreiheit Schranken hineinlegen, sei es in Gestalt verfassungsrechtlicher Prinzipien (wie das Herr Bäumlin getan hat) oder in Gestalt letzter Zwecke des Staates (wie Herr Böckenförde vorgeschlagen hat). Das heißt aber, daß man die Schranken der Gewissensfreiheit der Konkretisierung durch die Verfassungspraxis ausliefert und damit sehr stark verunsichert.

Die andere Alternative läuft darauf hinaus, die Gewissensfreiheit auf das forum internum zu beschränken. Auch das ist in mancher Hinsicht unbefriedigend: Man verdünnt hier die elementare Gewissensfreiheit weitgehend zum bloßen axiologischen Ausgangspunkt der einzelnen Freiheitsgarantien, also der Bekenntnisfreiheit, des Kriegsdienstverweigerungsrechts usw. Nun würde ich meinen, daß dieser Nachteil nicht allzu schwer wiegt, weil das Netz der Freiheitsgarantien in unserer Verfassungsordnung dicht genug ist, um keine gravierenden Rechtsschutzlücken offenzulassen, in die die generelle Gewissensfreiheit eintreten müßte. Kann sich doch die individuelle Gewissensentscheidung nicht nur der Garantien der Bekenntnisfreiheit, der Religionsfreiheit und des Kriegsdienstverweigerungsrechts (Art. 4 GG) bedienen; auch die Meinungsfreiheit, die Versammlungsfreiheit und die anderen Grundrechte stehen mir nicht zuletzt auch dafür zur Verfügung, nach meinem Gewissen zu handeln. Kurz, diese Interpretation beschränkt die generelle Gewährleistung der Gewissensfreiheit auf das forum internum und überläßt die Garantie von Gewissensbetätigungen den konkreteren Freiheitsrechten. Diese Lösung bietet den nicht zu unterschätzenden Vorzug größerer juristischer Griffigkeit.

Ich fasse zusammen: Methodisch widerspruchsfrei läßt sich die eine wie die andere Interpretation vertreten. Im Ergebnis hat die eine wie die andere Lösung ihre Schwächen. Mir ging es hier vor allem um den Nachweis, daß auch die von den Herren Referenten vorgeschlagene Lösung durchaus ihre Probleme hat, wenn man sie in ihren Konsequenzen durchdenkt.

Kopp: Ich kann nicht umhin, zu gestehen, daß auch mir der Gedanke sehr sympathisch ist, daß nicht nur die Gewissensentscheidung, sondern auch die Gewissensverwirklichung mit von Art. 4 Abs. 1 GG erfaßt wird. Ich hätte aber trotzdem gewisse Bedenken. Die beiden Referenten haben das Ziel, auch die Gewissensverwirklichung mit unter Art. 4 Abs. 1 GG zu fassen, offenbar mit dem Kunstgriff ermöglicht, daß sie den Begriff des Gewissens sehr eng fassen. Es wird hier von Herrn Bäumlin das Gewissen im Hinblick auf die Konstituierung oder Dekonstituierung der Person, von Herrn Böckenförde im Hinblick auf die Identität der Person, die sonst berührt würde, bestimmt. Das würde bedeuten, daß nur sehr wesentliche Entscheidungen von Art. 4 Abs. 1 GG erfaßt würden.

Ich frage mich nun, was mit anderen Entscheidungen ist, die in diesem Sinne nicht so wesentlich erscheinen, andererseits aber doch nach landläufiger Auffassung auch als Gewissensfragen angesehen werden. Ich habe mir hier unter anderem die Frage des Kreuzes in Gerichtssälen notiert. Ich habe selbst bei solchen Entscheidungen mitwirken müssen, in denen ein Kläger erklärte, er könne nicht als Zeuge vor einem Kreuz schwören, weil er sich in seinem Gewissen dadurch gehemmt fühle. Fällt dies mit unter die Dekonstituierung der Person oder nicht? Ein anderer Fall wäre der ärztliche Notdienst, der bekannte Fall, den das Bundesverwaltungsgericht in Band 27, S. 303 entschieden hat, daß ein Arzt sich weigert, am Sonntag den ärztlichen Notdienst zu versehen, weil er sich als Psychiater spezialisiert hat und deshalb nicht mehr in der Lage fühlt, die allgemeinen ärztlichen Aufgaben ordnungsgemäß zu erfüllen. Ein weiteres Beispiel wäre auch die bereits in der Diskussion erwähnte Aussageverweigerung aus Gewissensgründen. In all diesen Fällen spielt die Gewissensfreiheit im weiteren Sinn sicher eine Rolle.

Wenn man mit den Referenten den engeren Begriff des Gewissens vertritt, dann ist es zweifellos möglich, auch die Frage etwaiger notwendiger Schranken mit Hilfe der Theorie der immanenten Schranken ausreichend und befriedigend zu lösen, weil das Bedürfnis für Einschränkungen in grundlegenden, gewissermaßen nur den Persönlichkeitskern berührenden Fragen nicht so groß ist. Aber die genannten Grenzfälle weniger schwerwiegender Gewissensentscheidungen werden dann nicht erfaßt. Will man auch sie erfassen, dann liegt die Auffassung näher, wie sie von Herzog (DVBl. 69, 718) vertreten wird, daß alles, was Gewissensverwirklichung im weiteren Sinne darstellt, unter Art. 4 Abs. 1 GG fällt. Dann aber muß auch die Beschränkbarkeit praktisch analog der Rechtsprechung zu Art. 12 Abs. 1 GG bestimmt werden, wie Herzog das auch tut. Aber diese Auffassung stößt doch auf das Bedenken, daß bei Art. 12 Abs. 1 GG ein Regelungsauftrag oder eine Regelungsbefugnis des Gesetzgebers ausdrücklich vorgesehen ist, die bei Art. 4 Abs. 1 GG gerade fehlen.

Es bleibt dann nur die dritte Auffassung, die ich hier zu erwägen geben möchte: die des Bundesverwaltungsgerichts in der bereits erwähnten Entscheidung, wonach die Gewissensverwirklichung überhaupt nicht unter Art. 4 Abs. 1 GG fällt, sondern nur unter Art. 2 Abs. 1 GG, wobei die Bedeutung der Gewissensentscheidung und die Möglichkeit, sie zu verwirklichen, dann im Rahmen der Bestimmung der Schranke der verfassungsmäßigen Ordnung zu berücksichtigen wäre. Eine andere Frage freilich ist es, ob das Bundesverwaltungsgericht in dieser Entscheidung zu Recht auf Art. 2 Abs. 1 GG abgestellt hat und nicht Art. 12 Abs. 1 GG hätte anwenden müssen. Jedenfalls aber vermeidet man auf diese Weise die Schwierigkeit, daß die zunächst anerkannte Freiheit der Gewissensbetätigung dann doch wieder mit Hilfe der Theorie der immanenten Schranken, die hierbei meines Erachtens überfordert wird, erheblich eingeschränkt werden muß.

Pfeifer: Es sind also im Bonner Grundgesetz zwei Artikel, in welchen die Gewissensfreiheit ausdrücklich genannt wird. Das ist einerseits Art. 4 und andererseits Art. 38, der ja von den Abgeordneten handelt. Diese sind an Aufträge und Weisungen nicht gebunden, sondern nur ihrem Gewissen unterworfen. Hier möchte ich folgende Unterscheidung machen: gegen Art. 4, in dem die Frage des Kriegsdienstes mit der Waffe als Gewissensfrage bezeichnet wird, habe ich doch große Bedenken, weil in Kriegszeiten die Gewissensfrage einmal eine sehr große Rolle spielen könnte. In Österreich ist die Waffendienstverweigerung aus Gewissensgründen nicht in der Verfassung, sondern in § 25 des Wehrgesetzes geregelt. Ganz anders liegen die Dinge bei den Abgeordneten, wo ja — ich möchte fast sagen — eine klassische Formulierung im Bonner Grundgesetz vorliegt: „Die Abgeordneten des Deutschen Bundestages werden in allgemeiner, unmittelbarer, freier, gleicher und geheimer Wahl gewählt. Sie sind Vertreter des ganzen Volkes, an Aufträge und Weisungen nicht gebunden und nur ihrem Gewissen unterworfen." Hier sind ja andere Meinungen auch schon vertreten worden, auch bei uns in Österreich in früherer Zeit, daß der Abgeordnete nur Parteibeauftragter sei. Diese Auffassung teile ich durchaus nicht. Bei der Staatsrechtslehrer-Tagung in Berlin im Jahre 1957 lautete der erste Verhandlungsgegenstand „Parlament und Regierung", und Herr Friesenhahn vertrat die Auffassung, daß trotz des Art. 21 der Art. 38 Abs. 1 S. 2 GG mit der Gewissensfreiheit der Abgeordneten durchaus ernst zu nehmen ist, weil die freie Abgeordnetenpersönlichkeit durchaus gewährleistet werden soll. Wenn man dem entgegenhält, daß der Abgeordnete ja von der Partei nominiert wird und er dann auch gewissermaßen die Aufträge der Parteileitung und die Beschlüsse der Fraktion zu befolgen hat, so sage ich, daß das seine Grenzen hat, denn es kann ja durchaus sein, daß auch die Fraktion Beschlüsse faßt, die mit der Verfassung oder mit den Sittengesetzen im Widerspruch stehen. Das ist gar nicht selten, sonst würde es keine Verfassungsgerichtshofbeschwerden geben, und wenn ein Abgeordneter dadurch in Konflikt kommt, daß er sich vor einen Beschluß seiner Fraktion oder seiner Partei gestellt sieht, der mit der Verfassung nicht vereinbar ist oder mit dem Recht überhaupt, dann stehe ich auf dem Standpunkt, dann hat er nur nach seinem freien Gewissen zu entscheiden. Das kann man in zwei Formen in Österreich machen. Man kann den Sitzungssaal verlassen, weil die Geschäftsordnung des Nationalrates leider keine Stimmenthaltung kennt, oder man kann ...

Quaritsch: Herr Kollege Pfeifer, gestatten Sie mir eine Unterbrechung: Wollen Sie aus dem Schutz der Gewissensbetätigungsfreiheit in Art. 38 auf dasselbe Resultat für Art. 4 GG schließen?

Pfeifer: ... mit Nein stimmen. Ich wollte sagen, die Bestimmungen des Art. 38 scheinen mir völlig in Ordnung und ich bin da durchaus der Auffassung, daß, wenn ein Abgeordneter gegen sein Gewissen gezwungen würde, gewissermaßen für etwas zu stimmen, was er für nicht richtig hält, daß das nicht sein darf. Dagegen ist viel kritischer die Bestimmung des Art. 4 mit der Gewissensfreiheit in Bezug auf den Kriegsdienst mit der Waffe. Denn hier liegt es auf der Hand, daß natürlich damit allzusehr Mißbrauch getrieben werden könnte, weil ja in Wirklichkeit das Gewissen, das ja eine innere Stimme ist, nicht einwandfrei zu kontrollieren ist.

Marcic: Kurz zu dem, was Kollege Zippelius gesagt hat. Ich kann seine Ansicht nicht teilen. Erstens ein pragmatischer Hinweis: Zum Unterschied von der Formulierung des Art. 14 des Österreichischen Staatsgrundgesetzes, der die volle Glaubens- und Gewissensfreiheit in *einem* Atemzug nennt, hat der Bonner Grundgesetzgeber sicher nicht von ungefähr in Art. 4 Abs. 1 gesagt: „Die Freiheit des Glaubens, des Gewissens und die Freiheit des religiösen und weltanschaulichen Bekenntnisses sind unverletzlich." Die Und-Zäsuren verfolgen einen Zweck. — Aber vom Gewicht der Sache her, Herr Kollege Zippelius, gerade weil sie sich auf Hegel berufen und Kollege Böckenförde mit Hegel sein Referat eingeleitet hat, möchte auch ich mich auf den Denker berufen. Er hat uns gezeigt, daß dieses reine Prinzip der Subjektivität ja nur in dem Maße den Sinn erfüllen kann, wie es in die Objektivität der Realität eintritt; d. h. von der Gewissensfreiheit und von Gewissen kann sozialrelevant und sinnvoller Weise überhaupt nur dann gesprochen werden, wenn die *Konsequenzen*, die der Träger der Gewissensfreiheit seiner Gewissensentscheidung anfügt, auf irgendeine Art von der Gesellschaft respektiert und beachtet werden. — Zusammenfassend zu Punkt 1: Das Bonner Grundgesetz kann hier nur die Gewissensbetätigung meinen. In einem Rechtsdokument über das *reine* Gewissen etwas auszusagen, greift daneben. Dazu ist die Rechtsordnung des Staates nicht kompetent. Dafür gelten andere Normensysteme.

Zippelius: Darf ich unmittelbar dazu noch ein Wort sagen, Herr Kollege Marcic? Wenn ich mich recht erinnere, hat in den Verfassungsberatungen Richard Thoma gerade mit *der* Begründung eine eigene Nennung der Bekenntnisfreiheit verlangt, daß es unzulänglich sei, die bloße Gewissensfreiheit zu schützen. — Wer sollte die schon antasten können?

Marcic: Ja, ich glaube nun, wir sind uns in der Sache einig! Art. 4 wäre mithin so zu interpretieren, daß die *Erscheinung* des Gewissens, sein Äußeres, rechtsgeschützt sei, ohne jetzt auf die einzelnen Probleme einzugehen.

Zippelius: Nein, soweit es um die Interpretation des Begriffes der Gewissensfreiheit geht, würde ich diese Auslegung nicht für die allein mögliche halten.

Doehring: Ich möchte nur eine ganz kurze Bemerkung zur Betätigungsfreiheit machen, und zwar habe ich etwas den Verdacht, daß es sich vielleicht um eine Scheinfrage handeln könnte. Ausgehend von der Feststellung, daß das, was nicht verboten ist, erlaubt ist, ist jede Betätigung durch Art. 2 GG geschützt, gleichgültig ob sie auf Grund des Gewissens erfolgt oder sozusagen gewissenlos. Wenn aber die Rechtsordnung die Betätigung für unerträglich ansieht, das Betätigen sozial unerträglich wird, reduziert sich die ganze Betätigungsfrage auf die Schrankenfrage. Und deswegen meine ich, ist eigentlich keine Substanz in der Frage. Betätigen darf man sich eben, ob mit oder ohne Gewissen. Man darf es nicht, auch mit Gewissen, wenn es sozial unerträglich wird, also ist immer nur die Schranke interessiert. Das nur zu Punkt 1.

Novak: Ich möchte mich im Ergebnis der Auffassung von Herrn Marcic anschließen, nur mit einer etwas anderen Begründung. Ich meine auch, daß das Problem eigentlich umgestellt werden sollte. Die Frage sollte nicht sein: Schutz nur des forum internum oder auch der Gewissensbetätigung, sondern man müßte richtigweise fragen: Schutz nur der Gewissensbetätigung oder auch des forum internum? Einmal ergibt sich das, so scheint mir, aus einer historischen Überlegung, nämlich wenn man die Gewissensfreiheit, im Sinne von *Scholler* etwa, ursprünglich als einfache Hausandacht versteht; das ist bereits Gewissensbetätigung. Dazu kommt, daß der Gesetzgeber — das mag eine österreichische Besonderheit sein, weil unser Schutz der Gewissensfreiheit, wenigstens die grundlegende Regelung dafür, schon aus der Mitte des 19. Jahrhunderts stammt — daß der Gesetzgeber sicherlich davon ausgegangen ist, daß das forum internum einer rechtlichen Regelung unzugänglich ist, daß überhaupt nur äußerliches menschliches Verhalten Gegenstand rechtlicher Normierung sein kann. Dann ein systematisches Argument: Im Art. 9 der Europäischen Menschenrechtskonvention ist die Gedanken-, Gewissens- und Religionsfreiheit gewährleistet. Man müßte also jetzt schon behaupten, daß hier trotz gleicher Worte die Gewissensfreiheit etwas anderes, weniger bedeutet als im Grundgesetz. Und ist das notwendig? Selbst wenn man die Gewissensfreiheit in Österreich — hier würde ich diese Auslegung auf jeden Fall vertreten — oder auch in Deutschland nur auf die Gewissensbetätigung bezieht, wäre ja ein Ersatz geschaffen, ein Schutz des forum internum durch die Gedankenfreiheit; bezeichnenderweise durch ein Grundrechtsdokument der jüngsten Zeit, weil ja auch erst heute sich überhaupt die technischen Möglichkeiten für den Staat ergeben haben, in das forum internum einzudringen. Schließlich: Unser Staatsgrundgesetz über die allgemeinen Rechte der Staatsbürger von 1867 erläutert die Gewissensfreiheit an einem Beispiel, könnte man sagen. Es heißt da, niemand dürfe zu einer kirchlichen Handlung oder zur Teilnahme an einer kirchlichen Feierlichkeit gezwungen werden. Ganz ähnlich steht es aber auch im rezipierten Art. 136 Ihrer Weimarer Reichsverfassung. Auch das scheint mir dafür zu sprechen, daß der Schutz der Gewissensfreiheit zum mindesten primär ein Schutz der Gewissensbetätigung, also einer Betätigung des rein innerlich gebildeten Gewissens nach außen ist.

Kafka: Ich habe eigentlich nur eine Frage. Es ist mir aufgefallen, daß beide Referenten die Europäische Menschenrechtskonvention in keine Beziehung zu Art. 4 des Grundgesetzes gebracht haben, obwohl doch die Europäische Menschenrechtskonvention im Jahre 1952 in der Form eines Bundesgesetzes angenommen, die lex posterior ist, die verfassungskonform ausgelegt werden muß. Es ist ja nicht anzunehmen, daß der Bundesgesetzgeber von 1952 das Grundrecht verletzen wollte, indem er die Europäische Menschenrechtskonvention in deutsches Recht transformierte. Wenn aber die Europäische Menschenrechtskonvention sozusagen die lex specialis zum Art. 4 des Grundgesetzes ist, dann sehe ich einige Schwierigkeiten mit den etwas weiten Interpretationen zum Art. 4 GG, insbesondere, wenn ich mir den Art. 9 Abs. 2 der Menschenrechtskonvention anschaue. Ich will dazu gar keine eigene Meinung vorbringen, sondern bloß die beiden Referenten bitten, entweder jetzt oder in ihrem Schlußwort vielleicht zu dieser doch nicht ganz unwichtigen systematischen Frage Stellung zu nehmen.

Geck: Ich halte es für richtig, daß Herr Bäumlin die Freiheit zur Verwirklichung einer Gewissensentscheidung auch durch Art. 9 der Europäischen Menschenrechtskonvention als geschützt ansieht. Diese Ableitung sollte aber nicht ohne weiteres weitreichende Folgen für die Auslegung des *älteren* Grundgesetzes haben. Die Menschenrechtskonvention verpflichtet die Bundesrepublik wie alle anderen Vertragsstaaten, die Gewissensfreiheit zu achten, aber nicht zu mehr. Sie verpflichtet insbesondere nicht dazu, daß die Bundesrepublik die in der Menschenrechtskonvention gesicherten Rechte auch als Verfassungsrecht statuiert. Es genügt, daß die Konvention respektiert wird, speziell durch die Verfassung braucht sie nicht gesichert zu werden. Die Völkerrechtsordnung interessiert sich regelmäßig nur dafür, *daß* völkerrechtliche Verpflichtungen eingehalten werden, und trifft nur ausnahmsweise Bestimmungen über das *wie*.

Dazu noch ein weiterer Gedanke: Wir alle haben wahrscheinlich die Bemerkungen von Herrn Leisner in Erinnerung über die Gefahren bei der Auslegung des Grundgesetzes aus dem einfachen Gesetz („Von der Verfassungsmäßigkeit der Gesetze zur Gesetzmäßigkeit der Verfassung"), daß nämlich der Inhalt von einfachen Gesetzen mehr oder minder unreflektiert zum Inhalt der einschlägigen Verfassungsnormen gemacht wird. Ich möchte trotz der großen Bedeutung gerade der Menschenrechtskonvention diesen Gedanken auch auf den völkerrechtlichen Vertrag anwenden: Eine Grundgesetzinterpretation aus einem internationalen Vertrage ist ausgesprochen problematisch, insbesondere dann, wenn die eben erwähnte Tatsache dazukommt, daß weder der Vertrag noch das allgemeine Völkerrecht es erfordern.

Dürig: Meine Herren Referenten, wenn Sie das forum internum bei Art. 4 Abs. I verlassen und daraus eine Gewissensverwirklichungsfreiheit machen, die nicht nur zum Unterlassen, sondern auch zum Handeln berechtigt (so weit geht übrigens selbst Karl Peters bei den „Gewissenstätern" des Strafrechts nicht), kommen Sie in eine gefährliche Nähe zum Widerstandsrecht. Ich weiß nicht, wie sie diese den Staat möglicherweise atomisierende Grenzüberschreitung vermeiden wollen. Aber vielleicht kommen wir gerade vom Widerstandsrecht des Art. 20 Abs. IV her etwas weiter. Es muß eine „andere Abhilfe möglich" sein. Ist der Vorgang nicht so: Die Gewissensentscheidung fällt im forum internum. Aber jetzt folgt das Recht und aber auch die Pflicht daraus, diese getroffene Entscheidung, soweit sie sozial und öffentlich relevant sein soll, vor einem Forum des Staates — normalerweise also vor einem Gericht — darlegen zu dürfen und darlegen zu müssen. Und hier erlauben Sie mir, gleichsam in Parenthese, einen Hinweis auf eine fürchterlich bedenkliche Entwicklung. Mir ist es etwa unverständlich, wie man gleichzeitig mit Einfügung des Widerstandsrechts in derselben Verfassung gerichtsfreie Grundrechtseingriffe (Art. 10 Abs. II) vorsehen konnte. Oder wie das BVerfG nach Einfügung des Art. 20 Abs. IV die Gerichtsklausel des Art. 19 Abs. IV immer einschränkender interpretiert (keine Geltung für Rechtssätze, für Gnadenakte, usw.). Die Tendenz müßte seit Art. 20 Abs. IV doch genau umgekehrt verlaufen. Und wenn ich die Existenz gerichtsfreier Staatsakte nicht schon immer literarisch geleugnet hätte, würde ich es nach dem neuen Art. 20 Abs. IV gerade jetzt und noch viel dezidierter tun.

Bezogen auf Art. 4 Abs. I heißt das: Wir müssen dem Menschen in jedem Fall ein forum externum bieten, vor dem er seine Gewissensnot los werden kann; sonst, wenn Sie das nicht kanalisieren, kann es ein Rechtschaos in Form von Selbsthilfe und Selbstjustiz geben.

Bäumlin: Ich möchte daran festhalten, das Grundgesetz sei in seiner Bestimmung über die Gewissensfreiheit menschenrechtskonventionskonform auszulegen. Nun nennt zwar der Wortlaut des Art. 9 der Konvention kein spezialisiertes Grundrecht der Gewissensverwirklichungsfreiheit. Anscheinend ist der Text abhängig von der anglo-amerikanischen Tradition, welcher auch die schweizerische entspricht: Die „Sache Gewissensfreiheit" wird in sehr allgemeinen und umfassenden Formulierungen gewährleistet, in den USA mit „free exercise of religion“ und „freedom of speech“. Darunter fallen dann Äußenung und Betätigung der Religion, grundsätzlich mit Einschluß der Gewissensverwirklichungsfreiheit. Interessant ist übrigens die Feststellung, daß in den amerikanischen Verfassungsrechtquellen der Begriff des Gewissens zwar vorkommt, jedoch nicht zur Bezeichnung eines spezialisierten Grundrechts. Vielmehr bezeichnet „Gewissen“ daselbst das *Motiv* der Gewährleistung von Grundrechten, z. B. der Gewährleistung von freedom of speech. Aus dem Gebot, das Gewissen zu achten, ergibt sich weiter die Freiheit der Religionsausübung, auch als Gewissensverwirklichungsfreiheit. Diese Konzeption ist m. E. auch in die Konvention eingegangen, und die Auffassung, auch die Verwirklichungsfreiheit sei grundsätzlich mitgeschützt, hat sich in der Praxis ja durchgesetzt. Ich erinnere etwa an die verschiedenen niederländischen Entscheidungen, wo die Kläger zwar gewöhnlich nicht durchgedrungen sind, aber nicht etwa deshalb, weil die Verwirklichungsfreiheit grundsätzlich bestritten worden wäre, sondern bloß deshalb, weil die Kläger an den Schrankenbestimmungen des Art. 9 scheiterten.

Böckenförde: Ich bin auf die Europäische Menschenrechtskonvention deshalb nicht näher eingegangen, weil nach der Interpretation des Art. 4, die ich für richtig halte, Art. 4 eine *weitergehende* Gewährleistung enthält und damit an sich das Kollisionsproblem entfällt. Respektiert ist dann der Art. 9 der Menschenrechtskonvention in jedem Fall durch unsere Rechtsordnung. Wenn das Grundgesetz in der Gewährleistung der Gewissensfreiheit darüber hinausgeht, dann ist das ein Mehr, nicht ein aliud. Da m. E. die Gewissensbetätigungsfreiheit aus Art. 4 nicht ausgeschlossen werden kann, ist also die Konkordanz mit Art. 9, auch mit Art. 9 Abs. 2 der MRK von vornherein da; aus diesem Grunde habe ich mich auf dieses Problem nicht näher eingelassen.

Kafka: Aber das scheint eben das Problem zu sein, ob Ihre weitergehende Interpretation gerechtfertigt ist!

Böckenförde: Sie können doch nicht dem Transformationsgesetz zur MRK unterstellen, daß der Inhalt des Art. 4 Abs. 1 GG, vorausgesetzt meine Interpretation ist richtig, dadurch eingeschränkt werden sollte.

Kafka: Hätte es nicht einen Vorbehalt geben müssen?

Böckenförde: Wieso? Wenn das GG weitergehende Freiheitsrechte gewährleistet, braucht doch nicht ein Vorbehalt gemacht zu werden. Die Menschenrechtskonvention soll doch nicht zugleich ein Maximum an innerstaatlichen Freiheitsrechten festlegen, sondern ein Minimum, an das sich alle Staaten halten.

Geck: Noch zwei Sätze. Wenn man sich das Verhältnis der Menschenrechtskonvention zu den Verfassungen der Mitgliedstaaten ansieht, so fällt doch z. B. auf, daß Großbritannien keine geschriebene Verfassung hat oder daß die schwedische Verfassung im wesentlichen ein Gesetz von 1809 ist und daß man in beiden Staaten keine absolute verfassungsrechtliche Sicherung der Gewissensfreiheit findet. Das Fazit — die Beispiele ließen sich noch vermehren — ist das von mir vorhin schon gezogene. Es ist einfach die folgende Tatsache: Die Konvention verbürgt im internationalen Bereich unter anderen Rechten auch die Gewissensfreiheit, schreibt aber keineswegs vor, daß diese auch in der Verfassung festgelegt sein muß. Das ist das übliche Verhältnis von völkerrechtlichem Vertrag zum Verfassungsrecht.

Marcic: Ich will nur folgendes sagen — es wird vielleicht interessieren —: In Österreich arbeitet eine Kommission an der Reform der Grundrechte seit fünf Jahren; der Bundeskanzler hat sie eingesetzt (in Österreich ist der Bundeskanzler *legistisch* für Verfassungsfragen zuständig). Das Thema ist auch dort diskutiert worden, und da hat sich das Kollegium im großen und ganzen entschieden, die Gewissensfreiheit *eigens* und für sich zu nennen; dies aus Gründen, die heute die beiden Referenten angeführt haben und die ich angedeutet habe: daß nämlich die Gewissensfreiheit doch etwas anderes ist als die Glaubensfreiheit, kurzum, daß de constitutione ferenda in Österreich daran gedacht ist, die Gewissensfreiheit als solche, als schlechthin persönliches, individuelles Grundrecht getrennt vom religiösen, konfessionellen und Bekenntnisbereich, zu verbürgen, in der Absicht, auch im äußeren Bereich (forum externum) der Geltung der Gewissensfreiheit als solcher Schutz zu gewähren. In der Kommission wurde betont, daß die Gewissensfreiheit als forum internum von der Sache her schrankenlos wäre, daß ihr aber als Grundrecht auf Gewissensbetätigung immanente Schranken eignen.

Quaritsch: Wir können uns nunmehr Punkt 2 unserer Aussprache zuwenden: Das Gewissen und seine Verletzung.

Brohm: Die These von Herrn Bäumlin enthält — wenn ich es recht verstanden habe — eigentlich zwei Beschränkungen zugunsten der Allgemeinheit. Einmal wird das Gewissen als

„con-scientia“ aufgefaßt und nicht subjektiv, sondern in seiner Zuordnung zur Gemeinschaft gesehen. So sehr diese Bestimmung vom theoretischen Ansatz her einleuchten mag, so frage ich mich doch, ob sie in der Praxis zu handhaben ist; vor allem, wer denn entscheidet, was als „con-scientia“ anerkannt wird und was nicht mehr unter eine Gewissenssache fällt. Herr Bäumlin nannte als Beispiel den Triebtäter oder den Überzeugungstäter. Bei diesem Gewissensbegriff wird man, jedenfalls wenn es sich nicht um Extremfälle wie den Triebtäter handelt, nicht darum herumkommen, daß die staatliche Gewalt anerkennt, was eine Gewissensfrage sei.

Dieselbe Frage, wer entscheidet, stellt sich dann bei der zweiten Beschränkung des Grundrechts, dem Gemeinschaftsvorbehalt. Herr Bäumlin betonte, daß hier das Prinzip der Güterabwägung und der Verhältnismäßigkeit heranzuziehen sei. Das wirft natürlich die ganzen Bedenken auf, die mit der Güterabwägung allgemein gegeben sind, aber hier im besonderen auch das, daß man ja eine Güterabwägung und das Verhältnismäßigkeitsprinzip doch nur anwenden kann, wenn die beiden Komponenten feststehen und nicht die eine Komponente, nämlich die des Gewissens, praktisch erst durch eine staatliche Entscheidung festgelegt wird, nämlich was con-scientia im konkreten Fall ist, was wir dafür anerkennen. Insofern frage ich mich, ob bei diesem Verständnis Art. 4 noch eine effektive Schutzfunktion gegenüber der staatlichen Gewalt erfüllen kann.

Bäumlin: Ich habe gesagt, die Gewissensentscheidung, die sozial belangvoll werde, d. h. Auswirkungen für andere habe, müsse irgendwie mitteilbar sein, d. h. es müsse dargetan werden können, daß die Sache für die Konstituierung oder Dekonstituierung der Person wesentlich sei. Wer eine Gewissensposition geltend macht, hat darzutun, daß er sich selber unglaubwürdig würde, wenn er sich nicht in bestimmter Weise verhielte. Was ist mit dieser Mitteilbarkeit der Gewissensposition gemeint? Ich meine nicht, daß der mit der Argumentation befaßte Dritte, z. B. der Richter, seinerseits von der geltend gemachten Position überzeugt werden müßte. Die verlangte Mitteilbarkeit heißt lediglich, daß der Verfechter einer Gewissensposition glaubwürdig dartun kann, ein bestimmter Entscheid sei für ihn selber persönlichkeitskonstituierend bzw. -dekonstituierend. Die Auffassung, die ich hier vertrete, ist eng mit meinen Thesen zur Schrankenproblematik verknüpft. Ob eine Gewissensposition im erwähnten Sinne mitteilbar sei, ist *eine* Frage, ob sie geschützt bleibe oder an den Schranken scheitere, ist eine andere Frage. Mit dem Erfordernis der Mitteilbarkeit möchte ich mich insbesondere gegen eine Auffassung wenden, welche sozusagen die Heftigkeit des Zitterns als bestes Zeichen für die „Echtheit“ einer Gewissensentscheidung ansehen möchte.

Brohm: Nach Leitsatz 5.1 muß die Entscheidung für die Konstituierung der Persönlichkeit „bedeutsam“ und diese „Bedeutsamkeit“ „rational“ oder „glaubwürdig“ mitteilbar sein; hier nehmen Sie doch irgendwie objektive Kriterien hinein und ...

Bäumlin: Relativ rational nachweisbar!

Brohm: Wie können Sie dann den Überzeugungstäter ausklammern?

Bäumlin: Ich klammere ihn ja gerade nicht aus. Ich würde dem Richter erklären, aus welchen Gründen seines persönlichen Schicksals etwa jemand so und nicht anders handeln muß. Damit kann ich die Entscheidung des Täters rational mitteilbar machen. Als rational mitteilbar können wir auch eine Position gelten lassen, die wir selber nicht billigen und der die soziale Anerkennung zu versagen ist.

Kopp: Ich darf vielleicht noch einmal ganz kurz auf die Definition des Gewissensbegriffs im Sinne von Art. 4 Abs. 1 GG zurückkommen. Wenn nur die wesentlichen, für die Persönlichkeit des Betroffenen wichtigen Gewissensentscheidungen unter Art. 4 Abs. 1 GG fallen, wie es die Referenten vorgeschlagen haben, müssen wir für die weniger wesentlichen Gewissensentscheidungen eine andere Rechtsgrundlage finden. Das aber würde ich für ausgesprochen mißlich halten, wenn nun Gewissensentscheidungen im weiteren, herkömmlichen Sinn aufgeteilt würden und je nachdem unter den Schutz verschiedener Grundrechte fielen.

Böckenförde: Auch zu Ihrer Bemerkung vorhin schon, Herr Kopp: Ich bitte im Teil 3 meines Referates nicht so verstanden zu werden, als ob ich nun doch einen bestimmten und irgendwie normativen Gewissensbegriff wieder einführen wollte, um damit das Problem zu lösen, sondern ich habe nur versucht, an das Gewissens*phänomen* heranzukommen und es zu beschreiben. Das Gewissen tritt dann — und erst dann — in Aktion, wenn die individuelle Persönlichkeit in ihrer Identität durch ein bestimmtes Verhalten kritisch betroffen wird. Aber es können dabei weder vom Gegenstand — das habe ich ja ausgeführt — noch von den Gründen noch von den Motiven her wesentliche und unwesentliche, substantielle und akzidentelle Gewissensentscheidungen unterschieden werden. Für einen Katholiken, der entsprechend erzogen und gebildet worden ist, kann möglicherweise das Fastengebot oder das Fleischverbot am Freitag durchaus eine Relevanz haben, die ihm beim Übertreten zu einem ‚sacrificium conscientiae' zwingen würde. Das können objektiv gesehen, möchte man sagen, vielleicht ganz unwesentliche oder gar absonderliche Dinge sein. Aber darüber kann gerade nicht geurteilt werden. Wenn wir die Garantie des Gewissens ernst nehmen wollen, müssen wir gerade in unserer Staatsordnung, die durch religiös-weltanschauliche Neutralität gekennzeichnet ist, darauf verzichten, hier zu bewerten. Wir können nicht die Anerkennung einer Gewissensentscheidung davon abhängig machen, ob sie nach unserer Auffassung oder nach allgemeiner Anschauung wesentlich ist, denn dann würde in der Tat wieder über das Gewissen gerichtet und geurteilt werden. Das gilt auch für die Frage der Eidesleistung vor einem Kruzifix oder die Frage der prinzipiellen Eidverweigerung. Man kann hier nicht sagen, das ist für die Identität der Person nicht wesentlich, denn alle sonst leisten ja den Eid. Dann kommen wir wieder in die Gefahr, daß wir die Gewissensfreiheit gerade dem nicht zuerkennen, der als Außenseiter darauf angewiesen ist. Es bleibt allerdings das Problem — Punkt 3 —, festzulegen, wo für die Respektierung individueller Gewissensentscheidungen einfach eine Grenze gezogen werden muß, weil sonst ein Selbstwiderspruch stattfindet, daß also insbesondere die Gewissensfreiheit sich nicht zu einem allgemeinen Widerstandsrecht auswächst — da bin ich mit Herrn Dürig völlig einig. Ich glaube, daß das auch in der Schrankenformel bei mir berücksichtigt ist durch die Hereinnahme des Gewaltverbots.

Dürig: Herr Böckenförde, würden Sie mit meiner Formulierungshilfe einverstanden sein, daß man eigentlich nur die „Ernsthaftigkeit" prüfen kann und darf?

Böckenförde: Ja, das entspricht meiner These: Bereitschaft zur Konsequenz. Prüfungsgegenstand kann nur die Echtheit der Gewissensentscheidung sein. Dabei muß man allerdings sehen, daß Gewissenspositionen ohne Rücksicht auf die innere Überzeugung nach außen hin darstellbar sind — ja auch eingelernt werden können, wie wir es von der APO für den Bereich der Kriegsdienstverweigerung wissen. Was als Kriterium bleibt, ist daher wohl nur die Bereitschaft zur Konsequenz. Deshalb habe ich aus zwei Gründen das Alternativenproblem so in den Vordergrund gestellt, einmal im Sinne der staatsbürgerlichen Gleichheit, daß der einzelne auch darin verbleibt und in der demokratischen Identität, zum anderen praktisch-verfahrensmäßig, daß jeder Anreiz fehlt, sich gegenüber wichtigen staatsbürgerlichen Pflichten auf Gewissenspositionen zu berufen, weil man dann vielleicht billiger davon wegkommt.

Kopp: Ich bin natürlich auch der Auffassung, daß die Wichtigkeit einer Entscheidung, die in einer bestimmten Sache für die Konstituierung oder Dekonstituierung der Person dessen, der sich auf die Gewissensfreiheit berufen möchte, bedeutsam ist, den Schutz des Art. 4 Abs. 1 GG erfordert. Andererseits gibt es aber doch auch weniger wichtige Entscheidungen, die nach herkömmlicher Vorstellung auch Gewissensfragen sind, wenn auch nicht von solcher Bedeutung für die Person, daß sie die beiden Definitionen der beiden Referenten von heute vormittag erfüllen würden. Wie aber sollen diese Gewissensentscheidungen „minderer Bedeutung" rechtlich behandelt werden?

Böckenförde: Ich sage noch einmal, es kann nur auf die Echtheit ankommen. Wenn es Gewissens*bedenken* sind, gut, Bedenken kann man abwägen. Aber dann geht wirklich der Anspruch der staatlichen Rechtsordnung vor. Die Frage wird dort kritisch, wo es die Gewissens*überzeugung* ist, wo das unbedingte Gebot des Gewissens im Spiel ist.

Dürig: Und was ist damit, daß das Bundesverwaltungsgericht die Bereitschaft zum Leiden als Indiz für die Gewissensüberzeugung nicht (mehr) verlangt?

Böckenförde: Ich meine nicht Leiden, sondern lästige Alternativen. Da entsteht allerdings die Frage der Zumutbarkeit und Verhältnismäßigkeit, auch das Einsitzen im Gefängnis ist ja schließlich eine Alternative. Das glaubte ich voraussetzen zu können, daß die Sache nicht so gemeint sein kann. Aber an dieser Stelle sitzt wirklich das entscheidende Problem, wie man diese Gratwanderung, die die Gewissensfreiheit aufgibt, einigermaßen durchstehen kann.

Bachof: Ich möchte mich hier nicht zum Apologeten des Bundesverwaltungsgerichts machen. An seinen Lexikonforschungen zum Gewissensbegriff ist sicher einiges auszusetzen. Aber ich glaube, Herr Bäumlin, in einem Punkt haben Sie das Gericht ein wenig mißverstanden.

Im ganzen ist die Rechtsprechung des Bundesverwaltungsgerichts zur Kriegsdienstverweigerung liberaler, als das in Ihren Ausführungen zum Ausdruck kam. Sie haben beanstandet, daß das Gericht auf einen „Verhaltenszwang" abgestellt habe; Sie haben gemeint, diese Vokabel könne sich auch in einem psychiatrischen Gutachten über eine Zwangsneurose finden. Was das Bundesverwaltungsgericht hat sagen wollen, ist doch wohl: Bloße Bedenken genügen nicht, sondern diese Bedenken müssen so schwer wiegen, daß der Betreffende sich durch sein Gewissen zu einem bestimmten Verhalten regelrecht *gezwungen* sieht. Wenn ich das Bundesverwaltungsgericht richtig verstehe, ist damit ein „Zwang" im Sinne des „Hier stehe ich, ich kann nicht anders" gemeint. Das ist im Grunde doch genau dasselbe, was auch mit Ihren Stichworten — „Konstituierung" bzw. „Dekonstituierung der Person" — oder mit Herrn Böckenfördes „Integrität und Identität der Persönlichkeit" angesprochen wird. Das ist es, was auch das Bundesverwaltungsgericht mit seinem „Verhaltenszwang" meint, wenn es ihn gegenüber bloßen „Bedenken" abgrenzt. Ich glaube also, hier waltet ein gewisses Mißverständnis ob, Sie liegen in Wirklichkeit durchaus auf der Linie des Bundesverwaltungsgerichts.

Bäumlin: Das Wort „Verhaltenszwang" hätte mich für sich allein nicht gestört. Aber es gibt in den Begründungen des Bundesverwaltungsgerichts eine Kombination von Begriffen und Wendungen, die ich dann für bedenklich halte. Es wird von „Verhaltenszwang" gesprochen; daneben wird die Innerlichkeit sehr betont und damit der Dialog als Moment der Gewissensbildung auf die Seite getan. Schließlich wird apodiktisch erklärt, Zweckmäßigkeitsüberlegungen und Güterabwägung seien nicht konstitutiv für die Gewissensentscheidung. Nimmt man all das zusammen, dann bin ich in der Tat der Meinung, das Bundesverwaltungsgericht gebe eher eine Umschreibung der Zwangsneurose wieder als eine Umschreibung der Gewissensentscheidung als einer mündigen und irgendwie auf *ratio* hin gefragten Entscheidung.

Bachof: Man darf Gerichtsentscheidungen nicht wie wissenschaftliche Äußerungen beurteilen. Sie können natürlich aus der sehr umfangreichen und besonders in den ersten Jahren oft noch tastenden Rechtsprechung des Bundesverwaltungsgerichts mit Leichtigkeit Entscheidungen mehr der einen oder mehr der anderen Tendenz heraussuchen, um sie dann gegeneinander auszuspielen. Ich meine demgegenüber, man muß die Rechtsprechung als Ganzes betrachten. Man darf auch nicht einzelne Ausdrücke einer Entscheidung überbewerten und überhaupt nicht eine einzelne Entscheidung zu prinzipiell sehen. Der Richter muß den konkreten Fall ad hoc, und oft unter Zeitdruck, entscheiden. Daher kommt es ihm dann manchmal mehr auf das Ergebnis an als auf eine bis ins letzte durchgefeilte Begründung.

Böckenförde: Zwei Worte noch dazu. Die Problematik liegt darin, daß das Bundesverwaltungsgericht sich erst langsam dazu verstanden hat, anzuerkennen, daß auch rationale Gründe zu einem Gewissensurteil führen können. Es war in der Tat zunächst so, daß die Handhabung des Gewissensbegriffs auf eine Art „Zitterprämie" hinauslief. Die Gewissensentscheidung mußte so ernst sein, daß, wenn jemand schon Gründe, gar rationale Gründe anführte — das steht wohl in der Entscheidung im 9. Band, ich weiß es im Augenblick nicht genau —, dann eigentlich die Ernsthaftigkeit der Gewissensentscheidung fraglich war. Das würde ich für ganz falsch halten. Denn ebenso wie es irrationale Gründe sein können, die aus einem subjektiven Erlebnis herauskommen, das als solches nur konstatiert aber nicht analysiert werden kann, können es natürlich auch rationale Gründe sein, die zu einem Gewissensurteil führen. Mir persönlich ist ein solches Gewissensurteil sympathischer, das rationale Überlegungen anführt, aber ich kann deswegen nicht andere, sog. irrationale Gewissensurteile ausschließen. Wegen dieses Schwankens der Rechtsprechung des BVerwG hat dann die Entscheidung aus dem vergangenen Jahr gerade in Kreisen der Bundeswehr ziemliches Aufsehen erregt, weil darin ausdrücklich festgestellt worden ist, daß es auch rationale und sogar politische Überzeugungen sein können, die sich zu einer Gewissensüberzeugung verdichten — was ich völlig unterschreiben würde.

Bachof: Sie haben völlig Recht, Herr Böckenförde. Man muß die Position des Bundesverwaltungsgerichts aber aus einer Abwehr ganz bestimmter Gegenpositionen verstehen. Zu Beginn seiner einschlägigen Rechtsprechung hatte das Bundesverwaltungsgericht sich gegen die genau entgegengesetzte Tendenz der Untergerichte zu wehren, die sogar noch vom Bauernjungen verlangten, daß er eine „rational begründbare" Entscheidung — etwa auf der Höhe Hegelscher Argumentation — präsentiere. Das war natürlich unsinnig, und deshalb hat das Gericht dem die These entgegengesetzt, der Gewissensträger brauche die Gewissensentscheidung nicht rational begründen zu können; eine „gefühlsmäßige" Gewissensentscheidung könne auch dann echt und anerkennenswert sein, wenn der Gewissensträger sie mangels hinreichender Artikulationsfähigkeit nicht näher zu begründen vermöge. Das Bundesverwaltungsgericht mag damit nun in dieser Richtung etwas übers Ziel hinausgeschossen sein, aber mir scheint, das pendelt sich jetzt in der richtigen Mitte ein.

Walter: Der österreichische Betrachter unserer Diskussion sieht, wieviel den österreichischen Juristen dadurch erspart wurde, daß Österreich keinen modernen Grundrechtskatalog bekommen hat, sondern an dem Grundrechtskatalog des Jahres 1867 festgehalten hat. Herr Böckenförde hat heute ganz richtig gezeigt, daß ja damals (1867) sicherlich noch die Verknüpfung der Gewissensfreiheit mit der Religionsfreiheit und der Bekenntnisfreiheit vorhanden war, und damit hat innerhalb der österreichischen Rechtsordnung der Begriff der Gewissensfreiheit einen ganz bestimmten, eben auf das Religiöse bezogenen Sinn. Das führt dazu, daß wir zu den Problemen, zu denen heute sehr Interessantes gesagt wurde, gar nicht vorstoßen müssen. Ich möchte aber doch einiges von unserer Sicht dazu sagen. Ich frage mich nämlich, ob diese Verbindung der Gewissensfreiheit mit der Religionsfreiheit wirklich so plötzlich und so radikal abgerissen ist, wie das in der jetzigen Diskussion zum Ausdruck kam; daß sich also die Gewissensfreiheit völlig losgelöst habe von der Religionsfreiheit und von der Bekenntnisfreiheit und einen ganz neuen Sinn mit, wie wir heute gesehen haben, ganz gewaltigen Dimensionen bekommen hat.

Die Konsequenz dieser neuen Dimension wurde uns sehr deutlich vor Augen geführt, weil damit das Schrankenproblem in aller Schärfe auftaucht. Ich kann bei dieser Situation nicht umhin, meine Befriedigung darüber zu äußern, daß wir diese Rechtslage nicht haben; denn alle Versuche, solche Schranken aufzustellen, scheinen mir doch sehr stark dahinzukommen, daß letztlich die Entscheidung dem Gericht übertragen wird, also keine Entscheidung des Verfassungsgesetzgebers vorliegt, sondern eine Entscheidung zunächst vielleicht vom Gesetzgeber, dann aber jedenfalls vom Gericht getroffen werden muß. Ich sehe hier sehr starke Unsicherheitsfaktoren, die mich — mit dieser Rechtslage konfrontiert — sehr bedrücken würden.

Nun aber vielleicht noch einmal zurück: Herr Böckenförde hat sehr schön gezeigt, wie sich die Gewissensfreiheit und Religionsfreiheit historisch entwickelt haben. Ich glaube, es war von ihm logisch ganz konsequent zu sagen, daß im heutigen Staat die Gewissensfreiheit diese Verbindung zur Religionsfreiheit nicht mehr haben könne, da der Staat sich den Religionen gegenüber neutral verhalte. Ich frage mich aber, ob nicht die von Herrn Böckenförde selbst sehr betonte historische Interpretation doch nicht noch eine gewisse Verbindung nahelegt, und ich frage mich daher, ob es nicht möglich wäre, durch diese Verbindung mit der Glaubens- und Bekenntnisfreiheit die Gewissensfreiheit vom Gegenstand her einzuschränken. Ich habe hier die Rede von Herrn Böckenförde vor mir: Gewissensfragen lassen sich weder gegenständlich noch inhaltlich beschränken; und meine lediglich als Frage in die Diskussion geworfene Bemerkung soll sein, ob sich nicht historisch doch diese Beschränkung ergibt und ob nicht Herrn Böckenfördes Ausführungen in diesem Punkt zuerst sehr historisch, dann aber doch sehr vom heutigen Staatsbild her geleitet waren.

Knöpfle: Bei der bisherigen Erörterung der als Grundrecht geschützten Freiheit des Gewissens wurde der Hauptakzent darauf gelegt, daß der Staat ein Handeln gegen das Gewissen nicht erzwingen darf (vgl. Böckenförde Leits. II 12 und 17 Nr. 3), also auf die „Gewissensverwirklichungs-" oder „Gewissensbetätigungsfreiheit" (vgl. Bäumlin Leits. 4.2, 2. Absatz, und Böckenförde Leits. I 5). Das „forum internum" wurde als schutzwürdig erachtet insoweit, als die Gewissensbildung frei sein müsse (vgl. Bäumlin Leits. 4.2., 1. Absatz) und als in Bestand und Funktionsfähigkeit des Gewissens nicht eingegriffen werden dürfe (s. Böckenförde Leits. II 17 Nr. 1 und Nr. 2).

Das Grundrecht der Gewissensfreiheit dürfte aber für das „forum internum" — über die krassen Fälle der Beeinträchtigung der Bildung einer Gewissensüberzeugung und des Eingriffs in Bestand und Funktionsfähigkeit des Gewissens hinaus — rechtliche Relevanz besitzen insofern, als es der öffentlichen Gewalt auch Einflußnahmen auf die Gewissensfreiheit, denen das Element unmittelbaren Zwangs fehlt, verbietet. Dazu nur ein Beispiel, wie es sich täglich ereignen kann: Eine staatliche oder kommunale Schule veranstaltet für die Schüler ein Ferienlager. An den Osterfeiertagen wird der Besuch des Gottesdienstes, wie den Eltern zugesichert worden war, zwar gestattet; der Lagerleiter setzt aber, nur um dem Kirchenbesuch entgegenzuwirken, die Hauptattraktion des ganzen Lagers auf die Zeit des Gottesdienstes an und, noch weitergehend, erklärt beim Morgenappell, wer in die Kirche gehe, zeige damit, daß er „von vorgestern" sei. Entsprechende Beispiele für Erwachsene ließen sich leicht bilden, vor allem aus dem Bereich der „bes. Gewaltverhältnisse", etwa der Bundeswehr. Durch Maßnahmen der genannten Art können die Betroffenen in einen erheblichen Gewissenskonflikt gestürzt werden, ohne daß dies aus Gründen des öffentlichen Wohls unvermeidlich wäre. Obwohl durch die Ausübung eines derartigen „Drucks" die in Art. 4 GG verbürgten Freiheiten nicht unmittelbar verletzt werden, dürfte das Grundrecht der Gewissensfreiheit dahin zu interpretieren sein, daß die öffentliche Gewalt auch jegliche bewußte Pression zu unterlassen hat, die geeignet ist, ernsthafte Gewissensbelastungen der Betroffenen heraufzubeschwören und damit die geistig-sittliche Autonomie der Person anzutasten, sofern nicht sachliche Gründe eine Rechtfertigungsbasis bieten können. — Stellt aber auch eine solche „Kränkung“ des Gewissens materiell einen unzulässigen Eingriff in die durch das Grundrecht geschützte Sphäre des forum internum dar, so erhebt sich nach deutschem Recht weiter die Frage, ob der Betroffene sich nicht auch gegen solche Akte der öffentlichen Gewalt grundsätzlich mit der Verfassungsbeschwerde sollte zur Wehr setzen können.

Böckenförde: Das ist ein besonderes Problem, das ich in meinem Referat nicht mehr behandeln konnte, wie sich nämlich die Gewissensfreiheit — auch wenn man sie, wie ich das für richtig halte, als rechtsstaatliches Abwehrrecht versteht — in den besonderen Gewaltverhältnissen auswirkt. Wenn jemand in besonderen Gewaltverhältnissen steht, die, wie in einer Schulklasse, in einem Ferienlager oder etwa bei der Bundeswehr, einen mehr oder weniger geschlossenen Charakter haben, dann stellt sich die Frage, ob sich nicht aus der Gewissensfreiheit Reflexwirkungen in der Hinsicht ergeben, daß Gewissensbetätigungsmöglichkeiten im Rahmen der besonderen Gewaltverhältnisse vorgehalten werden müssen (zum Beispiel Anstaltsgottesdienst), weil man sonst ja jemanden zwingt, etwa den Kirchenbesuch zu unterlassen oder dem Abstinenzgebot nicht zu folgen. Ich darf Sie hierzu auf die Arbeit von Herrn Podlech hinweisen, der ja gerade die Einwirkung der Gewissensfreiheit in die einzelnen besonderen Gewaltverhältnisse hinein untersucht hat. Dieses Problem besteht deshalb neben den allgemeinen Problemen der Gewissensfreiheit, weil hier die Verhaltensmöglichkeiten anders als sonst in der Gesellschaft von vornherein eingegrenzt sind; das gilt für die Strafanstalten, das gilt für die Bundeswehr, das gilt auch für Schulausflüge, -lager usw., überall dort, wo das besondere Gewaltverhältnis in gewisser Weise geschlossenen Charakter annimmt. Hier muß man fragen, ob nicht der Staat, wenn er den Bürgern durch ihre gesetzliche Einbeziehung in solche besonderen Gewaltverhältnisse weitreichende Einschränkungen ihrer Verhaltensmöglichkeit auferlegt, dann — als Reflex der Gewissensfreiheit — gewissen Bindungen für die Gestaltung von deren Ordnung unterliegt.

Knöpfle: Die von mir angesprochene Frage der indirekten Einwirkung, die es vermeidet, das vom Gewissen geforderte Verhalten faktisch unmöglich zu machen oder mit Mitteln des

Rechts zu verbieten, die vielmehr in der Ausübung eines psychologischen „Drucks" besteht, erlangt sicherlich Bedeutung in erster Linie im „besonderen Gewaltverhältnis". Das m. E. aus dem Grundrecht abzuleitende Gebot, daß die öffentliche Gewalt ohne hinlänglichen sachlichen Grund den Bürger in seinem Gewissen nicht kränken, ihn insbesondere nicht in einen schweren Konflikt stürzen darf, gilt aber, auch außerhalb eines solchen, ganz allgemein.

Häberle: Ich möchte die Frage aufwerfen, ob beide Herren Referenten in ihrer Problemstellung nicht allzu eindimensional argumentiert haben, nämlich nur innerhalb des Verhältnisses individuelle Gewissensfreiheit des einzelnen (isolierten) Gewissens hier gegenüber dem Staat dort. Damit ist eine Komponente übersehen, die sowohl historisch aktuell war (als Religionsfreiheit, Schutz konfessioneller Minderheiten) als auch heute zum Beispiel bei den Kriegsdienstverweigerungsverbänden aktuell ist, nämlich die demokratieentsprechende pluralistische Komponente: der Gedanke, daß die „Sache Gewissensfreiheit" (Bäumlin) sozial — früher wie heute — auf ein *Gruppen*grundrecht deutet, insofern der einzelne mit und in seinem Gewissen nicht nur für sich allein steht, sondern der Einbettung in und der Organisation durch Gruppen bedarf — zur Gewissensbildung. Das bedeutet: wir müssen stärker die *pluralistische* Komponente der Gewissensfreiheit sehen, zumal in einer offenen Demokratie — Gewissensfreiheit ist (auch) ein demokratisches, öffentliches Grundrecht par excellence. In dem Maße, wie die Religionsfreiheit ein korporatives Grundrecht war, könnten heute zum Beispiel die Kriegsdienstverweigerungsverbände, die in und außerhalb der Bundeswehrkasernen werben, möglicherweise auf einem speziellen Gebiet im Rahmen der „Sache Gewissensfreiheit" eine Funktion übernommen haben, die früher die Kirchen hatten — was übrigens zugleich für das Verständnis der Gewissensfreiheit als Freiheit des einzelnen auch zur aktiven Gewissens*betätigung* spricht. Dementsprechend müßte sich die Position solcher Gruppen im allgemeinen, außerstaatskirchenrechtlichen Bereich verstärken.

Bäumlin: Gewiß geht es hier um die „Sache Gewissensfreiheit" im weitesten Sinne. Kämen aber nicht andere Spezialgrundrechte zum Zuge, etwa die Meinungsäußerungsfreiheit und die Korporationsfreiheit? Ich würde die Gewissensfreiheit i. e. S. in diesem Zusammenhang nicht ins Spiel bringen.

Böckenförde: Ich würde auch sagen, Sie entscheiden viel an dieser Stelle. Wenn Sie die Gewissensfreiheit in dieser Weise zu einem Betätigungsrecht machen, das auch die Gruppen gewissermaßen stellvertretend für den einzelnen wahrnehmen, dann kommen Sie gar nicht darum herum, dieses Grundrecht einem sehr weiten Schrankenvorbehalt zu unterstellen. Sie werden bei meinem Referat und auch bei den Thesen bemerkt haben, daß ich den Versuch einer systematischen Interpretation gemacht habe. Man kann aus einer solchen Interpretation nicht ein Stück herausbrechen, insbesondere nicht die Unterstellung der Gewissensfreiheit unter das Toleranzprinzip. Wenn man versuchen will, das Gewissen wirklich unverletzlich zu erhalten, als inneres Zentrum der Persönlichkeit zu respektieren, dann gehört dazu als notwendige Konsequenz, daß man die Gewissensfreiheit als höchstpersönliches Individualrecht versteht, das nicht gesellschaftliche Gruppen ausüben können. Und es gehört ebenfalls als Konsequenz dazu, daß ein Propagandarecht auf dieses Grundrecht nicht gestützt werden kann. Soweit jemand Meinungsfreiheit hat, ist es ihm selbstverständlich unbenommen, seine Gewissensüberzeugung zu propagieren. Aber gerade in der Bundeswehr wird es ja von Bedeutung, ob etwa im Wege von Flugblättern und sonstigen Aktionen für die Kriegsdienstverweigerung in der Kaserne geworben werden kann. Ich würde es verneinen, daß — soweit die Meinungsfreiheit zulässigerweise eingeschränkt ist in der Bundeswehr — nun etwa Art. 4 Abs. 3 einen *neuen* Rechtstitel zur Propaganda für die Kriegsdienstverweigerung gibt. Ich habe versucht, auf der einen Seite wirklich bis an die äußerste Grenze zu gehen, um die Unverletzlichkeit des Gewissens zu erhalten. Das setzt aber auf der andern Seite voraus, daß die Handhabung der Gewissensfreiheit in der von mir entwickelten Weise dem Toleranzprinzip unterstellt bleibt und kein Gruppenrecht ist. Geben Sie diese Einschränkung auf, dann verlieren Sie die Möglichkeit der nahezu unbegrenzten Gewährleistung der Gewissensfreiheit und schaffen zudem eine Einbruchsstelle für alle indirekten Gewalten.

Häberle: Wir gehen doch an der gegenwärtigen sozialen Wirklichkeit — die eine demokratisch pluralistische ist — vorbei, wenn wir nicht sehen, daß es zur Entfaltung der individuellen Gewissensfreiheit der Religionsgesellschaften usw. bedarf, daß heute die individuelle Gewissensfreiheit auf diese und andere Pluralgruppen angewiesen ist (und umgekehrt). Symptomatisch für die Verkennung dieser Zusammenhänge ist es, wenn jüngst in einem Leitartikel von „Christ und Welt“ gegen die Kriegsdienstverweigerungsorganisationen und ihre Werbung polemisch negativ geschrieben wurde, sub titulo: das

„organisierte Gewissen". Als ob die Kirchen (zu Recht) nicht ihrerseits „organisiert" hätten!

Böckenförde: Art. 4 Abs. 3 GG schützt meines Erachtens in der Tat nicht das organisierte, sondern das individuelle Gewissen. Wir haben ja genügend Freiheitsrechte, die auch korporativ ausgeübt werden können. Die Freiheit der Religionsausübung hat eine korporative Seite, ebenso die Freiheit der Meinungsäußerung — darüber brauchen wir uns weiter gar nicht zu unterhalten. Aber wenn ich diese Rechte wahrnehme, ist das doch nicht jedesmal zugleich eine Wahrnehmung der Gewissensfreiheit. Aber wo die Position einer strikten Gewissensüberzeugung zusätzlich ins Spiel kommt und damit dann die Unbedingtheit von deren Gewährleistung, dann muß ich, um diese Gewährleistung durchhalten zu können, die Begrenzung auf den höchstpersönlichen Charakter vornehmen. Man kann nicht in diesem Sinne eine Propagandamöglichkeit eröffnen dafür, daß möglichst viele sich unter Berufung auf ihr Gewissen von allgemeinen gesetzlichen Pflichten entpflichten lassen. Das geht nicht.

Leisner: Gerade aufgrund des Überblicks, den uns heute vormittag Herr Böckenförde über die Entwicklung der Gewissensfreiheit gegeben hat, glaube ich, daß wir dieses Grundrecht in seinem Inhalt nicht trennen können von dem Begriff des Religiösen, des Weltanschaulichen. Ich verschließe mich nicht den Problemen, wie sie etwa die Erweiterung aus dem Religiösen in ein „gewisses Weltanschauliches" hinein aufwirft. Aber ich meine nicht, daß man Gewissensfreiheit so definieren kann, daß sie die Entscheidung zu ernsthaftem Handeln, zu jedem ernsthaften Tun betreffe. Gewissenstäter wäre ja dann etwa derjenige, der ernsthaft seinem Beruf nachgeht und bisher durch Art. 12 geschützt wurde, der, welcher ernsthaft publizistisch tätig wird und sich auf Art. 5 berufen kann, oder aber derjenige, welcher ernsthaft eine politische Meinung äußert und auch durch Art. 5 geschützt ist — sie alle würden die Freiheit des Gewissens in Anspruch nehmen können. Das kann unmöglich richtig sein. Wir müssen also versuchen, den Zusammenhang mit dem herkömmlichen Religionsbegriff, vielleicht um einen Weltanschauungsbegriff erweitert, wiederherzustellen. Es wäre auch merkwürdig, wenn alle anderen Grundrechte nur das Nichternsthafte schützten. Und was ist überhaupt „ernsthaft"? Herr Böckenförde hat gemeint, das müsse eben dadurch festgestellt werden, daß man den Willen zur Konsequenz nachweise. Wie aber soll dieser Wille getestet werden? Etwa gerade vom Staat, von einer Macht, die doch nur so prüfen kann, daß sie lästige

Alternativen schafft? Heißt es aber nicht gerade, „ihr sollt nicht molestieren um des Gewissens willen"? Sollen wir nun doch molestieren, und wo sind hier die Grenzen? Letztlich ließe sich doch nur dann — verzeihen Sie dieses Paradoxon — eine solche „Gewissensentscheidung der Konsequenz" wirklich feststellen, wenn man die Folter wiedereinführte. Der Märtyrer, der für seinen Glauben gestorben ist — bei ihm allerdings ist es klar, daß er eine Gewissensentscheidung getroffen hat.

Marcic: Ich möchte noch auf den Gedankengang des Herrn Kollegen Häberle zurückkommen. Ich glaube, daß es unmöglich ist, das Gewissen zu *politisieren,* noch zu *sozialisieren* oder zu *kollektivieren.*

Selbstverständlich begegnen wir mehr und mehr „kollektiven Grundrechten"! Die Grundrechte, die ja heute einen gewaltigen Struktur- und Sinn- wie Funktionswandel vollbringen, müssen von uns Juristen in deren Dynamik in angemessene Formen eingefangen werden. Aber wenn es ein prototypisch individuelles Grundrecht gibt, sofern wir die Gewissensfreiheit als Grundrecht anerkennen, dann ist es die Gewissensfreiheit. Sie kann begriffsgeschichtlich überhaupt nicht anders verstanden werden als im Sinne der *individuellen Singularität,* niemals kollektiv. Recht hat wohl Samuel Johnson mit dem Wort: „Corporations have no soul to save and no bottom to kick!" Ein „kollektives Gewissen", wenn das eindeutig und nicht bloß in anologem Sinn gemeint ist, drückt das Schulbeispiel einer contradictio in adiecto aus.

Das Gewissen ist der einzige einsame Ort der einzigartigen singulären Entscheidung des Menschen und zwar des *konkreten* Menschen hic et nunc. Das ist das eine, was ich sagen wollte: Hier stimme ich mit dem, was Herr Kollege Böckenförde gesagt hat, ganz überein.

Das zweite, was ich nur streifen möchte — und zwar nicht aus Liebe zur Historie, sondern nur als Bestätigung für ein sehr wichtiges Phänomen — ist dies: Herr Kollege Böckenförde hat darauf hingewiesen, daß die Gewissensfreiheit in der Moderne gewachsen sei *gegen* den Eingriff des Staates oder sonstiger Gewalten. Die Gewissensfrage, das Gewissensproblem ist viel älter, als man gemeiniglich annimmt: so etwa, wenn wir es sehen im Zusammenhang mit dem Prinzip der religiösen Toleranz bei den Persern und ihrem großalexandrinischen Reich. Offenbar zählt die Gewissensfreiheit zu den Konstanten, zu den wieder- und wiederkehrenden Fundamentalproblemen der menschlichen Existenz. Sie wird jeder Generation neu gestellt.

Damit bin ich aber schon beim dritten Punkt angelangt. Wie die Begriffe „Wahrheit", „Zeit", oder sonst irgendwelche wissenschaftliche oder philosophische Begriffe verschiedenen Wandlungen unterworfen sind, so erfährt das Gewissen von Zeit zu Zeit einen Begriffswandel. Und da möchte ich etwas herauskehren, was vielleicht nicht in der nötigen Schärfe zum Ausdruck gekommen ist. Man kann natürlich unter dem Gewissen im Sinne Kants eine Norm*setzung* verstehen: als *Autonomie* im engsten und buchstäblichen Sinne des Wortes. Nur, das ist nicht die einzige Art und Weise, wie das Gewissen in der Geschichte und wie es heute verstanden wird. Es wird nämlich unter Gewissen eigentlich und sehr häufig in den philosophischen Systemen und in der Rechtsphilosophie, namentlich bei *Gustav Radbruch,* das Gewissen verstanden als Ort, wo eine Norm transparent wird. Er sagt: „nicht das Gewissen verpflichtet, *sondern* die *Norm,* die in ihm spricht" (Rechtsphilosophie, 6. Aufl., S. 137; Hervorhebung von mir!). Damit im Zusammenhang noch ein Wort. Es ist einige Male vom Überzeugungstäter die Rede gewesen. Hier hat uns Hegel gleichfalls plastisch gezeigt, daß jener wie überhaupt jeder absichtliche Rechtsbrecher, sofern wir ihn als Verbrecher ausweisen, die Rechtsordnung als solche, *das Recht als Form,* verneint und an die Stelle der Rechtsordnung *sein,* das eigene Gesetz stellt, d. h. sich gemäß seinem Gewissen betätigt. Das subsumiert Hegel jedoch nicht unter das Gewissen, sondern unter den Fall des Verbrechens. Das möchte ich gestreift haben.

Das weitere, was ich erwähnen möchte zur Bestimmung des Begriffes Gewissen: Worum es beim Gewissen immer geht, das hat Kollege Böckenförde ohnehin hinreichend unterstrichen. Ich möchte es trotzdem wiederholen: Es geht um einen Vorgang, der sowohl Elemente der *Unterscheidung* (krisis), wie Elemente der *Entscheidung* birgt. Der Vorgang zeichnet sich dadurch aus, daß der Träger des Gewissens sich seiner Sache *gewiß* ist, also nicht Zweifel noch Bedenken hegt. Das ist ja auch einer der Gründe, warum manche Rechtstheoretiker von der Rechtsordnung die Respektierung des Gewissens verlangen: weil eben der Betreffende sich seiner Sache so sicher ist. Beim Gewissen handelt es sich immer um dieses Element der Gewißheit. Neuer Punkt: Warum sprechen Theoretiker der Gewissensfreiheit — insbesondere Thomas von Aquin (Summe Theologica I II 19, 5 zu 1; 19, 16; 96, 4: conscientia erronea ligat) — sogar dem innersten Gewissen die Verbindlichkeit zu, dies im *Gegensatz* zu objektiven Rechtsnormen? Wohl deshalb, weil sie gegen den Anspruch der Mehrheitsentscheidungen auf Unfehlbarkeit einen Riegel vorschieben wollen. Indem nämlich die Theoretiker der

Gewissensfreiheit sogar das scheinbar irrende Gewissen verteidigen, sagen sie, es könnte ja sein, daß der *Einzelne* im Recht, die Mehrheit im Unrecht ist. Dessentwegen wird das Gewissen geschützt. Norm gilt gegen Norm, jene, die im Gewissen des Einzelnen kundgemacht wird, steht gegen die Norm der positiven Rechtsordnung einer Gemeinschaft. Normgebundenheit wirkt gegen Normgebundenheit. Bisweilen leistet sich die Gesellschaft das Risiko, den Konflikt zugunsten der individuellen Singularität zu lösen.

Das Vorletzte, was ich nur aspekthaft nennen möchte, ist, daß die Gewissensfreiheit und das Gewissensproblem nur als *Ausnahme* sozial wie staatsrechtlich relevant erscheinen (Hegel: Sokrates „Heroenrecht"). Wir haben es mit *Grenz*situationen zu tun. Wir verschöben das Gewissensproblem einfach in eine andere Ebene, wollten wir uns darauf einlassen, jetzt einen Regelfall, ein „Maxiphänomen" im Gewissensproblem zu sehen.

Zum letzten Punkt: Kollege Bäumlin scheint mir — wenn ich ihn richtig verstanden habe — zu sehr die *rationale* Seite der Gewissensfreiheit betont zu haben, als ob der Gewissensträger von Rechts wegen verpflichtet wäre, rational zu begründen, warum er sich so und so entschieden hat. Ich hingegen halte dafür, daß die Einzigartigkeit der durch das Recht verbürgten freien Gewissensentscheidung gerade darin zur vollen Geltung kommt, daß sie auch ohne Angabe inhaltsbestimmter rationaler Gründe von der Rechtsordnung hingenommen wird. Die Gewissensentscheidung ist die einzige Entscheidung, die in der Rechtsordnung rational nicht begründet zu werden braucht. Die Rechtsordnung geht hier das Risiko ein, daß der Einzelne sagt: hoc volo, sic iubeo; sit pro ratione voluntas. Ein selbstbewußter Staat kann sich solche Großzügigkeit leisten.

Zu den Fragen der Praktikabilität möchte ich ein anderes Mal sprechen.

Frowein: Ich möchte die Frage von Herrn Häberle an die Referenten mit einer weiteren Modifikation stellen. Beide Referenten haben m. E. völlig richtig — abgehend von früheren Vorstellungen — auch die Möglichkeit der rationalen Gewissensentscheidung herausgestellt, und Herr Bäumlin spricht in dem ersten Satz seiner Thesen von den Richtigkeitsvorstellungen des Einzelnen und denjenigen, die im Namen des sozialen Ganzen von den dafür Kompetenten getroffen worden sind. Wenn das richtig ist — und das möchte ich annehmen —, dann ergibt sich m. E. sehr deutlich die Frage, inwieweit nicht diese Richtigkeitsvorstellungen des Einzelnen auch im Rahmen Gleichgesinnter, auch im Rahmen von Gruppen erörtert, verifiziert und gar betätigt werden können. Hinsichtlich der Betätigung scheint sich mir allerdings hier wieder die Frage zu stellen: wie weit ist wirklich die Betätigungsfreiheit in demselben Sinne wie die Bildungsfreiheit geschützt? Ich wollte dazu noch im Rahmen der Alternativproblematik unter Punkt 4 Stellung nehmen.

Hollerbach: Ich sehe mich doch gedrängt, Herrn Häberle Schützenhilfe zu leisten. Ich glaube, es verbreitet sich ein gewisses Mißverständnis, vielleicht hervorgerufen durch die Äußerung von Herrn Häberle selbst. Wenn ich recht sehe, dann ist die Stoßrichtung seines Votums gar nicht so sehr das Problem der Erstreckung des Grundrechtsschutzes auf Verbände und Gruppen, sondern sehr viel eher das, was eben auch bei Herrn Frowein anklang, nämlich das Problem des Einflusses von Gruppen und Verbänden auf Gewissensbildung und Gewissensbetätigung. Und hier glaube ich — das sollten wir als Essenz aus diesem Votum entnehmen und als positiv bewerten — wir sollten klar sehen, daß wir uns auch für die Frage des Gewissens eben nicht auf eine freischwebende Autonomievorstellung zurückziehen können, sondern daß das Gewissen ein soziales Phänomen ist. Es wären dann die Konsequenzen zu bedenken, die daraus folgen. Bei der Frage der Erstreckung auf Verbände und Gruppen würde ich weitgehend mit Herrn Böckenförde übereinstimmen. Viel wichtiger ist die Konsequenz der Erstrekkung, der Ausweitung dessen, was man Gewissensfälle nennt. Das wäre ein wichtiger Punkt, der natürlich auch jetzt gerade nach dem Votum von Herrn Leisner noch einmal deutlich aufzugreifen wäre. Und dann kommt hier natürlich das Drittwirkungsproblem herein.

Quaritsch: Herr Häberle, hat Herr Hollerbach Sie richtig interpretiert?

Häberle: Ich bin mit dieser Interpretation einverstanden und bin mir im übrigen, zumal als Neuling in diesem Kreis, darüber im klaren, daß ich einer Art „Gefährdungshaftung" unterliege.

Quaritsch: Ich jedenfalls hatte Sie dahin verstanden, daß die bloß individuelle Konzeption der Gewissensfreiheit ergänzt werden müsse durch einen Schutz des Grundrechts, insofern das Gewissen von Gruppen getragen wird, wie etwa das religiöse Bekenntnis von der Religionsgemeinschaft oder der Kirche.

Häberle: So war es gemeint, und darum hatte ich ja auch den überindividuellen Bezug herauszustellen versucht.

Quaritsch: Wollen Sie also sagen, daß wegen Verletzung des Art. 4 III GG Verfassungsbeschwerde auch ein Verband der Kriegsdienstverweigerer erheben könne?

Häberle: *Diese* Konsequenz habe ich noch nicht genügend durchdacht. — Im übrigen*) darf ich angesichts der von verschiedenen Seiten erfolgten Interventionen und Fragen zu dem von mir angeschnittenen Problemkreis — Gruppenbezug, *korporative* Seite der Gewissensfreiheit — folgendes präzisieren: Die „Sache Gewissensfreiheit" — als Stück sozialer Wirklichkeit — läßt sich nicht voll umschreiben, wenn die Gewissensfreiheit ausschließlich als höchstpersönliches Grundrecht konzipiert wird. Gewissensfreiheit kommt ohne überindividuelle Bezüge nicht aus. Das ist kein Plädoyer für das Gewissen eines Kollektivs, wohl aber sollte deutlich werden, daß das individuelle Gewissen von vornherein in überindividuellen Bezügen steht, daß es von ihnen geprägt und in ihnen gebildet wird. Dem heutigen zunehmenden Abbau des Staatskirchenrechts und den Erosionen, denen dieses durch Art. 4 GG ausgesetzt ist (zumal in der Rechtsprechung des BVerfG) sollte eine verstärkte Einbeziehung pluralistischer Gruppen in den Schutzbereich des Art. 4 GG entsprechen. Das könnte insbesondere in Fällen des Engagements, der „Werbung" solcher Gruppen für und in bestimmten Gewissensfragen relevant werden (z. B. Verstärkung des Art. 5 Abs. 1 und 2 durch Art. 4 Abs. 3 GG). So ist sehr wohl zu erwägen, ob mit Hilfe einer Korrektur der eindimensionalen Sicht Staat — Individuum durch die Einbeziehung der Pluralgruppen auf *lange* Sicht eine Art institutionelle Garantie grundrechtlich geschützter privater und öffentlicher Gewissensfreiheitspositionen der Gruppen anzuerkennen ist, überspitzt formuliert sozusagen ein „Staatskirchenrecht der Gruppen" — nur eben im Bereich des Art. 4 in Verbindung mit Art. 5, 8 und 9 GG. Jedenfalls müßte überdacht werden, ob die Gewissensfreiheit nicht stärker *auch* als gruppenbezogenes Grundrecht anzusehen ist. Verfassungs- und problemgeschichtlich war die Religionsfreiheit ein gruppenbezogenes Grundrecht (s. noch jetzt Art. 137 Abs. 2, 7 WRV i. V. mit Art. 140 GG). Dem soziologisch bedingten „Schwund" der Bedeutung der Religionsfreiheit in der modernen pluralistischen *Demokratie* dürfte und sollte eine Verstärkung des Gruppenbezugs, der korporativen Seite der Gewissensfreiheit im weltanschaulich-religiös neutralen Staat gegenüberstehen. Dies um so mehr, als die „Sache Gewissensfreiheit" in einem spezifischen Bezug zur Demokratie und ihren Gemeinwohlinhalten und -prozeduren steht (z. B. Art. 38 Abs. 1

*) Der folgende Diskussionsbeitrag ist nachträglich eingefügt.

S. 2, Art. 56 GG, Minderheitenschutz). Das öffentliche Interesse (bzw. Gemeinwohl) kollidiert nicht nur mit den Gewissenspositionen (dazu die Thesen Bäumlins unter 6. 3. 1. und 3.); es wird vielfach gerade über die Gewissensfreiheit gesucht und „gefunden" — weil das Gemeinwohl in der Demokratie eine offene Größe ist.

v. Münch: Ich möchte Stellung nehmen zu der Ansicht von Herrn Böckenförde, die Gewissensfreiheit sei kein Grundrecht, das zur politischen Propaganda ermächtigt. Ich will die ganze Frage der Propaganda durch Organisationen herauslassen. Ich möchte nur die Frage stellen, ob es wirklich richtig ist, daß der einzelne, der eine Gewissensentscheidung getroffen hat, nicht berechtigt sein soll, diese zu propagieren.

Herr Böckenförde hat sich mit dem von ihm gewählten Ausdruck „politische Propaganda" eine gute Ausgangsposition geschaffen; denn das ist natürlich eine negative Formulierung: „Propaganda" hat leicht Anklänge an Propaganda-Ministerium oder Werbebroschüren im Spind einer Kaserne oder so etwas Ähnliches. Aber wenn wir das etwas neutraler formulieren und „Werbung" oder „Artikulierung" sagen, dann sieht die Sache doch etwas anders aus, und ich vermag nicht einzusehen, warum beispielsweise die Werbung für eine Religionsgemeinschaft völlig unbestritten dem Schutz des Art. 4 I und 4 II GG unterfällt, dagegen die Werbung für eine Gewissensentscheidung, d. h. die Artikulation nach außen, dem Schutz des Art. 4 GG nicht unterfallen soll. Wenn Sie die Gewissensfreiheit aus der Beschränkung auf das forum internum herausholen, drängt sie doch geradezu auch zur Kommunikation, und ich glaube, daß jedenfalls der Bezug auf die Toleranz das Ergebnis von Herrn Böckenfördes Ausführungen zu diesem Punkt nicht trägt; denn Toleranz bedeutet doch Dulden einer anderen Position, und ich vermag nicht zu sehen, warum die Propagierung einer Gewissensentscheidung intolerant ist gegenüber anderen Personen, die eine andere Gewissensentscheidung haben. Der eine propagiert die eine Gewissensentscheidung, der andere eine andere — und das Propagieren der Gewissensentscheidung durch den einen kann man mit der Toleranz nicht abwürgen, solange nicht die Entscheidungsartikulation des anderen behindert wird. In Frage steht hier mehr das Verhältnis von Art. 5 zu Art. 4; das ist ja ein sehr schwieriges Verhältnis, das immer noch nicht ganz befriedigend gelöst ist. Man muß wohl nur sehen, daß eine Reduzierung der Artikulation der Gewissensentscheidungen auf Art. 5 deshalb sehr gefährlich ist, weil dann nur ein relativ schmaler Bereich für die Gewissensfreiheitsbetätigung, die auch Herr Böckenförde schützen will, noch übrig bleibt.

Herr Böckenförde hat ferner die These aufgestellt, Gewissensfragen ließen sich weder inhaltlich noch gegenständlich beschränken. Vielleicht sollte man aber doch einmal nachprüfen, ob es nicht gewisse Verhaltensweisen gibt, die selbst dann aus dem Schutz der Gewissensfreiheit herausfallen, wenn die betreffende Person eine ernsthafte Prüfung in diesem Sinne angestellt hat und bereit ist, eventuelle Konsequenzen zu tragen. Wie sieht es etwa aus, wenn sich jemand unter Berufung auf die Gewissensfreiheit finanziellen Lasten entziehen will? Beispiel: eine Wehrsteuer wird eingeführt, und zwar nicht als Verhaltensalternative für diejenigen, die dienen, sondern für die Gesamtheit der Bürger, oder es wird — wie jetzt in Israel — eine spezielle Steuer für den Ankauf von bestimmten Waffen den Bürgern auferlegt. Hier gibt es doch zwei Möglichkeiten. Man kann einerseits sagen, finanzielle Lasten sind gewissensindifferent — ein Zyniker könnte sagen: der Weg vom Gewissen zur Brieftasche ist weit. Man kann aber auch umgekehrt fragen: ist es dem einzelnen, der eine ernsthafte Gewissensentscheidung getroffen hat, zumutbar, einen ganz konkreten Zweck (z. B. den Bau einer Atombombe) zu finanzieren, wenn er der Meinung ist, er könne dies aufgrund seines Gewissens nicht unterstützen?

Böckenförde: Ich glaube, wir müssen hier doch etwas differenzieren, damit wir das Problem nicht aus dem Auge verlieren. Sicher ist es etwa den Zeugen Jehovas nicht benommen, für ihre Glaubensüberzeugung und ihre Glaubensgemeinschaft zu werben, und das Bekenntnis dazu impliziert ja auch Kriegs- und Ersatzdienstverweigerung. Darum kann es sich nicht handeln. Aber wenn die Gewissensfreiheit ein höchstpersönliches Recht ist, dann ist derjenige, der eine bestimmte Gewissensüberzeugung hat, auf Grund deren er zur allgemeinen Rechtsordnung an einem bestimmten Punkt in Konflikt kommt, berechtigt, diesen Konflikt geltend zu machen in den Formen und dem Umfang, wie ich das dargestellt habe. Das ist das eine. Das zweite ist jetzt, ob er auch andere gewissermaßen auffordert und dafür wirbt, daß auch sie diese Konfliktspositionen beziehen sollen. Darum geht es doch, da wird es aktuell, ob man den höchstpersönlichen Charakter der Gewissensfreiheit festhalten muß. Das Toleranzprinzip ist von mir als ein zweiseitiges verstanden. Vom Staat bzw. der Allgemeinheit aus ist es Ausfluß des Toleranzprinzips, daß sie es zuläßt, die Allgemeinverbindlichkeit der Rechtsordnung (die ja auf verfassungsmäßigem Wege unter den Sicherungen, die eine rechtsstaatliche Verfassung dafür vorsieht, zustandegekommen ist) hier im Einzelfall gewissermaßen außer Funktion zu setzen, um der Gewissensfreiheit willen. Aber es gehört auch zum Toleranzprinzip, daß das von der anderen Seite als ein Akt der Toleranz respektiert wird — ich habe den Ausdruck bewußt gebraucht: es ist eine Art Asyl, das dem einzelnen gewährt wird. Und zum Asyl gehört ja, daß ich es nicht als politische Waffe verwende, auch nicht als Propagandawaffe. Das ist hier das Problem. Soweit es sich um Propaganda für Glaubensüberzeugungen, für weltanschauliche Überzeugungen handelt, ist davon gar nicht zu reden, daß die etwa ausgeschlossen werden soll; das Grundrecht der Gewissensfreiheit ist ja jetzt unterschieden von der Glaubensfreiheit, von der Freiheit der Religionsausübung, von der Freiheit der Meinungsäußerung. Nur wenn man sich dann noch speziell auf die Gewissensfreiheit berufen will, um von den Grenzen, denen diese anderen Grundrechte unterliegen, wegzukommen, das kann, meine ich, nicht zugelassen werden. Das also ist der Sinn meiner These, daß die Gewissensfreiheit als solche nicht zur politischen Propaganda für ihre Ausübung ermächtigt.

Dann die zweite Frage. Da muß ich Ihnen widersprechen. Ich kann nicht als Gewissensposition ausschließen, daß jemand sagt: ich bin nicht bereit, für die Herstellung von Atombomben Steuern zu zahlen. Die Frage ist hier das Schrankenproblem: Kann man diese Gewissensüberzeugung mit der Folge einer partiellen Entpflichtung gelten lassen oder nicht? Aber ich kann nicht sagen, nein, das ist gar keine Gewissensposition, weil es sich um Geldleistungen handelt.

Pfeifer: Ich habe mich schon vor langer Zeit gemeldet. Ich wollte eigentlich unmittelbar nach Herrn Walter sprechen. Aber das macht nichts. Ich möchte noch einmal auf folgendes hinweisen. In Österreich, wo die volle Glaubens- und Gewissensfreiheit in Art. 14 StGG von 1867 nach dem Vorbild der Pillersdorf'schen Verfassung und des Gesetzes über die Grundrechte des deutschen Volkes, beide von 1848, in einem Atemzug genannt wird, war man ursprünglich der Meinung, daß die Glaubens- und die Gewissensfreiheit zusammengehören und nur ein Stück der Religionsfreiheit sind.

So hat heute auch Herr Böckenförde den historischen Ursprung der Gewissensfreiheit dargestellt. In diesem Sinne sind auch die Erkenntnisse des Verfassungsgerichtshofes Slg. 1207/1929 und 1408/1931 gehalten. Im Erk. Slg. 1207 sagt er: „Glaubens- und Gewissensfreiheit hat *Religions*bekenntnisse, nicht aber Weltanschauungen im allgemeinen zum Gegenstand." Im Erk. Slg. 1408 heißt es: „Art. 14 StGG gewährleistet dem einzelnen Bewohner des Staatsgebietes . . . das

Recht, sich sein Religionsbekenntnis frei und unabhängig von jeder staatlichen Einwirkung zu bilden und sich seinem *Bekenntnis gemäß* in *religiöser* Hinsicht zu betätigen.“ Allerdings hatte der Verfassungsgerichtshof in seinen früheren freisinnigeren Erkenntnissen Slg. 799 und 800/1927 zwischen Religions- und Gewissensfreiheit schon unterschieden: „Jeder Staatsbürger soll in Sachen der Religion *und* immer dann, wenn seine Handlungsweise von der inneren Stimme des Gewissens bestimmt wird, volle, von niemandem beschränkte Freiheit haben.“

Aber seit der rein religiösen Gewissensfreiheit hat sich die Rechts- und Staatsauffassung gründlich gewandelt. Diese Wandlung kommt in der Europäischen Menschenrechtskonvention (MRK) zum Ausdruck. Diese führt in Art. 9 aus: „Jedermann hat Anspruch auf *Gedanken-*, *Gewissens-* und *Religions*freiheit; dieses Recht umfaßt die Freiheit des einzelnen zum Wechsel der Religion oder der Weltanschauung sowie die Freiheit, seine Religion oder Weltanschauung einzeln oder in Gemeinschaft mit anderen öffentlich oder privat, durch Gottesdienst, Unterricht, durch die Ausübung und Beachtung religiöser Gebräuche auszuüben.“ Religion und Weltanschauung (conviction = Überzeugung) werden hier unterschieden und als gleichwertig gegenübergestellt.

Art. 9 gewährt also *vier* verschiedene selbständige Freiheitsrechte: 1. die *Gedankenfreiheit* und auf dieser aufbauend 2. die *Gewissensfreiheit,* d. i. die Freiheit des Urteils über das eigene Handeln nach sittlichem Wert, darüber, ob ein Gedanke oder eine Handlung gut oder böse ist; 3. die *Religionsfreiheit,* die sowohl die Glaubensfreiheit als auch die Freiheit der Religionsausübung in verschiedenen Formen umschließt; 4. die *Weltanschauungsfreiheit,* d. i. die Freiheit der eigenen Anschauung über das Sein und Werden der Dinge und den Sinn des menschlichen Lebens.

Art. 9 MRK hat im Unterschied zu Art. 4 GG einen Gesetzesvorbehalt. Dieser bezieht sich aber nicht auf die Gedanken-, Gewissens- und Glaubensfreiheit, sondern nur auf die übrige Religionsfreiheit und die Bekenntnisfreiheit und läßt nur gesetzmäßige Beschränkungen für bestimmte Zwecke zu.

Was also in Österreich neu hinzugekommen ist und gilt und den Rang eines Verfassungsgesetzes hat, weil die Menschenrechtskonvention als verfassungsändernder Staatsvertrag vom Parlament genehmigt und sodann nach der Ratifizierung durch den Bundespräsidenten im Bundesgesetzblatt kundgemacht worden ist, ist, daß nun die Gewissensfreiheit eingebettet zwischen Gedankenfreiheit und Religionsfreiheit als selbständiges Freiheitsrecht besteht und noch *vor* der Religionsfreiheit genannt wird.

Diesem Begriff der Gewissensfreiheit muß auch ein gewisser Raum sowohl für das forum internum als auch für das forum externum zugebilligt werden, das heißt aber, daß grundsätzlich die innere Gewissensfreiheit auch eine äußere Gewissensbetätigung verlangt, diese aber doch nur im Rahmen der allgemeinen Handlungsfreiheit.

Art. 38 GG enthält den typischen Fall des Abgeordneten, der an keine Aufträge und Weisungen gebunden und nur seinem Gewissen unterworfen ist. Hier handelt es sich nicht um religiöse, sondern um weltliche Dinge, um die Beurteilung irgendwelcher öffentlicher Fragen und ihre Lösung, und hier kann ihm weder seine Partei noch seine Fraktion eine Verpflichtung auferlegen, sondern er hat der Stimme seines inneren Gewissens zu folgen und auch so zu handeln, d. h. zu reden und zum Schluß auch abzustimmen, wie es seinem inneren Gewissen entspricht, und er kann deswegen von Fraktion und Partei nicht zur Verantwortung gezogen werden.

Ohne Gewissensbetätigung hat die Gewissensfreiheit wenig praktische Bedeutung, und am typischsten scheint sie mir eben im Falle des Abgeordneten zu sein, der nur seinem Gewissen unterworfen ist, auch wenn die Mehrheit in der Fraktion etwas anderes beschlossen hat. Findet er das für schädlich, was da beschlossen wurde, und findet er es sogar für rechtswidrig, ja verfassungswidrig, so kann ihn niemand zwingen, für etwas, was er für rechtswidrig oder zumindest gemeinschädlich hält, zu stimmen. Das also wollte ich ausführen. Ich glaube, daraus können ziemlich viele Schlüsse gezogen werden.

v. Unruh: Die Gewissensfreiheit scheint mir doch schon sehr viel früher, als wir aus den Referaten gehört haben, dem Säkularbereich anzugehören. Der Grundsatz findet sich bereits in der polnischen Verfassung von 1791, der vielgeschmähten, wo man das liberum Veto damit begründete, daß es dem einzelnen Landboten, den seine „Mitbürger" in die Reichsvertretung entsandten, nicht zugemutet werden könne, hier einer Norm zuzustimmen, die er nicht persönlich und nicht vor denen, die ihn beauftragt hatten, glaubte verantworten zu können. Ich möchte ferner glauben, daß wir auch im deutschen Sprachgebiet vor dem 18. Jahrhundert Ansätze zur Unterscheidung zwischen einer ähnlich begründeten Gewissensfreiheit der Verantwortung und der Bekenntnisfreiheit feststellen können, die dem Schutz des Individuums gegen Eingriffe des Staates, die das

Verhältnis in Glaubensfragen betrafen, absichern sollten. Mir scheint, daß wir jetzt hier den Gedanken des Abwehrrechtes gegenüber dem Staat mit dieser historischen Hypothek ein wenig zu stark belasteten. Wenn wir aus Art. 38 I die Stellung des Abgeordneten bestimmen wollen, dann wissen wir alle, daß damit nicht „Entscheidungen auf Stelzen" gemeint sind. Wir sollten doch vielmehr in dieser sehr säkular verstandenen Bestimmung eines persönlichen Schutzes einen Ansatz für ein viel weiteres Verständnis erblicken, daß wir viel stärker die Gewissensfreiheit in ihrer Bedeutung für das demokratische Prinzip hervorheben müssen. Gegenüber den, sagen wir einmal, egalitären Kräften ist hier eine Sicherung geschaffen worden, um die Unabhängigkeit des Einzelnen zur Entscheidung in allen, bis zu den letzten Dingen zu erhalten, die ihn auch vor direkten oder indirekten Pressionen organisierter Personenmehrheiten bewahren soll.

Deshalb sei als Frage gestellt und als Anregung gegeben: Muß hier nicht ein säkularisiertes Verständnis der Gewissensfreiheit Platz greifen als Schutzbereich für individuelle politische Wirksamkeit aller Art — bis zur Zahlung von Steuern? Gewissensfreiheit bleibt und muß verstanden werden als letzter Ausdruck der Persönlichkeit.

Geck: Die Referate haben für mich manche Fragen geklärt, aber naturgemäß nicht alle. Eine für mich besonders wichtige Frage wurde vorhin schon angesprochen, soll aber noch einmal expressis verbis erwähnt werden. Herr Böckenförde, Sie sagen im Leitsatz 21, daß Gewissensfragen sich nicht gegenständlich oder nach dem Inhalt des Gewissensgebots begrenzen lassen, auch nicht nach Gründen und Motiven. Die Frage, die eben schon in etwas anderer Form angesprochen war, lautet: Wie verhält sich der Schutz der Gewissensfreiheit zu dem Grundrechtsschutz im übrigen? Soll bei der Zahlung von Steuern für militärische Zwecke oder bei einer Zwangsimpfung die Berufung auf die Gewissensfreiheit gegeben sein oder sind das Fragen, die lediglich etwa dem Eigentumsschutz oder Art. 2 GG unterfallen? Aus der Antwort ergeben sich ganz unterschiedliche Konsequenzen für die Eingriffsmöglichkeiten, aber auch für Ihre Leitsätze 23 und 24. Kann man bei der Verweigerung der Zwangsimpfung durch den Betroffenen eine zureichende lästige Alternative schaffen etwa durch eine Zwangsquarantäne von 6 Wochen mit Kostenübernahme durch den Betroffenen? Kann man bei der Verweigerung von Steuermitteln für Militärzwecke als lästige Alternative den gleichen Betrag für andere Zwecke fordern? An diesen Beispielen zeigt sich auch das allgemeine Problem: Was bleibt von der Gewissensfreiheit, wenn die anderen Grundrechte als leges speciales vorgehen und — umgekehrt — was bleibt von der notwendigen staatlichen Ordnung, wenn die Gewissensfreiheit jedes die „Identität und Integrität der Persönlichkeit" beeinträchtigende Verhalten umfaßt?

Schaumann: Nur eine Frage an Herrn Böckenförde. Wie sehen Sie den Zeugen Jehovas, der sich doch im Gewissen verpflichtet fühlt, seine Gewissensentscheidung nach außen zu tragen und anderen mitzuteilen? Sie wollen ja die Gewissensfreiheit nicht auf das forum internum beschränken, und hier ist doch gerade ein klassischer Fall, daß sich die Gewissensentscheidung nach außen irgendwie kundtut. Die Gewissensentscheidung führt den Zeugen Jehovas dazu, daß er eben nach außen seine Entscheidung fortpflanzen will.

Podlech: Zur Frage, ob die Gewissensfreiheit Korporationsrechte gewährt oder nicht, möchte ich folgendes sagen: Wenn das durch die anderen Grundrechte gewährleistete Reflektionspotential einer Gesellschaft ein ausreichendes Niveau hat, liegt hier kein Problem vor. Ich halte es jedoch nicht für ausgeschlossen, daß das Reflektionspotential sinkt. Wären die zu diesem Thema vorgebrachten Argumente der APO zwingend — auf sie wurde schon hingewiesen, ich halte sie großenteils in diesem Punkt jedoch nicht für zutreffend — bestünden diese Argumente also zu recht, dann allerdings wäre schon jetzt bei uns ein Zustand erreicht, der es trotz Art. 5 GG und anderer Grundrechte dem Einzelnen nicht mehr gestattet, sein Gewissen zu bilden und über diese Gewissensbildung mit anderen in Kommunikation zu treten, und zwar von staatlicher oder gesellschaftlicher Macht unbehelligt in Kommunikation zu treten. Als Reflektionspotential einer Gesellschaft bezeichne ich die gesellschaftlich vermittelte Chance, dies tun zu können. Soweit das Recht über diese Frage entscheidet, meine ich, daß sie sich primär an der Gerichtspraxis zu den anderen Grundrechten entscheidet. Ob Kriegsdienstverweigerungsverbände etwa Anlaß haben, ihre Bestrebungen mit dem Grundrecht der Gewissensfreiheit zu begründen, hängt z. B. davon ab, wo in Kasernen die Grenzen von Art. 5 GG gezogen werden. Möglicherweise müssen wir an dieser Stelle die bisherige Rechtspraxis und -lehre modifizieren, wobei allerdings zuzugeben ist, daß Praxis und Lehre in neuerer Zeit schon stark differenzierend vorgehen. Diese Probleme gehören aber nicht zum diesjährigen Thema. Eines möchte ich aber klar sagen: Bedingung für die Annahme der These von Herrn Böckenförde, daß die Gewissensfreiheit keine Korporationsrechte verleiht, ist es, daß die skizzierte Problematik im Bereich der anderen Grundrechte zufriedenstellend gelöst ist. Ist diese Bedingung nicht erfüllt, so wird sich nahezu mit Notwendigkeit ergeben, daß die Gewissensträger auch über Art. 4 GG versuchen werden, ihre Positionen voranzutreiben. Dann aber tritt das Dilemma ein, vor dem Herr Böckenförde gewarnt hat, daß nämlich für die Korporationen, die sich für ihre Betätigung einen Raum mittels der Gewissensfreiheit erkämpfen wollen, als Gegenschlag eine Beschränkung vieler Freiheiten eintreten wird. Die Warnung, von der gesprochen wurde, die würde ich in dieser Richtung weitergeben, daß wir bei der Interpretation besonders von Art. 5 GG, aber auch von Art. 2 und 12 GG — denken wir bei Art. 2 GG etwa an die Problematik der freien Entfaltung der Persönlichkeit in Kasernen (Stichwort: besondere Gewaltverhältnisse!) und bei der Berufsfreiheit an einen Militärpfarrer — diese Probleme diskutieren und lösen müssen. Erst wenn das geschehen ist, kann man sich bei der These beruhigen, daß das Grundrecht der Gewissensfreiheit keine neuen subjektiven Rechte und Reflexrechte von Korporationen gewährleistet.

Böckenförde: Eine kurze Antwort an Herrn Schaumann. Die Zeugen Jehovas gehen in keine Bundeswehrkaserne und verteilen Flugblätter, daß nun auch andere, die gar nicht ihrer Glaubensgemeinschaft angehören, sich als Kriegsdienstverweigerer melden sollen. Ich weiß nicht, ob allen von uns bekannt ist, was von APO-Zeitschriften und anderen da eingeschleust wird und was auch an unseren Universitäten umgeht. Da wird die Gewissensfreiheit doch einfach als politische Waffe eingesetzt. Es wird genau vorgerechnet, wie man sich vor den Prüfungsausschüssen artikulieren muß, damit das eigene Vorbringen als Gewissensposition anerkannt wird, es wird gegenübergestellt: diese Antwort schlecht, diese gut usw. Das nenne ich politische Propaganda für die Ausübung des Grundrechts. Daß eine Glaubensgemeinschaft, die als Inhalt ihrer Überzeugung hat, daß die Angehörigen keinen Kriegs- und keinen Ersatzdienst leisten können, daß die weiterhin für ihre Glaubensüberzeugung werben darf, das kann doch nicht zweifelhaft sein.

Zu Herrn Geck*): Das Problem ist mir voll bewußt; die Gewissensfreiheit darf nicht zum Generalvorbehalt gegenüber gesetzlich begründeten Pflichten werden, anderseits darf sie aber um dessentwillen nicht obsolet und inhaltsleer werden. Deshalb mein entschiedenes Festhalten an ihrem Charakter als höchst-

*) Diese Antwort ist nachträglich eingefügt.

persönliches Recht und ihre Unterstellung unter das Toleranzprinzip, also Ablehnung eines Propagandarechts aus der Gewissensfreiheit heraus; anderseits aber, ebenso entschieden, das Eintreten dafür, daß im *Einzelfall,* wenn ein wirkliches Gewissens*gebot* mit einer gesetzlichen Pflicht oder Freiheitsbegrenzung in Konflikt kommt, in den erwähnten Grenzen eine partielle „Entpflichtung" stattfindet; dies freilich nicht als ersatzlose Freistellung, als Gewissens*privileg,* sondern unter Auferlegung einer „lästigen Alternative", soweit immer dies möglich ist. Ich meine, nur so wird man dem mit der Gewissensfreiheit gegebenen Problem gerecht, nach beiden Seiten hin, wobei freilich das Bestehen einer Normallage, von der ich am Schluß meines Referates sprach, vorausgesetzt ist.

Bachof: Ich meine, ein Verhalten wie das von Herrn Böckenförde im Anschluß an die Frage von Herrn Schaumann geschilderte ist ein glatter Mißbrauch des Grundrechts. Auch darüber, daß ein von der APO oder von wem auch immer unternommener Versuch, die Zeugen Jehovas als Vorspann zu benutzen, nicht von Art. 4 Abs. 3 GG gedeckt ist, besteht doch sicher Einverständnis. Das eigentliche Problem liegt aber anderswo; Herr v. Münch hat es angesprochen. Dabei scheint es mir zweckdienlich zu sein, die Zeugen Jehovas ganz außer Betracht zu lassen, weil bei ihnen die Religionsfreiheit zur Gewissensfreiheit hinzukommt. (Ob das an der Beurteilung etwas ändert, sei dahingestellt.) Das Problem also ist dies: Wer überzeugter Kriegsdienstgegner ist, *kann* sich m. E. gar nicht darauf beschränken, im stillen Kämmerlein zu sich zu sagen: „Wenn nur ich selbst nicht gezwungen werde, Kriegsdienst zu leisten, dann ist die Sache in Ordnung". Vielmehr *muß* er, um seiner Gewissensentscheidung gerecht zu werden, propagandistisch tätig werden und er *muß* auch versuchen, Gruppen zu bilden. Denn er wird sich doch sagen, daß es praktisch ganz wirkungslos sei, wenn nur er allein den Kriegsdienst verweigere.

Gewissen bildet sich nicht nur, Gewissen schärft sich auch nur in der Kommunikation mit anderen. Darum braucht man, jedenfalls unter unseren heutigen gesellschaftlichen Verhältnissen, Gruppen, in denen sich Gewissen bilden und artikulieren kann. Das ist das eine Problem. Das andere ist das der Propaganda. Propaganda nicht im Sinne des von Herrn Böckenförde geschilderten Mißbrauchs, sondern Propaganda in dem Sinne, daß derjenige, der für seine Gewissensentscheidung wirken und sie dadurch erst effektiv machen will, dazu unter Umständen auch Propaganda und Gruppenunterstützung braucht.

Quaritsch: Ich glaube, der Mitberichterstatter ist hier mißverstanden worden. Herr Böckenförde sieht die Bestimmung der Gewissensfreiheit als individuelles Recht vor allem unter dem Gesichtspunkt der Schranken. Er geht davon aus, die Gewissensfreiheit sei im Gegensatz zu allen anderen Grundrechten nicht inhaltlich definiert; für eine Verletzung genüge der psychische Zwang, der Druck für den Einzelnen. Herr Böckenförde geht weiterhin davon aus, daß nur unter ganz bestimmten Voraussetzungen die Gewissensfreiheit nicht geltend gemacht werden könne. Er wehrt sich dagegen, daß Propaganda, Werbung, Mission — man sollte diese Wörter neutral zu verstehen suchen — Art. 4 mit den hier sehr beschränkten Eingriffsmöglichkeiten des Staates zugeordnet werden, weil damit Werbung, Mission usw., die an sich unter Art. 5, 8 oder 9 GG fallen, auf diese Weise den Schranken entzogen werden, die der Ausübung dieser Grundrechte errichtet sind. Dieser Gesichtspunkt erscheint mir richtig. Für eine Flucht aus den Grundrechten der Art. 5, 8 und 9 GG gewährt Art. 4 GG kein Asyl.

Böckenförde: Ich bin für diese Interpretation sehr dankbar.

Bachof: Das setzt natürlich voraus, daß Art. 5 und Art. 9 hier wirklich ausreichen. Ich meine indessen, es handelt sich hier nicht nur um ein Problem von Art. 5 und Art. 9, sondern auch um ein echtes Problem des Art. 4.

Vogel: Die Interpretation, die der Herr Vorsitzende eben gegeben hat, scheint mir sehr einleuchtend. Vielleicht sollte man aber noch einen Schritt weiter gehen und fragen, ob nicht diese Interpretation ein *differenzierendes* Verständnis der Gewissensfreiheit nahelegt: etwa in dem Sinne, daß das Grundrecht einerseits die individuelle Gewissensfreiheit gewährleistet, die — ganz im Sinne von Herrn Böckenförde — nur in äußersten Grenzfällen eingeschränkt werden dürfte, daß es aber auf der anderen Seite auch einen gewissen Schutz für Verbände gewährt, hier indes mit einer sehr viel stärkeren staatlichen Beschränkungs- und Zugriffsbefugnis. Unsere bisherige Diskussion hat doch wohl ergeben, daß beide Standpunkte, sowohl der von Herrn Böckenförde und Herrn Quaritsch wie auch der von Herrn Häberle und Herrn Bachof, einsichtige Gründe für sich haben. Eine differenzierende Interpretation des Art. 4 GG gäbe die Möglichkeit, beide zu verbinden.

Böckenförde: Dann wäre die Frage zu stellen: Ist das noch notwendig angesichts des Art. 5 GG und der Interpretation der allgemeinen Gesetze, die sich im Hinblick auf Art. 5 durchgesetzt hat, und angesichts auch des Art. 9? Das ist wirklich die Frage. Man würde dann diese Propagandafreiheit und Vereinigungsfreiheit für Gewissenspositionen aus den allgemeinen Schranken herausziehen, denen sie in Art. 5 und 9 unterstellt sind, und das scheint mir sehr problematisch zu sein.

Quaritsch: Angesichts der fortgeschrittenen Zeit müssen wir jetzt zu Punkt 3 unserer Aussprache übergehen, also zu der Frage der Schranken des Art. 4 GG.

Heckel: Darf ich vielleicht überleitend an die Herren Referenten die Frage richten, ob man nicht das Grundrecht der Gewissensfreiheit und unsere demokratische Verfassungsorganisation viel stärker in Beziehung zueinander sehen müßte. Herr Bäumlin hat diese Frage in den allgemeinen Partien seines Referates angesprochen. Wenn man den Gang der Diskussion verfolgt, dann kommt einem doch die Sorge, daß aus Art. 4 eine mehr oder minder perfekte Ausnahmeverfassung für einen politischen Gruppeneinsatz erwachsen könnte und daß uns die demokratisch-rechtsstaatliche Verfassungsordnung darüber aus den Händen gleitet. Hier sehe ich die Schrankenproblematik und die Frage des Inhalts, den Sinngehalt und die Grenzen des Gewissensbegriffs in einer engen Beziehung. Bei den Schranken scheint es mir sehr fraglich, ob man sowohl über die Abwägungstheorien wie über die mehr formalen, generalisierenden Schrankentheorien zu einer echten „Gewissensbeschränkung" kommen kann, wenn sich das Gewissen derart singulär und spontan jeder Beurteilung entziehen soll. Das Verhältnis von demokratischer Staatsform und Gewissensfreiheit müßte also noch ganz anders geklärt werden — und im Zusammenhang damit dann auch die Schrankenfrage. Wir stehen doch in Gefahr, daß wir hier über Art. 4 GG nicht einen, sondern eine unübersehbare Vielzahl von Souveränen schaffen und daß daraufhin alles, was in der Verfassungsentwicklung an Autorität und Gehorsam gegenüber den demokratisch beschlossenen Normen und an Vertrauen gegenüber der rechtsstaatlich qualifizierten Machtäußerung aufgebaut worden ist, schwindet.

Bettermann: Der Art. 4 enthält ja mehrere Grundrechte: Glauben, Gewissen, Bekenntnis, und in Abs. 2: ungestörte Religionsausübung. Von diesen vier Grundrechten stehen drei unter dem Vorbehalt der allgemeinen Gesetze über Art. 136 Abs. 1 der Weimarer Verfassung. Wie kommt es, daß die Gewissensfreiheit unter diesem Vorbehalt nicht steht? Das ist m. E. nur damit erklärbar, daß die Gewissensfreiheit sich auf das forum internum beschränkt, und nur, wenn man sie darauf beschränkt, ist es möglich, ihre Schrankenlosigkeit aufrechtzuerhalten. In dem Augenblick, wo Sie die Gewissensbetätigung oder die Gewissenshandlungsfreiheit einbeziehen, kommen Sie — wie beide Referenten zugegeben haben — zur Schrankenziehung. Dann ist mir aber lieber eine Schrankenziehung, wie sie die Verfassung für vergleichbare Grundrechte vorgenommen hat, als sie aus der Tiefe des Gemütes zu schöpfen. Ich sehe nicht, warum die drei anderen Freiheiten des Art. 4 Abs. 1 und 2 über Art. 136 Weimarer Verfassung unter dem Vorbehalt der allgemeinen Gesetze stehen, die Gewissensfreiheit aber nicht darunter stehen soll. Ich meine, daß die Bekenntnisfreiheit, die Glaubensfreiheit und die Religionsausübungsfreiheit ebenso schutzbedürftig und schutzwürdig sind, im Wertsystem denselben Stellenwert haben wie die Gewissensfreiheit. Die Folge muß die sein, daß die Schranken, die für die gleichwertigen Freiheiten der Religion bestehen, wegen Gleichheit der Interessenanlage auch für die Gewissensfreiheit gelten müssen.

Quaritsch: Von einem durchdachten Schrankensystem des Grundgesetzes können wir wohl nicht ausgehen; in seiner Schrift über die Grenzen der Grundrechte hat Herr Bettermann nachgewiesen, in wie zufälliger Weise der Verfassunggeber Schranken und Gesetzesvorbehalte eingebaut hat. Der Interpretation ist damit viel Raum gegeben und deshalb plagen uns manche Probleme. Ich weiß nicht, ob die normativen Zufälligkeiten der Schrankenziehungen des Grundgesetzes von den Referenten so einbezogen worden sind, wie mir das angesichts dieser Lage notwendig erscheint.

Friauf: Die äußerst weite Fassung der Gewissensfreiheit, wie sie heute postuliert worden ist, erweckt Parallelen zu einem Vorgang, der sich schon einmal in der Grundrechtsdogmatik vollzogen hat, nämlich bei Art. 2 Abs. 1 GG. Indem die bekannte Rechtsprechung des Bundesverfassungsgerichts den Art. 2 Abs. 1 zu einem umfassenden Recht der Handlungsfreiheit ausgeweitet hat, gelangte sie auf der anderen Seite mit innerer Zwangsläufigkeit dazu, den Schrankenvorbehalt der verfassungsmäßigen Ordnung mit der gesamten Rechtsordnung gleichzusetzen. Die freie Entfaltung der Persönlichkeit ist dadurch weitgehend zu einem rein formalen Grundrecht denaturiert, das wesentliche Bedeutung nur noch für die Eröffnung der Verfassungsbeschwerde besitzt. Mir scheint, daß eine ganz ähnliche Situation hier gegeben ist:

Wir sind heute bei dem materiellen Gehalt der Gewissensfreiheit zwar nicht gerade zu einem völligen „ignorasmus" gekommen. Immerhin haben wir uns aber doch weitgehend der Aussage genähert, daß wir keine verbindliche Entscheidung darüber treffen können, was denn eine Gewissensentscheidung sei. Stattdessen wollen wir uns innerhalb weiter Grenzen mit der glaubhaften Versicherung des einzelnen begnügen, er werde von seinem Gewissen zu einer bestimmten Verhaltensweise getrieben. Sollte sich diese Auffassung durchsetzen, dann würde die Gewissensfreiheit — zwar nicht in ihrem rechtlichen Gehalt, aber doch in ihrer praktischen Bedeutung — in eine bedenkliche Nähe zur allgemeinen Handlungsfreiheit gerückt. Die Rechtsanwendung müßte dann weitgehende immanente Schranken aufrichten, um überhaupt die demokratische und rechtsstaatliche Ordnung funktionsfähig halten zu können. Der weite Ansatz bei der Grundrechtsgewährleistung zwänge ganz einfach zu einem entsprechend weiten Ansatz bei der Schrankenziehung, um das Gleichgewicht der Verfassungsordnung herzustellen. Das wäre m. E. rechtsstaatlich bedenklich, zumal Art. 4 Abs. 1 GG keinen ausdrücklichen Schrankenvorbehalt enthält. Die zwangsläufige Relativierung des Grundrechts ließe sich überdies nicht mit dem hohen verfassungspolitischen Rang der Gewissensfreiheit und ihrer Nähe zu der in Art. 1 Abs. 1 GG als oberster Wert verbürgten Menschenwürde vereinbaren.

Ich möchte deshalb zu bedenken geben, ob wir nicht doch versuchen sollten, bei der Frage nach dem materiellen Gehalt der Gewissensentscheidung, die wir nach Art. 4 zu respektieren haben, zu einem engeren und dabei konkreteren Resultat zu gelangen. In Anlehnung an die bekannte Formulierung von Hans Peters zu Art. 2 Abs. 1 halte ich bei Art. 4 eine „Gewissens-Kerntheorie" für erforderlich. Nur sie kann dieses Grundrecht vor der Gefahr des Zerfließens bewahren und uns der Zwangsläufigkeit entheben, einen konturlosen, unendlich weitgefaßten Gewissensbegriff durch ebenso weite Schranken wieder eingrenzen und dadurch die Gewissensfreiheit insgesamt entwerten zu müssen.

Dürig: Herr Marcic, Sie sprachen von „Gewißheit". Vielleicht ist dies ein Ansatzpunkt für klarere Konturen im bislang reichlich diffusen Gewissensbegriff. Gewißheit erinnert doch sehr an „Glauben"; und das heißt: etwas für wahrhalten ohne Rücksicht auf Beweise. Natürlich kann man Gewißheit gewinnen auch mittels der ratio. Aber die irrationale Gewißheit (ich halte etwas für gewiß ohne Rücksicht auf Beweise) bringt uns doch im Sinne der geschilderten österreichischen Tradition zu einer

Verbindung von Gewissens- und Glaubensfreiheit. Das würde bedeuten: also doch wieder transzendentale Bezüge. Da haben wir bei der Gewissensfreiheit also doch wieder als verfassungsrechtliche causa Beziehungen zu Gott, zum „ewigen Sittengesetz", oder wie Sie das nennen wollen. Bei der Glaubensfreiheit haben wir nun in der Tat nur den transzendentalen Kernbereich verfassungsrechtlich gelten lassen. Wir haben uns nie lange über den „Aberglauben" (Vegetariertum als religiös geboten, usw.) unterhalten. Ich meine nun, wir kommen auch bei der Gewissensfreiheit ohne eine derartige Radizierung auf transzendentale Bezüge nicht aus. Man kann einfach nicht alles und jedes — z. B. die Impfgegnerschaft — als Gewissensnot im Sinne des Art. 4 deklarieren. Sonst, Herr Friauf, da haben Sie völlig recht, schaffen wir nur wieder wie bei Art. 2 Abs. 1 ein prozessuales Hebelgrundrecht, dessen ganze Geschichte von mir ja ziemlich leidvoll mitvollzogen wurde.

Münch: Man hat soeben darauf aufmerksam gemacht, daß die Gewissensfreiheit nicht ausdrücklich unter die Schranken des Gesetzes gestellt ist. Sie kann auch nach Art. 18 GG nicht verwirkt werden. Trotzdem hat man behauptet, daß die Gewissensfreiheit nicht in Propaganda übergehen und daß sie nicht die Existenz des Staates angreifen darf. Letzteres sagen Herr Böckenförde in Satz 10 b) und Herr Bäumlin in Satz 5.2 und 6.3.4.

Das Ergebnis in beiden Punkten halte ich für richtig. Es ist auch wichtig, daß es klargemacht wird; wir alle wissen, wie advokatorisch und scholastisch die Unruhigen darüber diskutieren. Dennoch finde ich die Begründung nicht hinreichend und wäre den Herren Berichterstattern für den Versuch dankbar, eine überzeugendere Begründung zu liefern.

Hollerbach: Nur eine ganz kurze Bemerkung. Ich möchte die Frage noch einmal unterstreichen, die Herr Dürig aufgeworfen hat. Andererseits ist mir etwas bedenklich, wenn nun immer wieder der Versuch gemacht wird, Gewissensfreiheit an die Religionsfreiheit zurückzubinden. Ich glaube, hier müssen wir nun allerdings gerade den demokratischen Aspekt ganz entschieden hereinbringen. Ein ganz schlichter Hinweis: Art. 4 Abs. 1 setzt religiöses und weltanschauliches Bekenntnis gleich; Art. 137 Abs. 7 der Weimarer Reichsverfassung schreibt vor, daß den Religionsgesellschaften Vereinigungen gleichgestellt werden, die sich die gemeinschaftliche Pflege einer Weltanschauung zur Aufgabe gemacht haben. Deshalb, Herr Dürig, meine ich, an diesem Punkt hilft uns der Rückzug auf die transzendentalen Bezüge nicht.

Dürig: Verzeihung, Herr Hollerbach, meine „transzendentalen Bezüge“ können auch im Atheismus münden. Das ist keine Frage, aber das Gewissen ist dann eben nicht mehr eine völlig subjektivistische, diffuse Alleininstanz. Die Rechtsprechung verlangt etwa in Strafsachen permanent „Gewissensanspannung“. Man sollte schon „objektivieren“ können, auf welche Richtung hin das Gewissen angespannt werden muß.

Hollerbach: Ja, nun gut, aber es ist sehr die Frage, wie man den Begriff der Weltanschauung faßt. Ich bin sehr im Zweifel, ob wir uns da zurückziehen können auf eine Quasi-Religiosität.

Hesse: Es war von den Grenzen der Gewissensfreiheit die Rede. Ich finde sie, wenn ich das sagen darf, sehr unbestimmt. Aber das ist nicht das Entscheidende. Im Referat von Herrn Böckenförde sind diese Grenzen staatstheoretische Grenzen. Herr Böckenförde hat uns zwar gesagt, das sei eine Selbstverständlichkeit, aber, Herr Böckenförde, über die Selbstverständlichkeit einer Staatstheorie kann man natürlich diskutieren. Die entscheidende Frage scheint mir die zu sein: Wie wollen Sie das dogmatisch begründen? Kann man eigentlich eine Staatstheorie, in diesem Fall also Ihre Staatstheorie, als Grenze von verfassungsmäßig gewährleisteten Rechten ansehen? Das ist eine Frage, auf die ich keine Antwort finde. Ich würde meinen, dogmatisch gibt es hier nur folgende Möglichkeiten: Der Gesetzesvorbehalt, den Art. 135 WRV enthalten hatte, ist entfallen; deswegen ist eine Einschränkung durch Gesetz oder auf Grund eines Gesetzes nicht möglich. Es bleibt nur der Weg der Einschränkung durch die Verfassung selbst und natürlich der Weg — das wäre nun wieder eine Frage von Punkt 2, eine Frage, die auch Herr Friauf angeschnitten hat — einer Begrenzung des Schutzbereiches, also Tatbestandseingrenzung. Das sind die einzigen dogmatisch möglichen Wege, die ich hier sehe, und den ersten ist — wenn ich das richtig verstanden habe — Herr Bäumlin gegangen.

Podlech: Herr Bettermann vermißt einen Grund für die Unterscheidung zwischen den drei Grundrechten der Glaubensfreiheit, Bekenntnisfreiheit und Religionsfreiheit einerseits und dem Grundrecht der Gewissensfreiheit andererseits dann, wenn das Grundrecht der Gewissensfreiheit auch das forum externum schützt. Ich glaube, der Grund kann nur dann gefunden werden, wenn man — wie Herr Böckenförde es getan hat — die funktionale Grundrechtsinterpretation mindestens für die Diskussion als zulässig erachtet. Die anderen Rechtsgüter, die in

Art. 4 GG genannt sind, kann man als geschützt deswegen ansehen, weil man sie erstens für wichtig hielt und zweitens in der Geschichte ihre Gefährdung drohte. Der verfassungsgeschichtliche Ablauf, den Herr Böckenförde geschildert hat, ist für mich persönlich ein Indiz dafür, daß man auch ohne die soziologische Reflektion die funktionale Problematik schon in der Vergangenheit sehen kann. Das wurde früher nicht so recht deutlich, weil der funktionale Gesichtspunkt solange nicht als einziger übrig blieb, als man das Gewissen mit der Religionsproblematik verbunden sah. Früher konnte man sagen: Auch derjenige, der eine falsche Religion annimmt, soll im Gewissen irgendwie geschützt sein, weil Religion haben ja so wichtig ist. In dem Augenblick, in dem man die Gewissensfreiheit von der religiösen Problematik löst — und das muß man meiner Ansicht nach spätestens bei der Interpretation der Weimarer Verfassung — dann kann man dasselbe nicht mehr sagen. Die Frage bleibt dann: Was ist Schutzgut der Gewissensfreiheit? Aus wisssenschaftstheoretischen Gründen meine ich, daß es einen Gegenstand, den der Ausdruck „Gewissen" bezeichnet, nicht so gibt, wie es einen Gegenstand Religion gibt, den der Ausdruck „Religion" bezeichnet. Ich glaube, daß man von Gewissen überhaupt nicht anders reden kann, als in der funktionalen Interpretation, es sei denn, man hat eine ganz bestimmte weltanschauliche oder theologische Position. In der katholischen Dogmatik beispielsweise kann ich vielleicht angeben, was Gewissen ist. Unabhängig von solchen Positionen kann ich aber nur sagen: Wie wirkt Gewissen in der Gesellschaft? Das hat Luhmann zu analysieren versucht. Die Funktion der Gewissensfreiheit ist es, die negativen Folgen auszuschließen, die sich daraus ergeben, daß Gewissensfreiheit nicht anerkannt wird. Um es einmal in einem Bild zu sagen: Die Gewissensfreiheit soll den Sand aus dem Getriebe nehmen, der dadurch entsteht, daß in unserer durch die Rechtsordnung so differenzierten Welt, in einer — um mit Herrn Häberle zu sprechen — so eng mit einem Normengeflecht überzogenen Welt Einzelne dagegen ständig protestieren und rebellieren. Die Funktion der Gewissensfreiheit besteht darin, dem Einzelnen die Loyalität zum Gemeinwesen auch dann zu ermöglichen, wenn er im Einzelfall eine solche Norm ablehnen zu müssen glaubt. Nur in dieser Betrachtungsweise kann überhaupt der Unterschied zwischen Gewissensfreiheit einerseits und den Rechtsgütern aller anderen Grundrechte herausgearbeitet werden. Das lag der Ausführung von Herrn Böckenförde sozusagen zugrunde, ist aber vermutlich wegen der Kürze des Referats nicht ganz ausgeführt worden. Gerade darin liegt aber der von

Herrn Bettermann vermißte Grund zur möglichen Unterscheidung zwischen der Gewissensfreiheit einerseits und den übrigen durch Art. 4 GG geschützten Grundrechten andererseits.

Knöpfle: Lassen Sie mich noch einen in der bisherigen Diskussion nicht berührten Aspekt der Problematik der Gewissensfreiheit ansprechen, der in der Praxis der Verwaltung immer wieder bedeutsam wird. Es ist heute zu Recht gesagt worden, daß des Schutzes der Gewissensfreiheit nicht *der* Staatsbürger bedarf, der im breiten Strom des Zeitgeistes schwimmt, sondern der „Dissident" im weitesten Sinne. Macht dieser seine vom „Normalen" stark abweichenden Vorstellungen unter Berufung auf die innere Stimme seines Gewissens geltend, so drängt sich für die damit konfrontierte öffentliche Verwaltung nicht selten die Frage nach der *Fähigkeit zur Bildung einer rechtlich zu respektierenden Gewissensentscheidung* auf. Die inhaltlich zwar absonderliche „echte" und schutzwürdige Gewissensentscheidung ist von Auffassungen, die in psychopathologischen Vorgängen ihre Ursache haben, abzugrenzen. Die Berufung auf die Gewissensfreiheit spielt nämlich keineswegs nur bei der Kriegsdienstverweigerung oder im Schulwesen eine Rolle. Zu denken ist auch an Fälle folgender Art: Ein alter Mann mit einer akuten Blinddarmentzündung läßt sich nicht operieren mit der Begründung, sein Gewissen gebiete ihm, sich dem „Ruf Gottes" nicht zu entziehen. Darf er nun wegen „Selbstgefährlichkeit" gegen seinen Willen der dringend erforderlichen Krankenhausbehandlung zugeführt werden? Oder: Eine alternde Frau hat einen längeren Amerikaaufenthalt bei Angehörigen der „Amish" in Pennsylvanien, die in Anlehnung an ein Bibelwort jede Art von Versicherung ablehnen, verbracht. Nach ihrer Rückkehr weigert sie sich unter Berufung auf ihr Gewissen beharrlich, die Beiträge zur gesetzlichen Brandversicherung zu zahlen. In solchen Fällen wird es zunächst darauf ankommen, zu klären, ob die Fähigkeit zu einer „normalen" Gewissensentscheidung überhaupt vorhanden ist. Welche Maßstäbe hierbei anzuwenden sind, ob diese Fähigkeit etwa gleichbedeutend ist mit der Geschäftsfähigkeit des bürgerlichen Rechts, ist allerdings sehr zweifelhaft. Diese Frage ist noch weniger geklärt als z. B. die der „Prozeßfähigkeit" im Verfassungsbeschwerdeverfahren (vgl. BVerfGE 19, 33). Mag die Praxis in Fällen, in denen ein Mensch gegen seine Gewissensentscheidung dem lebensrettenden Eingriff zugeführt werden soll, die Lösung darin erblicken, daß sie mit Hilfe ärztlicher Gutachten die Fähigkeit zur freien Gewissensentscheidung in Zweifel zieht, so darf nicht übersehen werden, daß eine zu weitgehende Problematisierung der Fähigkeit, eine ernst zu nehmenden Gewissensentscheidung zu fällen, das Einfallstor für Tendenzen zur Aushöhlung des Grundrechts bilden kann. Daher wird grundsätzlich ein strenger Maßstab anzulegen sein.

Die beiden Beispiele zeigen auch die Schwierigkeiten der Rechtsgüterabwägung, vor welche die Verwaltung in solchen Fällen gestellt ist, wenn in concreto die Fähigkeit zur Bildung einer Gewissensentscheidung zu bejahen ist. Heute wurden als „problemgliedernde Grundsätze" angeboten die Regeln, das mit einer Gewissensposition kollidierende „öffentliche Interesse" sei „kritisch zu werten" und sodann sei zu prüfen, in welchem Grad eine Entscheidung „für die Konstituierung der Person bedeutsam" sei (vgl. Bäumlin Leits. 6.3.1), und die These, die Grenze einer zu respektierenden Gewissensentscheidung beginne erst dort, „wo die elementaren, letzten Zwecke des modernen Staates unmittelbar bedroht sind" (s. Böckenförde, Leits. II 13 mit weit. Konkretisierung; setzt auch der Schutz des eigenen Lebens einer möglichen Gewissensbetätigung unüberschreitbare Grenzen?). Sie geben nur einen groben Anhalt. Ist etwa bei der Bewertung des religiös motivierten Wunsches, von einer Krankheit dahingerafft zu werden, oder der Weigerung der Angehörigen einer Sekte, sich Blut übertragen zu lassen, darnach zu differenzieren, ob es sich um einen alleinstehenden alten Menschen oder um die Mutter kleiner Kinder handelt? Ich darf hier anknüpfen an das, was Herr Bettermann gesagt hat. Die Praxis wird geneigt sein, zur Reduktion von Komplexität wie bei der Bestimmung der Schranken der allgemeinen Handlungsfreiheit auf das Sittengesetz (vgl. Art. 2 Abs. 1 GG) zu rekurrieren, wenn es um die Erhaltung eines Menschenlebens gegen den dezidierten Willen des Betroffenen geht. So hilfreich eine solche Konstruktion sein mag, im Grunde wird durch sie der Schutz der von der Norm abweichenden Individualität, auf den Herr Marcic hingewiesen hat, und damit die Autonomie und in besonderen Fällen vielleicht sogar die Würde der aufgrund fundierter ethischer Einsicht entscheidenden Persönlichkeit wieder in Frage gestellt.

Rumpf: Ich möchte einmal versuchen, den Begriff der Gewissensfreiheit in eine einfache und sehr abstrakte juristische Aussage zu fassen und würde als Vorbild den Satz des Art. 4 Abs. 3 GG wählen, der die Kriegsdienstverweigerung betrifft und in dem diese allgemeine und abstrakte Aussage für einen Fall, für ein besonderes Gebiet, spezialisiert worden ist. Diese allgemeine Aussage würde lauten: niemand darf gegen sein Gewissen zu — und jetzt wollen Sie bitte im Geiste eine Klammer machen — diesem oder jenem Handeln oder Unterlassen — Klammer zu — gezwungen werden. Was nun in die Klammer kommt, d. h. über welches Handeln oder Unterlassen der Staat die Disposition dem individuellen Gewissen überläßt, das ist die Entscheidung des Verfassungsgesetzgebers, das hängt auch ab von der Bewußtseinslage der Nation, von der innen- und außenpolitischen Situation, in der sich ein Staat befindet. Es hängt aber auch u. a. von der ganz praktischen Erwägung ab, was kann ein Staat überhaupt, ohne seine Existenz zu gefährden, der individuellen Gewissensentscheidung überlassen. Auch der Satz des Art. 38 GG, der hier erwähnt wurde, daß der Abgeordnete nur seinem Gewissen unterworfen ist, paßt in dieses Thema insofern hinein, als der Abgeordnete als Träger des Gewissens hier von Weisungen frei ist. Nur mit dem Unterschied, daß er an dem Gesetzgebungsprozeß beteiligt ist und daß diese seine Beteiligung am Gesetzgebungsprozeß von Weisungen freigehalten und nur seinem Gewissen unterworfen sein soll.

Nun möchte ich aber nach dieser Betrachtung doch an die Referenten noch eine Frage stellen, die sich mir vor allem aufgedrängt hat durch den sehr interessanten Beitrag von Herrn Marcic. Mir ist bei beiden Referenten nicht ganz klar geworden, ob sie das individuelle Gewissen als eine Funktion oder ein „Organ", wie es Herr Marcic genannt hat, betrachten, in dem sich das sittlich Gute und Böse spiegelt, ob sie es also ansehen als das Bewußtsein vom sittlich Gebotenen und Verbotenen, vom sittlich Guten und Bösen, oder aber, ob sie jede — und das klang gerade in dem letzten Beitrag hier an, der von psychopathischen Fällen berichtete — jede rein subjektive Einstellung eines Menschen als Ausdruck seines Gewissens gelten lassen wollen. Ist also jede Idiosynkrasie, jede Allergie gewissermaßen anzuerkennen vom Staat als Ausdruck des Gewissens, oder muß man verlangen — und dahin schien mir Herr Marcic zu tendieren und das möchte ich auch vorziehen — daß die Gewissensentscheidung eine solche ist, die für den Träger dieser Entscheidung eine Norm als richtig, und zwar als allgemein richtig ansieht. Jemand kann also eine staatlich gebotene Handlung danach nur dann ablehnen, wenn er nach seiner Überzeugung damit gegen ein allgemein gültiges Verbot, etwa „ Du sollst nicht töten!" verstößt, wenn er glaubt, etwas objektives Falsches, etwas objektiv Unsittliches damit zu tun. Das subjektive Moment liegt zweifellos hier darin, daß es eben eine persönliche Überzeugung ist. Aber diese persönliche Überzeugung muß doch gerichtet sein auf eine Norm, auf eine Vorstellung, die nach dem Glauben, nach der Überzeugung desjenigen, der sich darauf berufen will, eine allgemeine Gültigkeit in Anspruch nehmen soll. Also meine Frage wäre, ob die Referenten das Gewissen als — sagen wir ruhig — die rein persönliche Neigung oder Abneigung des Einzelnen aufgefaßt wissen wollen oder als eine Wertung, die sich anhand von sittlichen Normen vollzieht.

Badura: Mit meinen Bemerkungen möchte ich gern einiges sagen und fragen zu dem, was Herr Bäumlin unter den Nummern 5 und 6 seiner Thesen zu den „Schranken der Gewissensfreiheit" und als „Versuch einer Gliederung der Konkordanzprobleme der Gewissensfreiheit" gesagt und in seinem Vortrag ausgeführt hat. Es ist, wie ich glaube, davon auszugehen, daß die hier behandelte Fragestellung auf der Prämisse beruht, die ja in der Diskussion in vieler Hinsicht schon bestritten worden ist, daß die Gewissensfreiheit auch impliziert, bestimmte Entscheidungen in die Tat umzusetzen. Ich finde das auch dadurch bestätigt, daß von Herrn Bäumlin in Nummer 5.1, zweiter Absatz, eine Unterscheidung gemacht wird, derart, daß die Umsetzung von Gewissensentscheidungen in die Tat, die nicht „für die Konstituierung oder Dekonstituierung der Person bedeutsam" sind, nach Art. 2 Abs. 1 GG und dem bekannten Muster der Schranken zu behandeln sei, andere Umsetzungen von Entscheidungen in die Tat aber nach Art. 4 Abs. 1 GG und in dessen Rahmen zu entwickelnder besonderer Schranken. Ich glaube, so müßten diese Ausführungen doch verstanden werden. Das heißt also, daß die Umsetzung von Entscheidungen in die Tat, die „für die Konstituierung oder Dekonstituierung der Person bedeutsam" ist, sich nach einer Interpretation des Art. 4 Abs. 1 bestimmen muß, der eine ausdrückliche Schrankenvorschrift nicht enthält und damit in irgendeiner Weise den Interpreten zwingt, irgendwelche Schranken aus allgemeinen Prinzipien zu entwickeln.

In Anlehnung an Herrn Hesse hat Herr Bäumlin sich des Begriffes der „optimalen praktischen Konkordanz zwischen verschiedenen Verfassungsprinzipien" bedient. Diese Formulierung ist für einen größeren Interpretationszusammenhang sicher von großer Bedeutung und Fruchtbarkeit. Die Frage ist nur, wie er eine Leitlinie sein kann, wenn man damit die Schranken eines bestimmten Grundrechts feststellen soll. „Konkordanz" heißt ja, daß man irgendwie Dinge, die an sich nicht unmittelbar zusammenpassen brauchen, zu einer Art Vereinigung bringen will. Nun ist es aber gerade die Eigenart der Grundrechte, daß durch sie bestimmten Verfassungsprinzipien als dem Normalfall bestimmte andere als Ausnahmefälle entgegengesetzt sind.

Es hat dann Herr Bäumlin weiter die „Toleranz als Rechtsprinzip" als Erläuterung des ersten, wie ich glaube schon sehr schwer greifbaren Fremdwortes „Konkordanz" gesetzt und uns also auf die „Toleranz" verwiesen, die offenbar das Zusammenleben der verschiedenen Gewissenstäter in irgendeiner Weise rechtlich zugänglich machen soll. „Toleranz" ist hier offenbar nicht in dem üblichen Sinn gebraucht, wie er aus der Geschichte bekannt ist, nämlich als ein besonderer Fall des Umgehens des Staates mit den Religionen, sondern in dem wohl mehr der allgemeinen Sprache angehörenden Sinn gemeint, daß man versuchen muß, ein auskömmliches Zusammenleben der verschiedenen Täter ihrer Taten zu erreichen. Die Unklarheit, und zugleich Wahrheit, die dadurch ausgedrückt ist, ist, glaube ich, schwerlich ausreichend, um uns zu einer wirklich brauchbaren Richtlinie für richtige Entscheidungen bei der Auslegung des Art. 4 Abs. 1 GG zu verhelfen — immer vorausgesetzt, daß man die Umsetzung von Entscheidungen in die Tat überhaupt zur Gewissensfreiheit rechnen will.

Ich fühle mich auch weiter dadurch verwirrt, daß unter Nummer 6.3.4 gesagt wird: die Gewissensfreiheit als „Äußerung der Toleranz". Hier wird nun eigenartigerweise die Gewissensfreiheit plötzlich als eine Funktion der Toleranz bezeichnet und dadurch offenbar die Vorstellung von der Toleranz in einem anderen Sinne verwandt als vorher, wo sie ja als eine Art Regulativ für Schranken der einzelnen Grundrechtsausübungen gedacht war.

Diesen Beitrag wollte ich vor allen Dingen als eine Frage an Herrn Bäumlin verstanden wissen.

Frowein: Ich möchte kurz zu der Frage der Verhaltensalternativen, die nach den im wesentlichen wohl übereinstimmenden Auffassungen beider Referenten angeboten werden sollen, Stellung nehmen. Es scheinen mir einige wesentliche Probleme noch nicht geklärt zu sein, von denen der Blick nochmal zurückgehen sollte auf die Frage, die Herr Badura ja auch eben angesprochen hat, die Frage nämlich: Ist wirklich die Gewissensbetätigung in so weitem Umfang durch Art. 4 Abs. 1 geschützt? Wenn wir davon ausgehen, daß Verhaltensalternativen angeboten werden müssen in solchen Fällen, in denen sie vorhanden sind und in denen ihre Ablehnung nicht untragbar wäre, ergibt sich sofort die Frage: Wer entscheidet denn, ob Alternativen da sind und ob sie tragbar sind? Zunächst einmal sicher der Gesetzgeber, der im Einzelfall die Lösung trifft, aber kann das

Bundesverfassungsgericht, kann der Richter sagen, nein, hier wäre aber eine Alternative da gewesen, die ist nicht benutzt worden, also ist Art. 4 Abs. 1 verletzt? Ein ganz kleines Beispiel aus der amerikanischen Rechtsprechung der letzten Zeit. Hier hat jemand vorgetragen, die Bestimmungen eines amerikanischen Wirtschaftsverwaltungsgesetzes zur Beschränkung des Getreidebaues verletzten sein Gewissen, weil er verpflichtet sei, so viel Nahrungsmittel auf seinem Gelände zu produzieren, wie er nur immer könne. Das Gericht konnte ihm neben der Tatsache, daß die amerikanische Verfassung ohnehin kein passendes Gewissensfreiheitsrecht kennt, entgegenhalten: richtigerweise war es gar keine echte Anbaubeschränkung, sondern es war ein Verbot, dieses Getreide auf den Markt zu bringen, und weil du das getan hast, wirst du bestraft. Du hättest das Getreide verschenken können, mildtätig abgeben, das wäre in Ordnung gewesen. — Aber nehmen wir einmal an, der Gesetzgeber hätte den Anbau beschränkt. Könnte hier der Richter sagen, die richtige Alternative wäre die gewesen, allein das Vermarkten des Getreides zu verbieten, und weil sie nicht benutzt worden ist, ist das Gesetz verfassungswidrig? Das halte ich für eine außerordentliche schwierige Problematik, und ich würde dazu tendieren zu sagen: damit wird der Art. 4 Abs. 1 bei weitem überfordert. Mir scheint das aber die Konsequenz zu sein, wenn man wirklich das gegenständlich ja nicht begrenzte Gewissen auch hinsichtlich der Betätigung schützt. — Nun eine These, wie man dem Rechnung tragen könnte. Man könnte, gerade vom Wortlaut des Art. 4 ausgehend, der ja mehrfach angesprochen worden ist, annehmen, daß in Art. 4 Abs. 1 nicht die subjektive Betätigungsfreiheit geschützt ist, sondern der Gesetzgeber aufgefordert wird, eine Regelung zu treffen, die einem objektiven Prinzip der Gewissensfreiheit im weitestmöglichen, aber von ihm zu bestimmenden Umfang entspricht. Die subjektive Betätigungsfreiheit wird für einen Sonderfall in Art. 4 Abs. 3 besonders geschützt, und es bestehen in der Verbindung zu anderen Grundrechtsnormen bestimmte Ausprägungen der Betätigungsfreiheit, die mit Sicherheit auch geschützt sind, etwa über Art. 1 GG. Sollte das richtig sein, so könnte man den Wortlaut des Art. 4 Abs. 1 sehr viel besser erklären. Während bei der Bekenntnisfreiheit auch das weltanschauliche Bekenntnis genannt ist, wird als Betätigung die Religionsausübung in Abs. 2 ausdrücklich genannt, etwas Entsprechendes für das Gewissen fehlt dagegen. Art. 4 Abs. 3 schützt für einen speziellen Bereich ausdrücklich die Betätigungsfreiheit des Gewissens. Wenn wir auf diese Weise zu einem Verständnis kommen könnten, wären wir der mir unheimlichen Problematik enthoben, über solche allgemeinen Schrankenregeln, wie sie Herr Böckenförde in These 13 und Herr Bäumlin an anderer Stelle erwägen, die Lösung zu finden.

Doehring: Ich möchte nur eine kurze Bemerkung zur Problematik dieser von Herrn Böckenförde sogenannten lästigen Alternativen machen, und zwar deswegen, weil ich glaube, daß diese Möglichkeit doch in vielen Fällen versagen wird, und zwar gerade besonders bei der uns bei der Gewissensfreiheit beschäftigenden Kriegsdienstverweigerung. Eine Armee, bei der jeder jeden Tag sagen kann, ich gehe jetzt nach Hause, hat etwas Lächerliches. Fast aber kommen wir soweit. Die lästige Alternative ist der Ersatzdienst. Wenn aber die Armee dem Ernstfall zugeführt werden soll, ist doch der Ersatzdienst keine lästige Alternative für den Heldentod. Lästiger als der Tod kann nichts sein. Wenn der Soldat nicht in der Armee schießen will und nicht an die Front geht, gibt es keine lästige Alternative. Das ist letztlich auch der Grund, warum in ähnlichen Fällen Alternativen versagen. Wenn wir die Todesstrafe abschaffen für die Fahnenflucht, ist es auch wieder der Deserteur, der nicht erschossen werden kann und für den jede Alternative immer noch nicht so lästig sein kann wie im Kriege zu fallen.

Kopp: Ich möchte an das anknüpfen, was Herr Leisner vorhin von den „lästigen Alternativen" gesagt hat, die bis zum Martyrium gehen können. Ich glaube, daß solche Alternativen als Mittel der Wahrheitserforschung, ob es sich wirklich um eine ernsthafte Gewissensentscheidung handelt, keinesfalls zulässig sind, daß sie andererseits aber als Ausgleich für den Vorteil, den jemand sonst hätte, der sich aus Gewissensgründen irgendeiner Verpflichtung entzieht, durchaus in Betracht kommen und unter Umständen sogar geboten sein können. Ich glaube, wir müssen unterscheiden zwischen dem Test, der Prüfung, ob jemand eine ernsthafte Gewissensentscheidung getroffen hat, und dem etwaigen Ausgleich in dem erwähnten Sinn. Die Bereitschaft, einen derartigen Ausgleich auf sich zu nehmen, ist dann freilich immer, gewissermaßen als Reflex, auch ein Indiz dafür, ob die Gewissensentscheidung ernsthafte Gründe hat oder nur um eines damit verbundenen Vorteils willen vorgeschützt wird.

Ipsen: Ich habe nur eine Frage an die Herren Referenten, an Herrn Böckenförde zu den Nummern 11, 15, 17, 24, 30, 31, an Herrn Bäumlin zu der Nummer 6.3.2 der Leitsätze. Wer Art. 4 Abs. 1 in Anspruch nimmt unter Berufung auf Gewissensfreiheit, will eine Ausnahmebehandlung gegenüber der allgemeinen Norm. Er will von der Norm dispensiert, er will also ungleich behandelt werden. Meine Frage geht dahin: welche Zusammenhänge bestehen zwischen dem Gehalt der Gewissensfreiheit auf der einen Seite, dem allgemeinen Gleichheitssatz in Art. 3 Abs. 1 und den besonderen Gleichheitsgeboten und Diskriminierungsverboten des Abs. 3 auf der anderen Seite? Dabei fällt auf, daß Art. 4 Abs. 1, so wie ich ihn verstehe gegenüber anderen Meinungen, die hier vertreten worden sind, in einem höheren Maß „säkularisiert" erscheint als das spezifische Diskriminierungsverbot, das man hierzu in Parallele setzen könnte in Art. 3 Abs. 3: hier ist das Gewissen als solches nicht angesprochen, sondern noch in seiner Umhüllung im religiös-weltanschaulichen Bereich, nämlich als Glaube und religiöse Anschauung. Deshalb geht meine Frage dahin, welche Zusammenhänge die Referenten zwischen Art. 4 Abs. 1 und den Gleichheitssätzen sehen, eine Frage, die vielleicht ihre praktische Bedeutung auch für die Verhaltensalternativen hat, bei denen es in Bezug auf die lästigen Wirkungen für den Einzelnen auch wiederum auf Gleichheitsmessung ankommt, und weiter darauf, ob eine solche nur unter dem Gesichtspunkt der Willkür nach Art. 3 Abs. 1 gerichtlich nachprüfbar oder aber als absolutes Differenzierungsverbot oder -gebot nach Abs. 3 zu behandeln ist.

Böckenförde (Schlußwort): Ich darf zunächst allen Diskussionsteilnehmern sehr danken für die so zahlreichen Bemerkungen, insbesondere auch soweit sie kritischer Art waren. Ich sprach im Verlauf der Diskussion von einer Gratwanderung, um die es sich bei der Interpretation der Gewissensfreiheit handelt. Sie sind, wenn ich recht sehe, dieser Gratwanderung zumindest auf dem Pfad gefolgt, wenngleich Sie dann im einzelnen Bedenken geltend gemacht haben.

Das erste Problem, das mir wichtig erscheint, ist in der Tat die Frage: Ist nur das forum internum geschützt oder auch die Gewissensbetätigungsfreiheit? So sehr ich alle Probleme zu sehen glaube, die entstehen, wenn man sich zu einer Ausdehnung über das forum internum hinaus entschließt, und davon war ja auch mein Referat wesentlich bestimmt, so bin ich doch der Auffassung, daß daran kein Weg vorbeigeht. Führt man sich vor Augen, was der Verfassunggeber in Art. 4 und im Grundrechtskatalog allgemein intendiert hat, daß das eine Verstärkung des Grundrechtsschutzes sein sollte, gerade in Antwort auf Bedrohung in der NS-Zeit, so kann man nun nicht eine Interpretation versuchen, die das alles zurücknimmt; denn es bleibt dann, wenn nur das forum internum geschützt ist, nur der Schutz gegen psychonarkotische Eingriffe und verwandtes Außerfunktionsetzen des Gewissens und ein Rest von Gewissensbildungsfreiheit, aber doch so eingegrenzt, daß ich mir kaum Abwehrrechte im Hinblick auf Schulfragen darunter denken könnte. Das kann m. E. wirklich nicht der Sinn von Art. 4 Abs. 1 GG sein. Was ist eine Gewissensfreiheit, kraft deren ich zwar ein Gewissen haben darf, aber dann das, was das Gewissen gebietet, überhaupt nicht in die Tat umsetzen darf? Das führt zu einer Schizophrenie des Gewissens, denn das Gewissen drängt aus sich darauf, auch praktisch zu werden.

Nun, beschränkt man die Gewissensfreiheit nicht auf das forum internum, dann kommen alle die Fragen, die uns in der Diskussion beschäftigt haben. Zunächst aber noch zu der Frage, die Herr Walter gestellt hat und die auch einige andere Diskussionsredner angeschnitten haben, ob man wirklich den Gewissensbegriff denn so weltlich fassen bzw. überhaupt das Grundrecht der Gewissensfreiheit verselbständigen und von der Glaubensfreiheit ablösen müsse. Ich habe mich hier bewußt an die historische Entwicklung der Gewissensfreiheit gehalten, weil ich mit Herrn Scheuner der Auffassung bin, daß man eine Grundrechtsinterpretation nicht ohne Rücksicht auf die historische Sinngebung des Grundrechts ansetzen kann. Gerade daraus hat sich freilich ergeben, daß schon in der Weimarer Verfassung diese Probleme der Verselbständigung der Gewissensfreiheit und eines weltlichen Gewissensbegriffs gestellt waren, nur hatte die Staatsrechtslehre der Weimarer Verfassung nur 13 Jahre Zeit, sich der Probleme anzunehmen. Im Zeichen des religiös-neutralen Staates erscheint es immanent konsequent und auch anders nicht durchführbar, als daß ein säkularer Gewissensbegriff für das Grundrecht der Gewissensfreiheit zugrunde gelegt wird, daß das Gewissen — sagen wir — als Organ oder Funktion der Persönlichkeit verstanden wird und schlechthin geschützt sein soll, nicht nur als Organ des Glaubens oder des „moralischen Gesetzes in mir“ im Sinne Kants. Das schließt nun nicht aus, daß zum Gewissen als Phänomen eine Art von Überzeugtheit und Gewißheit gehört — Herr Dürig sprach davon und Herr Marcic —, die sich im Regelfall nur einstellt, wenn eine Glaubens- oder weltanschauliche Überzeugung dahinter steht. Das würde ich also durchaus zugeben, es liegt ganz auf der Linie dessen, was ich zum Gewissensbegriff sagte, aber wir können deshalb nicht die Glaubens- oder weltanschauliche Überzeugung zum *Kriterium* des Gewissensbegriffs erheben. In diesem Sinne scheint mir auch der Gedanke von Herrn Rumpf erwägenswert, um dem Gewissens*phänomen* beizukommen, die Frage nach der Norm zu stellen, der derjenige, der sich auf sein Gewissen beruft, sich unterstellt. Das trifft sich mit dem Versuch von Karl Peters, den Gewissenstäter vom Überzeugungstäter abzugrenzen. Ich glaube, daß da eine Möglichkeit besteht. Peters sagt, daß der Gewissenstäter sich ja immer einer von ihm als Norm, und zwar als allgemeingültige Norm empfundenen Überzeugung unterstellt und nicht nur seinem persönlichen Fürrichtighalten — das scheint mir auch durchaus in Übereinstimmung mit der funktionalen Beschreibung des Gewissens von Luhmann zu stehen. Die kritische Gefährdung der persönlichen Identität, von der Luhmann spricht, tritt ja gerade dann ein, wenn die Verhaltensnormen, aus denen der einzelne heraus lebt, in Frage gestellt werden, daß er etwa dem zuwiderhandeln muß, was für ihn die Norm seines Lebens ist. Hier liegt also durchaus ein Gesichtspunkt, von dem aus man noch zu weiteren Abgrenzungen kommen kann.

Die Überlegung, die Herr Friauf angestellt hat, um den Schutzbereich der Gewissensfreiheit einzugrenzen, scheint mir schwerlich gangbar zu sein. Ich möchte hier noch einmal betonen, daß man nicht nach bestimmten Gegenständen, auch nicht nach dem Bereich von Sittlichkeit—Unsittlichkeit, Abgrenzungen vornehmen und sagen kann: nur da ist eine Überzeugung gewissensrelevant, woanders nicht mehr. Wenn wir davon ausgehen, daß in Art. 4 Abs. 1 ein allgemeiner Gewissensbegriff gemeint und das Gewissen als solches geschützt ist, dann können wir nicht äußerlich-gegenständlich oder nach bestimmten Motiven oder Gründen einen Schutzbereich abgrenzen. Das führt unweigerlich dazu, daß nur bestimmte Gewissen als Gewissen im Sinne des Grundgesetzes anerkannt werden, daß mithin dem Grundgesetz ein normativer Gewissensbegriff unterlegt wird.

Damit stellt sich natürlich sofort das nächste Problem: Ist dann nicht die Allgemeinverbindlichkeit der Rechtsordnung in Frage gestellt? Herr Heckel hat die Frage dankenswerterweise auch vom demokratischen Prinzip her angesprochen, dieser Passus ist in meinem Referat dem Kürzungsstift zum Opfer gefallen. Man kann ja in der Tat die Frage stellen, ob nicht vom demokratischen Prinzip her, nach dem alle an den Entscheidungen, die für alle gelten, beteiligt sind, es ein unzulässiges Privileg sei, daß nun ein einzelner kommt und sich unter Berufung auf sein Gewissen aussondert. Ich würde darauf antworten, daß das Grundgesetz die Demokratie als freiheitliche Demokratie verfaßt und von daher dem demokratischen Prinzip bestimmte Schranken zieht, daß gewisse Bereiche auch für eine demokratisch legitimierte Willensbildung unantastbar sein sollen. Das Grundgesetz verfaßt eben einen demokratischen und liberalen Rechtsstaat. Andererseits legt es aber auch das demokratische Prinzip nahe, daß man das Schutzgut der Gewissensfreiheit nicht im Sinne einer allgemeinen Handlungsfreiheit gemäß dem Gewissen, die alles umfaßt, was mit dem Gewissen in Konkordanz steht, bestimmen kann. Ich halte es für notwendig, das Schutzgut und die Abwehrfunktion auf die Gewissens*überzeugung* zu beschränken, wo wirklich das Gewissens*gebot* in Frage steht; daß von dem einzelnen etwa ein sacrificium conscientiae verlangt wird, ein Handeln gegen seine strikte Gewissensüberzeugung, das soll ausgeschlossen werden durch die Garantie der Unverletzlichkeit des Gewissens. Daher setze ich auch die Frage der Verhaltensalternativen etwas anders an, als Herr Podlech es getan hat. Ich würde den Unterlassensanspruch, soweit es sich um eigenhändiges Tun handelt, zunächst als solchen zuerkennen und dann dem Staat das Recht und im Sinne der Wahrung des Gleichheitsprinzips die Pflicht auferlegen, soweit möglich, lästige Verhaltensalternativen vorzuschreiben.

Nun zu der Frage, die Herr Hesse gestellt hat. Sie offenbart, glaube ich, tiefergehende methodische Unterschiede, als zunächst in dem Augenblick, als sie gestellt wurde, deutlich geworden ist. Ich habe in der Tat versucht, den Rückgriff auf die elementaren Schranken, die bei mir in Leitsatz 13 enthalten sind, dogmatisch anzusetzen, anknüpfend an den Satz, daß keine einzelne Verfassungsbestimmung so interpretiert werden darf, daß mit ihrer Hilfe die Verfassung als ganze aus den Angeln gehoben werden kann. Wenn ich dann auf die elementaren letzten Zwecke des Staates zurückgegangen bin, so deswegen, weil ich der Auffassung bin, daß unsere Verfassung doch einen demokratischen Rechts*staat* organisiert und verfaßt und daß man also bei der Schrankenbestimmung nicht weiter zurückgehen kann, trotz der Unbegrenztheit des Art. 4, die zunächst dogmatisch ernst zu nehmen ist — da wären wir uns, glaube ich, noch einig —, als bis zu den elementaren letzten Zwecken, jenseits derer der Staat als solcher sich aufheben würde. Ich meine, daß dieses Vorgehen gerade dogmatisch sehr konsequent ist. Wir können natürlich darüber streiten, ob die von mir angeführten elementaren letzten Zwecke des Staates die richtigen sind. Aber daß man so verfahren kann und m. E. verfahren muß als dogmatischer Verfassungsjurist, das möchte ich mir nicht gerne abhandeln lassen.

Eine weitere Frage ist das Verhältnis der sogenannten lästigen Alternativen zum Gleichheitssatz — Herr Ipsen sprach davon. Ich meine, wenn man die Verfassung als Einheit sieht und davon ausgeht, daß die Interpretation des Art. 4 Abs. 1, die ich versucht habe, der Intention der Verfassung entspricht, ergibt sich im Hinblick auf Art. 3 Abs. 1 eine klare Lösung. Dann ist es eben ein — von der Verfassung selbst statuierter — zureichender Grund und nicht willkürlich, wenn aus dem Grund der Gewissensposition eine Entpflichtung, eine partielle Entpflichtung stattfindet. Um auch den Ausgleich zu Art. 3 Abs. 3 herzustellen, ergibt sich gewissermaßen für den Staat die Verpflichtung zur Anordnung der Alternativen, damit niemand ersatzlos frei wird. Der Hinweis von Herrn Doehring, daß es im Kriege keine lästige Alternative gegenüber dem Risiko des Todes für den Soldaten gibt, ist natürlich richtig. Hier wäre jetzt wieder die dogmatische Frage anzusetzen, ob man nicht — und dazu würde ich neigen, ohne mich im Moment festlegen zu wollen — mit Eintritt des Verteidigungsfalles das Antragsrecht Tag für Tag abschaffen muß. Es ist jetzt so ausgestaltet, daß nicht nur vor Einberufung, sondern noch während der Dienstzeit jederzeit der Antrag auf Anerkennung als Kriegsdienstverweigerer gestellt werden kann. Ich bin der Ansicht, daß im Sinne des Toleranzprinzips, das nach meiner Auffassung die Handhabung der Gewissensfreiheit dirigiert, auch der Staat die Erwartung an die Bürger stellen kann, daß der einzelne sich beizeiten überlegt, ob er gewissensmäßig in der Lage ist, Kriegsdienst zu leisten oder nicht. Das Antragsrecht darf nicht zum probaten Mittel werden, um in psychischen Drucksituationen vor einem Kampfeinsatz einen „Ausweg" zu haben. Aber das ist ein Detailproblem von Art. 4 Abs. 3, das wir hier leider nicht mehr behandeln können. — Herr Quaritsch mahnt mich mit Recht mit einem Blick auf die Uhr. Ich weiß nicht, ob ich wesentliche Fragen und Anregungen unbeantwortet gelassen habe. Ich bitte dann um Exkulpation und möchte abschließend nur noch ein Wort zu der Ansicht von Herrn Bettermann sagen, daß die Schranken des Art. 136 Abs. 1 WRV wenn nicht direkt, so zumindest analog für die Gewissensfreiheit in Art. 4 Abs. 1 heranzuziehen seien. Es läßt sich weniges so eindeutig aus den Beratungen des Parlamentarischen Rates entnehmen wie daß Einschränkungen der Grundrechte nur dort und so weit möglich sein sollen, als sie ausdrücklich in Art. 2—19 zugelassen sind. Das hat Hermann v. Mangoldt in seinem Bericht an das Plenum des Parlamentarischen Rates, den er für den Grundsatzausschuß gab, ausdrücklich festgestellt. Er hat auf die Probleme und die Schwierigkeiten hingewiesen, die sich daraus für die Rechtspraxis ergeben. Aber man sei der Meinung gewesen, diese Schwierigkeiten müßten in Kauf genommen werden, um des starken

Schutzes der Grundrechte willen, den man wolle. Man kann das nicht einfach mit dem Schluß von Art. 136 I 2 aus der Welt schaffen, wobei zudem zu beachten ist, daß der Art. 135 WRV mit dem Vorbehalt für die allgemeinen Gesetze gerade nicht rezipiert worden ist. Art. 140 GG ist erst in letzter Stunde im April 1949 als sogenannter Kirchenkompromiß in das Grundgesetz hereingekommen. Dahinter stand nicht der Normierungswille, nun nochmal von rückwärts in die Grundrechte als individuelle Freiheitsrechte zusätzliche Schranken hineinzubringen.

Sie sehen, es sind noch viele Fragen offengeblieben. Wir werden wahrscheinlich alle miteinander noch lange zu tun haben, bis wir eine handhabbare Dogmatik der Gewissensfreiheit entwickelt haben. Aber es würde mich freuen, wenn unsere Verhandlungen heute und vielleicht auch mein Referat dazu etwas beitragen können.

Bäumlin (Schlußwort): Ich möchte Ihnen meinerseits für die rege Diskussion danken, für die vielen Anregungen, die Sie zur weiteren Förderung unseres Themas beigetragen haben. Zum voraus muß ich um Entschuldigung dafür bitten, daß es mir nicht möglich sein wird, auf alle aufgeworfenen Fragen einzugehen. Die Zeit, die uns noch bleibt, läuft jetzt sehr rasch ab.

Zunächst eine Feststellung: Die Diskussion hat eine bestimmte Schwierigkeit der überlieferten Grundrechtstheorie sehr deutlich gemacht. Immer wieder sind wir vom „Begriff" des Grundrechts zu dessen „Schranken" hin und her gehüpft. Es ist nicht geglückt, aus diesem Zirkel herauszukommen.

Für unzulässig halte ich eine Rückbindung der Gewissensfreiheit an die Religionsfreiheit. Dies ginge im weltanschauungsneutralen Staat nicht an; es wäre dies weiter mit der Formulierung verschiedener Freiheitsrechte nicht zusammenzubringen, ebensowenig mit der Rechtsgleichheit.

Ich möchte noch auf ein Problem hinweisen, das nur ganz nebenbei zur Sprache gekommen ist. Herr Pfeifer hat auf die Bestimmung in Art. 38 Abs. 1 GG hingewiesen, wonach die Abgeordneten „nur ihrem Gewissen unterworfen" sind. Hierzu ist zu sagen, daß es kaum angeht, einen einheitlichen Gewissensbegriff anzunehmen, dem in der gesamten Rechtsordnung, wo immer die Vokabel „Gewissen" auftritt, dieselbe Bedeutung zukäme. Brinkmann hat das versucht und nach dem „Gewissen an und für sich" gefragt. Diese Fragestellung möchte ich nicht übernehmen. Juristische Begriffe sind auf praktische

Fragen bezogene Begriffe. Und je nach dem Problemzusammenhang, je nach der praktischen Frage, auf die er jeweilen bezogen ist, kann ein Begriff verschiedene Bedeutungen haben. So ist „Gewissen" im Sinne der gewissenhaften Erfüllung von Amtspflichten nicht dasselbe wie „Gewissen" im Sinne der Gewissensfreiheit.

Die von Herrn Häberle vorgetragenen Überlegungen sind gewiß sehr ernst zu nehmen. Ich glaube, die Sache, auf die er hinwies, in meinen Erwägungen über Gesetzgebungsaufträge, die sich auch aus dem Grundrecht der Gewissensfreiheit ergeben, berührt zu haben. Freilich weist der von Herrn Häberle erwähnte Problemkreis weit über das Spezialgrundrecht der Gewissensfreiheit hinaus. Heiko Faber hat in seiner Studie über „Innere Geistesfreiheit und suggestive Beeinflussung" die These vertreten, die verfassungsrechtliche Grundlage zum Schutze freier und rationaler Meinungsbildung sei weniger bei den Grundrechten als im organisatorischen Teil der Verfassung zu suchen.

Nun noch einige Bemerkungen zur Schrankenproblematik! Herr Böckenförde und ich hätten uns von unseren unterschiedlichen staatsrechtlichen und staatstheoretischen Grundpositionen aus befechten können. Das ist unterblieben und wäre wohl auch recht unergiebig gewesen. Trotz wesentlicher Unterschiede haben wir doch manche Übereinstimmung erreicht, was hiermit unterstrichen sei. Ich habe zur Begründung der Schranken zu Art. 4 Abs. 1 GG auch den weiter geltenden Art. 136 Weimarer Reichsverfassung herangezogen. Herr Böckenförde lehnt diese Argumentation ab. Ich möchte indessen an ihr festhalten. Auf Art. 137 WRV würde ich nicht sehr abstellen. Immerhin ist der daselbst genannte Begriff des für alle geltenden Gesetzes in den in Art. 136 genannten Pflichten und Rechten mitvorausgesetzt, weil diese durch Gesetz zu bestimmen sind. Den Gedanken, Art. 140 GG, über den dann Art. 136 WRV ins geltende Verfassungsrecht hineingekommen sei, beruhe auf einem Versehen, kann ich nicht mitvollziehen. Wenn man schon von „Versehen" sprechen will — wären dann nicht eher gewisse verfassungsperfektionistische Voten bei der Beratung des Grundgesetzes als „Versehen" zu qualifizieren?

Zur Begründung der Schranken, die m. E. gegenüber Art. 4 Abs. 1 GG bestehen, käme man aber auch ohne Art. 136 WRV aus. Neben den Grundrechten stehen die Kompetenzartikel der Verfassung, Bestimmungen, welche die Verwirklichung der staatlich zu unternehmenden Gemeinschaftsaufgaben statuieren. Beide Gruppen von Verfassungsbestimmungen sind geltendes Recht. Wo Konflikte entstehen, muß praktische Konkordanz angestrebt werden, woran das Fehlen von Vorbehaltsschranken bei einzelnen Grundrechten nichts ändert.

Herr Böckenförde vertritt, wie gesagt, in bezug auf die Schranken der Gewissensfreiheit Thesen, die im Ergebnis von den meinigen nicht allzusehr differieren. In seiner Begründung geht er indessen von der Staatsidee des Grundgesetzes aus. Diesen Weg möchte ich lieber nicht gehen und statt dessen positivrechtlich mit Bestimmungen der Verfassung argumentieren, insbesondere mit Bestimmungen, die bestimmte staatliche Gemeinschaftsaufgaben vorsehen, aus welchen sich dann Spannungen zu Grundrechten ergeben können. Und weiter kann eine positiv-rechtliche Argumentation eben auch Art. 136 WRV nicht umgehen. Herr Böckenförde orientiert sich an der Staatsidee und will Schranken der Gewissensfreiheit so weit zulassen, als „elementare letzte Zwecke des modernen Staates unmittelbar bedroht sind". Was ist damit aber genau gesagt? Je nach der Staatsauffassung oder der Ideologie, die man heute vertritt oder der man in Zukunft anhängen wird, dürfte dieses oder jenes als elementar gelten. Und das erscheint mir als nicht ungefährlich. Die Grundkonzeptionen, von denen Herr Böckenförde und ich ausgegangen sind, bleiben — wie unsere Begründungen — sehr verschieden. Wenn wir uns im praktischen Ergebnis doch recht nahe gekommen sind, steht das der juristischen Vernunft, die nicht ideologisch, sondern praktischrational sein soll, einigermaßen wohl an.

Zweiter Beratungsgegenstand:

Die Rechtsformen der sozialen Sicherung und das Allgemeine Verwaltungsrecht

1. Bericht von Professor Dr. Wilhelm *Henke*, Erlangen-Nürnberg

Vorbemerkung

Die Fragestellung, die das Thema aufwirft, ist von Herrn Rüfner und mir dahin aufgefaßt worden, daß die Einwirkungen der beiden Rechtsbereiche — Sozialrecht und Allgemeines Verwaltungsrecht — aufeinander diskutiert werden sollen. Meine Frage heißt: wie wirkt das Sozialrecht auf das Allgemeine Verwaltungsrecht, oder wie könnte es darauf einwirken?

Ich sehe von Definitionen des Sozialrechts und des Allgemeinen Verwaltungsrechts ab und halte mich hierzu an das herrschende Verständnis.

Alle wirklichen oder möglichen Einwirkungen des Sozialrechts auf das Allgemeine Verwaltungsrecht zu erörtern ist unmöglich. Ich habe einige Fragen ausgewählt, die mir bei der Beschäftigung mit dem Thema besonders auffielen und die mir für eine Erörterung unter den gegenwärtigen Umständen geeignet und interessant erschienen. Es sind dies: das Verhältnis von öffentlichem und privatem Recht, das Gewaltverhältnis, die Selbstverwaltung, die öffentlichrechtliche Entschädigung und abschließend die Gefahr einer Sozialisierung des Verwaltungsrechts.

Ich habe es nicht als meine Aufgabe angesehen, zu diesen Fragen abgeschlossene Forschungsergebnisse vorzulegen, sondern einige Thesen für eine Diskussion zu liefern.

I. Öffentliches Recht und Privatrecht

Allgemeines Verwaltungsrecht und Sozialrecht gelten beide als öffentliches Recht. Die Unterscheidung von öffentlichem und privatem Recht ist problematisch[1]), und zwar seit so langer Zeit und in so tiefgreifender und widerstandsfähiger Weise, daß die Annahme naheliegt, es gehe nicht um Definition und Ab-

---

[1]) Vgl. vor allem *Bullinger,* Öffentliches Recht und Privatrecht, 1968 m. Nachw.; *Werner Weber,* Art. Öffentliches Recht in HdSW; *H. J. Wolff,* VerwR I, § 22.

grenzung, sondern um eine innere Spannung zwischen zwei gegensätzlichen, tragenden Elementen unserer Rechtsordnung, die das immer neue Finden des Gleichgewichts und nicht die Befestigung einer Grenze zur Aufgabe macht.

Das Sozialrecht zeigt dies deutlicher als andere Rechtsgebiete, denn es ist mit privatrechtlichen Erscheinungen besonders eng verflochten und seine Zugehörigkeit zum öffentlichen Recht war anfangs durchaus unsicher und bestritten[2]).

Die Verflechtung zeigt sich z. B. bei den Sach- und Dienstleistungen der Krankenversicherung. Der Kranke steht in einem öffentlichrechtlichen Mitgliedsschaftsverhältnis zu seiner Kasse, einer Körperschaft öffentlichen Rechts[3]). Der Arzt steht im gleichen Verhältnis zur kassenärztlichen Vereinigung, ebenfalls Körperschaft öffentlichen Rechts[4]). Das Verhältnis zwischen Arzt und Patient ist durch das zwischen Kasse und kassenärztlicher Vereinigung, nämlich durch öffentlichrechtliche Rahmenvereinbarungen bestimmt[5]). Der Patient hat einen öffentlichrechtlichen Anspruch gegenüber seiner Kasse auf ärztliche Versorgung[6]), der Arzt eine öffentlichrechtliche Pflicht zur Behandlung des Patienten gegenüber seiner Vereinigung, zu deren Erfüllung er mit Verwarnung, Verweis und Geldbuße angehalten werden kann[7]). Die kassenärztliche Vereinigung hat gegenüber der Kasse die öffentlichrechtliche Pflicht, die ärztliche Behandlung zu gewährleisten, diese gegenüber jener die Pflicht, die Gesamtvergütung zu zahlen[8]). Zwischen Arzt und Patient besteht weder ein Vertrag noch ein öffentlichrechtliches Verhältnis. § 368 d Abs. 4 RVO überbrückt diese Lücke durch einen undeutlichen Rückgriff auf bürgerliches Recht: „Die Übernahme der Behandlung verpflichtet den Kassenarzt . . . dem zu Behandelnden gegenüber zur Sorgfalt nach den Vorschriften des bürgerlichen Vertragsrechts." Ob ein solcher Vertrag hier besteht — die freie Arztwahl könnte dafür sprechen — oder ob er fingiert wird, oder ob nur bürgerliches Recht für entsprechend anwendbar erklärt wird, bleibt offen, also eben die Frage, die überall offen bleibt, wo BGB-Vertragsrecht in öffentlichrechtlichen Verhältnissen gelten soll, z. B. bei Sub-

---

[2]) Jetzt gilt es im Ganzen als öffentliches Recht, vgl. *Wertenbruch*, Sozialverwaltungsrecht, in Besonderes VerwR, hrsg. v. *von Münch*, 1969, S. 297.

[3]) §§ 306 ff., § 4 RVO. Der öffentlichrechtliche Charakter ergibt sich nicht aus der RVO.

[4]) § 368 k Abs. 3 RVO.

[5]) § 368 g RVO.

[6]) §§ 182 Abs. 1 und 2, 368 e RVO.

[7]) §§ 368 k Abs. 1 S. 1, 368 n RVO.

[8]) §§ 368 n, 368 f RVO.

ventionsleistungen. Ein Vertrag und ein Honoraranspruch, also wirkliches Privatrecht, werden jedenfalls dann angenommen, wenn der Patient binnen 10 Tagen keinen Krankenschein beibringt, das öffentlichrechtliche Krankenversorgungssystem also zwischen Arzt und Patient nicht zur Auswirkung kommt[9]).

Wandert der Patient vom Arzt zur Apotheke, so wandert er, obwohl er innerhalb des Sozialversicherungssystems bleibt, in ein anderes Rechtsgebiet. Er kauft das Medikament nach Privatrecht. Er kauft es für Rechnung seiner Kasse[10]) und der Apotheker erwirbt einen privatrechtlichen Kaufpreisanspruch gegen die Kasse, denn die Rahmenvereinbarungen zwischen Kassen- und Apothekerverbänden gelten als privatrechtlich, weil letztere keinen öffentlichrechtlichen Status haben[11]). Die Rezeptgebühr, die bei dem Kauf zu zahlen ist, ist allerdings eine öffentlichrechtliche Abgabe, ein Sonderbeitrag des Patienten an seine Kasse, der von der Apotheke anläßlich des Kaufs mit eingezogen und an die Kasse abgeführt wird, alles im Rahmen des öffentlichen Rechts[12]). Auch die Befugnis des Arztes zur Verschreibung und die Befugnis des Patienten zum Kauf für Rechnung der Kasse beruhen auf öffentlichem Recht.

Diese Litanei ließe sich ganz entsprechend für die Zahlung der Sozialversicherungsbeiträge im Lohnabzugsverfahren wiederholen. Privatrechtliches Arbeitsverhältnis und öffentlichrechtliches Dreiecksverhältnis zwischen Arbeitgeber, Arbeitnehmer und Sozialversicherungsträger verflechten sich und überschneiden sich sogar, z. B. wenn der Streit zwischen Arbeitgeber und Arbeitnehmer um rückständige Beiträge privatrechtlich eingeordnet wird[13]) oder der Arbeitgeber privatrechtlich auf Einbehaltung der Beiträge verzichtet und sie selbst voll übernimmt[14]).

Grund für die Zurechnung zum öffentlichen Recht ist hier offenbar die öffentlichrechtliche Organisation der Sozialversicherungsträger. Nicht die Anwendung von Zwang oder die typischen Hoheitsaufgaben oder die einseitige Entscheidung im Gegensatz zum Vertrag sind maßgebend, sondern die Beteiligung eines Rechtssubjekts mit öffentlichem Status. Selbst der quasi fiskalische, jedenfalls vertragliche Beschaffungsvorgang,

---

[9]) *Brackmann*, Hdb. d. Soz.vers. (Losebl.ausg.), S. 441.

[10]) Vgl. *Kracht*, NJW 1962, 187.

[11]) Vgl. *Kracht*, NJW 1962, 187; *Brackmann*, Hdb. S. 467; §§ 407, 414 e, 375 RVO.

[12]) § 182 a RVO; *Brackmann*, Hdb. S. 438 b.

[13]) *G. Wannagat*, Lb. d. Sozialvers.rechts Bd. 1, 1965, S. 194 N. 3; vgl. auch BAG v. 14. 7. 1960, ZAZR 485/59 zit. bei *Wannagat*, aaO., S. 194.

[14]) Brackmann, Hdb. S. 370 b f.

im Verhältnis zu Privaten wie den Apothekern privatrechtlich, wird im Verhältnis zu öffentlichen Körperschaften, den kassenärztlichen Vereinigungen, öffentlichrechtlich eingeordnet.

Umgekehrt wird die öffentliche Beitragspflicht privatrechtlich beurteilt, wenn sie zwischen Arbeitgeber und Arbeitnehmer als Privatrechtssubjekten streitig wird. Öffentliches Recht erscheint so als das Recht der öffentlichen Gewalt, als Amtsrecht, im Gegensatz zum Recht der Privaten für ihr privates Handeln[15]). Es ist mit dem Privatrecht in dem Maße verflochten wie amtliches Handeln mit privatem verflochten ist.

Die Einordnung des Sozialrechts in das öffentliche Recht war anfangs, noch um die Jahrhundertwende, umstritten[16]). Die für die Zuordnung angewandten Maßstäbe waren aber andere als heute. Als Argument gegen die Einordnung in das Privatrecht und für die Einordnung in das öffentliche Recht wurde vor allem vorgebracht, daß das Sozialversicherungsverhältnis nicht durch Vertrag, sondern durch Gesetz entstehe, daß die Vertrags- und die Dispositionsfreiheit eingeschränkt seien — Verbot abweichender Vereinbarungen zu Lasten des Versicherten[17]), Verbot der Übertragung, Verpfändung, Pfändung und Aufrechnung von Versicherungsansprüchen[18]). Privatrecht war hier der Bereich der sog. Privatautonomie, in dem der freie Wille der — für Schadensersatzansprüche — das Verschulden einzelner Privater der Grund aller Rechtsverhältnisse ist, im Gegensatz zum Bereich staatlicher Rechtsetzung oder Reglementierung, wo der sog. Staatswille Grund der Rechtsverhältnisse ist. Daß diese Vorstellung vom Privatrecht dem BGB zugrundeliegt, ist durch Gierkes bekannte Kritik bewußt geworden[19]). Die Folge ist, daß die notwendigen Bindungen der Privatrechtspartner vom Arbeitsvertrag bis zu den Abzahlungsgeschäften außerhalb des BGB bestimmt sind. Sie gelten

---

[15]) Vgl. *H. J. Wolff*, Verwaltungsrecht I, § 22 II; *H. F. Zacher*, Verwaltung durch Subventionen, VVDStRL 25 (1967) S. 350 f.

[16]) Vgl. dazu vor allem *H. F. Zacher*, Die Sozialversicherung als Teil des öffentlichen Rechts, Festschrift *Kurt Jantz*, 1968, S. 29 ff., hier S. 30 ff., mit Nachweisen, insbes. *Adolf Menzel*, Die rechtliche Natur der Unterstützungsansprüche . . . Arch. f. bürg. R. 1 (1889), S. 327 ff. und *Richard Weyl*, Lb. d. Sozialvers.rechts 1894, S. 908 ff. als Hauptvertreter beider Ansichten.

[17]) Heute § 139 RVO. Er gilt auch für das Verhältnis zwischen Versicherungsträger und Versicherten, vgl. *Wannagat*, Der Anwendungsbereich des öffentlichrechtlichen Vertrages im Sozialversicherungsrecht, NJW 1961, 1191.

[18]) Heute §§ 119, 223, 629, 1299, 1312 RVO; § 4 Abs. 1 S. 2 SHG; § 67 BVersG. Vgl. *Adolf Menzel*, aaO., S. 328, 329, 333; *Richard Weyl*, aaO., S. 913, 914 f.

[19]) u. a. Der Entwurf eines BGB und das deutsche Recht, 1889.

dennoch nicht als öffentliches Recht. Schon um 1890 waren nämlich die Kriterien der Zurechnung andere geworden. So verteidigte Adolf Menzel 1889 den privatrechtlichen Charakter der Sozialversicherungsansprüche indem er sagte, es sei „nicht richtig, daß das Privatrecht ausschließlich die Domäne der freien Selbstbestimmung des Individuums bilde und daß jede Einschränkung derselben etwas dem Privatrecht fremdes sei ..."[20]). Ebenso verwarf er das Argument, Quelle der Privatrechte sei „der freie Wille des Einzelnen", rechtlich Vertrag oder Verschulden, Ansprüche, die „im herrschenden Willen des Staates ihren Rechtsgrund" haben, müßten daher öffentlichrechtlicher Natur sein[21]). Bezüglich des sozialpolitischen, also öffentlichen Interesses hinter dem Sozialversicherungsrecht sagt er, es könne ebenso durch Änderung oder Fortbildung des Privatrechts verfolgt werden[22]). Richard Weyl, Vertreter der öffentlichrechtlichen Einordnung des Sozialversicherungsrechts, vertrat insoweit dieselbe Auffassung, indem er auf die gesetzlichen Eigentumsbeschränkungen, Unterhalts-, Erb- und Schadensersatzansprüche des Privatrechts und auf bestehende gesetzliche Verfügungsbeschränkungen für eindeutig privatrechtliche Ansprüche hinwies[23]). Er hielt bereits die öffentlichrechtliche Organisation der Versicherungsträger für das entscheidende Argument[24]). Die Trennungslinie zwischen privatem und öffentlichem Recht hat sich also verschoben. Die Grenze zwischen Privatautonomie und Staatswille, die mit dieser Trennungslinie einmal zusammenfiel, liegt jetzt weit jenseits, mitten im bürgerlichen Recht. Nicht mehr wo der Staat an Stelle der privaten Bürger und ihrer Verträge über das Recht durch Gesetzgebung im öffentlichen Interesse disponiert, beginnt heute der Bereich des öffentlichen Rechts, sondern erst wo ein Rechtssubjekt mit öffentlichem Status Angelegenheiten in öffentliche Verwaltung nimmt[25]).

Eine Auflösung der vorhin gezeigten Verflochtenheit der beiden Rechtsbereiche mag für Rechtswegfragen manchmal notwendig sein, sie wird von der tatsächlichen und praktischen

[20]) aaO., S. 329 f.

[21]) aaO., S. 333 mit Bezug auf *Rosin*, Das Recht der öffentlichen Genossenschaft, S. 175.

[22]) aaO., S. 331.

[23]) aaO., S. 914 f.

[24]) aaO., S. 917, 921 f.

[25]) Vgl. z. B. BGH, U. v. 15. 6. 1967, DVBl. 1967, 883 (884 re. Sp.): Immissionsschäden aus Autobahnbau sind privatrechtlich zu beurteilen (§ 906 BGB), wenn sie von einer Privatfirma durchgeführt werden, öffentlichrechtlich (enteignungsgleicher Eingriff), wenn bzw. soweit die Privatfirma nur Werkzeug der verantwortlichen Behörde ist.

Zusammengehörigkeit der Sozialverwaltung immer wieder überspielt werden. Auch hat der Blick in die Geschichte gezeigt, daß die Unterscheidung nur relative Bedeutung besitzt. Es spricht vieles dafür, im öffentlichen und privaten Recht nicht zwei geschlossene Rechtssysteme zu sehen; Bullinger hat das in seiner Schrift über „Öffentliches Recht und Privatrecht" von 1968 ausführlich begründet. Hier geht es jedoch nicht um die Rückgewinnung gemeinrechtlicher Institute für die Bedürfnisse der Verwaltung, ein gewiß erstrebenswertes Ziel, sondern um den Sinn der Unterscheidung von privatem und öffentlichem Recht.

Ich glaube, daß in der Unterscheidung — nicht Scheidung — von Privatautonomie und Staatswille als zweierlei Grundlagen des Rechts etwas Wesentliches, nämlich für die Freiheit Wesentliches liegt. Diese beiden Positionen sind nicht nur Hervorbringungen theoretischer Spekulation oder politischer Ideologie. In der Rechtsgeschichte ist erkennbar, wie die Privatautonomie als individuelle Freiheit der Rechtsetzung und Rechtsgestaltung aus der religiös oder metaphysisch geschlossenen Rechtsordnung herauswächst, vom römischen Konsensualkontrakt über die Testierfreiheit, die freie Verfügung über Grundeigentum u. a. bis zur Privatautonomie des BGB. Es ist andererseits erkennbar, wie die staatliche oder sonst hoheitliche Rechtsetzung und Rechtsgestaltung an die Stelle der religiösen oder metaphysischen Bindungen staatliche oder soziale Bindungen setzt, von der Gerichtsbarkeit anstelle von Rache, Selbsthilfe und Schiedsgericht über zwingendes Gesetzesrecht bis zur Übernahme in staatliche oder sonst öffentliche Verwaltung.

Nicht nur historisch, auch gegenwärtig gibt es diese Reihe der Möglichkeiten eines mehr oder weniger privaten, mehr oder weniger öffentlichen Rechts. Versicherungen gegen Krankheit, Unfall, Arbeitsunfähigkeit u. a. könnten frei durch Vertrag von Versicherern mit Einzelnen zu individuellen Bedingungen vereinbart werden wie heute Kauf- und Werkverträge. Oder Gesetze könnten einen bestimmten Mindestinhalt der Verträge festsetzen, dispositiv wie beim Darlehensrecht des BGB oder zwingend wie beim Abzahlungsgeschäft. Sie könnten eine allgemeine Verpflichtung zum Vertragsschluß vorschreiben wie bei der Kraftfahrzeug-Haftpflicht-Versicherung[26]), oder einen beiderseitigen Kontrahierungszwang wie bei der Energielieferung[27]) oder in der Milchmarktordnung[28]), oder sie könnten das Rechtsverhältnis ohne Vertrag bei Erfüllung bestimmter Vor-

---

[26]) Gesetz über Pflichtversicherung . . . vom 7. 11. 1939.

[27]) § 6 EnWG.

[28]) § 1 Abs. 1 und 4 MFettG.

aussetzungen beginnen lassen wie im Sozialversicherungsgesetz[29]). Die Verwaltung kann ins Spiel gebracht werden durch eine Genehmigungspflicht für Unternehmen oder für ihre Tarife oder für alle ihre Verträge, ferner durch eine lockere oder strengere Aufsicht, wie im Privatversicherungsrecht[30]) oder im Bankwesen[31]), oder auch durch Bildung von Versicherungsträgern als Einrichtungen der Selbstverwaltung wie im Sozialversicherungsrecht. Schließlich kann das Prinzip der Versicherung verlassen und eine allgemeine Staatsbürgerversorgung in unmittelbarer staatlicher Verwaltung eingeführt werden. Das Fortschreiten in dieser Reihe bedeutet ein Fortschreiten von der Privatautonomie zum staatlich bestimmten Recht.

Nehmen wir den Gedanken ernst, daß Privatautonomie das Prinzip des Privatrechts, staatliche Bestimmung des Rechts das Prinzip des öffentlichen Rechts ist, dann stehen diese beiden Prinzipien an den beiden Enden einer Reihe von Möglichkeiten, in der in einem bestimmten Sachbereich — Versicherung, abhängige Arbeit, Wohnungsmiete u. a. m. — staatliche Rechtsetzung und Rechtsgestaltung private Bestimmung des Rechts Stück für Stück ersetzen kann. Bei einer solchen Konzeption durchdringen sich privates und öffentliches Recht auf das engste. Für bestimmte Zwecke, heute für die Zuständigkeitsabgrenzung der Gerichtszweige, den Rechtsunterricht und die Systematik, muß an einer Stelle die Grenze gezogen werden. 1880 lag sie noch dort, wo das Gesetz an die Stelle des Vertrages und der freien Disposition über Rechte tritt, heute liegt sie dort, wo die Exekutive eine Angelegenheit selbst in Verwaltung nimmt[32]). Unabhängig von dieser mehr pragmatischen Grenzziehung sollte aber die durchgängige Unterscheidung der Prinzipien erhalten bleiben, denn ein Fortschreiten in jener Reihe der Verstaatlichung des Rechts ist ein Fortschreiten von der Freiheit des Einzelnen.

Rein privates Recht im eigentlichen Wortsinn gibt es heute nicht. Darum ist es besser von bürgerlichem Recht statt von Privatrecht zu sprechen, denn der Bürger ist dem öffentlichen Bereich zugewandt und eingegliedert, er ist nicht „privatus"; und von Amtsrecht statt von öffentlichem Recht, denn auch das bürgerliche Recht, nicht nur das Recht der Ämter und Behörden, ist im öffentlichen Interesse durch die öffentliche Gewalt geordnet. Aber das bürgerliche Recht und selbst das Amtsrecht, wo es Anträge oder Verträge oder andere Mitwirkungen des

---

[29]) §§ 306, 537, 1227 RVO.
[30]) VersAufsG v. 6. 6. 1931.
[31]) KreditwG v. 10. 7. 1961.
[32]) Vgl. die oben (N. 15) Genannten.

Bürgers vorsieht, enthält echt privatrechtliche Elemente, nämlich solche der Privatautonomie. Sie sind Elemente der Freiheit. Freilich geschah und geschieht die Einwirkung des Staates auf das Recht — durch Gesetzgebung bis hin zur Einbeziehung in die Staatsverwaltung — auch um der Freiheit willen, aber sie setzt an die Stelle der privaten, der großen Freiheit vom Staat und von der Gesellschaft die sozialisierte, die kleine Freiheit vom Arbeitgeber, vom Vermieter, von den Wechselfällen des Lebens. Das mag weithin wünschenswert sein. Auf dem Gebiet der Sozialversicherung haben wir das Recht in der Reihe der Möglichkeiten weit ins öffentliche Recht bis ins Amtsrecht hinausgeschoben, ohne es bisher zu bereuen. Aber wir sollten uns der Bedeutung der zweierlei Elemente überall in unserem Recht bewußt bleiben, sollten die privatrechtlichen Elemente als Zeichen erhaltener privater Freiheit und die öffentlichrechtlichen als Zeichen fortschreitender Sozialisierung der Freiheit ernst nehmen und bei Entscheidungen über die rechtliche Gestaltung eines Sachbereichs beide auf die Waagschale legen. Das gilt z. B. für die Alternative einer sozialrechtlichen, d. h. mehr öffentlichrechtlichen, oder arbeitsrechtlichen, d. h. mehr privatrechtlichen Konstruktion der Lohnfortzahlung im Krankheitsfall. Es kann vor allem als Warnzeichen bei der Entscheidung solcher Alternativen dienen. Die Versorgung mit Lebensmitteln, mit Energie, mit Verkehrsleistungen u. a. m. ließe sich schließlich ebenso organisieren wie die der Sozialversicherten mit ärztlichen Leistungen, mit der Folge, daß die Partner sich dort wie hier nicht unmittelbar privatrechtlich und personal sondern nur noch mittelbar als die letzten Ausläufer zweier großer, irgendwo weit entfernt miteinander verkoppelter administrativer Systeme, d. h. als Marionetten gegenüberständen.

II. Gewaltverhältnis und Rechtsverhältnis

Diese Vereinigung diskutierte 1926 den „Einfluß des Steuerrechts auf die Begriffsbildung des öffentlichen Rechts"[33]), ein dem heutigen verwandtes Thema. Hensel vertrat damals die Ansicht, das Steuerverhältnis sei kein Gewaltverhältnis, sondern ein gesetzliches Schuldverhältnis öffentlichen Rechts, weil es durch das Gesetz begründet werde, das Behörde und Bürger gleichermaßen binde, von der Verwaltung aber nur gemäß dem Gesetz durchgeführt werde[34]). Nawiasky trat dem bei, weil ein Gewaltverhältnis dort bestehe, wo der Berechtigte bestimme, was der Verpflichtete zu tun hat, weil dies aber im Steuerrecht nicht

---

[33]) VVDStRL 3 (1927) S. 63 ff.
[34]) aaO., S. 77—87.

der Fall sei[35]). Bühler, Apelt, Walter Jellinek u. a.[36]) widersprachen, weil es nicht auf die gesetzliche Regelung, sondern auf deren Vollzug ankomme, den die Behörde als Berechtigter selbst anordne und durchführe.

Der Vorstoß Hensels blieb ohne Wirkung. Auf der Tagung von 1956 unternahm Herbert Krüger einen Angriff auf das besondere Gewaltverhältnis[37]). Weil es ein Rest oder ein illegitimes Gewächs ursprünglicher, unverfaßter, persönlicher Gewalt sei, stehe es im Widerspruch zur Herrschaft des Gesetzes und müsse durch eine Intensivierung des allgemeinen Gewaltverhältnisses ersetzt werden. Dem wurde vor allem von Werner Weber widersprochen, weil die Gewaltverhältnisse heute durchaus rechtlich verfaßt seien und weil die in ihnen ausgebildeten sachbezogenen Ordnungen und Institutionen vor einebnender Egalisierung bewahrt werden müßten[38]).

Heute ist die Gewalt im besonderen Gewaltverhältnis in starkem Maße rechtlich gebunden, vor allem durch Erstreckung des Instituts des Verwaltungsakts, der Grundrechtsgeltung und eines entsprechenden Rechtsschutzes in das Innere dieser Verhältnisse, der wiederum zur Ausbildung von Rechtsgrundsätzen und Ermessensschranken in der Verwaltungsrechtsprechung geführt hat. Die weit fortgeschrittene Normierung des Verwaltungshandelns und die wachsenden Zweifel an der zentralen Stellung des Verwaltungsakts im Verhältnis zwischen Bürger und Behörde werfen die seinerzeit von Hensel gestellte Frage erneut und nachdrücklich auf, nämlich ob der Begriff des Gewaltverhältnisses dem gegenwärtigen Verhältnis zwischen Verwaltung und Bürger überall angemessen ist.

Kein Rechtsgebiet ist geeigneter, diese Frage immer neu ins Bewußtsein zu bringen, als das Sozialversicherungsrecht. Das Versicherungsverhältnis entsteht kraft Gesetzes ohne Verwaltungsakt[39]), wie die Steuerpflicht, an die Hensel anknüpfte. Beitragspflicht und Leistungsansprüche sind bis ins letzte durch Gesetz oder Satzung geregelt. Obwohl der Versicherte Mitglied einer Körperschaft öffentlichen Rechts ist und dieses Verhältnis im allgemeinen als Gewaltverhältnis gilt[40]), kann von einer

---

[35]) aaO., S. 124 f.; vgl. *derselbe*, Forderungs- und Gewaltverhältnis, Festschrift Zitelmann, 1913.

[36]) aaO., S. 106—109 (*Bühler* als Zweitreferent); 118 (*Koellreutter*), 121 f. (*Apelt*); 129 (*Jellinek*).

[37]) VVDStRL 15 (1957) S. 109 ff.

[38]) aaO., 186 ff., bes. S. 191 f.

[39]) Vgl. zum Versicherungsverhältnis *Brackmann*, Hdb. S. 80 b, 666 p; *Wannagat*, Lehrbuch, S. 299 ff.

[40]) Vgl. *H. Krüger*, aaO., S. 110.

Unterworfenheit unter hoheitliche Verfügungsgewalt nicht gut die Rede sein. Vor allem ist dabei zu berücksichtigen, daß sich über den bloßen Inhalt der Gesetze hinaus in Lehre und Rechtsprechung eine Fülle beiderseitiger Rechte und Pflichten ausgebildet hat, in deren Gesamtheit auch die Verwaltungsakte, die im Versicherungsverhältnis ergehen, eingebettet sind. Das gilt auch und wegen der geringeren Normierung sogar verstärkt für das Versorgungs- und Sozialhilferecht. Das Verhältnis verschiedener Sozialleistungen zueinander, die Pflicht sich einer Operation zu unterziehen, die Verweisung auf private Hilfe oder Selbsthilfe, die Behandlung Arbeitsunwilliger, die Pflicht der Behörde zu rascher Entscheidung oder zur Änderung einer Entscheidung von Amts wegen, ein Betreuungsverhältnis mit gegenseitigen Rechten und Pflichten, Pflichten der Behörde zu Informierung, Aufklärung, Rechtsbelehrung, Zusammenwirken mit anderen Stellen, Treu und Glauben, Vertrauensschutz, Pflicht zu besonderer Sorgfalt bei Anrechnungen usw., alle diese und viele andere Gegenstände sind in der Rechtsprechung zum Sozialrecht entwickelt worden[41]) und ergänzen die ohnehin minutiösen Regelungen der Gesetze.

Ein Verhältnis, in dem auf beiden Seiten derart ausgearbeitete materielle Rechte und Pflichten bestehen, kann mit dem Schema Rechtsbefehl und Rechtspflicht zum Gehorsam bzw. Abwehrrecht allein nicht angemessen erfaßt werden. Das war anders, solange die Polizeigewalt als paradigmatisch für das Verhältnis zwischen Verwaltung und Bürger gelten konnte. Sie war prinzipiell eine dem Bürger fernstehende Gewalt, die in außerordentlichen Fällen für einen bestimmten und begrenzten Zweck einen Befehl erteilte. Der Forderung nach Recht und Gerechtigkeit wurde Genüge getan, wenn diese Befehlsgewalt an eine gesetzliche Ermächtigung und in ein Netz von Amtspflichten gebunden und einer unabhängigen Kontrolle unterworfen wurde. Alles andere an Rechtsbeziehungen mußte als justizstaatliches Relikt erscheinen. Das alles gilt auch heute, aber es ist denjenigen Bereichen der Verwaltung, die nach Art des sozialrechtlichen Bereichs gestaltet sind, nicht angemessen. Hier tritt der Bürger mit einem Teil seines Daseins in ein längerdauerndes und intensiveres Verhältnis zur Verwaltung. Sie befiehlt ihm, oder bestimmt, was für ihn rechtens ist, aber er wirkt durch Anträge, Meldungen, Auskünfte, Verhandlungen, Erklärungen oder auch nur durch Verwirklichung der gesetz-

---

[41]) Vgl. die Übersicht bei *U. Eckhardt,* Die Sozialverwaltung in der Rechtsprechung des BVerwG, DVBl. 1968, 866 ff. Die viel weitläufigere Rechtsprechung der Sozialgerichte füllt die Kommentare zu den Sozialversicherungsgesetzen.

lichen Tatbestände an der Entstehung seiner Pflichten und seiner Rechte mit, er gibt und empfängt Leistungen, die miteinander in Zusammenhang stehen, er nimmt und fordert Rücksichten aller Art im Rahmen eines komplexen Lebensverhältnisses. Recht und Gerechtigkeit fordern hier nicht nur interne Bindungen und Kontrollen der Behörde und Abwehrrechte des Betroffenen, sondern rechtliche Relevanz des gesamten Verhältnisses zwischen Behörde und Bürger mit allen darin umschlossenen beiderseitigen Rechten und Pflichten. Dabei kommt es nicht nur auf die Entstehung und Erfüllung der Rechte und Pflichten, sondern vor allem auch auf das dazwischen liegende Verpflichtungsstadium an. Das alles wird umfaßt von dem heute noch ganz im Schatten des Verwaltungsakts und der Verwaltungskontrolle liegenden Rechtsverhältnis zwischen Behörde und Bürger[42]).

Von einem Rechtsverhältnis ist in der Verwaltungsrechtslehre nur andeutungsweise und meist nur als der Grundlage für Verwaltungsakte die Rede[43]). Der Verwaltungsakt als „einseitige Emanation der hoheitlichen Gewalt" (Forsthoff)[44]) steht

---

[42]) Vgl. hierzu für das Privatrecht *J. Esser*, SchuldR I, 3. Aufl., S. 4: Das Verpflichtungsstadium des Schuldverhältnisses ist „nicht nur notwendiges Vorstadium des Bewirkens und Erlangens der geschuldeten Leistung, sondern auch als bestimmte regelungsbedürftige Zeitspanne für die persönliche oder geschäftliche Vorausplanung und Abwicklung des Geschäfts. Schuldrechtliche Tatbestände sind letztlich dafür maßgebend, ob zur richtigen Zeit, in der rechten Dauer, ob überhaupt nicht oder mangelhaft erfüllt worden ist und wie der Gläubiger gegebenenfalls zu entschädigen ist; ferner dafür, ob und wann jemand von seiner Leistungspflicht befreit wird, für welche Risiken er einzustehen hat, welche Handlungen und Umstände er als haftbarmachende zu vertreten hat". Hier finden sich manche Anknüpfungspunkte für den Inhalt von Verwaltungsrechtsverhältnissen.

[43]) Vgl. *O. Mayer*, VerwR I, 3. Aufl., S. 103: Rechtsverhältnis als Grundlage subjektiver Rechte, die aber am Status orientiert sind; *W. Jellinek*, VerwR, 3. Aufl., S. 49: Rechtsverhältnisse öffentlichen Rechts sind solche, „kraft deren Verwaltungsakte vorgenommen werden sollen oder können"; *Fleiner*, VerwR, 8. Aufl., S. 47 f.: Im öffentlichen Recht gibt es „herrschaftliche Rechtsverhältnisse", im übrigen bestimmen einseitiger Befehl und Zwangsgewalt das Verhältnis zwischen Verwaltung und Bürger; *H. J. Wolff*, VerwR I, § 32 V: Rechtsverhältnisse werden mehr beiläufig in kurzem Anhang zur Behandlung des Status und als Folge von Verwaltungsakten erörtert (vgl. § 40 I); ebenda § 44: „Verwaltungsrechtliche Schuld- und Ausgleichsverhältnisse" werden für den Bereich vermögenswerter Leistungen anerkannt und in der Richtung des hier Gesagten erörtert.

[44]) *Forsthoff*, Lb. 9. Aufl., S. 200 unter Ablehnung eines „dem bürgerlichen Recht vergleichbaren Rechtsverhältnisses zwischen Verwaltung und einzelnem". Unter dem Titel „Verwaltungsrechtsver-

nach wie vor allein im Mittelpunkt der Verwaltungsrechtslehre. Gewiß kann der Verwaltungsakt im Verwaltungsrecht nicht entbehrt werden, und wenn „einseitig" bedeutet, daß die behördliche Bestimmung dessen, was für den Bürger rechtens ist, nur als Ausspruch der Behörde ohne Zustimmung des Bürgers Geltung erlangt — im Gegensatz zum Vertrag —, so ist dagegen nichts einzuwenden. Es kann aber, wie die am Beispiel des Sozialrechts aufgezählten Rücksichten zeigen, nicht bedeuten: Emanation eines objektiven Staatswillens, der an und für sich und ohne Ansehen der Person richtig und gerecht und darum für die Rechtsstellung des Bürgers allein maßgebend ist. Die Anwendung des Gesetzes und das Ermessen, die den Verwaltungsakt tragen, geschehen nicht einseitig im Sinne von: ohne Bezug auf den Betroffenen. Es wird meist nicht genügend beachtet, daß der Verwaltungsakt einen materiellen und einen formellen Aspekt hat. Er ist, wie das Urteil, abschließender Bestandteil eines Verwaltungsverfahrens und insofern ebenso streng einseitig wie das gerichtliche Urteil, nämlich Ausdruck der staatlichen Dispositionsbefugnis über das Recht der Bürger. Sofern er aber materiell bestimmt, was für den Bürger rechtens ist, ist er eingebettet in ein System von Rücksichten, juristisch: von Rechten und Pflichten — Grundrechten, Amtspflichten, Ermessensbindungen, Rechtsgrundsätzen, Mitwirkungsrechten oder -pflichten u. a. — und ergeht nicht einseitig, sondern in dem zweiseitigen gesetzlichen Rechtsverhältnis zwischen Verwaltung und Bürger und in seinem Inhalt durch dieses Verhältnis bestimmt. Das gilt auch und grade für die besonderen Gewaltverhältnisse. Es ist einfach nicht wahr, daß das Verhältnis zwischen Gefängnisleitung und Gefangenem, Vorgesetztem und Beamten usw. hors la loi wäre. Es ist durch Grundrechte, Amtspflichten und Ermessensgrenzen bestimmt, auch da, wo es Entscheidungsspielräume einer Seite enthält, vergleichbar dem Arbeitsverhältnis mit seinen allgemeinen Weisungsrechten und Gehorsamspflichten, das ohne Zweifel ein Rechtsverhältnis ist.

Die genannten Einwände gegen Hensel — nicht das Gesetz, sondern die Verwaltung bestimme konstitutiv, was für den Bürger rechtens ist — beruhen auf der Alternativfrage: Setzt das Gesetz das Recht zwischen Verwaltung und Bürger, das

---

hältnis", aaO., § 10, behandelt er einige allgemeine Rechtsinstitute wie Geschäftsfähigkeit, Vertretung, Ersitzung, subjektive öffentliche Rechte u. a. m. Hier geht es demgegenüber um die besonderen Verwaltungsrechtsverhältnisse. Im Anstaltsbenutzungsrecht, aaO., § 21, S. 393, will Forsthoff für „besondere, engere Verhältnisse zur Verwaltung" und Fälle mit „Parallelen zur privatrechtlichen Vertragslage" schuldrechtliche Bestimmungen sinngemäß heranziehen.

von der Behörde nur ausgeführt wird, oder setzt es die Verwaltung, die dazu vom Gesetz nur intern ermächtigt wird? Ein Rechtsverhältnis scheint nur im Fall der ersten Alternative möglich. In Wirklichkeit setzt das Gesetz — einschließlich Verfassung und Rechtsgrundsätzen — das Rechtsverhältnis als einen Rahmen, innerhalb dessen, nicht nur kraft dessen die Verwaltung zur abgeleiteten oder selbständigen Rechtsbestimmung und -durchsetzung befugt ist[45].

Das Verwaltungsrechtsverhältnis ist weder auf den Bereich des Verwaltungsvertrages noch auf die Leistungsverwaltung beschränkt, obwohl es hier am wichtigsten ist. Das Sozialrecht zeigt, daß der öffentlichrechtliche Vertrag nicht das Kardinalproblem der Leistungsverwaltung ist und daß Leistungs- und Eingriffsverwaltung nicht so getrennt und einander entgegengesetzt werden können, wie es oft geschieht. Eingriff, nämlich Zwangsmitgliedschaft und Auferlegung von Abgaben, und Leistungen sind in *einem* Rechtsverhältnis miteinander verknüpft. Der Vertrag spielt angesichts der zwingenden gesetzlichen Regelung aller Einzelheiten des Versicherungsverhältnisses keine Rolle. Es kann also nicht der Verwaltungsakt der Eingriffsverwaltung, der Vertrag der Leistungsverwaltung zugeordnet werden. Es muß oder kann auch nicht ein besonderes Recht der Leistungsverwaltung neben dem der Eingriffsverwaltung entwickelt werden, sondern es müssen den einzelnen Sachbereichen angemessene Verwaltungsrechtsverhältnisse ausgearbeitet werden, in denen Eingriffe wie Leistungen, Verwaltungsakte als einseitige Rechtsgestaltungen der Behörde wie Verträge ihren Platz haben.

---

[45]) *Strickrodt* bei *Bühler-Strickrodt,* aaO., S. 360, weist sehr zu Recht darauf hin, daß die zwangsweise durchgeführte Vollziehung als verfahrensrechtliche Erscheinung von dem materiellen Rechtsverhältnis und seiner normalen Abwicklung als ein rechtliches aliud zu unterscheiden sei. — Freilich bleibt die Anwendung hoheitlicher Gewalt in der behördlichen Entscheidung über das, was für den Bürger rechtens ist, und ihre Durchsetzung zu beachten. Hierin unterscheidet sich das öffentlichrechtliche von dem privatrechtlichen Rechtsverhältnis. In diesem entscheiden nur beide Partner gemeinsam — durch Vertrag — oder Dritte — der Gesetzgeber generell, der Richter individuell — was rechtens ist, in jenem auch ein Partner einseitig: die Behörde. Es ist jedoch ein entscheidender Unterschied, ob das Gesetz und die Rechtsgrundsätze als Ermächtigung der Behörde zu einseitigem Handeln und Entscheiden und deren Einschränkung gesehen werden oder als Regelung eines zweiseitigen Rechtsverhältnisses, in dem die Behörde Entscheidungsbefugnisse besitzt. — Das Verhältnis des Bürgers zum Gesetzgeber ist ein Gewaltverhältnis. Formelle und materielle Normen der Verfassung reichen nicht aus, ein rechtliches Rahmenverhältnis zu bilden, in dem sich Gesetzgebung abspielt. Gesetzgebung ist einseitige Ausübung von Staatsgewalt.

Die Verwaltungsrechtslehre befindet sich vor dieser Aufgabe in einer ähnlichen Lage wie die Pandektistik des 19. Jh. Paradigmatisch für das Privatrecht war bis dahin das Eigentum gewesen, Schuldverhältnisse waren bloß die Titel abgeleiteten Eigentumserwerbs[46]) oder die Folgen der Eigentumsverletzung, also sekundär, entsprechend einer primär statischen Rechtsordnung. Da aber an die Stelle von Eigentum und Herrschaft im 19. Jh. der Austausch von Gütern und Leistungen trat, mußte das Obligationenrecht an die erste Stelle treten, was im BGB auch räumlich geschah, und zu diesem Zweck teils ausgebaut teils neu geschaffen und seitdem ständig fortentwickelt werden[47]). Ebenso und aus entsprechenden Gründen muß im öffentlichen Recht neben das Verhältnis von hoheitlicher Gewalt und statusförmigen Abwehrrechten das Verwaltungsrechtsverhältnis treten[48]). Auch zwischen Staat und Bürger sind weithin nicht mehr statische Herrschaftsgewalt und ebenso statische Grundrechte bestimmend, sondern eine Fülle dynamischer Beziehungen und Abhängigkeiten, die in einem differenzierenden und zugleich beweglichen System von gesetzlichen Rechtsverhältnissen geordnet werden müssen[49]).

Ausgearbeitete Rechtsverhältnisse gibt es außer im Sozialversicherungsrecht in den Teilen des heutigen Verwaltungsrechts, die ehemals als privatrechtlich oder fiskalisch galten, vor allem im Beamtenrecht und im Steuerrecht[50]), die beide erst nachträg-

---

[46]) Vgl. *J. Esser*, SchuldR I, 3. Aufl., S. 1 f.

[47]) Vgl. *J. Esser*, aaO., S. 1 f. m. Nachw., zum Erfolg s. ebenda § 6.

[48]) Vgl. meine Schrift Das subjektive öffentliche Recht, 1967, S. 99 ff., auch S. 50 ff., 54 ff. Dort ergab sich, daß ein subjektives öffentliches Recht ohne gesetzliches Rechtsverhältnis zwischen Bürger und Verwaltung überhaupt nicht denkbar ist.

[49]) Dagegen spricht *Hesse*, Grundzüge des Verfassungsrechts, 3. Aufl. 1969, S. 111 f., allerdings nicht für das Verwaltungsrecht, vom Status des Staatsbürgers als Alternative zum Gewaltverhältnis. *Rupp*, Grundfragen der heutigen Verwaltungsrechtslehre, 1965, S. 153 ff., baut die Rechtsposition des Bürgers gegenüber der Verwaltung noch auf dem Status auf, wie es *G. Jellinek*, System der subj. öff. Rechte, 1905, bereits tat.

[50]) Vgl. *Bühler-Strickrodt*, SteuerR I, 3. Aufl., S. 347 ff.: „Steuerrechtsverhältnisse", S. 361 ff.: „Steuerschuldverhältnis". Diese Abschnitte enthalten für das Steuerrecht ganz das, was hier für das ganze Verwaltungsrecht gefordert wird. Vgl. z. B. S. 350: Rechtsverhältnissen öffentlichen Rechts könne ebenfalls „jene Feinstruktur und Realisierungspräzision gegeben werden, die im Privatrecht durch die Fülle der vertraglichen und prozessualen Einzelgestaltungen üblich oder doch möglich ist", auch und grade da, wo sie nicht auf Vertrag, sondern auf Gesetz beruhen; S. 351: Steuerrechtsverhältnisse sind „die Gesamtheit der aktuellen Beziehungen zwischen dem Steuerpflichtigen und der Steuerbehörde umfassende, dabei aber im Einzelfall genau individualisierte Rechtsverhältnisse"; es herrsche

lich dem Schema des öffentlichen Gewaltverhältnisses eingeordnet wurden. In anderen Teilen, wie im Subventionsrecht[51]), sind sie in der Ausbildung begriffen, am wenigsten noch im Anstaltsbenutzungsrecht[52]).

Hier und in sonstigen Bereichen des Verwaltungsrechts liegt ein weites Feld für sammelnde und ordnende Arbeit. Mit ihr wird eine neue, den gegenwärtigen Verhältnissen und Bedürfnissen angemessene, systematische Durchgestaltung des Verwaltungsrechts und damit eine entsprechende systematische Auslegung möglich sein, die einem Vergleich mit der des Privatrechts standhält. Nur in einem den sachlichen Besonderheiten und den Verhältnissen der Beteiligten angemessenen Verwaltungsrechtsverhältnis kann sich eine Billigkeitsrechtsprechung entfalten, die sich nicht in bodenlosen Grundrechts- und Wertspekulationen verliert; dabei könnte Art. 3 GG durchaus zum § 242 des Verwaltungsrechts werden. Schließlich könnte das formale verfahrensrechtliche, teils noch immer aktionenrechtliche Denken auch im Verwaltungsrecht überwunden werden und einem Denken in materiellrechtlichen Rechtsinstituten und Ansprüchen Platz machen. Das Verwaltungsprozeßrecht hat mit seiner Leistungs- bzw. Unterlassungsklage Raum genug für Rechte und Ansprüche aller Art, und der unscharf gewordene Verwaltungsakt könnte in seine ursprünglichen Konturen als behördliche, förmliche Entscheidung darüber, was für den Bürger rechtens ist, zurückgeführt werden.

III. Staatsverwaltung und Selbstverwaltung

Der organisatorische Bereich des Sozialverwaltungsrechts ist in dessen gewichtigstem Teil, dem Sozialversicherungsrecht, durch die Selbstverwaltung charakterisiert[53]). Das Recht der

---

jedoch noch die Vorstellung von einem Abgabengewaltverhältnis als Unterwerfungsverhältnis auf Grund obrigkeitlichen Befehls; S. 353: Dementsprechend zerreißen „ein punktuelles Denken und ein entsprechendes kasuistisches Verhalten die sowohl von der staatlichen Gesetzgebung her als auch auf seiten der einzelwirtschaftlichen und perönlichen Belastungen und vorsorgenden Planung begründeten Wirkens- und Verantwortungszusammenhänge".

[51]) Vgl. *Götz*, Das Recht der Wirtschaftssubventionen, 1966, bes. S. 32 f.: zum „Subventionsverhältnis", sowie *L. Simons*, Leistungsstörungen verwaltungsrechtlicher Schuldverhältnisse, 1967.

[52]) Es wird z. B. bei *H. J. Wolff*, VerwR II, § 99, im Organisationsrecht behandelt und bleibt kasuistisch und enumerativ.

[53]) Vgl. SVwG v. 22. 2. 1951 i. d. F. v. 23. 8. 1967; *Th. Siebeck*, Das Recht der Selbstverwaltung in der Sozialversicherung, (Losebl.); *Maunz-Schraft*, Die Sozialversicherung und ihre Selbstverwaltung (Losebl.); *Brackmann*, Hdb. S. 154 b IV ff.; *Werner Weber* und *J. Salzwedel*, Die Selbstverwaltung in der Sozialversicherung, Schr.-

Selbstverwaltung ist auch Teil des Allgemeinen Verwaltungsrechts[54]). Es soll auch hier die Frage gestellt werden, was die Selbstverwaltung im Sozialrecht für die Selbstverwaltung als Institut und Lehrbereich des Allgemeinen Verwaltungsrechts bedeutet oder bedeuten könnte. Lange galt die kommunale Selbstverwaltung als paradigmatisch für Selbstverwaltung überhaupt[55]). Sie kann es nicht mehr sein. Es war von Anfang an zweifelhaft, ob die neue Selbständigkeit der Städte zu Beginn des 19. Jh. die Wiedererweckung alter autonomer Zellen der öffentlichen Ordnung oder ob sie die vorsichtig abscheidende Verselbständigung eines Bestandteils der einheitlichen Staatsverwaltung war[56]). Auch sind die Unterschiede zwischen Kommunal- und Staatsverwaltung eingeebnet: die kommunalen Körperschaften werden nicht von Bürger-Honoratioren, sondern wie die Länder von Parteien und Fachbeamten verwaltet, und die lokale Durchführung staatlicher Aufgaben überwiegt die wirklich eigenen Angelegenheiten[57]).

Die Selbstverwaltung der Städte wurde im 19. Jh. vom Bürgertum als ihre politische Organisationsform betrachtet und als gesellschaftliche Eigenverwaltung der staatlichen Verwaltung entgegengesetzt[58]). Dieses oppositionelle Prinzip aus der Zeit des großen Konflikts zwischen Bürgertum und Monarch besitzt keine Gültigkeit mehr. Es geht heute um den Anteil des Staates einerseits und der Kräfte der Gesellschaft, dargestellt in den Verbänden und ihrem Management, andererseits an der Verwaltung. Deshalb ist Kommunalverwaltung heute dezentralisierte Staatsverwaltung. Wenn es darum geht, das Institut einer eigenständigen Selbstverwaltung im Allgemeinen Verwaltungsrecht neu zu etablieren und auszubauen, so kann eher die Sozialversicherung in ihrer heutigen Ausgestaltung[59]) als paradigmatisch gelten. Hier hat Selbstverwaltung sich als „soziale

---

reihe d. Dt. Sozialgerichtsverb. Bd. 1 (1966) S. 27 ff.; *Wertenbruch*, Sozialrecht und allgemeines Verwaltungsrecht, DÖV 1969, 593 ff. (600 f.).

[54]) Vgl. *Forsthoff*, VerwR, § 24; *H. J. Wolff*, VerwR II, §§ 80, 84 ff.; *Werner Weber*, Der nicht staatsunmittelbare öffentliche Organisationsbereich, Juristen-Jahrbuch Bd. 8 (1967/68) 137 ff.

[55]) Vgl. z. B. *Otto Mayer*, VerwR 3. Aufl., Bd. 2, S. 357 mit N. 11; *Fritz Fleiner*, Inst. d. Dt. VerwR, 8. Aufl. 1928, S. 105, der auch schon Sozialversicherungsträger nennt; *Forsthoff*, aaO., S. 438 ff., schildert die Entwicklung des Selbstverwaltungsbegriffs.

[56]) Vgl. *Forsthoff*, aaO., S. 438 ff. einerseits und etwa *E. Becker* in Hdb. d. komm. Wissensch. u. Praxis, Bd. 1 1956, S. 118 ff.; *E. R. Huber*, Selbstverw. d. Wirtsch., 1958, S. 7 andererseits.

[57]) Vgl. *Forsthoff*, aaO., S. 439 f.

[58]) *Forsthoff*, aaO., S. 438 f.; *Wolff*, aaO., II, § 80 IV c.

[59]) Nach dem SVwG v. 22. 2. 1951 i. d. F. v. 23. 8. 1967.

Selbstverwaltung" herausgebildet, getragen von den sozialen Kräften, die das liberale Bürgertum abgelöst haben, und von einer Bewegung der Zusammenarbeit der Sozialpartner, die nach 1918 begann, in Verfassungsplänen des Widerstandes fortgeführt wurde[60]) und nach 1945 etwa in der „Gesellschaft für sozialen Fortschritt" gepflegt wurde[61]). Sie ist heute ein wesentlicher und, richtig verstanden, ausbaufähiger Teil unserer öffentliche Ordnung.

Sozialversicherung gilt heute meist als mittelbare Staatsverwaltung[62]). Dahinter steht die für das Verständnis von Selbstverwaltung scheinbar entscheidende Alternative von mittelbarer, d. h. relativ verselbständigter, Staatsverwaltung und Verwaltung eigener Angelegenheiten durch nichtstaatliche Einheiten der Gesellschaft.

Tatsächlich handelte 1881 der Staat — die Reichsregierung und der Reichstag — an Stelle der dazu nicht fähigen oder nicht bereiten sozialen Mächte, und zwar in ausdrücklicher Betonung seiner Aufgabe, nicht nur defensiv das Recht zu schützen, sondern das Wohlergehen aller, besonders der Schwachen, positiv zu fördern[63]) Andererseits beschränkte er sich auf die Anordnung der Zwangsmitgliedschaft, die Regelung der Beiträge und Leistungen und die Zahlung von Staatszuschüssen, überließ — oder übertrug — aber die Verwaltung der „genossenschaftlichen Selbstverwaltung", indem er, wie es in der kaiserlichen Botschaft hieß, „die realen Kräfte des Volkslebens . . . in der Form korporativer Genossenschaften unter staatlichem Schutz und staatlicher Förderung" zusammenfaßte, weil „die Staatsgewalt allein" dieser Aufgabe nicht gewachsen sein würde[64]). Der Staat handelte also nicht selbst, wie bei Polizei, Verteidigung, Straßenbau, Eisenbahn, aber es handelten auch nicht autonome Gruppen aus eigener Initiative und Finanzkraft wie in Handelsgesellschaften, Wirtschaftsvereinigungen, Gewerkschaften, Wohlfahrtsverbänden. Die Frage, ob Selbstverwaltung wie die der Sozialversicherung mittelbare Staatsverwaltung oder gesellschaftliche Eigenverwaltung ist, ist also auf diese Weise nicht zu beantworten. Sie hängt von den Be-

---

[60]) Vgl. meinen Art. „Widerstandsbewegung" im Evangelischen Staatslexikon, 1966, m. Nachw.

[61]) Vgl. *G. Erdmann*, Die soziale Selbstverwaltung . . ., *E. Bührig*, Soziale Selbstverwaltung . . ., *H.-A. Bischoff*, Staatsaufsicht und Selbstverwaltung . . ., alle in Festschrift für Fr. Sitzler, 1956.

[62]) Vgl. insbes. *Brackmann*, Hdb. S. 154 c mit zahlr. Nachw.; a. A. z. B. *E. R. Huber*, aaO., S. 40; *H. Peters*, Öffentliche und staatliche Aufgaben, Festschr. *H. C. Nipperdey*, 1966, S. 877 ff. (889 f.).

[63]) *G. Wannagat*, Lb. d. Soz.Vers. R., Bd. 1, 1965, S. 61.

[64]) Zitiert nach *Wannagat*, aaO., S. 63 f.

griffen Staat, Gesellschaft, öffentlich und privat und ihrem Verhältnis zueinander ab[65]).

Ich halte die Unterscheidung von Staat und Gesellschaft nicht für eine vorübergehende Erscheinung des bürgerlichen Zeitalters, sondern für eine Einsicht von bleibender Bedeutung für die Freiheit. Unterscheidung bedeutet allerdings hier ebensowenig wie im Verhältnis von öffentlichem und privatem Recht Scheidung, Trennung. Die Unterscheidung wird heute besonders von einer Sozialstaatslehre abgelehnt, die die Gesellschaft als den Inbegriff alles Öffentlichen ansieht, in der es als reaktionäre Anmaßung erscheint, aus dem universalen Zusammenhang von Leistung und Verteilung einen spezifisch staatlichen Bereich als übergeordnet herauszuheben[66]). Daran ist soviel richtig, daß Öffentlichkeit, öffentliches Interesse, Gemeinwohl nicht Domänen der verfaßten staatlichen Amtsgewalt sind. Wären sie das, dann müßte sich der Staat als Amtsgewalt in diesem Sinne in alle Bereiche des Gemeinwesens erstrecken, in denen öffentliche Angelegenheiten wahrzunehmen sind, und die staatsfreie Gesellschaft wäre zu privater Tätigkeit und zu privatem Nutzen reduziert und disqualifiziert, was ganz einfach den tatsächlichen Verhältnissen widerspräche oder zum totalen Staat führen müßte, wenn man die Verhältnisse dem anpassen wollte. Es läßt sich nicht leugnen, daß in und zwischen den Verbänden ein hohes Maß an öffentlichem Interesse und Gemeinwohl verwirklicht wird[67]). Andererseits geht es nicht an, die Sonderstellung der verfaßten staatlichen Amtsgewalt zu leugnen. Diese Sonderstellung beruht wie gesagt nicht auf einem Monopol des Öffentlichen und auch nicht auf einem Monopol des Politischen als eines Bereiches des Öffentlichen. Politik ist die Überwindung öffentlich relevanter Konflikte. Solche Konflikte werden in unendlicher Zahl ohne Staat überwunden, nämlich durch Kooperation und Kompromiß, auch durch Verbandsdisziplin. Zu einem Teil aber bleiben sie unüberwindbar. Ist das der Fall, und geht es um Leben, Freiheit, Eigentum und ein Mindestmaß an Gerechtigkeit, so gehen solche

[65]) Hierauf weist *Forsthoff*, aaO., S. 441 hin.

[66]) So *Ulrich K. Preuss*, Zum staatsrechtlichen Begriff des Öffentlichen, 1969, unter Verarbeitung der einschlägigen neueren Literatur. Sein Angriff auf die Identifikation von Staat und öffentlichem Bereich scheint mir berechtigt, wenn auch in vielem übertrieben.

[67]) Vgl. hierzu bes. *E. R. Huber*, aaO., passim, und *H. Peters*, aaO., Doch verfließt bei Huber der Selbstverwaltungsbegriff. Peters' Unterscheidung von öffentlichen und staatlichen Aufgaben scheint mir überzeugend, allerdings ohne die Begründung mit dem sog. Subsidiaritätsprinzip.

Konflikte aus der gesellschaftlich-politischen in die staatlich-politische Sphäre über.

Da solche Konflikte nicht durch Kooperation, Kompromiß und Verbandsdisziplin überwunden werden können, aber überwunden werden müssen, werden sie mit verbindlicher Wirkung für die Beteiligten und bewehrt mit der Androhung von Zwang entschieden, wobei die Entscheidung u. U. weit in das Vorfeld drohender Konflikte hineingreifen muß. Eine solche Entscheidung steht nach Verfassung und Vernuft nur der verfaßten staatlichen Amtsgewalt zu. Sie ist ihr eigener Bereich und ihre spezifische Aufgabe. Deren Erfüllung ist nicht eine Leistung unter anderen, sondern wegen des akuten oder latenten Zwangs und weil jeder gesellschaftlich relevante Konflikt zum staatlich relevanten Konflikt werden kann, übergeordnetes, hoheitliches Handeln. Damit ist nur gesagt, was jedenfalls und ausschließlich Staatsaufgabe ist, nicht, daß der Staat auf Gefahrenabwehr beschränkt sei. Zwischen reinen Staatsaufgaben und rein gesellschaftlichen Aufgaben liegt eine tiefe Zone öffentlicher Aufgaben, zu deren Erfüllung die Beteiligung des Staates nicht entbehrt werden kann, ohne daß sie ganz in staatliche Verwaltung genommen werden müßten.

Sie bildet den Bereich möglicher Selbstverwaltung. Er umfaßt einen breiten Fächer von Möglichkeiten zwischen den beiden Extremen reiner Staatsverwaltung und rein gesellschaftlicher Erfüllung öffentlicher Aufgaben[68]). Das Sozialrecht als

---

[68]) Ich glaube, daß eine solche Vorstellung von Selbstverwaltung das Verfließen der begrifflichen Konturen vermeidet, das *Werner Weber*, Selbstverwaltung der Wirtschaft im Staat der Gegenwart, in: Staats- und Selbstverwaltung in der Gegenwart, 2. Aufl. 1967, S. 142 ff., gegen den Selbstverwaltungsbegriff *E. R. Hubers* (vgl. diesen, aaO.) geltend gemacht hat, andererseits aber auch Erscheinungen gerecht werden könnte, die vom klassischen Selbstverwaltungsbegriff (W. Weber, aaO., S. 151 ff.: kommunale, berufsständische, akademische, wasser- und bodenwirtschaftliche, sozialversicherungsrechtliche Selbstverwaltung und die der wirtschaftlichen Kammern) nicht erfaßt werden, vgl. dazu das Folgende.

Zu der hier gewählten Art der Begriffsbildung vgl. *Nawiasky*, Forderungs- und Gewaltverhältnis, Festschrift *Zitelmann*, 1913, S. 30 f.: „Zwei voneinander verschiedene Begriffe müssen sich nicht im Verhältnis von Position und Negation befinden, sie können auch die beiden Endpunkte einer geschlossenen Reihe bilden, deren Verbindung durch ein Mehr an Maß oder Grad hergestellt wird. Der Qualitätsunterschied beruht hier auf einem Unterschied der Quantität. Es ist das Prinzip der Typenbildung, das uns da entgegentritt. Eigentümlicherweise macht die juristische Begriffsbildung von dieser Konstruktionsmöglichkeit in der Regel keinen Gebrauch, obwohl doch das Leben, das in seinen formalen Beziehungen gemeistert werden soll, die stufenweisen Übergänge den unvermittelten Gegensätzen vorzieht, obwohl doch nur diese Denkform die Umbildung

modernes Rechtsgebiet läßt diesen Fächer für ein modernes Allgemeines Verwaltungsrecht in exemplarischer Weise erkennen. Zwischen reiner Staatsverwaltung, d. h. Ämter- und Behördenverwaltung des Bundes und der Länder, wie sie im Versorgungswesen besteht — z. B. Versorgungsämter als Sonderbehörden — und der rein gesellschaftlichen staatsfreien Tätigkeit, z. B. der Wohlfahrtsverbände, liegt eine Reihe von Organisationsformen der Selbstverwaltung. Die Bundesanstalt für Arbeit ist keine Einrichtung der Staatsverwaltung, weil sie als juristische Person mit eigenen Organen unter bloßer Rechtsaufsicht des Bundes aus der Staatsverwaltung ausgegliedert ist[69]). Daß sie juristische Person öffentlichen Rechts ist und unter Staatsaufsicht steht — einschließlich der Genehmigungspflicht für Satzung und Haushalt[70]) und sonstiger Genehmigungsvorbehalte — hält sie in der Nähe der Staatsverwaltung, ebenso die Ernennung der Präsidenten und Stellvertreter und die Berufung des Vorstandes und des Verwaltungsrates durch den Staat[71]). Die Bundesanstalt ist andererseits eine Einrichtung der Selbstverwaltung, weil und sofern ihre Organe aus Vertretern der Gewerkschaften und der Arbeitgeberverbände, neben Vertretern der öffentlichen Körperschaften, bestehen und die Mitglieder der unteren Organe durch die höheren Organe berufen werden[72]), ferner weil sie keiner Dienst- und Fachaufsicht unterliegt[73]) und aus Beiträgen der Versicherten und ihrer Arbeitgeber finanziert wird[74]). Entsprechendes gilt für die übrigen Sozialversicherungsträger, doch ist dem Prinzip der gesellschaftlichen Eigenverwaltung hier mehr Raum gegeben, indem alle Organe von den Versicherten und ihren Arbeitgebern nach Vorschlagslisten der Gewerkschaften und der Arbeitgeberverbände gewählt werden[75]). Eingeschränkt ist der Selbstverwaltungscharakter dieses Bereiches wiederum dadurch, daß eine nach staatlichen Gesetzen handelnde Bürokratie die eigentliche Substanz der Sozialversiche-

---

und damit die Entwicklung voll erfassen läßt. Es ist vielleicht nicht zu gewagt, wenn behauptet wird, daß durch die Nutzbarmachung dieses Prinzips manches bisher unbefriedigend gelöste Problem der rechtlichen Begriffsbestimmung geklärt werden kann, wenn auch selbstverständlich dabei mit juristischem Takt verfahren werden muß."

[69]) §§ 189, 190, 224 ArbeitsförderungsG v. 25. 6. 1969 (AFG)

[70]) §§ 214, 216 AFG.

[71]) §§ 197, 211 AFG.

[72]) §§ 192, 195, 197 AFG.

[73]) § 224 AFG.

[74]) § 167 AFG.

[75]) § 7 SVwG.

rungsträger ausmacht, die den Verbänden nur zur personellen Disposition überlassen worden ist.

Die Sozialhilfe ist, soweit sie von Kommunalkörperschaften getragen wird, wie gesagt nur dezentralisierte Staatsverwaltung. Ein Anteil gesellschaftlicher Eigenverwaltung besteht hier insoweit, als die Träger der Sozialhilfe den Verbänden der freien Wohlfahrtspflege einen Teil ihrer Aufgaben übertragen können[76]). Hier ragt die Selbstverwaltung in den Bereich der sogenannten Beliehenen hinein[77]). Die Beleihung kann eine Form der Selbstverwaltung sein, sofern auf ihrer Grundlage Glieder der Gesellschaft öffentliche Aufgaben unter Mitwirkung der Staatsverwaltung — in Gestalt der Übertragung, der Aufsicht, eventuell der Finanzierung — erfüllen.

Der Streit um die Subsidiarität der kommunalen Jugend- und Wohlfahrtspflege gegenüber derjenigen der freien Verbände gehört nicht in den Bereich der Selbstverwaltung, ist aber für deren Abgrenzung nach der Seite der rein gesellschaftlichen Eigenverwaltung von Bedeutung[78]).

Sozialverwaltungsrecht ist paradigmatisch für eine moderne Selbstverwaltung, aber keineswegs die einzige Möglichkeit der Teilung einer öffentlichen Aufgabe zwischen staatlichem Ämterwesen und gesellschaftlichen Kräften. In den angedeuteten Fächer können viele Erscheinungen der öffentlichen Verwaltung eingeordnet und je nach dem Gewicht beider Seiten systematisch lokalisiert werden.

Zur Abgrenzung ist zunächst darauf hinzuweisen, daß auf beiden Seiten administratives Handeln erforderlich ist, damit von Selbstverwaltung die Rede sein kann. Einwirkung oder Mitwirkung des Gesetzgebers oder der Gerichte auf gesellschaftliches Handeln macht es nicht zur Selbstverwaltung. Darum ist der Abschluß von Lohntarifverträgen nach dem Tarifvertragsgesetz keine Selbstverwaltung, wohl aber die Festsetzung der Güterkraftverkehrstarife durch die Tarifkommissionen der beteiligten Verbände, die vom Bundesminister für Verkehr als Verordnungen verkündet werden[79]).

Ferner schaffen Konzessionierung, Erlaubnis, z. B. im Gewerberecht, Überwachung. z. B. der gewerblichen Anlagen, und Sonderaufsicht, z. B. im Kredit- und Versicherungswesen, keine Selbstverwaltung, weil es sich nicht um spezifisch öffentliche, politisch relevante Tätigkeiten handelt, sondern nur um rein

---

[76]) § 10 Abs. 5 BSHG.

[77]) Vgl. *H. J. Wolff*, VerwR II § 104.

[78]) Vgl. *H. J. Wolff*, aaO.; VerwR III § 147 II; BVerfGE 22, 180.

[79]) §§ 20 ff. GüKG.

staatliche Gefahrenabwehrmaßnahmen gegen Gefahren aus privater und primär privatnütziger Tätigkeit. Dasselbe gilt für die Heranziehung Privater für die Erfüllung staatlicher Verwaltungsaufgaben — Vorratshaltung, sachverständige Beratung u. a. m. — weil sie den Privaten zum bloßen Gehilfen der Verwaltung macht. Staatliche Zuschüsse begründen dann Selbstverwaltung, wenn nicht nur mittelbar, wie bei Subventionen, sondern unmittelbar wie bei der Sozialversicherung oder etwa der Deutschen Forschungsgemeinschaft öffentliche Aufgaben erfüllt werden, was dann mit staatlicher Rechnungsprüfung verbunden ist[80]).

Schließlich wären Erscheinungen wie die von manchen erstrebte Selbstverwaltung der Gerichte nur Verselbständigung von Teilen der Staatsverwaltung, nicht Selbstverwaltung.

In dem verbleibenden Bereich spezifisch öffentlicher, aber nicht notwendig rein staatlicher Aufgaben liegt der Fächer möglicher Formen von Selbstverwaltung. Seine Gestaltung liegt, unbeschadet der Verfassung und des Gesetzesvorbehaltes, im Ermessen des Staates. Dabei muß jedoch das Prinzip der gesellschaftlichen Eigenverwaltung gegenüber dem der Staatsverwaltung den Vorrang haben. Das folgt nicht aus dem Subsidiaritätsprinzip, weil es keine Allgemeinverbindlichkeit beanspruchen kann. Es folgt aus der Einsicht, daß der Staat kein Monopol für die Regelung aller relevanten überindividuellen Angelegenheiten, für öffentliches Wohl und öffentliche Interessen hat, daß der souveränen Staatsanstalt keine atomisierte Menge freier Individuen, sondern eine tätige und lebendige Gesellschaft gegenübersteht, deren Befreiung zuerst von ständischer Bindung und Enge, später von landesherrlicher Vormundschaft und schließlich von schrankenloser Wirtschaftsmacht nicht rückgängig gemacht werden soll. Auf der anderen Seite ist nicht zu vergessen, daß ohne die Entmachtung der intermediären Gewalten, ohne die Konzentration der politischen Entscheidungsbefugnis auf das verfaßte staatliche Ämterwesen die Gesellschaft nicht befreit worden, d. h. nicht entstanden wäre. Auch die Sozialversicherung ist vom Staat geschaffen worden. Dieser auf die politische Entscheidungsbefugnis konzentrierte Staat ist im Begriff auszuufern. Seine Souveränität ist ihm für den Bereich der staatspolitischen Entscheidungen gegeben, nicht für die Besorgung *aller* öffentlichen Angelegenheiten. An ihnen kann und soll er sich in zweckmäßiger Weise beteiligen, soweit es notwendig ist, aber er soll sie nicht in eigene Verwaltung nehmen, solange und soweit sie von den gesellschaftlichen

[80]) Vgl. § 31 Abs. 1 RVO; *H. Peters*, aaO., S. 883.

Kräften in Kooperation und Kompromiß wahrgenommen werden können. Das braucht nicht zur weiteren Auflösung des Staates zu führen, es kann und soll vielmehr seine politische Gewalt stärken, indem es ihn auf seine spezifische Staatlichkeit konzentriert, damit er nicht zum Verband der Verbände verfließt und vor anderen politischen Herrschaftsansprüchen weichen muß, die niemals ausbleiben und sich von rechts und links schon abzeichnen.

Für die Beteiligung von Gesellschaft und Staat an der Erfüllung öffentlicher Aufgaben gibt es eine Fülle verschiedener Gesichtspunkte. Ich muß darauf verzichten, sie hier auszubreiten. Abgestufte Organisationsformen mit abgestufter Beteiligung Privater, abgestufte staatliche Aufsicht präventiver oder repressiver Art, staatliche oder eigene Finanzierung, mehr öffentlichrechtliche oder mehr privatrechtliche Gestalt der Rechtsverhältnisse können je nach dem Anteil möglicher kooperativer oder notwendiger entscheidender Bewältigung der betreffenden Aufgabe die Verfassung und den Status einer Selbstverwaltungseinrichtung bestimmen[81]). Als Beispiel mag noch das Gesetz über die Errichtung eines Zentralen Fonds zur Absatzförderung der deutschen Land-, Forst- und Ernährungswirtschaft vom 26. Juli 1969 angeführt werden[82]). Staatlich ist die Verwaltung nach diesem Gesetz, sofern der Fonds Anstalt öffentlichen Rechts ist, sein Verwaltungsrat vom Bundesminister berufen wird, Vorstandswahl, Satzung, Geschäftsordnung und Haushalt der ministeriellen Genehmigung bedürfen, die Staatsaufsicht sich auf Verletzung der Gesetze und des öffentlichen Wohls erstreckt und strenge Aufsichtsmittel besitzt, staatliche Zuschüsse geleistet werden und das Verfahren der Beitragserhebung sowie Meldepflichten durch ministerielle Verordnung bestimmt werden. Gesellschaftlich wird die Aufgabe erfüllt, sofern die Verbände der Beteiligten die Verwaltungsratsmitglieder vorschlagen, diese den Vorstand wählen, die Mitglieder ehrenamtlich tätig sind, die beteiligten Betriebe durch Beiträge den Fonds finanzieren und dieser sich einer „Zentralen Einrichtung der Wirtschaft“ zur Erfüllung seiner Aufgaben bedient.

Daß es sich um eine öffentliche Aufgabe handelt, ist nicht zweifelhaft. Es scheint mir ein müßiger Streit zu sein, ob diese Einrichtung mittelbare Staatsverwaltung ist oder nicht. Worauf es mir ankam, war, den Begriff der Selbstverwaltung aus der Fatalität des Entweder-Oder in dem Streit um die „mittel-

---

[81]) Vgl. auch BVerfGE 25, 236 über die Entwicklung des Zahntechnikerberufsverbandes bis zur Teilhabe an den Sozialversicherungsleistungen und damit an der sozialen Selbstverwaltung.

[82]) BGBl. I S. 635.

bare Staatsverwaltung" zu befreien und ihn entsprechend der realen Teilung administrativer öffentlicher Aufgaben zwischen Staat und Gesellschaft theoretisch als einen Fächer von Möglichkeiten der Kombination zweier Prinzipien der Erfüllung öffentlicher Aufgaben — Staatsverwaltung und gesellschaftliche Eigenverwaltung — darzustellen. Es scheint mir sinnvoller, den Begriff zwischen zwei deutlich unterschiedenen Prinzipien anzusiedeln, als ihn auf *einem* Prinzip aufzubauen, weil dadurch ein breites Feld mannigfacher Erscheinungen systematisch geordnet werden kann, ohne daß die notwendigen Differenzierungen abgeschnitten werden. Vor allem scheint es mir unumgänglich zu sein, der Selbstverwaltung eine neue Grundlage zu geben, nachdem die Steinsche ebenso wie die Gneistsche Konzeption in der gegenwärtigen Gesellschaft keine reale Grundlage mehr hat. Dafür kann es keinen geeigneteren Ausgangspunkt geben als die Sozialverwaltung, die von Anfang an keine oppositionelle sondern eine zwischen Staat und Gesellschaft geteilte Verwaltung war.

IV. Öffentlichrechtliche Entschädigung

Das sogenannte System der staatlichen Ersatzleistungen[83]) ist kein System. Es gibt zwei Institute mit je systematisch fest umrissenem Kern: die Enteignung und die Amtshaftung. Martin Heidenhain hat in seiner Schrift über diesen Gegenstand nachgewiesen, daß von einer Lücke zwischen beiden nicht gesprochen werden kann, weil sie nicht Ausprägungen desselben Prinzips sind[84]). Der sogenannte enteignungsgleiche Eingriff, der bekanntlich weithin weder Eingriff noch enteignungsgleich ist, ist daher nicht die natürliche Vervollständigung eines einheitlichen, aber zunächst nur an den Flügeln aufgeführten Bauwerkes. Die bestehende Reihe rechtmäßig — rechtswidrig schuldlos — rechtswidrig schuldhaft ist unter dem Gesichtspunkt der Haftung keine Reihe, denn rechtmäßiges Handeln löst normalerweise keine Haftung aus und rechtswidrig schuldloses ebenfalls nicht, rechtswidrig schuldhaftes die Deliktshaftung.

In der gesamten Rechtsordnung hat sich gezeigt, daß die Verschuldenshaftung allein nicht ausreicht, jedoch nicht als Lückenproblem. Das Privatrecht hat das Problem durch die Annahme von Sorgfaltspflichten und einen objektiven Schuldbegriff im Rahmen des Deliktsrechts zu lösen gesucht[85]). Das wäre auch

---

[83]) Vgl. *Forsthoff*, Lb. 9 Aufl., 4. Abschnitt; *H. J. Wolff*, VerwR I § 60 IV e.

[84]) Amtshaftung und Entschädigung aus enteignungsgleichem Eingriff, 1965, S. 65 ff.

[85]) Vgl. *Reinhardt*, Gutachten z. 41. Dt. Juristentag, Verhandlungen Bd. I, 1, 1955, S. 269; *Esser*, Schuldrecht I, 3. Aufl., 1968, S. 50 ff., 70 ff.

im Verhältnis zwischen Staat und Bürger möglich gewesen[86]), doch wurde ein anderer Weg gewählt. Die Haftung des Staates ist stets zögernd dem Wandel der Verhältnisse gefolgt. Solange seine vermögensrechtlich relevanten Konflikte mit dem Bürger auf die Entziehung oder Beschränkung von iura quaesita kraft ius eminens im Notfall beschränkt waren, schuldete er Entschädigung kraft Naturrechts (§ 75 Einl. ARL)[87]). Der Eisenbahnbau brachte das Institut der entschädigungspflichtigen Enteignung hervor[88]). Die Einsicht in die Unhaltbarkeit einer bloßen Beamtenhaftung für Amtsdelikte führte zu Anfang des Jahrhunderts zur Amtshaftung des Staates[89]). Das alles geschah vor dem Hintergrund des Prinzips der Verschuldenshaftung, das eine Ersatzpflicht nur bei rechtswidrig-schuldhafter Schädigung begründete, es wurde ihm sozusagen unter dem Zwang der sich verändernden Verhältnisse und der Forderung nach Gerechtigkeit abgerungen.

Das gleiche gilt nun für die Entwicklung der Rechtsprechung zu Aufopferung und enteignungsgleichem Eingriff. Die Aufopferung kann hier als Übergangserscheinung zurücktreten. Sie hat keinen eigenen Bereich mehr (Körperschäden sind haftungsrechtlich auch nur als Vermögensschäden relevant)[90]). Die Rechtsprechung mußte dem Bedürfnis nach Entschädigung für die zahllosen neuartigen Vermögensbeeinträchtigungen des modernen Verwaltungsstaates Rechnung tragen. Sie wählte nicht den Weg des Privatrechts über Sorgfaltspflichten und Deliktsrecht — außer im Bereich der Wegeunterhaltung — sondern knüpfte an die Enteignung an. Das Reichsgericht erweiterte das Gebäude der Enteignung auf gesetzliche Maßnahmen, auf vermögenswerte Rechte aller Art, auf bloße Beschränkungen usw., und der Bundesgerichtshof errichtete den Anbau des enteig-

---

[86]) Vgl. *B. Mondry*, Die öffentlich-rechtliche Gefährdungshaftung ..., 1964, S. 7 f.; *Leisner* VVDStRL 20 (1963), S. 194 ff. schlug diesen Weg vor. *Scheuner* sucht eine Lösung über Art. 34 GG, s. Jellinek-Gedächtnisschrift, 1955, S. 345 zu g.

[87]) Vgl. *Forsthoff*, aaO., S. 302 f.

[88]) aaO., S. 304.

[89]) *Heidenhain*, aaO., S. 33 ff. H. geht den Gründen für die Einführung der Amtshaftung nicht nach (S. 35 f.). Sie dürften zeigen, daß es die für die Staatshaftung (in seinem Sinn) vorgebrachten waren, so daß der Gegensatz von Staats- und Amtshaftung, auf dem H. alles weitere aufbaut, nicht so kraß erscheint. Mit Art. 131 WRV hat die alte Staatshaftung sich durchgesezt, aber, da mit ihrer Einführung stets die Sorge ihrer Begrenzung verbunden ist, nur in Anknüpfung an das Beamtendelikt. Im übrigen verdanke ich H. die wesentlichsten Einsichten dieses Kapitels.

[90]) Vgl. *Forsthoff*, Lb., 9. Aufl., S. 327 f.

nungsgleichen Eingriffs[91]). Das geschah, und darauf kommt es hier an, ohne eigentlich neue Begründung der Haftung, sondern durchweg mit dem Argument „wenn . . ., dann erst recht" (womit verborgen blieb, daß sowohl a minore ad maius, als auch a maiore ad minus geschlossen wurde[92]). Vereinzelte Bemühungen um eine besondere Begründung, besonders für die unter keinem Gesichtspunkt mehr enteignungsgleichen Fälle, blieben ohne Auswirkung. Auch die Gefährdungshaftung Forsthoffs[93]), die Kosten-Nutzen-Theorie Rudolf Reinhardts[94]), der Rückgriff Schacks auf den klassischen Aufopferungsgrundsatz[95]) u. a. lassen den eigentlichen Haftungs*grund* für die Staatshaftung, wie er für den heutigen Staat Geltung beanspruchen könnte, offen. Die Anlehnung an die Enteignung ersetzte für die Rechtsprechung einen solchen Grund, weil eine positivistische Rechtswissenschaft einen Haftungsgrund ohne Anlehnung an gesetztes Recht nicht suchen, geschweige denn finden konnte.

Der Zusammenhang dieser Frage mit dem Sozialrecht liegt nun darin, daß im Sozialrecht Verbindlichkeiten des gegenwärtigen Staates Ausprägung gefunden haben und dadurch sichtbar und greifbar geworden sind, die auch für die Entschädigung von Staatsbürgern Bedeutung haben könnten.

Das Wort Sozialstaat bedeutet, für sich genommen, alles und nichts. Das Sozialrecht in Versicherung, Versorgung und Fürsorge ist jedenfalls ein Stück Sozialstaatlichkeit. Die Sozialversorgung insbesondere läßt für den Zusammenhang unserer Frage erkennen, was das Sozialstaatsprinzip bedeutet.

Sozialrecht im allgemeinen soll dem Bürger eine Sicherung seiner Existenz gegen schicksalhafte Bedrohungen geben[96]). Die Sozialversorgung soll die Folgen des Krieges und seiner Begleiterscheinungen beseitigen oder mildern[97]). Ein Zusammenhang zwischen Sozialrecht und Eigentum liegt darin, daß ein voll ausgebautes sozialrechtliches Anspruchssystem die exi-

---

[91]) Vgl. die Darstellung bei *Forsthoff,* aaO., S. 305 ff. und *Werner Weber,* Eigentum und Enteignung in : Die Grundrechte Bd. II, 1954, S. 331 ff. (338—345).

[92]) Vgl. *Heidenhain.* aaO., S. 72 m. N. 34; vgl. auch die Aufzählung der Formulierungen aaO., S. 70 f. Vgl. insbes. BGHZ 6, 270, 290 und RGZ 140, 283.

[93]) aaO., S. 332 ff.

[94]) 41. Dt. Juristentag, aaO., S. 276 ff.

[95]) 41 Dt. Juristentag, aaO., S. 54 i. V. m. S. 18—24.

[96]) *Wertenbruch* in: Bes. VerwR, hrsg. von *v. Münch,* 1969, S. 296 f.; 303 f.; ders., Begriff und Bedeutung des Sozialrechts, Ztschr. f. SozialR 1968, 385 ff., 388; *K. Jantz,* Strukturprinzipien der sozialen Sicherung in: Soziale Sicherung in Dtschld., hrsg. v. BM f. Arb. u. SozO, 6. Aufl. 1967, S. 1—5; *H. J. Wolff,* VerwR III, S. 144 ff.

[97]) Vgl. *H. J. Wolff,* VerwR III, S. 149 f.

stenz- und freiheitssichernde Wirkung ersetzen könnte und vielleicht einmal ersetzen wird, die das Eigentum in der Vergangenheit besaß[98]). Die Sozialversicherung zeigt eine Anzahl wesentlicher Merkmale, die es rechtfertigen, sie mit der öffentlichrechtlichen Entschädigung in Verbindung zu bringen. Sie knüpft an bestimmte schädigende Ereignisse an; sie gewährt Ansprüche auf Leistungen aus allgemeinen Staatsmitteln im Prinzip ohne Rücksicht auf individuelle Bedürftigkeit; neben sozialpolitischen Zielen ist der Gesichtspunkt der Entschädigung — nicht voller Schadensersatz — für die erlittene Einbuße bestimmend; auch wird der Begriff des Sonderopfers, das einen Ausgleich verlangt, in diesem Zusammenhang gebraucht[99]). In der gesetzlichen Unfallversicherung verwirklichte sich das Prinzip der Gefährdungshaftung[100]). Dahinter steht der soziale Gedanke des Ausgleichs der Risiken und der Verantwortung des Staates für diesen Ausgleich. Die Art der Risiken ist freilich im Sozialrecht eine andere als in den Fällen der öffentlichrechtlichen Entschädigungen. Dort sind es schicksalhafte Gefahren für Gesundheit, Arbeitskraft, Arbeitsplatz und materielle Lebensgrunglage, für die niemand verantwortlich gemacht werden kann; hier sind es Gefahren für das Vermögen, die aus staatlichen Planungen, Veranstaltungen, Unternehmungen und Maßnahmen entstehen. Aber es wäre zu überlegen, ob nicht auch hier mit fortschreitender Sozialisierung des Daseins eine Annäherung festzustellen ist. Krieg und Verfolgung liegen schon auf der Grenze zwischen Schicksal und staatlicher Veranstaltung. Die Aktivität des Staates hat sich auf innere Kolonisation — die Umgestaltung der Gesellschaft in Stadt und Land — verlagert. Viele Umstände und Ereignisse, die früher als schicksalhaft galten, Krankheit, Unfall, Arbeitslosigkeit, wirtschaftlicher Verfall, Armut, Abhängigkeit, fehlende Bildungsmöglichkeiten, nimmt heute der Staat, gerufen oder ungerufen, in seine Verantwortung. Schicksal und Staatshandeln nähern sich einander an. Das Schicksal wird sozialisiert. Das bedeutet aber nicht, daß es für alle zum guten Geschick würde. Auch das verwaltete Schicksal enthält Risiken und Gefahren. Die Lebensumstände materieller Art stehen fast sämtlich zur Disposition des Staates. Von der Konjunkturpolitik über die Struktur- und Einkommenspolitik und die Bebauungsplanung bis zum Straßenbau zerstört oder durchkreuzt der Staat unzählige Dispositionen und eröffnet unzählige

---

[98]) Vgl. *Wertenbruch*, Sozialrecht und allgemeines Verwaltungsrecht, DÖV 1969, 593 ff. (594).

[99]) Vgl. *H. J. Wolff*, aaO., S. 148 f. m. w. Nachw.; *Haueisen* in: Staatsbürger und Staatsgewalt (Jubiläumsschrift) 1963, Bd. 1, S. 255 ff. (158).

[100]) Vgl. *Wannagat*, NJW 1960, 1579.

Dispositionen, meist für andere. Soll er die Geschicke der Bürger in Verwaltung nehmen, ohne auch für die damit verbundenen Risiken aufzukommen? Leben, Gesundheit, Wohlstand und Zukunft, sonst dem Schicksal unterworfen, gewinnen den Charakter von öffentlichen Veranstaltungen mit kalkulierbarem und manipulierbarem Risiko. Gesundheits- und Bildungsvorsorge, Raumordnung, Bauplanung, Konjunkturplanung und andere öffentliche Veranstaltungen machen andererseits einen Teil des Geschicks für den heutigen Staatsbürger aus. Gehört es nicht zum Wesen oder wenigstens zum Begriff dieses Staates, daß er die mit seinem Handeln verbundenen Risiken trägt, d. h. ausgleicht, weil Sozialisierung des Schicksals Ausgleich bedeutet? Mit der Versorgung der Opfer von Krieg und Verfolgung hat er eine Last, die früher als Schicksalsschlag galt, zur öffentlichen Last und Aufgabe gemacht, mit der Sozialversicherung für eine andere solche Last die Verantwortung der Gesellschaft begründet. Muß er nicht aus den gleichen Gründen das Risiko seines eigenen für viele schicksalhaften Handelns übernehmen? Und liegt hier nicht der Grund für die Haftung des Staates in allen Fällen, in denen seine Verwaltung einzelne Bürger schädigt? Ist dies nicht die Gestalt, die Billigkeit und Gerechtigkeit in der Gegenwart für den Bereich unserer Frage angenommen haben?[101])

---

[101]) Der Gedanke des sozialen Ausgleichs als eigentlicher Grund für die Haftung des Staates im Bereich der sog. enteignungsgleichen Eingriffe taucht gelegentlich auch in der Literatur auf, so bei *Schack*, 41. Dt. Juristentag, aaO., S. 7, 58, bei *Reinhardt*, ebenda, S. 283 ff., bei *Jaenicke*, VVDStRL 20, 1963, S. 180, Leits. 3, u. S. 142 ff. *Forsthoff* sieht die öffentlichrechtliche Entschädigung als Korrelat des staatlichen Verfügungsrechts über die soziale Güterwelt, deren Strukturwandel sie darum folgen müsse, Lb., 9. Aufl., S. 301. Seine Begründung der Gefährdungshaftung, aaO., S. 334 f., entspricht ebenfalls dem hier gemachten Vorschlag, doch scheint mir der Begriff der Gefährdung nicht das Wesentliche zu treffen. Er nennt den Anlaß, aber nicht den Grund der Haftung.

In dem Urteil wegen eines Schulturnunfalls stellt der BGH auf die Frage ab, ob das Risiko des Unfalls vom Staat zu übernehmen sei, weil es in seinen Verwaltungsbereich fällt, und verneint sie, weil der Unfall — in diesem Fall — zum allgemeinen Lebensrisiko gehöre. Merkwürdigerweise spricht er sich dann jedoch für eine gesetzliche Begründung der Haftung für solche Fälle aus (BGH, DVBl. 1967, 236 f.). — Auch die Rolle, die der Gleichheitssatz bei der Begründung der Haftung für sog. enteignungsgleiche Eingriffe spielt (BGHZ 6, 270), deutet auf den Ausgleich als Prinzip dieser Haftung hin. — Die klassischen Begründungen einer allgemeinen Staatshaftung sind durchaus mit heranzuziehen, bedürfen jedoch der Anpassung an das heutige Verhältnis zwischen Staat und Bürger, vgl. die Darstellung bei *Otto Mayer*, VerwR II, 3. Aufl. S. 295 ff. und *Heidenhain*, aaO., S. 22 ff., 168 ff. — Das Buch von *N. Luhmann*, Öffentlichrechtliche Entschädigung rechtspolitisch betrachtet, 1965, habe ich nicht verstanden. —

Ein solcher Haftungsgrund ist keine Anspruchsgrundlage. Eine rechtschaffene Verwaltungsrechtslehre braucht festeren und fruchtbareren Boden, nachdem sie über den Untergrund Klarheit gewonnen hat. Aus einem solchen Prinzip läßt sich auch nichts „ableiten", wie man es heute so gern tut. Es geht hier nicht um ein neues Staatshaftungssystem, sondern nur um eine selbständige Begründung der Staatshaftung in einem bestimmten Bereich, in dem sie bisher mit der Anlehnung an die Enteignung nur scheinbar begründet wurde. Dieser Bereich, der des sogenannten enteignungsgleichen Eingriffs, muß zunächst von der Enteignung abgelöst werden, zu der er nie eine innere Beziehung gehabt hat[102]). Enteignung war und ist in ihrem eigentlichen Bereich ein Rechtsinstitut mit eigener Sachlogik und scharfen Konturen[103]). Ihrer Sachlogik nach ist sie die planmäßige Beschränkung oder Entziehung privaten Vermögens, die durch überwiegende Gründe des Gemeinwohls ausnahmsweise gerechtfertigt ist. Juristisch ist sie die verfassungsrechtlich ausnahmsweise gestattete Umwandlung der Eigentums-, d .h. heute Vermögensgarantie in eine Eigentumswertgarantie; der Gegenstand des Eingriffs muß weichen, sein Wert bleibt erhalten. Mit Unglück, Zufall, Risiko, Gefahr und mit Ersatz für rechtswidrige Schädigungen hat das nichts zu tun. Die Konturen der Enteignung sind nur in Richtung der Eigentumsbindung nach der Natur der Sache unsicher, in Richtung der Gefahr und des Risikos, der unrechtmäßigen und zufälligen Schäden sind die Konturen nur durch die sinnwidrige Verwendung des Instituts der Enteignung für ihm fremde Fälle unsicher geworden. Die Enteignung kann und sollte also durch Loslösung der Fälle sogenannter enteignungsgleicher Eingriffe als fest umrissenes Rechtsinstituts im Bereich planmäßigen, auch verfahrensrechtlich geordneten Staatshandelns wiederhergestellt werden[104]).

Den „Schadensersatzanspruch wegen rechtswidriger Grundrechtsverletzungen", den *Konow*, Eigentumsschutz gegen Eingriffe der öffentlichen Hand, 1968, S. 24 f. gefunden zu haben meint, halte ich nicht für begründet. „Eindeutig", „klar" und „zwingend" (S. 25) ist im Bereich der Grundrechte bislang nichts.

[102]) Vgl. schon die Kritik *Otto Mayers*, VerwR II 3. Aufl., S. 302, N. 13. Für Lösung der „Staatshaftung" von Enteignung und Eigentumsbegriff auch *Heidenhain*, aaO., S. 171 f. *H. J. Wolff*, VerwR I, § 60 I c 3 a. E., spricht von dem „unnötigen und irreführenden Umweg über das Enteignungsrecht".

[103]) Das ist der Grund, dessentwegen *Forsthoff* eine besondere Gefährdungshaftung des Staates annimmt, vgl. aaO., S. 332, 335. Für eine Wiederherstellung der Enteignung — nicht der klassischen — auch *Schack*, 41. Dt. Juristentag, aaO., S. 53 f. und *Janssen*, Der Anspruch auf Entschädigung ..., 1961, passim, vgl. bes. S. 207, sowie *ders.*, DVBl. 1967, 797 (Buchbespr.).

[104]) Der Übergang von der Entschädigung für rechtmäßige zur Ent-

Auch die Amtshaftung muß ein besonderes Rechtsinstitut bleiben. Es beruht auf dem Prinzip der Deliktshaftung, das mit Gefahr, Risiko und Zufall ebensowenig zu tun hat, wie die Enteignung[105]).

Der Raum der Schädigungen, die nicht Enteignung im eigentlichen Sinne und nicht Amtsdelikte sind, muß durch einen anderen Anspruch abgedeckt werden, der Ausgleichsanspruch aus Verwaltungsrisiko heißen könnte (in Anlehnung an den französischen risque social[106]). Das wäre freilich ein Name, kein Prin-

schädigung für rechtswidrige Maßnahmen ist das eigentlich Anstößige an der Rechtsprechung, vgl. RGZ 140, 276 (283) und BGHZ 6, 270 (278, 290). Die Rechtmäßigkeit gehört so sehr zum Wesen der Enteignung, daß rechtswidriges Handeln niemals enteignungsgleich sein kann. Eben weil eine rechtswidrige Maßnahme keine Enteignung ist, mußte für sie eine Haftungsgrundlage gefunden werden (vgl. *Heidenhain,* aaO., S. 99 ff.). — Löst man die Staatshaftung, wie hier vorgeschlagen, von der Enteignung und begründet man sie mit der sozialen Risikohaftung des Staates, dann kommt es auf Rechtmäßigkeit oder Rechtswidrigkeit nicht mehr an. Diese Frage ist ohnehin häufig schwer zu entscheiden, z. B. bei § 906 BGB (vgl. *Reinhardt,* 41. Dt. Juristentag, aaO., S. 256 m. N. 95), und war es auch im Bereich des alten Aufopferungsanspruchs: wird das Schießen über die Grenzen des Übungsplatzes rechtmäßig, weil der Bürger es dulden muß (§ 1004 Abs. 2 BGB)? Diese Schwierigkeit hängt mit der Zweispurigkeit des BGB-Deliktsrechts und des durch es bestimmten Begriffs der Rechtswidrigkeit überhaupt zusammen: Rechtswidrigkeit nach § 823 Abs. 1 ist Verletzung subjektiver Rechte, nach § 823 Abs. 2 Gesetzesverletzung. Für den enteignungsgleichen Eingriff machte die Unterscheidung ebenfalls immer Schwierigkeiten (vgl. *Bachof,* Vornahmeklage, 2. Aufl. 1968, S. 117 N. 10a: der Eingriff kann rechtswidrig oder rechtmäßig sein; ders. aaO., S. 127: er kann beides zugleich sein). Der BGH hat die Entschädigung für rechtmäßige Eingriffe auf rechtswidrige als enteignungsgleiche erstreckt (s. oben) und die für enteignungsgleiche wiederum auf rechtmäßige (vgl. *Heidenhain,* aaO., S. 88, Nr. 5 m. Nachw.; *Konow,* Eigentumsschutz, 1968, S. 28 f., 41 ff., 194 ff., 188 f.). Für Immissionen läßt er die Frage der Rechtswidrigkeit offen (BGH v. 15. 6. 1967, DVBl. 1967, 883 unter 1., 2. Absatz). Die Gefährdungshaftung wird teils als Haftung für rechtmäßige, teils als Haftung für rechtswidrige Schädigung angesehen (vgl. *Schack,* 41. Dt. Juristentag, aaO., S. 26 m. N. 100). Die hier vorgeschlagene Haftung gilt für rechtmäßige Schädigungen, die keine Enteignung sind, wie für rechtswidrige, die keine Amtsdelikte sind. Bei ihr stellt sich nicht die Frage der Rechtswidrigkeit, weil diese nicht Haftungs- und nicht Haftungsausschlußgrund ist, sondern nur die Frage, wie Verwaltungsschäden gerecht zu verteilen sind.

[105]) Vgl. zur Amtshaftung *Schack,* 41. Dt. Juristentag, aaO., S. 28 ff., *Jaenicke,* VVDStRL 20, 1963, S. 144 f. und bes. *Heidenhain,* aaO.; das von H. gezeigte Problem der heutigen Amtshaftung dürfte ihren prinzipiell deliktsrechtlichen Charakter nicht aufheben. Zur beabsichtigten Novellierung des § 839 BGB vgl. *Dietzel,* JZ 1969, 48 ff.

[106]) Vgl. *Münch,* 41. Dt. Juristentag, aaO., S. 61 ff. (76), Scheuner, DÖV 1954, 587 ff.; *B. Mondry,* Die öffentlich-rechtliche Gefährdungshaftung in Frankreich . . ., 1964.

zip für Ableitungen, die wiederum ohne Konturen bleiben müßten. Es wäre nach Voraussetzungen, Inhalt und Umfang eben der Anspruch, den die Rechtsprechung als Anspruch aus enteignungsgleichem Eingriff entwickelt hat[107]). Er kann an keiner Stelle wirklich aus dem Enteignungsrecht begründet werden und wurde auch nicht wirklich aus ihr begründet. Den einschlägigen Entscheidungen liegen keine enteignungsrechtlichen Erwägungen zugrunde, sondern nur die Frage, ob es billig und gerecht ist, den Betroffenen seinen Schaden selbst tragen zu lassen oder ihn aus Mitteln der Allgemeinheit zu ersetzen. Nicht bewußte Überordnung des Gemeinwohls über das Vermögen des Bürgers und planmäßiger Austausch der Eigentumsgarantie in eine Vermögenswertgarantie, sondern sozialer Ausgleich von Risiken öffentlichen Handelns steht überall hinter den Entscheidungen, die eine Entschädigung zubilligen. Der richtiger benannte Haftungsgrund hätte also keine größere Unsicherheit zur Folge als sie jetzt besteht. Die Unsicherheit wäre freilich auch nicht behoben, aber sie wäre wenigstens nicht verschleiert. Die Kunst des Richters, der ein Rechtsinstitut von Fall zu Fall Schritt für Schritt in Entwurf und Korrektur ausarbeitet, würde sich bei einem Anspruch aus sozialer Risikohaftung ebenso bewähren und besser zeigen als unter dem falschen Titel „enteignungsgleicher Eingriff". Sie hätte, statt Ähnlichkeiten mit der Enteignung zu suchen, die sie, wie Eingriff und Rechtmäßigkeit, dann wieder überwinden muß, die Gefahren, die in die Verantwortung des Staates fallen, von denen, die der Bürger selbst tragen muß, zu sondern. Sie würde in Fällen wie den Schäden nach nur empfohlener Impfung oder den problematischen Turnunfällen oder den Schädigungen durch Straßen- oder U-Bahnbau von unangemessenen Beschränkungen frei[108]). Richterrecht wird das Gebiet der öffent-

---

[107]) Vgl. *W. Rüfner*, Zum gegenwärtigen Stand des deutschen Staatshaftungsrechts, BB 1968, 881 (882 unter 2.).

[108]) Die Arten und Fälle von Schädigungen sind im übrigen sehr vielfältig, z. B. Impfschäden: BGHZ 24, 45; 31, 187; 34, 23; DÖV 1964, 815. Turnunfälle: *Jaenicke*, VVDStRL 20, 1963, S. 144 N. 23; BGH v. 16. 1. 1967, DÖV 1967, 236; vgl. JZ 1968, 285 ff.; 1969, 7 ff. Immissionen u. a. Schädigungen durch öffentliche Bauvorhaben: Konow, Eigentumsschutz gegen Eingriffe der öffentlichen Hand, 1968, mit Rspr.-Nachweisen; ferner Döbereiner, NJW 1968, 1916 ff.; *Schack*, NJW 1968, 1914 f.; *ders.*, Betrieb 1968, 2115 ff.; OLG Hamm MDR 1968, 321. Planungsschäden: *Burmeister*, Die Verwaltung, 1969, 21; *Kriele*, DÖV 1967, 531 ff. Tumultschäden: *W. Henrichs*, NJW 1968, 973. Unrichtige Ladungen und Benachrichtigungen: *R. Mayer*, Justizverw. Bl. 1967, 245 ff.; Spruchrichterliche Maßnahmen: *Konow*, JR 1969, 6 ff.; BGH DÖV 1968, 358; vgl. Verw. Arch. 1959, 386. Opfer von Gewaltverbrechen: *Romberg*, Z. f. Rechtspolitik 1968, 57 f. Viele Fälle sind gesetzlich geregelt, z. B. unschuldig erlittene Untersuchungs-

lichrechtlichen Entschädigung noch lange, wenn nicht immer bleiben[109]). Angesichts der bisher gewonnenen Umrisse des Anspruchs wäre nicht zu befürchten, daß die Rechtsprechung haltlos würde. Was sie bisher in Grenzen gehalten hat, war jedenfalls nicht die Anlehnung an die Enteignung.

Das Sozialstaatsprinzip gewänne ein neues Sachgebiet konkreter Ausprägung. Es würde ihm nicht künstlich unterstellt. Vielmehr würde eine Element dieses Prinzips, das im Sozialrecht bereits Gestalt gewonnen hat, nämlich die Verantwortung des Staates für Daseinsrisiken der Bürger im Wirkungsbereich der öffentlichen Verwaltung, für eine drängende Frage des öffentlichen Rechts fruchtbar gemacht. Daß der Staat für die Daseinsrisiken der Bürger verantwortlich ist, soweit sie in den Bereich seiner Verwaltung fallen, weil er insoweit für ihr Dasein selbst die Verantwortung übernommen hat, ist die Gestalt, die die alte Forderung nach Billigkeit und Gerechtigkeit zwischen Verwaltung und Bürger unter den gegenwärtigen Verhältnissen angenommen hat.

V. Das soziale Prinzip und die Freiheit

Das Thema wäre einseitig behandelt, wenn nicht auch die Gefahr gezeigt würde, die vom Sozialrecht her dem Allgemeinen Verwaltungsrecht droht, nämlich die Sozialisierung des Verwaltungsrechts.

Das Sozialrecht bewahrt die Bürger vor Not und vor menschenunwürdigem Dasein in Krankheit und Elend. Nach dem Wegfall der patriarchalischen Formen der Daseinsvorsorge trägt die Genossenschaft der mündigen Staatsbürger die Lebensrisiken gemeinsam. Dieses soziale Prinzip ist duch den Begriff „sozialer Rechtsstaat“ zum Verfassungsgrundsatz geworden. Es wirkt von da aus zurück auf die ganze Rechtsordnung, besonders auf das Verwaltungsrecht. Hier stößt es auf das Prinzip, auf dem das herkömmliche Verwaltungsrecht aufgebaut ist.

---

oder Strafhaft; Nothelferentschädigung (§ 539 Nr. 9 RVO); polizeiliche Inanspruchnahme des Nichtstörers (§ 70 pr. PVG); Tierseuchenmaßnahmen u. a. m. Der Hinweis im BGH, DVBl. 1967, 236 f., Schulturnunfälle bedürften gesetzlicher Regelung wie in Hamburg (§ 7 SchulG v. 16. 4. 1957) überzeugt nicht. Die soziale Risikohaftung ist seit jeher Sache der Rechtsprechung. — Eine systematische Zusammenstellung der möglichen Fallgruppen, die von Amtshaftung und Enteignung nicht gedeckt werden, versucht *Jaenicke*, VVDStRL 20, 1963, S. 146 ff., 180. Vgl. zu den noch vorhandenen Lücken der allgemeinen Staatshaftung *W. Rüfner*, BB 1968, 881 ff. (884 f. zu 3.).

[109]) Ebenso *Sellmann*, NJW 1965, 1689 ff. (1690); *Esser*, Schuldrecht I, 3. Aufl., S. 266.

Das Polizeirecht und mit ihm die wichtigsten Institute des allgemeinen Verwaltungsrechts beruhen auf der kunstvollen Verbindung des Schutzes der Bürger vor Gefahren mit ihrem Schutz vor dem Staat, der sie vor Gefahren schützt, auf der Verbindung der Eingriffsermächtigung zum Zweck der Gefahrenabwehr mit der rechtlichen Sicherung des Störers. Sie beruhen auf der Einsicht, daß Schutz vor Gefahren nur auf Kosten der Freiheit zu haben ist. Recht und Gerechtigkeit sind hier die Lösung der Aufgabe, Sicherheit und Freiheit in jedem einzelnen Fall im Gleichgewicht zu halten.

Man hat das liberal und formal genannt und gesagt, das soziale Prinzip habe dem Rechtsstaat einen neuen materialen Gehalt gegeben, nämlich die soziale Gerechtigkeit[110]). Das Sozialrecht als die wichtigste Konkretisierung des sozialen Prinzips kennt keinen Gegensatz von Sicherheit und Freiheit. Freiheit ist hier Freiheit von Not, Schicksal, Existenzrisiko. „Die Entfaltungsfreiheit der Persönlichkeit des einzelnen ist erst dann gewährleistet, wenn auch seine ökonomische Daseinssicherung gegeben ist" heißt es bei einem der führenden Sozialrechtspraktiker[111]). Recht und Gerechtigkeit sind hier Ausgleich bis zur Chancengleichheit und korrekter Vollzug der gesetzlich geregelten Umverteilung.

Das soziale Prinzip droht auf dem Wege über das Sozialstaatsprinzip zum Prinzip des ganzen Verwaltungsrechts zu werden. Schon ist die Meinung vertreten worden, alle Verwaltungsaufgaben, auch die der Gefahrenabwehr, seien Leistungsaufgaben zur Verwirklichung der Sozialordnung. Ihre Erfüllung, nicht das Streitverhältnis zwischen Staat und Individuum, stehe im Mittelpunkt der Verwaltungstätigkeit[112]). Ist das richtig, dann tritt an die Stelle des genannten Gegensatzes von Sicherheit und Freiheit der Ausgleich der sozialen Lagen, z. B. des Störers und des Gefährdeten im Polizeirecht, oder die Verwirklichung übergeordneter sozialer Gerechtigkeit, dergegenüber jedes Beharren auf individuellen Rechten als sozial dysfunktional und damit im Bereich des sozialen Prinzips als illegitim erscheint.

Davor gilt es, das Verwaltungsrecht zu bewahren. Daß das soziale Prinzip in ihm einen legitimen Raum beanspruchen kann, steht außer Zweifel. Die in langer Erfahrung bewährten

---

[110]) z. B. *Wertenbruch* in Bes. VerwR, hrsg. von *v. Münch*, S. 299.

[111]) *Wannagat*, Das Sozialrecht im sozialen Rechtsstaat, Festschrift Jantz, 1968, S. 55 ff. (59).

[112]) *E. Becker*, VVDStRL 14, 1956, S. 98; vgl. auch *Beinhardt*, Das Recht der öffentlichen Sicherheit und Ordnung im Verhältnis zur Eingriffs- und Leistungsverwaltung, DVBl. 1961, 108 ff.

Institutionen des liberalen Verwaltungsrechts müssen aber um der Freiheit willen vor einer sozialen Überschwemmung und Umdeutung, die ihre Zerstörung wäre, bewahrt werden. In ihnen geht es nicht um die Freiheit, die der allgemeine und gleiche Wohlstand verleiht, sondern um die Freiheit der menschlichen Existenz, die das eigene Schicksal der sozialen Sicherung vorzieht.

Leitsätze des Berichterstatters über:

Die Rechtsformen der sozialen Sicherung und das Allgemeine Verwaltungsrecht

I.

Öffentliches und privates Recht sind nicht zwei gegeneinander abgeschlossene Gebiete, müssen aber nach ihren Prinzipien unterschieden werden.

1. Das Sozialrecht zeigt, daß öffentliches und privates Recht nicht durch eine feste Grenze geschieden werden können, denn sie sind im gleichen Maße verflochten wie amtliches und privates Handeln, und in der Geschichte hat sich die Grenze verschoben.

2. Dennoch können öffentliches und privates Recht unterschieden werden, denn ihnen liegen je verschiedene Prinzipien zugrunde: Rechtsetzung und Rechtsgestaltung sind entweder staatlich oder privat. In den meisten Rechtsgebieten und -instituten sind Elemente beider Art verbunden. Aus praktischen Gründen muß zwischen öffentlichem und privatem Recht eine scharfe Grenze gezogen werden. Doch sollten beiderseits dieser Grenze die öffentlichrechtlichen Elemente als Zeichen fortschreitender Sozialisierung von Gerechtigkeit und Freiheit von den privatrechtlichen Elementen als Zeichen erhaltener privater Gerechtigkeit und Freiheit unterschieden werden.

II.

Das Gewaltverhältnis als Grundform des Verwaltungsrechts sollte durch das Verwaltungsrechtsverhältnis ergänzt, vielleicht sogar ersetzt werden.

1. Das Sozialrecht zeigt, daß der Begriff des Gewaltverhältnisses dem gegenwärtigen Verhältnis zwischen Verwaltung und Bürger in einem großen Bereich nicht mehr angemessen ist.

2. In diesem Bereich bestehen Verwaltungsrechtsverhältnisse, deren Inhalt durch Gesetz, Verfassung und Rechtsgrundsätze in einem System von beiderseitigen Rechten und Pflichten festgelegt ist.

3. Der Verwaltungsakt als einseitige behördliche Bestimmung dessen, was für den Bürger rechtens ist, ist seinem Inhalt nach in dieses Verhältnis eingebettet und durch es bestimmt, auch im sogenannten besonderen Gewaltverhältnis.

4. Es ist Aufgabe der Verwaltungsrechtslehre, für alle geeigneten Bereiche der Verwaltung aus Gesetzen, Rechtsprechung und Wissenschaft besondere Verwaltungsrechtsverhältnisse auszuarbeiten, um der Auslegung des Verwaltungsrechts, der Billigkeitsrechtsprechung und dem Ausbau eines Systems sachgemäßer materiellrechtlicher Institutionen und Ansprüche eine der Gegenwart angemessene systematische Grundlage zu geben.

III.

Selbstverwaltung ist heute Verwaltung öffentlicher Angelegenheiten durch Staat und Gesellschaft im Zusammenwirken ihrer spezifischen Mittel.

1. Paradigmatisch für die Selbstverwaltung ist heute nicht mehr das Kommunalrecht, sondern eher das Sozialversicherungsrecht.

2. Staat und Gesellschaft können nicht getrennt werden, müssen aber um der Freiheit willen auch heute unterschieden werden.

3. An der Wahrnehmung öffentlicher Angelegenheiten haben sowohl die gesellschaftlichen Kräfte, nämlich durch Kooperation, Kompromiß und Verbandsdisziplin, als auch die verfaßte staatliche Amtsgewalt, nämlich durch verbindliche und erzwingbare Entscheidung, Anteil.

4. Zwischen reiner Staatsverwaltung und rein gesellschaftlicher Eigenverwaltung liegt ein breiter Fächer von Möglichkeiten der Selbstverwaltung als Kombination staatlicher und gesellschaftlicher Wahrnehmung öffentlicher Aufgaben mit stärkerem oder schwächerem Anteil des Staates, der den Streit um die mittelbare Staatsverwaltung absolet macht.

5. Aus dem Vorrang der Freiheit folgt der Vorrang des Prinzips der gesellschaftlichen Eigenverwaltung im Bereich der Selbstverwaltung.

IV.

Im Bereich der öffentlichrechtlichen Entschädigung sollte der Anspruch aus sogenanntem enteignungsgleichem Eingriff durch einen Ausgleichsanspruch aus Verwaltungsrisiko ersetzt werden.

1. Die Haftung des Staates für rechtswidrig-schuldlose und zufällige Schäden wurde zu Unrecht an das Institut der Enteignung angelehnt. Eine eigene Begründung für sie fehlt.

2. Im Sozialrecht hat eine Verantwortung des Staates für das Dasein der Bürger Ausdruck gefunden, die sich auch auf alle Bereiche dieses Daseins erstrecken muß, die von der Staatsverwaltung betroffen werden. Es gehört zum Wesen des gegenwärtigen Staates, daß er die mit seinem Handeln verbundenen Risiken trägt, d. h. ausgleicht.

3. Die Enteignung kann so wieder auf die planmäßige Beschränkung oder Entziehung privaten Vermögens, die durch überwiegende Gründe des Gemeinwohls ausnahmsweise gerechtfertigt ist, begrenzt werden. Der Bereich des sogen. enteignungsgleichen Eingriffs wird durch einen Ausgleichsanspruch aus Verwaltungsrisiko gedeckt, der jenem nach Voraussetzungen, Inhalt und Umfang voll entspricht. Er kann auf der Grundlage des zu 2) gesagten durch die Rechtsprechung frei von unangemessenen Bindungen fortentwickelt werden.

V.

Die bewährten Institutionen des liberalen Verwaltungsrechts müssen vor der Zerstörung durch eine soziale Umdeutung um der Freiheit willen bewahrt werden.

Die Rechtsformen der sozialen Sicherung und das Allgemeine Verwaltungsrecht

— Einordnung des Rechts der sozialen Sicherung in das (allgemeine) Verwaltungsrecht —

2. Mitbericht von Professor Dr. Wolfgang *Rüfner*, Kiel

Nachdem Herr *Henke* die Ausstrahlungen des Sozialrechts in das Allgemeine Verwaltungsrecht behandelt hat, möchte ich mich damit beschäftigen, wie das Recht der *sozialen Sicherung* in das *Verwaltungsrecht einzuordnen* ist, wie insbesondere die Grundsätze des allgemeinen Verwaltungsrechts in ihm wirksam werden. Von vornherein bitte ich um Verständnis dafür, daß ich mein Thema nicht erschöpfen kann, wenn ich eine angemessene Redezeit einhalten will[1]).

A Grundlagen

Lange Zeit schien das Sozialrecht nur wenige Beziehungen zum übrigen Verwaltungsrecht zu haben, ein Spezialrecht zu sein, mit dem sich der normale Jurist kaum abzugeben brauchte[2]). Und doch ist es, wie das BVerfG kürzlich sagte, für den Einzelnen, für die Gesellschaft, für die öffentliche Ordnung und das Gemeinwohl von derselben fundamentalen Bedeutung wie das Allgemeine Verwaltungsrecht[3]).

(1) Die soziale Sicherheit wurde vor der Industrialisierung nicht als Problem empfunden, obwohl es Armut und Not auch damals gab. Es existierten sogar Vorformen unserer heutigen Sozialversicherungen, die allerdings nur einen kleinen Teil der Bevölkerung erfaßten[4]).

---

[1]) Zur Abgrenzung des Sozialrechts vgl. *Wertenbruch*, DÖV 1969, S. 595 ff. und kritisch zur überkommenen Begriffsbildung *Rode*, ZSR 1969, S. 641 ff., 724 ff. Das Referat beschränkt sich bewußt auf die drei überkommenen Typen des Rechts der sozialen Sicherung, nämlich auf Sozialversicherung, Versorgung und Sozialhilfe (Fürsorge), geht aber über den engen Begriff der sozialen Sicherheit hinaus, den *Friederichs*, JZ 1967, S. 278 ff., postuliert.

[2]) Vgl. z. B. *O. Mayer*, Deutsches Verwaltungsrecht II², 1917, S. 494, Anm. 34; *Bogs*, Festgabe Roehrbein 1962, S. 17.

[3]) BVerfGE 26, S. 100 (110 f.).

[4]) Vgl. *Dietrich Schäfer*, Die Rolle der Fürsorge im System sozialer Sicherung, 1966, der zu Beginn seines Buches die geschichtlichen

Die Sicherheit des Menschen beruhte im wesentlichen auf der Hausgemeinschaft, die über die engere Familie hinaus auch das Gesinde und dessen Anhang einschloß. Im übrigen kümmerte sich um die Armen neben privater oder kirchlicher Mildtätigkeit die vorwiegend örtliche Armenpflege. Sie hatte es mit einer vielleicht bedeutenden, zu großen und lästigen, aber immerhin nur mit einer *Minderheit* der Bevölkerung zu tun, die vom Normalen durch ihre Armut abwich.

(2) Für die *Mehrheit* ist die „soziale Sicherung" erst seit der Industrialisierung zur Notwendigkeit geworden. Das Ausmaß der Probleme, die sich dabei stellten, wurde zunächst nicht erkannt: Die Fabrikarbeiter, denen die oft noch schlechter gestellten Landarbeiter nur sehr zögernd gleichgestellt wurden[5]), wurden als Arme im überkommenen Sinn angesehen. Ansätze, ihre Lage zu bessern, galten bis zu den ersten Sozialversicherungsgesetzen, ja bis ins 20. Jahrhundert hinein als Maßregeln der Armenpflege, also als Fortsetzung der überkommenen Fürsorge mit anderen Mitteln[6]). Das war verständlich, denn die Industriearbeiter waren zunächst wie die Armen der älteren Zeit wiederum nur eine Minorität, die durch ihre Bedürftigkeit aus dem Rahmen fiel. Sie machten 1846 im Deutschen Zollverein erst 4,44 % der Bevölkerung aus, die selbständigen Gewerbetreibenden dagegen 7,25 %[7]). So war es vielleicht nicht von Anfang an erkennbar, daß es nicht darum ging, die Armenpflege zu verbessern, sondern darum, Umstellungsschwierigkeiten auf dem Weg zu einer neuen sozialen Ordnung zu meistern. Immerhin belehrt uns L. v. Stein schon 1850 über den ungeheuren Unterschied zwischen der früheren Armut und dem Pauperismus des Industriearbeiters[8]).

Heute können wir jedenfalls die soziale Sicherheit nicht mehr unter dem Blickwinkel des Armenwesens oder der Fürsorge für sozial schwächere Bevölkerungskreise sehen. Auf die soziale

---

Zusammenhänge eingehend darstellt; zu den Vorformen der Sozialversicherung vgl. insbes. S. 82 f.; dazu ferner *J. Lingnau*, Das System sozialer Hilfeleistungen, S. 42 ff.; *Thielmann*, Die Geschichte der Knappschaftsversicherung, 1960; *E. Loening*, Lehrbuch des Deutschen Verwaltungsrechts, 1884, S. 552; *K. v. Stengel*, Lehrbuch des Deutschen Verwaltungsrechts, 1886, S. 443 f.

[5]) Vgl. dazu *Schäfer* (wie vorst. Anm.), S. 40.

[6]) Vgl. z. B. *W. Roscher*, System der Armenpflege und Armenpolitik[3], 1906, S. 263 ff., 344 ff.

[7]) *F. Lütge*, Deutsche Sozial- und Wirtschaftsgeschichte[3], 1966, S. 487.

[8]) *L. v. Stein*, Die Geschichte der sozialen Bewegung in Frankreich, Ausgabe 1921, Bd. 2, S. 72 ff.; ähnlich *R. v. Mohl*, Die Polizeiwissenschaft nach den Grundsätzen des Rechtsstaats, 1. Bd.[3], 1866, S. 352 ff.

Sicherung ist vielmehr die *gesamte Bevölkerung* angewiesen, wenn wir von statistisch kaum mehr erfaßbaren Ausnahmen absehen[9]). Das ist selbst gegenüber älteren Bemerkungen des BVerfG mit Nachdruck zu betonen[10]).

Allerdings ist zwischen den einzelnen Arten der Sozialleistungen zu differenzieren: Ständige Hilfe für den Lebensunterhalt aus der Sozialhilfe bleibt Ausnahme. Private Vorsorge für Krankheit und Unfall wäre noch einem erheblichen Teil der Bevölkerung möglich, wenn die Sozialversicherung nicht Zwangsversicherung wäre. Eine eigenverantwortliche Invaliditäts- und Altersvorsorge ist jedoch nahezu für jeden ausgeschlossen. Kaum einer vermag sich ein so großes Vermögen zu schaffen, daß er auf ein gesichertes Alter rechnen kann. Der Grund dafür liegt einmal in der ständigen Inflation und sodann in den hohen Ansprüchen, die heute an die Altersversorgung gestellt werden. Nur eine im Umlageverfahren finanzierte Rente kann die Inflation überspielen und dazu noch eine ständige Anpassung an das Wirtschaftswachstum gewährleisten. So drängt die Entwicklung hier zu einer allgemeinen Volksversicherung. Sie ist in der Schweiz erreicht, auch die Bundesrepublik ist ihr sehr nahe, denn die gesetzliche Rentenversicherung erfaßte schon 85 % der Erwerbstätigen, bevor die Pflichtgrenze für Angestellte entfiel[11]). Eine Ausdehnung auf die Selbständigen ist zu erwarten[12]).

B Grundsätzliches zur Einordnung des Rechts der sozialen Sicherung

I Fürsorge und Versorgung

1. Begriffliches

(3) Da die Sozialversicherung, vor allem die Rentenversicherung, fast die gesamte Bevölkerung umfaßt, möchte man

[9]) Vgl. *Jantz*, in: *Reuß-Jantz*, Sozialstaatsprinzip und soziale Sicherheit, 1960, S. 33 ff.; *Wertenbruch*, ZSR 1968, S. 394. Die Sozialversicherungsbeiträge sind höher als die Lohn- und Einkommenssteuern (1958 12,5 % gegen 6,5 % des Volkseinkommens), vgl. *Wannagat*, Lehrbuch des Sozialversicherungsrechts I, 1965, S. 157.

[10]) Vgl. die Kritik von *Rohwer-Kahlmann*, in: Festschrift Bogs 1967, S. 112, 123 ff., insbes. gegen BVerfGE 10, S. 354 (365 f.) und 18, S. 257 (270 ff.); in: BVerfGE 11, S. 105 (113) ist dagegen schon anerkannt daß die Sozialversicherung nicht nur für die sozial Schwachen arbeitet.

[11]) Unter Einschluß der Selbständigen. Vgl. *Joseph Schneider*, Rechtsprobleme im Wandel der Rentenversicherung, Kleine Schriften zur Sozialpolitik und zum Arbeitsrecht, 4. Folge, Heft 9 (Vortrag vom 28. 11. 1962), S. 28.

[12]) Vgl. Entschließung des Dt. Bundestags vom 8. 12. 1967, Stenographische Berichte, S. 7343 und 7357 (Umdruck 323, Anlage 29).

meinen, sie sei von allen Arten der Sozialleistungen am meisten in das System unseres Verwaltungsrechts eingebaut, viel mehr als Fürsorge und Versorgung, die nur für vergleichsweise kleine Kreise in Betracht kommen. Tatsächlich scheint das Gegenteil der Fall zu sein. Der durchschnittliche Jurist kann noch eher mit Fürsorge- und Versorgungsrecht etwas anfangen als mit dem Sozialversicherungsrecht.

Vielleicht hängt das damit zusammen, daß die Fürsorge oder neuerdings Sozialhilfe der älteste Zweig der Sozialleistungen ist. Es handelt sich um die direkte Weiterentwicklung der früheren Armenhilfe. Wir sprechen heute von Fürsorge, wenn die Verwaltung dem Bürger ohne Gegenleistung bei individuellem Bedarf hilft. Typisches Kennzeichen ist die Subsidiarität der Hilfe und ihre Abhängigkeit vom vorherigen Einsatz von Einkommen und Vermögen des Bedürftigen oder seiner unterhaltspflichtigen Angehörigen[13]).

Die Versorgung wird ebenfalls ohne Gegenleistung, aber für generellen typischen Bedarf gewährt, ohne daß die individuelle Bedürftigkeit zu prüfen ist[14]). Versorgung gab es in Deutschland bisher fast nur als Ausgleich für besondere Lasten des Krieges. Sie näherte sich damit einer typisierten Aufopferungsentschädigung[15]), wenn sich auch die Rechtsprechung entschieden dagegen wehrte, sie als solche zu bezeichnen[16]). Sonstige Versorgungsleistungen kennen wir in der Form des Kindergeldes und der Ausbildungsbeihilfen[17]).

Fürsorge und Versorgung sind Idealtypen, die in der Wirklichkeit oft ineinander übergehen[18]). Die Höhe der Kriegsopferversorgung richtet sich zum Teil nach dem sonstigen Einkommen des Beschädigten[19]), die Kriegsopferfürsorge zeigt schon in ihrer Bezeichnung die Vermengung der Begriffe. Das Kindergeld für das 2. Kind ist nach § 4 BKGG von einer Einkommensgrenze abhängig gemacht. Ähnliches gilt für die Ausbildungsförderung nach dem neuen Ausbildungsförderungsgesetz

---

13) Vgl. *Wertenbruch*, in: Besonderes Verwaltungsrecht, hsg. von *I. v. Münch*, 1969, S. 304 f.; *H. J. Wolff*, Verwaltungsrecht III², 1967, S. 191 f., § 147 I; Wannagat, Lb. I (9), S. 6 f.

14) Vgl. dazu kritisch Wertenbruch, wie vorst. Anm. S. 303 f.; *H. J. Wolff*, Verwaltungsrecht III², S. 128, § 137 III 2 β.

15) Vgl. dazu *Obermayer*, Die Rechtsnatur der Kriegsopferversorgung; Berg, Festschrift Bogs 1967, S. 19 ff.

16) Vgl. BGHZ 20, S. 61 (64).

17) *Bogs*, in: Festgabe Krohn 1954, S. 42, unterscheidet die Sonderversorgung zum Ausgleich bestimmter Schäden (z. B. der Kriegsopfer) und die allgemeine Staatsbürgerversorgung.

18) Vgl. *Wertenbruch*, DÖV 1969, S. 596; ders. ZSR 1968, S. 390.

19) Vgl. §§ 31—33 BVG zur Grund- und Ausgleichsrente.

und für die Förderung nach dem Honnefer Modell[20]). Sie stehen im Schnittpunkt von Versorgung, Fürsorge, Bildungs- und Gesellschaftspolitik, gehören vielleicht im Sinn der Unterscheidung von Badura[21]) nicht einmal ganz eindeutig zur Leistungsverwaltung.

2. *Die Rechtsstellung des Bürgers*

(4) Die Rechtsstellung des Bürgers war ursprünglich im Fürsorgerecht sehr prekär. Die Hilfe wurde nicht um des Bedürftigen selbst willen gegeben, sondern um der öffentlichen Ordnung willen. Für einen Anspruch des Armen hatte das 19. Jahrhundert kein Verständnis. Die Fürsorge entsprach damit etwa dem Bild, das uns Otto Mayer von der öffentlichen Anstalt gab: Das Fürsorgerecht war nur Organisationsrecht. Ein Rechtsverhältnis zwischen Verwaltung und Leistungsempfänger konnte nicht entstehen. Die Hilfe wurde rein tatsächlich gewährt, als Almosen, wie man bewußt sagte. Als sich das nach dem 2. Weltkrieg änderte, war das Allgemeine Verwaltungsrecht bereits voll entwickelt. Das Sozialhilferecht konnte auf ihm aufbauen.

Für die Versorgung gilt Ähnliches. Als sie größeren Umfang annahm, konnte sie auf das ausgebildete Allgemeine Verwaltungsrecht zurückgreifen. So fügen sich Fürsorge- und Versorgungsrecht scheinbar unproblematisch in das Bild unseres Verwaltungsrechts ein. Ich sage bewußt: „scheinbar", denn es blieb wie überall in der Leistungsverwaltung nicht ohne Schwierigkeiten, den neuen Rechtsstoff in das gegebene wissenschaftliche System zu inkorporieren[22]).

Immerhin handelt es sich bei Fürsorge und Versorgung um typische Verwirklichungen der iustitia distributiva.

Der Staat gibt nach individuellem oder gruppentypischem Bedarf, nicht nach Gegenleistung. Er paktiert nicht mit dem Bürger, sondern bleibt in der Distanz, die seinem hoheitlichen Wesen entspricht. So fügen sich beide Zweige der Leistungsverwaltung in das sog. klassische Verwaltungsrechtsdenken ein, wenn auch heute die Stellung des Bürgers verfassungsrechtlich gesichert ist: Der Sozialstaat garantiert ihm das variable und mit der wirtschaftlichen Entwicklung nach oben tendierende

---

[20]) An diesem Beispiel zeigt *Wertenbruch*, ZSR 1968, S. 390, daß die überkommenen Gruppierungen nicht mehr zureichen. Sehr kritisch zur überkommenen Dreiteilung *Rode*, ZSR 1969, S. 729 ff.

[21]) *Badura*, DÖV 1966, S. 630.

[22]) Vgl. *P. Badura*, Verwaltungsrecht im liberalen und im sozialen Rechtsstaat, 1966, S. 5.

Existenzminimum, der Gleichheitssatz das Recht auf gleiche Teilhabe an den Leistungen, die über das Minimum hinausgehen.

II Die Sozialversicherung

1. Grundsätzliches

(5) In der Sozialversicherung ist vieles anders. Sie ist das Kernstück der nachliberalen Sozialpolitik und deckt gewöhnlich die Risiken des Alters, der Invalidität, der Krankheit, des Arbeitsunfalls und der Arbeitslosigkeit.

Als Zwangsversicherung entspricht sie zwar nicht liberalem Denken. Sie tastet aber die kapitalistische Wirtschaftsordnung nicht an, sondern fügt sich in sie ein und sucht Mißständen zu steuern. Der Idee nach müßte sie noch nicht einmal die sog. natürliche Einkommensverteilung ändern, wenn sie das auch in der Realität mehr oder minder stark tut: Die Leistungen sind nämlich den Beiträgen nicht durchweg versicherungsmathematisch äquivalent. Vor allem zugunsten der Familie gibt es beitragslose Leistungen. Insofern sind Elemente der Versorgung in ihr enthalten, während Gedanken der Fürsorge nur selten, vor allem in der schweizerischen außerordentlichen Rente[23]), verwirklicht wurden.

Für die Erfüllung der hier anfallenden Aufgaben stehen alle die Formen zur Verfügung, die der Staat hat, wenn er gewährleisten will, daß bestimmte Leistungen erbracht werden: Er kann selbst leisten, er kann sich einer speziell geschaffenen juristischen Person des öffentlichen Rechts bedienen, er kann die Aufgaben an Genossenschaften oder sonstige Private delegieren und vielleicht dabei die Figur des beliehenen Unternehmers ins Spiel bringen. Er kann sich endlich mit Normativbestimmungen begnügen.

Alles das ist für die gesamte Leistungsverwaltung typisch, weil es kein gewissermaßen natürliches Monopol des Staates zur Erbringung bestimmter Leistungen gibt. Wir kennen z. B. die staatliche oder kommunale und die private, aber durch scharfe Normativbestimmungen regulierte Energieversorgung. Ähnliches wäre auch in der Sozialversicherung denkbar und ist sogar, wenn wir über eine formale Betrachtung hinausgehen, zum Teil verwirklicht. Äußerlich überwiegt der Typ der öffentlichrechtlichen Genossenschaft, aber mit verschiedenen Graden der Selbstverwaltung von der Rentenversicherung bis zur

---

[23]) Art. 42 Bundesgesetz über die Alters- und Hinterlassenenversicherung v. 20. 12. 1946.

Unfallversicherung. Ein Vergleich der Unfallversicherung mit der obligatorischen Haftpflichtversicherung des Kraftfahrzeughalters, die privatrechtlich nach Normativbestimmungen funktioniert, zeigt, daß vielleicht die Möglichkeiten nicht einmal ganz ausgeschöpft sind. Auch die Geschichte der Ersatzkassen zeigt, daß die Erfüllung mancher Aufgaben durch Private denkbar wäre: Sie sind erst seit 1937 Körperschaften des öffentlichen Rechts[24]). Vorher waren sie privatrechtliche Genossenschaften in der Form der Versicherungsvereine auf Gegenseitigkeit, die durch besondere gesetzliche Bestimmungen an Regeln der öffentlichrechtlichen Krankenkassen gebunden waren. Je nachdem, wie man den Begriff faßt, waren sie vielleicht in mancher Hinsicht auch beliehene Unternehmer, obwohl ich eher dazu neige, dafür wenigstens die Kompetenz zu fordern, Verwaltungsakte zu erlassen. Übertragung von wichtigen öffentlichen Aufgaben genügt m. E. nicht.

2. *Die Rentenversicherung*

a) staatliche Aufgabe

(6) Die letztgenannten Rechtsformen sind freilich in der Rentenversicherung kaum diskutabel. Sie ist finanziell und politisch von so großer Bedeutung, daß eine Erfüllung ihrer Aufgaben durch private Versicherungsvereine oder beliehene Unternehmer ausscheidet. Betrugen die Gesamtausgaben der Sozialversicherung im Jahre 1967 59.262 Millionen DM, so beliefen sich die Ausgaben der Rentenversicherung allein auf 39.564 Millionen DM, also auf ²/₃ davon und etwa die Hälfte des Bundeshaushalts[25]). Politisch ist die gesetzliche Rentenversicherung deshalb so wichtig, weil sie die einzige Altersvorsorge ist — wenn wir von den Ruhegehältern der Beamten absehen —, die nach *Höhe* und *Sicherheit* für die breite Masse der Bevölkerung in Betracht kommt. Eine ausreichende private Vorsorge für die Risiken des Alters und der Invalidität ist, wie schon gesagt, praktisch ausgeschlossen[26]) und eben deshalb ist die Rentenversicherung in Deutschland und, ich nehme an, auch in Österreich, vielleicht nicht ganz so in der weniger inflationsgeprüften Schweiz, so sehr als Staatsaufgabe im Bewußtsein der

---

[24]) Vgl. 15. VO zum Aufbau der Sozialversicherung v. 1. 4. 1937, abgedruckt in: Die Ersatzkasse 1937, S. 126.

[25]) Der Anteil der gesamten Ausgaben der Sozialversicherung am Nettosozialprodukt belief sich auf 16,37 %. Vgl. zu den Zahlen *Tietz*, Zahlenwerk zur Sozialversicherung in der Bundesrepublik Deutschland, Ü 49, 52 und 53.

[26]) Vgl. dazu — etwas weniger entschieden, aber in der Tendenz ähnlich: Sozialenquête, S. 124.

Bevölkerung, daß eine Verweisung auf private Vorsorge — ganz abgesehen von deren Irrealität — politisch ausgeschlossen ist. Verfassungsrechtlich gesehen, würde der Sozialstaat eine seiner wesentlichen Aufgaben verfehlen, würde er nicht der Bevölkerung eine ausreichende Altersversorgung bieten[27]).

Nur theoretisch wäre das mit geringerem Staatseinfluß denkbar, als ihn die heutige deutsche Rentenversicherung kennt. Angesichts der riesigen Finanzmassen können sich die Ausgaben der Rentenversicherung nicht ohne Rücksicht auf die Wirtschaftslage bewegen. Eine Aufsplitterung in verschiedene kleinere autonome Einrichtungen würde zwar vielleicht den wirtschaftlichen Effekt von Renten- und Beitragsänderungen mildern, müßte aber dann zu erheblichen Ungleichheiten für die Versicherten führen.

Dem sollte nicht entgegengehalten werden, daß die Rentenversicherung in Deutschland verschiedene Träger hat. Die Landesversicherungsanstalten der Arbeiter sind in einem finanziellen Verbund und tragen die Aufwendungen für Rentenzahlungen gemeinsam nach dem Verhältnis ihrer Beitragseinnahmen[28]). Auch zwischen den einzelnen Zweigen: der Arbeiterrentenversicherung, der Angestelltenversicherung und der Bundesknappschaft, gibt es durch verschiedene Dosierung der Bundeszuschüsse[29]) und z. T. durch ad-hoc-Gesetze einen finanziellen Ausgleich[30]). Beiträge und Renten sind minutiös gesetzlich geregelt, für die Selbstverwaltung bleibt Spielraum nur im Randbereich der Gesundheitsvorsorge und Rehabilitation. Wenn irgendwo, dann ist bei der Rentenversicherung von mittelbarer Staatsverwaltung und nicht von gesellschaftlicher Selbstverwaltung zu sprechen[31]).

Das gilt, obwohl die Träger der Rentenversicherung für ihre Organisation und ihr Personal weitgehend freie Hand haben und von gewählten Vertretern der Versicherten und der Arbeitgeber verwaltet werden[32]). Es ist auch nicht entscheidend, daß sie, wie bei der Selbstverwaltung üblich, in der Regel nur

---

[27]) Vgl. zur Rentenversicherung als Staatsaufgabe BVerfGE 21, S. 362 (375 ff.); ferner allgemein zur Sozialversicherung *Brackmann*, Handbuch der Sozialversicherung, S. 154 b IV ff., bes. S. 154 d.

[28]) §§ 1390 ff. RVO.

[29]) § 1389 RVO; § 116 AVG.

[30]) Vgl. z. B. Ges. über die mehrjährige Finanzplanung des Bundes II. Teil — Finanzänderungsgesetz 1967 — v. 21. 12. 1967, BGBl I, S. 1259, Art. 2, § 3 unter 9.

[31]) Vgl. *W. Weber*, Die Selbstverwaltung in der Sozialversicherung, in: Schriftenreihe des Dt. Sozialgerichtsverbandes, Bd. I, 1966, S. 30 f.

[32]) Aus diesem Gesichtspunkt etwas anders *Salzwedel*, Die Selbstverwaltung usw. (wie vorst. Anm.), S. 50 ff.; auch *Wertenbruch*, DÖV 1969, S. 601 ff. setzt den Wert der Selbstverwaltung zu hoch an.

der Rechtsaufsicht, nicht der Zweckmäßigkeitsaufsicht unterstehen[33]). Daraus kann keinesfalls geschlossen werden, der Staat habe die Rentenversicherung der gesellschaftlichen Selbstverwaltung der Beteiligten überlassen und sich von der Verantwortung zurückgezogen. Eine solche Betrachtung wäre rein formal und ließe unbeachtet, daß die politische Verantwortung vom Staat durch die Gesetzgebung übernommen wurde und zudem der Vollzug der Gesetze von den staatlichen Aufsichtsbehörden und den Sozialgerichten überwacht wird. Mit der kommunalen Selbstverwaltung und ihrem erheblichen politischen Entscheidungsspielraum ist jedenfalls die Selbstverwaltung der Rentenversicherung nicht vergleichbar. Sie ist im wesentlichen technischer Art, entlastet den Staatsapparat und ist — sit venia verbo — auch eine psychologische Konzession an die Beteiligten[34]).

Wir können die gesetzliche Rentenversicherung und ihre Selbstverwaltung nicht mit kleineren berufsständischen Versorgungseinrichtungen vergleichen: Eine Ärzteversorgung kann staatlich überwachte genossenschaftliche Selbsthilfe sein. Es kann ihr überlassen werden, Beiträge und Leistungen unter staatlicher Aufsicht selbst festzusetzen, zumal die gesamtwirtschaftlichen Auswirkungen eventueller Änderungen unbedeutend sind. Dafür ist auch die Sicherheit, die eine solche kleine Einrichtung gewähren kann, nur beschränkt: Sie muß, wenn sie nach dem allein möglichen Umlageverfahren arbeitet, alsbald in Schwierigkeiten kommen, wenn die Zahl der Berufsangehörigen einmal zurückgeht[35]). Zudem läßt sich die Frage, ob eine weitgehende gesellschaftliche Eigenverwaltung dem Prinzip der Freiheit besser entspricht als die staatlich gesteuerte Selbstverwaltung der gesetzlichen Rentenversicherung, kaum eindeutig positiv beantworten: Es besteht auch die Gefahr unangemessener Gruppenmacht[36]). Ein möglichst weitgehender

---

[33]) Vgl. *Salzwedel*, wie vorst. Anm., S. 55 ff.

[34]) Vgl. *W. Weber* (wie Anm. 31), S. 132 f.; auch *Carganico* und *Spiecker*, Festschrift Lauterbach 1961, S. 45 ff., die an sich die Selbstverwaltung höher einschätzen, als das hier geschehen ist, meinen am Ende (S. 57 f.), ohne finanzielle Eigenverantwortung könne es keine Selbstverwaltung geben. Dieser Zustand ist bei der Rentenversicherung weitgehend erreicht. Die Sozialenquête (S. 104 ff.) hütet sich, die Selbstverwaltung überzubewerten.

[35]) Vgl. dazu *Liefmann-Keil*, Soziale Sicherheit 1968, S. 165 ff. Sie gibt deshalb einer differenzierten Sozialversicherung den Vorrang vor Standesversicherungen.

[36]) Vgl. dazu die Bedenken bei *H. P. Ipsen*, Rechtsfragen berufsständischer Zwangsversicherung, 1954, S. 35 ff. Überhaupt liegt in der genauen gesetzlichen Fixierung der Ansprüche aus der Sozialversicherung ein Element der Freiheit. Vgl. dazu *Bogs*, Das Problem

Rückzug des Staates garantiert nicht ein Maximum an Freiheitlichkeit. Vielleicht ist das gegenwärtige deutsche System unter den derzeitigen Verhältnissen in dieser Hinsicht sogar optimal.

b) Staatsleistung oder erzwungene Selbsthilfe?

(7) Immerhin läßt sich noch fragen, ob wir es bei der gesetzlichen Rentenversicherung mit einer Staatsleistung oder mit einer staatlich regulierten und erzwungenen Selbsthilfe der Bürger zu tun haben. Das wird gewöhnlich unter dem Schlagwort „Versicherungs- oder Versorgungsprinzip" diskutiert[37]).

Die gegenwärtige Struktur der deutschen und etwas abgeschwächt auch der österreichischen Rentenversicherung[38]) scheint mehr für die erzwungene Selbstvorsorge, also mehr für das Versicherungsprinzip zu sprechen[39]). Die Rente ist indes, was oft übersehen wird, lohn-, nicht beitragsproportional: Ein 14⁰/₀iger Beitrag vom Durchschnittslohn des Jahres 1957 zählt genauso viel wie ein vielleicht 18⁰/₀iger von 1974. Der Grundgedanke ist nicht, dem Versicherten das Äquivalent seiner Beiträge zu bieten, sondern eine seinem bisherigen Lebensstandard entsprechende Rente. Die gegenwärtige deutsche Rentenformel strebt weniger nach versicherungsmathematischer Gerechtigkeit als nach angemessener Versorgung[40]). Sie hütet sich allerdings vor Nivellierungen, die den Leistungswillen der Versicherten mindern und der Hinterziehung von Sozialabgaben Vorschub leisten.

Immerhin arbeitet die Rentenversicherung nach dem Austauschprinzip, das nach manchen dem modernen Staat zuwider ist[41]) und eine Staatsleistung ausschließt. Das beruht indes auf

der Freiheit im sozialen Rechtsstaat, in: Festschrift für Fr. Lenz 1961 (hier nach: Rechtsstaatlichkeit und Sozialstaatlichkeit, S. 517 ff., zitiert). Unter diesem Gesichtspunkt ist auch die weitgehende Forderung nach Selbstverwaltung bei *Rohwer-Kahlmann,* ZfS 1960, S. 536, bedenklich. Auch eine allgemeine Volksversicherung oder Staatsbürgerversorgung ohne Selbstverwaltung wäre verfassungsrechtlich zulässig, zumal sich die deutsche Rentenversicherung ihr schon nähert. Vgl. *Wannagat.* Lb. I (Anm. 9), S. 224 ff.

[37]) Vgl. dazu schon *Rosin,* Die Rechtsnatur der Arbeiterversicherung, in: Festgabe f. P. Laband z. 50. Jahrestag der Doktorpromotion, 2. Bd., 1908, S. 41 ff.

[38]) Vgl. zur Rentenbemessung in Österreich §§ 238 f., 261 ASVG.

[39]) Dafür sehr dezidiert *Weidner,* ZVersWiss 1961, S. 141 ff., 225 f., 229 f.

[40]) Vgl. *Jantz,* in Reuß-Jantz (Anm. 9) S. 38, der betont, die Rente sei Gegenleistung für die Lebensarbeit, nicht für die Beiträge.

[41]) Vgl. *Bullinger,* Vertrag und Verwaltungsakt, 1962, S. 233; *Stern,* VVDStRL 21, S. 217 f.; *Herbert Krüger,* Allg. Staatslehre, 1964,

einem Mißverständnis: Die Verwirklichung der iustitia commutativa durch eigene Leistungen im Austausch gegen Leistungen des Bürgers ist dem modernen interventionistischen Staat nicht fremd. Er vertraut nicht mehr darauf, daß die gesellschaftlichen Kräfte selbst für den gerechten Ausgleich der Interessen sorgen. Er kann sich auch in vielen Bereichen, die wir zur Leistungsverwaltung rechnen, nicht mit der nachträglichen Korrektur der Ergebnisse begnügen, sondern er erbringt selbst Leistungen, die auch Private erbringen könnten, und fordert dafür entsprechende Entgelte. Beispiele liefern etwa die gemeindlichen oder staatlichen Verkehrsunternehmen. Man könnte sie auch kostenlos arbeiten lassen, aber rechtlich läßt sich das weder aus dem Prinzip des angeblich unkaufmännischen modernen Staates noch aus einem extrem interpretierten Sozialstaatsgrundsatz ableiten.

Ist also das „do ut des" in der Rentenversicherung kein Argument *gegen* die Staatsleistung, so ist *für* sie zunächst auf weitere Abweichungen vom Versicherungsprinzip hinzuweisen: Es gibt beträchtliche Staatszuschüsse, die allerdings der Idee nach nicht für die Alterssicherung, die zentrale Aufgabe der Rentenversicherung, gedacht sind[42]) und auch gewisse Kriegsfolgen ausgleichen sollen[43]). Wichtiger noch ist der soziale Ausgleich unter den Versicherten: Leistungen für Kinder, Witwen und Waisen werden ohne besonderen Beitrag gewährt, Ausfall- und Ersatzzeiten werden angerechnet, obwohl in ihnen keine Beiträge geleistet wurden.

Darin liegt eine interpersonale Umverteilung[44]) unter den Beteiligten, die zum Teil Leistungen ohne Gegenleistungen erhalten. Insoweit gibt es in der Rentenversicherung Konzessionen an den Versorgungsgedanken, die — wie nebenbei bemerkt sei — nicht völlig unproblematisch sind. Gerechter wäre es, diese Zusatzleistungen ganz aus Steuermitteln aufzubringen. Es ist unter dem Gesichtspunkt des Gleichheitssatzes nicht unbedenklich, daß ein Teil des Volkes aus Solidaritätsgesichtspunkten gewisse Leistungen finanzieren muß, während andere, vielleicht Vermögendere, sich daran nicht beteiligen[45]). Eine allgemeine Volksversicherung, wie die schweizerische Alters-

---

S. 268 und 896; *Köttgen*, VVDStRL 6, S. 121; *ders.*, Die Erwerbswirtschaftliche Betätigung der öffentlichen Hand und das öffentliche Recht, 1928, S. 14.

[42]) Vgl. dazu *Jantz*, Festschrift Bogs 1959, S. 161 ff.; ders. in: *Reuß-Jantz* (Anm. 9), S. 46.

[43]) Vgl. Sozialenquête, S. 93 f.

[44]) Vgl. dazu *Schewe*, Festschrift Bogs 1967, S. 147 ff.; Sozialenquête, S. 62, 147 ff.

[45]) Vgl. *Bogs*, Festgabe Krohn 1954, S. 47.

und Hinterlassenenversicherung kennt dieses Problem nicht; bei ihr ist der Beitrag ohnehin einer allgemeinen Steuer vergleichbar.

Deshalb ist es auch vertretbar, daß in der Schweiz der soziale Ausgleich unter den Versicherten und damit der Versorgungsgedanke wesentlich stärker ausgeprägt ist: Es gibt Mindest- und verhältnismäßig geringe Höchstrenten, dagegen eine unbegrenzte prozentuale Beitragspflicht vom Erwerbseinkommen[46]). Darüber hinaus wird im Fall der Bedürftigkeit sogar eine nicht aus Beiträgen gedeckte außerordentliche Rente gezahlt, so daß sogar das Fürsorgeprinzip in Einzelfällen verwirklicht wird[47]). Das ist vielleicht nicht systemgerecht, hat aber den Vorzug, daß die Leute nicht auf die Fürsorge verwiesen werden wie in Deutschland. Im Grunde ist das eine Frage der Nomenklatur, die aber psychologisch nicht unwichtig ist.

Ich würde die bisher geschilderten Abweichungen vom Versicherungsprinzip jedoch nicht allein für entscheidend halten, um die Leistungen der Rentenversicherung als Staatsleistungen anzusprechen: Wesentlicher ist vielmehr ein Umschlag von der Quantität in die Qualität: Von Eigenvorsorge in genossenschaftlicher Form ist nicht mehr zu sprechen, wenn nahezu das ganze Volk bei finanziell verbundenen Einrichtungen zwangsversichert ist und Beiträge wie Renten gesetzlich minutiös geregelt sind. Eine Genossenschaftsorganisation, der die überwältigende Mehrheit der Staatsbürger zwangsweise angehört, deren Etat vom Staat manipuliert wird und deren riesige Finanzmassen für Wirtschafts- und Währungspolitik von ähnlicher Bedeutung sind wie der Staatshaushalt, ist eine staatliche Einrichtung. Ihre Leistungen lassen sich nicht mit privaten Versicherungsleistungen vergleichen, die auf Grund individueller, wenn auch typisierter Versicherungsverträge erbracht werden. Wenn wir bei dem Bild der Trennung von Staat und Gesellschaft bleiben wollen: Es kann keine Leistungen der gesamten Gesellschaft an die gesamte Gesellschaft geben, die außerhalb des Staatlichen bliebe.

c) *Konsequenzen*

(8) Konsequenzen aus dieser Auffassung ergeben sich zunächst für das vielleicht mehr theoretisch als praktisch wichtige Problem des Eigentumsschutzes: In Übereinstimmung mit vielen Äußerungen in der Literatur[48]) hat das Bundessozialgericht

---

[46]) Vgl. *Gysin*, Schweiz. Ztschr. f. Sozialversicherung 1964, S. 9.

[47]) Art. 42 AHV (Anm. 23).

[48]) Vgl. *Scheuner*, Verhandlungen des 36. Deutschen Juristentags, Bd. II, S. 451; *ders.*, DÖV 1956, S. 575 f.; *Ipsen*, JZ 1953, S. 663;

(BSG) die Rentenansprüche mehrfach als Eigentum bezeichnet, das den Schutz des Art. 14 GG genieße[49]). Ich möchte dem zwar nicht entgegentreten, aber darauf hinweisen, daß das BSG in allen praktisch gewordenen Fällen erklärt hat, es handele sich um eine zulässige Inhaltsbestimmung des Eigentums, nicht um eine Enteignung[50]). Art. 14 würde zwar einer Kürzung einer privaten Versicherungsrente entgegenstehen, aber kaum einen Umbau der gesetzlichen Rentenversicherung verhindern können, wenn er im Rahmen des Angemessenen die bisherigen Erwartungen der Versicherten berücksichtigte. Der Schutz des Bürgers liegt, wenn wir von gewissen Extremfällen absehen, z. B. dem völligen Entzug einer Rente, für die lange Zeit Beiträge gezahlt wurden, weniger in Art. 14 als in Art. 3 GG: Es geht nicht darum, ein erworbenes Vermögen gegen staatliche Eingriffe zu schützen, sondern darum, die Teilhabe an staatlichen Leistungen zu sichern[51]). Langfristig hat der Bürger dadurch besseren Schutz als durch Art. 14, der sich immer auf bestimmte geschuldete Summen beschränken müßte, die von der Inflation in kurzer Zeit überholt würden.

Grundsätzlich lassen sich die Ansprüche aus der Rentenversicherung eher mit beamtenrechtlichen Versorgungsansprüchen als mit privatrechtlichen Versicherungsansprüchen vergleichen[52]). Auch der Beamte erhält sein Ruhegehalt nicht etwa ohne Gegenleistung aus einer Freigebigkeit des Staates. Er bekommt vielmehr einen in mancher Hinsicht modifizierten Lohn für seine Dienste, wie das BVerfG vor einiger Zeit unter Abrücken von der Alimentationstheorie mit Recht ausgeführt

---

Dürig, JZ 1954, S. 9, Anm. 27; *Bogs*, Referat auf dem 43. Dt. Juristentag, Sitzungsberichte, G S. 54 ff.; *ders.* ZSR 1962, S. 189 ff.; *ders.* ZSR 1968, S. 515 ff.; *Rohwer-Kahlmann*, ZSR 1956, S. 239 ff., 310, 343 (sehr weitgehend); *Ule*, ZSR 1956, S. 138 ff., 180 ff.; *v. Altrock*, Festschrift Bogs 1959, S. 33; *Berg*, Festschrift Bogs 1967, S. 17 f.; ablehnend *Zimmer*, BArbBl. 1959, S. 584 ff. und DÖV 1963, S. 81 ff.

[49]) BSGE 9, S. 127 (128); 13, S. 247 (250); 14, S. 133 (137); das BVerfG ist recht zurückhaltend: vgl. BVerfGE 14, S. 288; 20, S. 52; 22, S. 241 (253); auch E 11, S. 221 zum Sterbegeld der Krankenkassen; ferner E 21, S. 362.

[50]) *W. Weber*, in: Rechtsschutz im Sozialrecht, 1965, S. 281 ff.; vgl. auch *Bogs*, ZSR 1968, S. 515 ff.

[51]) Insofern liegt der Fall anders als bei der Kassenpraxis des Arztes, vgl. dazu BSGE 5, S. 40 = JZ 1958, S. 20 mit zust. Anm. *Dürig;* s. auch *Dürig*, Festschrift Apelt, S. 33 ff. (44).

[52]) Vgl. dazu *Wannagat*, Lb. I (Anm. 9), S. 217; BSG v. 21. 9. 1966, DVBl. 1968, S. 890 mit freilich insoweit abl. Anm. *Janssen;* unter diesem Gesichtspunkt wäre es sinnvoll, die Kumulierung von Sozialleistungen, insbes. von Sozialversicherungsleistungen auf ihre Berechtigung zu untersuchen. Vgl. dazu *Haase*, Festschrift Bogs 1959, S. 107 ff.

hat[53]). Modifiziert ist der Lohn des Staates vor allem dadurch, daß der Staat nicht schlechthin eine bestimmte Geldsumme schuldet, sondern angemessenen Unterhalt, auch nach dem Ausscheiden aus dem aktiven Dienst. Genau dasselbe will die gesetzliche Rentenversicherung in Deutschland und Österreich[54]). In der Schweiz liegen die Verhältnisse etwas anders: Die AHV ist nur als Basissicherung gedacht[55]), im Prinzip muß sich dadurch an der Qualifizierung der Ansprüche aber nichts Wesentliches ändern.

Die Beiträge zur Rentenversicherung sind öffentlichen Abgaben vergleichbar: Der volkswirtschaftlichen Wirkung nach entsprechen sie am ehesten den direkten Steuern, deutlicher: der Lohnsteuer[56]). Aber sie stehen nicht wie die Steuern für die allgemeinen Staatsaufgaben zur Verfügung, sondern sind für spezielle Zwecke gedacht: Den Versicherten sollen aus den Beiträgen besondere Vorteile erwachsen. In den Kategorien des Abgabenrechts bleiben damit Gebühr und Beitrag diskutabel. Gebühren werden für die Benutzung von Einrichtungen erhoben. Dabei besteht ein unmittelbarer Zusammenhang zwischen der Inanspruchnahme der Leistung und der Gebührenpflicht. Gerade dieser Zusammenhang fehlt bei der Rentenversicherung: Wer Beiträge zahlt, hat keine Gewähr dafür, jemals Leistungen zu erhalten: Er kann vorher ausscheiden, er kann zu früh sterben. Deshalb ist nicht die Gebühr die richtige Kategorie, sondern — wie es auch der Bezeichnung entspricht — der Beitrag: Den Versicherten erwachsen besondere wirtschaftliche Vorteile, die Beiträge werden nach den Vorteilen bemessen. Es besteht zwar eine Beziehung von Leistung und Gegenleistung, aber sie ist nicht synallagmatisch wie beim privaten Versicherungsvertrag, ja sie ist sogar noch lockerer als bei der Gebühr. Die Höhe des Beitrags und die Höhe der Leistung stehen aber nicht ohne Beziehung nebeneinander.

In technischen Fragen kann es nützlich sein, Parallelen zwischen privater Versicherung und gesetzlicher Rentenversicherung zu ziehen[57]). Im Grundsätzlichen sollte aber der Vergleich

---

[53]) BVerfGE 21, S. 329 (340 ff. — Witwerpension); dagegen hat das BVerfG in E 17, S. 1 (17 ff.) die Einschränkung der Witwerrente in der Sozialversicherung gebilligt. Vgl. dazu kritisch *Zacher*, 47. Dt. Juristentag, Sitzungsberichte O, S. 26.

[54]) Vgl. die in Anm. 33 zitierte Bemerkung von *Jantz*.

[55]) Vgl. *Gysin*, Schweiz. Ztschr. f. Sozialversicherung 1964, S. 12.

[56]) Vgl. *Wannagat*, Lb. I (Anm. 9), S. 225; *Zacher*, Festschrift Jantz 1968, S. 39, Anm. 53.

[57]) Überhaupt soll die Ähnlichkeit des sozialversicherungsrechtlichen Verwaltungsrechtsverhältnisses und des privatrechtlichen Versicherungsverhältnisses — vgl. *Möller*, Festgabe Roehrbein 1962,

zum Verwaltungsrecht, insbesondere zum Beamtenversorgungs- und Abgabenrecht gesucht werden, weil dort eher angemessene Lösungen für die Probleme zu finden sind[58]).

3. *Die Arbeitslosenversicherung*

(9) Mit Staatsleistungen, nicht mit genossenschaftlicher Selbsthilfe haben wir es auch bei den Leistungen der Bundesanstalt für Arbeit zu tun, nach gesetzlicher Definition einer Körperschaft des öffentlichen Rechts (§§ 3, 189 AFG). Bei formaler Betrachtung ist die Tätigkeit dieser Anstalt weitestgehend den Sozialpartnern überantwortet. Im Vorstand und Verwaltungsrat, in den Verwaltungsausschüssen der Landesarbeitsämter und Arbeitsämter sitzen zu je $1/3$ Vertreter der Arbeitgeber, der Arbeitnehmer und öffentlicher Körperschaften.

Trotzdem hat der Staat hier ebensowenig wie bei der Rentenversicherung die Verantwortung aus der Hand gegeben. Alle wichtigen Entscheidungen sind bereits im Gesetz getroffen, überdies sind an vielen Stellen Rechtsverordnungen der Bundesregierung oder des Bundesarbeitsministers vorgesehen. Ein Vergleich mit den Möglichkeiten kommunaler Selbstverwaltung ist auch hier ausgeschlossen. Die Selbstverwaltung der Bundesanstalt hat mehr technische Bedeutung, entlastet den Staatsapparat und trägt vielleicht etwas dazu bei, die tägliche Arbeit zu entpolitisieren und zu versachlichen.

Um eine echte Versicherung handelt es sich bei der Arbeitslosenversicherung noch weniger als bei der Rentenversicherung[59]). Das kommt schon in der Diktion der Gesetze und teilweise auch der Literatur zum Ausdruck, wo man sich scheut, sie überhaupt zur Sozialversicherung zu zählen. Es fehlt überdies an einem kalkulierbaren Risiko. Weder das Umlageverfahren noch die Deckung durch Vermögensansammlung könnten eine ernsthafte Krise meistern: Die Umlagen sinken im Verhältnis zu den Ausgaben, wenn die Arbeitslosigkeit ansteigt, und die Liquidation von Vermögenswerten ist in der Flaute nur mit großen Verlusten und deflatorischen Effekten möglich, die die Krise verschlimmern.

Aus diesen Gründen ist die Arbeit der Bundesanstalt überhaupt nicht unter dem Versicherungsgedanken zu sehen. Lei-

S. 164 — ungeachtet der grundsätzlichen Unterschiede nicht geleugnet werden.

[58]) Anders *Krohn*, Festgabe Roehrbein 1962, S. 125 f., der im Zweifel nach Versicherungsprinzipien auslegen möchte.

[59]) § 51 Abs. 1 SGG rechnet sie überhaupt nicht zur Sozialversicherung, wie die besondere Anführung zeigt.

stungen aus der Arbeitslosenversicherung oder der Arbeitslosenfürsorge sollen auch erst ihre letzten Mittel sein, wenn die Möglichkeiten, Arbeitsplätze zu schaffen oder zu erhalten, ausgeschöpft sind. Ihre erste Aufgabe ist die Sorge um die Vollbeschäftigung und den sinnvollen Einsatz der Arbeitskräfte. Das kommt im neuen Arbeitsförderungsgesetz besser als im alten AVAVG zum Ausdruck. Dahinter steht das Grundrecht auf Arbeit, das zwar im GG nicht positiviert ist[60]), aber in dem Maße, in dem es überhaupt in einer freiheitlichen Wirtschaftsordnung realisierbar ist, im Grundsatz des Sozialstaats enthalten ist[61]).

4. Die Kranken- und Unfallversicherung

(10) Die beiden noch verbleibenden Zweige der Sozialversicherung, die Kranken- und die Unfallversicherung heben sich von dem bisher gezeichneten Bild deutlich ab. Obwohl sie am Anfang der Entwicklung des modernen Sozialversicherungsrechts standen, der Staat also ihre Arbeit für besonders dringlich hielt, stehen sie heute in größerer Distanz vom Staat als Renten- und Arbeitslosenversicherung.

Die Krankenkassen sind zwar Körperschaften des öffentlichen Rechts, aber mit einem relativ weitgehenden Recht zur Selbstorganisation nach genossenschaftlichen Prinzipien. Unter der Voraussetzung ausreichender Größe und Leistungsfähigkeit können sich Betriebs- oder Innungskrankenkassen bilden[62]), deren Risikostreuung oft günstiger ist als die der allgemeinen Orts- und Landeskrankenkassen. Auch können sich einzelne Versicherungspflichtige der automatischen Pflichtmitgliedschaft in der für sie zuständigen Krankenkasse durch Beitritt zu einer Ersatzkasse entziehen[63]), wenn auch jede Rücksicht auf das individuelle Risiko ausgeschlossen ist[64]).

In der Verwaltung haben die Krankenkassen auf der Einnahmenseite Spielraum: Sie setzen die Beiträge nach ihrem Bedarf fest, so daß ein Anreiz zur Sparsamkeit und wirtschaftlichem Verhalten auch bei den Versicherten besteht — jedenfalls wenn die Verhältnisse überschaubar sind. Für die Ausgaben ist die Kasse ebenfalls jenseits der Pflichtleistungen frei,

---

[60]) Vgl. dagegen Art. 163 II WeimRVerf.; auch Art. 23 der UN Menschenrechtsdeklaration.

[61]) Detaillierter in der Europ. Sozialcharta (BGBl. 1964 II, S. 1263), Teil I Nr. 1 und Teil II, Art. 1.

[62]) §§ 245 ff. RVO.

[63]) § 517 RVO.

[64]) §§ 505, 511 RVO.

allerdings ist ihre Entscheidungsfreiheit insoweit juristisch größer als faktisch, weil gewisse Mehrleistungen üblicherweise erbracht und von den Versicherten erwartet werden.

Erhebliche soziale Macht kommt den Krankenkassen als Tarifpartnern der Ärzte zu. Auch in diesem Bereich arbeiten sie bzw. ihre Verbände in eigener Verantwortung unter staatlicher Aufsicht[65]).

Gegenüber einer privaten Versicherung besteht der Hauptunterschied — abgesehen von der Pflichtmitgliedschaft — darin, daß die Beiträge lohnproportional, grundsätzlich nicht risikogerecht sind. Alle Beitragszahler erhalten gleichmäßige Leistungen für sich und ihre Familienangehörigen, wenn wir von dem praktisch kaum noch bedeutenden Krankengeld[66]) absehen. Darin liegt ein erheblicher sozialer Ausgleich[67])

Trotzdem zögere ich, die Leistungen der Krankenkassen als Staatsleistungen zu bezeichnen oder von staatlicher Leistungsverwaltung zu sprechen. Der Akzent liegt wesentlich mehr als bei der Renten- und Arbeitslosenversicherung auf der genossenschaftlichen Selbsthilfe.

Für die Unfallversicherung gilt ähnliches, vielleicht ist die genossenschaftliche Selbsthilfe noch etwas stärker zu betonen[68]). Es gibt zwar formell kein Recht der Selbstorganisation, dafür aber noch größeren Spielraum der Selbstverwaltung. Beiträge und Leistungen enthalten geringere Abweichungen von der versicherungsmathematischen Äquivalenz als in allen anderen Zweigen der Sozialversicherung.

Krankenkassen und Berufsgenossenschaften als Träger der Unfallversicherung sind grundsätzlich finanziell selbständig und erhalten keine Staatszuschüsse[69]). Auch ein Ausgleich unter verschiedenen Versicherungsträgern findet im Prinzip nicht statt.

---

[65]) §§ 368 ff. RVO; zur normativen Wirkung der Gesamtverträge zwischen kassenärztlichen Vereinigungen und Krankenkassen vgl. BSG v. 21. 10. 1958, Breithaupt 1959, S. 397, Nr. 143.

[66]) Vgl. Ges. über die Fortzahlung des Arbeitsentgelts im Krankheitsfalle und über Änderungen des Rechts der gesetzlichen Krankenversicherung v. 27. 7. 1969, BGBl. I, S. 946.

[67]) Vgl. Sozialenquête, S. 203 ff., 238.

[68]) Vgl. *Hans Peters*, Festschrift Nipperdey II 1965, Bd. II, S. 889, der die Aufgaben der Berufsgenossenschaften zu öffentlichen, aber nicht zu staatlichen erklärt; ähnlich *W. Martens*, Öffentlich als Rechtsbegriff, 1969, S. 121.

[69]) Vgl. *Rengert*, Festschrift Lauterbach 1961, S. 97, der besonders auf die finanzielle Selbständigkeit der Unfallversicherung hinweist; ähnlich *Carganico* und *Spiecker*, ebda., S. 58; *Bogs*, Grundfragen des Rechts der sozialen Sicherheit und seiner Reform, 1955, S. 54. — Zur größeren Selbstverwaltung der Unfallversicherung vgl. *W. Weber*, Die Selbstverwaltung (Anm. 31), S. 30.

Dieses System funktioniert vollkommen freilich nur, soweit keine Dauerleistungen zu erbringen sind. Für die Rentenlast der Unfallversicherung gibt es daher einen finanziellen Ausgleich nach besonderen gesetzlichen Bestimmungen[70]).

C Das Recht der sozialen Sicherung und die Handlungsformen des formellen Verwaltungsrechts

Insgesamt zeigt das System der sozialen Sicherung keinen einheitlichen Charakter. Wir finden die reine Staatsleistung bei Sozialhilfe und Versorgung, in der Sozialversicherung Nuancierungen von der Staatsleistung bis zur genossenschaftlichen Selbsthilfe. Nichtsdestoweniger ist das gesamte Rechtsgebiet formell dem öffentlichen Recht zugewiesen. Wo das zweifelhaft sein könnte und früher auch zweifelhaft war, in der Sozialversicherung, hat § 51 Abs. 2 SGG diese Zweifel behoben.

I Der Verwaltungsakt (VA)

1. Grundsätzliches

(11) Damit hat die gesamte Sozialverwaltung die Möglichkeit, durch *Verwaltungsakte* zu handeln, denn der VA gilt als die gewöhnliche Handlungsform, in der ein Träger öffentlicher Verwaltung dem Bürger gegenübertritt. Das wirft in der Leistungsverwaltung grundsätzliche Probleme auf, deren wir uns im Alltag selten bewußt werden. Der VA ist aus Polizeibefehl und Steuerbescheid abstrahiert worden, an die Leistungsverwaltung hatte O. Mayer kaum gedacht[71]). Er ging deutlich von der polizeilichen Verfügung aus: Die Behörde dürfe nicht unmittelbar aus dem Gesetz heraus mit Zwangsmitteln gegen den Bürger vorgehen. Wie im Zivilrecht vor die Vollstreckung das Urteil gesetzt sei, so müsse im öffentlichen Recht vor die Vollziehung der VA als fester Punkt treten, der dem Einzelnen Halt gewähre und ihn darüber sicherstelle, wohin es gehe[72]).

Diese Konzeption ist an sich für die Leistungsverwaltung nicht brauchbar, und es ist kein Zufall, daß in diesem Bereich von VAen früher selten die Rede war. Erst nach dem zweiten Weltkrieg hat der VA sich hier ganz durchgesetzt.

Der Grund dafür war einmal die verwaltungsgerichtliche Generalklausel, die zunächst auf die Anfechtung von VAen be-

---

[70]) Vgl. Unfallversicherungsneuregelungsgesetz v. 30. 4. 1963, BGBl. I, S. 241, dazu BVerfGE 23, S. 12; ferner Finanzänderungsgesetz 1967 v. 21. 12. 1967, BGBl. I, S. 1259, Art. 2, § 4.

[71]) Vgl. *Badura* (Anm. 22), S. 9, 11; kritisch zum Begriff des Verwaltungsakts auch *ders.*, DÖV 1968, S. 452.

[72]) *O. Mayer*, Dt. Verwaltungsrecht I[3], 1924, S. 92 f., auch S. 59.

schränkt zu sein schien. Das verleitete dazu, überall VAe anzunehmen, um den Rechtsschutz zu ermöglichen. Dieser Grund ist heute in Deutschland weggefallen, da die allgemeine Leistungsklage anerkannt ist. In Österreich ist die Lage freilich anders, da nach positiver gesetzlicher Vorschrift grundsätzlich Rechtsschutz nur gegen Bescheide möglich ist[73]).

Es gibt jedoch noch weitere Gesichtspunkte, die eine Übertragung des VA in die Leistungsverwaltung rechtfertigen:

Wir kennen viele Leistungen, bei deren Bewilligung der Behörde ein Ermessen eingeräumt ist. Es ist sinnvoll, sogar notwendig, daß in solchen Fällen nicht einfach nach Belieben oder auch Ermessen ausgezahlt wird, sondern daß Art und Ausmaß der Leistung vorher verbindlich durch rechtsgestaltenden VA festgelegt werden[74]).

Wo Ansprüche nach Art und Umfang gesetzlich genau fixiert sind, muß dagegen nicht notwendig zwischen Anspruch und Erfüllung ein VA treten[75]). Die Behörde kann schlicht erfüllen; hält sie den Anspruch für ungerechtfertigt, kann sie eine Leistungsklage abwarten. Ein etwaiger ablehnender VA ist nicht mehr als die Erklärung eines Schuldners, er sei zur Leistung nicht bereit, eine Erklärung, die allerdings eine kurze Klagefrist in Lauf setzt[76]).

Einen Sinn hat der VA, wenn er nicht frei zurücknehmbar ist, sondern das Rechtsverhältnis stabilisiert. Dann ist er dem richterlichen Urteil über den erhobenen Anspruch vergleichbar, mag auch seine Bestandskraft hinter diesem zurückbleiben. Dabei sehe ich die wesentliche Funktion in der Stabilisierung für die Zukunft, also für die Gewährung künftiger Leistungen. Bei einmaligen Leistungen ist der VA im Grunde entbehrlich. Das zeigt etwa § 1569 a RVO, wo eine förmliche Rentenfeststellung in der Unfallversicherung dann nicht gefordert wird,

---

[73]) Vgl. § 63 ff. österr. VerwVerfG.

[74]) Vgl. *Huber*, Schweiz. Ztschr. f. Sozialversicherung 1957, S. 8 f.; BSG v. 23. 8. 1958, SozR SGG, § 54, Bl. Da 11 Nr. 42 läßt bei Ablehnung von Ermessensleistungen zu Recht keine zusammengefaßte Anfechtungs- und Leistungsklage nach § 54 Abs. 4 SGG zu.

[75]) Vgl. *Wertenbruch* (Anm. 13), S. 352 f.; dagegen setzt sich *Haueisen*, DVBl. 1959, S. 793 ff., sehr dezidiert für die vorherige Entscheidung durch Verwaltungsakt ein; vgl. auch *ders.*, Die Ortskrankenkasse 1965, S. 361 ff. und DVBl. 1969, S. 717. — Kritisch zum Verwaltungsakt in der Leistungsverwaltung überhaupt *Menger*, DÖV 1955, S. 590; sehr hart äußert sich *Zacher*, Festschrift Jantz 1968, S. 38 zum Verwaltungsakt („begriffsjuristischer Popanz in der Mitte des Systems des Verwaltungshandelns").

[76]) Vgl. *Götz*, DVBl. 1961, S. 437, der mit Recht fordert, der Verwaltungsakt müsse mehr sein als das Schreiben eines Schuldners, der zu seiner Verbindlichkeit Stellung nehme.

wenn die Rente nur für die Vergangenheit gewährt wird. Für einmalige Leistungen könnten überhaupt Regeln genügen, welche sich mit der Erstattung von Überzahlungen befassen. Das übertriebene Denken in VAen hat indes sogar dazu geführt, daß solche Regeln, wo sie bestehen — wie im Beamtenrecht —, durch das Verbot der Rücknahme überspielt werden: Der rechtswidrige VA, auf dem die Leistung beruht, darf wegen des Vertrauensschutzes nicht zurückgenommen werden, daher läßt sich eine Überzahlung nicht feststellen[77]).

Wir werden diesem Problem im Sozialrecht nachgehen müssen. Zu fragen ist in diesem Zusammenhang, ob jede Verwaltungsbehörde über jeden beliebigen gegen sie erhobenen öffentlichrechtlichen Anspruch potentiell verbindlich durch VA entscheiden kann oder sogar muß: Ersteres scheint communis opinio zu sein[78]), ist aber kürzlich mit guten Gründen bestritten worden[79]). Für das Sozialversicherungsrecht und das Recht der Kriegsopferversorgung hat der Gesetzgeber insoweit besondere Probleme geschaffen, da § 77 SGG, der allen VAen Bestandskraft verleiht, nicht genügend durchdacht ist.

2. *Sozialhilfe und Versorgung*

(12) Im Fürsorgerecht spielte der VA anfänglich keine Rolle für das Verhältnis zum Hilfeempfänger: Er hatte keinen Rechtsanspruch, zwischen ihm und der Behörde entstand überhaupt kein Rechtsverhältnis, das durch VA rechtlich hätte gestaltet werden können. Als der Anspruch des Hilfsbedürftigen anerkannt wurde, hatte sich der VA bereits als Kernstück des Allgemeinen Verwaltungsrechts durchgesetzt. Es war darum keine Frage, daß im Fürsorgerecht mit dieser Handlungsform zu arbeiten sei. Das ist in aller Regel auch sachgerecht, denn das Bundessozialhilfegesetz gewährt nur selten Ansprüche auf ganz bestimmte Leistungen; grundsätzlich stellt es Form und Maß der Hilfe in das pflichtgemäße Ermessen der Behörde, gibt also nur einen Anspruch auf gesetzmäßige und sachgerechte Entschei-

---

[77]) Vgl. § 87 II BBG, dazu BVerwG v. 24. 4. 1959, NJW 1960, S. 258 ff. und BVerwG v. 7. 6. 1962, DÖV 1962, S. 823 (826).

[78]) Vgl. z. B. *Götz*, DVBl. 1961, S. 437; *Weides*, JuS 1964, S. 112 f.; berichtend, aber selbst kritisch *Löwenberg*, die Geltendmachung von Geldforderungen im Verwaltungsrecht, 1967, S. 31; BVerwGE 18, S. 283 (285 ff.); BVerwG v. 17. 9. 1964, DÖV 1965, S. 53; BVerwG v. 26. 2. 1965, DÖV 1965, S. 710 (711); OVG Münster v. 19. 7. 1962, DVBl. 1963, S. 187 f. = DÖV 1963, S. 27 f., sämtlich zu Forderungen des Staates gegen den Bürger.

[79]) *Löwenberg*, wie vorst. Anm. S. 19, 45 ff.; kritisch auch *Rupp*, DVBl. 1963, S. 579.

dung. Eine schlichte Leistung ist in diesen Fällen ausgeschlossen. Anders liegt es dort, wo das Gesetz feste Summen auswirft, z. B. bei der Blindenhilfe (§ 67 Abs. 2 BSHG). Hier ist schlichte Leistung, bei Verweigerung Leistungsanklage möglich[80]).

Die Frage der Rechts- oder Bestandskraft von VAen stellt sich im Sozialhilferecht in der Regel nicht, da Zusagen für die Dauer nicht gemacht werden. Jedenfalls bietet das Sozialhilferecht keinen Anlaß, diese Probleme aufzurollen.

Auch das Versorgungsrecht wuchs in das bereits vom Denken in VAen beherrschte Verwaltungsrecht hinein. Das Verwaltungsverfahrensgesetz zur Kriegsopferversorgung folgt nur der seit langem geltenden Übung, wenn es in § 22 festlegt, daß Leistungen auf Grund eines Bescheides erbracht werden, der die Leistung festgesetzt hat. Das gilt generell, also auch dort, wo Ermessensentscheidungen nicht zu treffen sind. Zwischen den Anspruch und die Leistung ist also immer ein VA geschoben. Das Problem der Bestandskraft ist für Bescheide über Rechtsansprüche in § 41 dahin geregelt, daß zuungunsten des Berechtigten ein neuer Bescheid ergehen kann, wenn außer Zweifel steht, daß der frühere Bescheid tatsächlich und rechtlich unrichtig war. Zugunsten des Berechtigten kann jederzeit ein neuer Bescheid erteilt werden. Er muß erlassen werden, wenn das BSG in ständiger Rechtsprechung eine andere Auffassung vertritt, als sie dem Bescheid zugrundelag. Über die Bestandskraft von Ermessensentscheidungen ist nichts gesagt. Das BSG wendet hier trotz § 77 SGG die Regel des Allgemeinen Verwaltungsrechts an[81]).

Das Kindergeld wird — anders als die Kriegsopferversorgung — grundsätzlich schlicht gewährt. Nur bei Ablehnung oder Entzug des Kindergeldes ist ein schriftlicher begründeter Bescheid zu erteilen (§ 25 BKGG).

3. *Sozialversicherung*

(13) Während Sozialhilfe und Versorgungsrecht in das Allgemeine Verwaltungsrecht hineinwachsen konnten, waren die Hauptgebiete des Sozialversicherungsrechts bereits ausgebildet,

---

[80]) Vgl. im einzelnen *Wertenbruch* (Anm. 13), S. 352 f.; *ders.*, Festgabe Küchenhoff 1967, S. 343 ff., bes. S. 345 f.; *Müller-Tochtermann*, JuS 1962, S. 451; *Jehle*, Sozialhilferecht, § 4, Anm. 6 b; ferner zur Konkretisierung durch Verwaltungsakt allgemein BVerwGE 28, S. 353 (355), wo der Verwaltungsakt sogar bei Ermessensschrumpfung für notwendig gehalten wird.

[81]) Vgl. BSGE 21, S. 35 (36, 38). S. auch Anm. 107.

bevor sich Otto Mayers Allgemeines Verwaltungsrecht durchgesetzt hatte. Die RVO zeigte vor der Novellierung durch das SGG — und zeigt in ihrer Sprache z. T. heute noch[82]) — das Bild des älteren Verwaltungsrechts, wie wir es auch in den Lehrbüchern vor Otto Mayer finden. Der VA als genereller Begriff spielt keine Rolle; es gibt einzelne Entscheidungen, Verfügungen und Bescheide, über die jeweils gehörigen Orts das Nötige bestimmt ist. Im Streitfall gab es eine Art von Administrativjustiz mit rechtskraftfähigen Entscheidungen. Das gilt z. B. für die Leistungen der Krankenkassen, die an sich schlicht gewährt wurden[83]). Die Renten der Renten- und Unfallversicherung wurden stets durch Bescheid festgesetzt, der in seiner Wirkung einem rechtskräftigen Urteil gleichgestellt war[84]).

Das SGG hat das Denken in Verwaltungsakten für seinen Bereich, d. h. für den gesamten Bereich der Sozialversicherung und noch darüber hinaus, eingeführt[85]), die RVO wurde ihm angepaßt. Wir müssen also heute davon ausgehen, daß alle Entscheidungen, Verfügungen und Bescheide von Versicherungsträgern VAe sind, die den allgemeinen Regeln des Verwaltungsrechts unterliegen, soweit nicht etwas Besonderes bestimmt ist. Das SGG sollte aber an den früheren rechtskraftfähigen Leistungsbescheiden über Renten nichts ändern. Deshalb bestimmt § 77 SGG: Wird der gegen einen VA gegebene Rechtsbehelf nicht oder erfolglos eingelegt, so ist der VA für die Beteiligten in der Sache bindend, soweit durch Gesetz nichts anderes bestimmt ist. Daran, daß diese Bestimmung über die Leistungsbescheide weit hinausgreift, hat man nicht gedacht[86]). So ist es zu einer Regelung gekommen, die vom Rentenbescheid bis zum Bescheid über die Befreiung von der Versicherungspflicht alles undifferenziert über einen Leisten schlägt. Außerdem klagt die Praxis vielfach über die zu starre Bindung an unrichtige VAe, die es in anderen Bereichen nicht gibt.

Um Mißverständnisse zu vermeiden, ist zunächst klarzustellen, daß eine Änderung zugunsten des betroffenen Bürgers trotz § 77 SGG und anderer spezieller einschlägiger Bestimmungen immer zulässig ist[87]). Zu diskutieren ist lediglich, inwie-

---

[82]) Vgl. *Wertenbruch*, DÖV 1969, S. 604.

[83]) Vgl. §§ 1551, 1636 ff. RVO a. F.

[84]) Vgl. §§ 1583, 1631 RVO a. F.

[85]) Vgl. dazu grundsätzlich zustimmend *Haueisen*, DVBl. 1969, S. 717; kritisch *v. Altrock*, Festschrift Bogs 1959, S. 21.

[86]) Vgl. Bundestagsdrucksache I/4357 vom 19. 5. 1953, § 26 Abs. 1, dazu Begründung des Regierungsentwurfs auf S. 26.

[87]) BSGE 10, S. 248 (249). 13, S. 86 (87 f.); 18, S. 22 (25, 29 m. w. N.); *Haueisen*, in: Staatsbürger und Staatsgewalt I, 1963 S. 264.

weit z. B. nach § 1300 RVO ein günstigerer Zweitbescheid erlassen werden muß[88]).

Hinsichtlich der allein problematischen Zuungunstenbescheide ist bezüglich der Rentenbescheide de lege lata an der starren Bindung kaum zu rütteln. Die Spezialbestimmung des § 1744 RVO zählt erschöpfend auf, wann eine neue Prüfung zulässig ist, und beschränkt sie im wesentlichen auf die Gründe, die gewöhnlich zur Wiederaufnahme eines durch rechtskräftiges Urteil abgeschlossenen Verfahrens ausreichen. Man kann per analogiam zum Urteil noch einige weitere Berichtigungsgründe finden, z. B. den der offenbaren Unrichtigkeit[89]), aber im Prinzip bleibt der Bescheid unabänderlich[90]).

(14) Es sind also allenfalls Überlegungen de lege ferenda möglich[91]). Dabei wird oft auf die ärgerliche Diskrepanz zwischen der Kriegsopferversorgung und der Rentenversicherung hingewiesen[92]). Dafür gibt es in der Tat keine einleuchtenden Gründe. Wir können auch berücksichtigen, daß die Schweiz[93]) und Frankreich das Vertrauen des Rentners in den Bestand seiner Rente nicht schützen, sondern nur die Rückzahlungspflicht für Zuvielzahlungen beschränken. Ehe aber eine Revision des § 1744 RVO als dringlich erklärt wird, sollte auch bedacht werden, daß nach der neueren Rechtsprechung des BSG eine eigentliche Dauerwirkung der fehlerhaft berechneten — anders der zu Unrecht überhaupt bewilligten — Rente nicht mehr besteht: 1744 RVO verlangt nämlich danach, daß der Betrag der Rente ungekürzt bleibt, nicht, daß künftige Erhöhungen auf der falschen Basis weiterberechnet werden[94]). Nimmt man hinzu, daß grobe Fehlberechnungen eines Computers im Zweifel unter die offensichtlichen Rechenfehler fallen, die

---

[88]) Vgl. BSGE 19, S. 38 (43); 26, S. 89 (90, 92); 28, S. 141 (143 f.); BSG v. 31. 10. 1968, DVBl. 1969, S. 372 f.; vgl. dagegen BVerwG v. 19. 10. 1967, DVBl. 1968, S. 155 (156 f.), wo nach allgemeinem Verwaltungsrecht in einer Lastenausgleichssache entschieden wurde.

[89]) Vgl. *Bogs*, Festgabe Roehrbein 1962, S. 31; *Haueisen* (Anm. 87), S. 267; *ders.*, NJW 1960, S. 1499 f.; BSGE 15, S. 96 (98); 24, S. 203 (204 m. w. N.).

[90]) BSGE 11, S. 226 (229 f.); 14, S. 10 (mit Vorbehalt für arglistiges Erschleichen auf S. 17); 14, S. 154 (157 f.); 18, S. 84 (87 ff.); 24, 203 (204); ähnlich BSG v. 9. 9. 1966, DVBl. 1967, S. 582 f.

[91]) Vgl. dazu die Lösung der Rentenanpassungsgesetze, z. B. 11. Rentenanpasungsgesetz v. 1. 11. 1968, BGBl. I, S. 1189, § 14.

[92]) Vgl. § 41 VerwVerfG KOV, dazu BSGE 24, S. 203 (207).

[93]) Vgl. Art. 47 AHV (Anm. 23), dazu Vollzugsverordnung vom 31. 1. 1947, Art. 78 f.

[94]) Vgl. BSGE 24, S. 236 (239 ff.); schon vorgezeichnet in BSGE 14, S. 154 (159); vgl. aber auch BSGE 26, S. 98 (100 f.).

korrigiert werden können[95]), erscheint § 1744 RVO jedenfalls nicht mehr als dringend reformbedürftig[96]). Immerhin dürfte der Vertrauensschutz bei weitem übertrieben sein, wenn sogar betrügerisches Verhalten bis zu einem rechtskräftigen Strafurteil honoriert wird[97]).

Nicht zuletzt um der Bindungswirkung nach §§ 77 SGG/1744 RVO zu entgehen, neigt das BSG einer Ausweitung der schlichten Erfüllung zu Lasten des VA zu. Es hat sich zwar nicht zu der Auffassung durchringen können, als bindende VAe im Sinne von § 77 SGG und 1744 RVO seien nur besonders qualifizierte VAe, etwa nur förmliche Rentenbescheide anzusehen, die in einem besonders geordneten Verfahren ergangen sind[98]). Das mag in der Intention des Gesetzgebers gelegen haben, hat aber in der Formulierung des Gesetzes keinen Ausdruck gefunden. Das BSG geht darum mit beachtlicher Konsequenz den anderen Weg, den Begriff des VA einzuschränken[99]), eine Tendenz die im Prinzip zu begrüßen ist, weil nur so der VA wieder Konturen gewinnen kann. So sollen im Regelfall Leistungen der Krankenkassen schlicht gewährt werden, ohne daß ein VA erlassen wird. Der Auszahlungsschein, den der Kranke bei allen Leistungen vorzulegen hat und auf dem die Leistungen vermerkt werden, soll nur eine Unterlage für die technische Abwicklung der Leistung sein[100]). In einer anderen Sache, allerdings nicht aus dem Bereich der Sozialversicherung, meinte das BSG einmal sogar, die Ausstellung von Bundesbehandlungsscheinen, in denen die Versorgungsbehörde die Garantie für die Kosten der

---

95) Vgl. BSGE 24, S. 203 (204).

96) Vgl. dazu im einzelnen *Thieme*, 45. Dt. Juristentag 1964, Sitzungsberichte H, S. 23 ff., der sich für eine Neuregelung ausspricht, sie aber nicht zur Erzielung billiger Ergebnisse für dringend erforderlich hält.

97) Vgl. *Salzwedel*, in: Rechtsschutz im Sozialrecht, 1965, S. 218, der hier von der Bindung absehen möchte; BSGE 14, S. 10 (17).

98) In diesem Sinn *Rohwer-Kahlmann*, in: Wandlungen der rechtsstaatlichen Verwaltung, 1962, S. 69 ff.; *Brackmann*, Festschrift Lauterbach 1961, S. 90 f.; dahingestellt noch in BSGE 15, S. 118 (122).

99) Zustimmend dazu *Bogs*, Festgabe Roehrbein 1962, S. 32 f.

100) BSGE 25, S. 280 (282); auch die Beanstandung eines Beitrags ist nach BSGE 24, S. 13 (14) kein Verwaltungsakt. Vgl. dagegen die großzügige Annahme eines Verwaltungsakts in BSGE 19, S. 178 (Bescheinigung der Ersatzkasse nach § 518 RVO als feststellender Verwaltungsakt). — Kritisch zu BSGE 25, S. 280: *Brackmann*, Handbuch (27), S. 382 e; *Schröder-Printzen*, Festschrift Bogs 1967, S. 185 ff., bes. S. 192 ff., der den Schalterakt als Verwaltungsakt mit Widerrufsvorbehalt ansehen möchte — vielleicht ähnlich wie es BSGE 7, S. 226 (228) zur Benachrichtigung über einen Rentenvorschuß an einen Kriegsbeschädigten angenommen hat.

Behandlung übernimmt, sei kein VA, da sie die Leistung selbst, nicht deren Regelung sei[101]).

Die letzte Konsequenz solcher Anschauungen wäre, daß es bei Krankenkassenleistungen überhaupt keine VAe gäbe[102]). Bei Ablehnung durch die Krankenkasse stünde dem Betroffenen dann die Leistungsklage zu. Das BSG ist jedoch zu dieser methodisch einwandfreien Folgerung nicht fortgeschritten: Es nimmt vielmehr an, daß im Streitfall ein VA erlassen wird, z. B. wenn der Versicherungsträger nach Überprüfung an seiner Ablehnung festhält oder einen Abhilfebescheid im Widerspruchsverfahren erläßt. Das ist konstruktiv nicht ganz sauber, aber praktikabel, weil der strittige Einzelfall im Gegensatz zur Routinesache genauer geprüft werden kann. § 54 Abs. 4 SGG scheint zudem die Meinung des BSG zu stützen, wenn dort eine Klage auf Aufhebung eines VA zugleich mit der Klage auf Leistung zugelassen wird. Überdies findet sich in § 25 BKGG eine ausdrückliche Vorschrift, daß ein Bescheid nur bei negativer oder entziehender Entscheidung zu erlassen ist. Die österreichischen[103]) und schweizerischen[104]) Krankenkassen verfahren ähnlich. Die Beitragsangelegenheiten werden ebenso erledigt: Bescheide gibt es grundsätzlich nur in Streitfällen.

(15) Die Ausflucht des schlichten Verwaltungshandelns hilft freilich nicht weiter, wenn das Gesetz an vielen Stellen ausdrücklich VAe vorschreibt, z. B. bei den Befreiungsbescheiden in der Kranken- und Rentenversicherung[105]). Hierfür gibt es nicht einmal eine dem § 1744 RVO entsprechende Regelung für die gröbsten Fehler, vielmehr gilt nur § 77 SGG, so daß jede Korrektur ausgeschlossen zu sein scheint. Dieses Ergebnis ist sicher untragbar, denn der VA kann in seiner Bestandskraft nicht noch über dem richterlichen Urteil stehen[106]).

Andererseits kann die Regel des § 77 SGG nicht einfach durch das allgemeine Verwaltungsrecht überspielt werden, wie das

---

[101]) BSGE 25, S. 257 (258 f.); mit seiner Begründung setzt sich das BSG deutlich von sonst im Verwaltungsrecht üblichen Auffassungen ab.

[102]) Insofern könnte der kritische Einwand *Salzwedels* (Anm. 97), S. 206, der Kreis der sozialrechtlichen Verwaltungsakte sei geschlossen (gegen BSGE 6, S. 175), auch hier erhoben werden.

[103]) § 367 ASVG

[104]) Vgl. *Gysin*, Schweiz. Ztschr. f. Sozialversicherung 1964, S. 19.

[105]) Vgl. einen solchen Fall in BSGE 15, S. 252; *v. Altrock*, Festschrift Bogs 1959, S. 30 f., möchte deshalb die Beitragsbescheide — genauso wie die Bewilligungsbescheide — der Kranken — und Unfallversicherung von den allgemeinen Lehren vom begünstigenden Verwaltungsakt verschonen.

[106]) Vgl. *Kormann*, System der rechtsgeschäftlichen Staatsakte, 1910, S. 369.

die Kriegsopfersenate des BSG in ständiger Rechtsprechung — allerdings nur für wenige Fälle, da gewöhnlich spezielle Regeln eingreifen — vertreten[107]). Wenn das SGG den VA für bindend erklärt, soweit durch Gesetz nichts anderes bestimmt ist, so will es gerade die Regel des Allgemeinen Verwaltungsrechts mit ihrer recht unbestimmten Güterabwägung ausschließen und dem Bürger die Gewähr größerer Beständigkeit geben[108]).

Aus dem Dilemma können nur Analogien zu spezielleren Normen führen[109]). So kommt für das Beitragsrecht eine Analogie zu § 96 RAbgO in Frage, wenn man nicht auf § 1744 RVO mit seinen allerdings sehr beschränkten Möglichkeiten zurückgreifen will.

De lege ferenda wäre zu fordern, daß der Gesetzgeber Klarheit schafft, für welche VAe die strenge Bindung des § 77 SGG gelten soll, und so sein Versehen korrigiert. Muster könnte dafür methodisch die österreichische Lösung sein: Das Gesetz zählt in § 367 ASVG erschöpfend auf, in welchen Fällen ein Bescheid zu erlassen ist[110]).

II Andere Handlungsformen

1. Die öffentlichrechtlichen Willenserklärungen Privater

(16) Der VA ist nicht die einzige Handlungsform, die im Sozialrecht Bedeutung hat. Da das Sozialrecht, vor allem das Sozialversicherungsrecht, es mit zweiseitigen Verhältnissen des öffentlichen Rechts zu tun hat, gewinnt als Pendant zum VA das rechtsgeschäftliche Handeln Privater besondere Bedeutung[111]).

Das scheint eine Besonderheit des Sozialrechts zu sein, denn im Polizeirecht, dem sog. klassischen Bereich des öffentlichen Rechts, hat das private Handeln allenfalls als Verfahrensantrag

---

[107]) Vgl. BSGE 7, 8 (16); 7, 51 (52 f.); 8, 11 (14); 10, 72 (74); 15, 81; 21, 35 (36, 38); BSG v. 20. 8. 1963, NJW 1963, S. 2093; außerdem 5. Senat des BSG v. 1. 7. 1969, DVBl 1969, S. 744 f. Ebenso *Haueisen* vielfach, z. B. DVBl. 1969, S. 231; DVBl. 1960, S. 919 f.; wie Anm. 87, S. 266 f.

[108]) *Zacher*, 45. Dt. Juristentag, Sitzungsberichte H, S. 87 f.; *Thieme*, ebda., S. 22 f. (weniger dezidiert); *Salzwedel* (Anm. 97), S. 218; *Bogs*, in: Festgabe Roehrbein 1962, S. 23 ff.; *Wertenbruch*, DÖV 1969, S. 606.

[109]) Vgl. dazu die methodisch saubere Entscheidung BSGE 17, S. 295 (wo S. 298 die Heranziehung von Grundsätzen des allgemeinen Verwaltungsrechts immerhin nicht ganz ausgeschlossen wird); BSGE 15, S. 96 (98) zur Heranziehung von § 92 Abs. 3 (jetzt Abs. 2) RAbgO.

[110]) Vgl. auch die erschöpfende Aufzählung der Rücknahmegründe in §§ 200, 201 BEG.

[111]) Vgl. dazu allgemein *G. Küchenhoff*, Die öffentlichrechtliche Willenserklärung der Privatperson, in: Festschrift Laforet 1952, S. 317 ff.

Bedeutung. Eine Mitgestaltung des Rechtsverhältnisses durch Private kommt nicht in Betracht. Von da aus kann leicht die Meinung aufkommen, es sei überhaupt der Natur eines öffentlichrechtlichen Verhältnisses zuwider, Privaten Mitgestaltungsrechte einzuräumen. Möglich sei nur, daß der Bürger durch einen Antrag den Anstoß zu behördlichem Handeln gebe[112]). Diese Sicht verkennt, daß die Ausdehnung des öffentlichen Rechts über die Eingriffsverwaltung des 19. Jahrhunderts hinaus ihre Konsequenzen hat: Wenn der Staat zwischen sich und dem Bürger Rechtsverhältnisse schafft, die in ihrer Konstruktion bürgerlichrechtlichen Verhältnissen entsprechen, kann und muß er nicht mehr beim Dogma des rein einseitigen hoheitlichen Handelns stehen bleiben.

Ich möchte nicht zu sehr in die Details gehen. Das BSG sagt z. B., der Antrag auf vorgezogenes Altersruhegeld habe im Gegensatz zum normalen Rentenantrag materiellrechtliche[113]) — und das müßte wohl heißen: rechtsgeschäftliche — Bedeutung. Es begründet das etwas formal damit, daß der Antrag in § 1248 Abs. 2 und 3 RVO ausdrücklich genannt sei. Der tiefere Grund dürfte sein, daß durch die vorgezogene Altersrente das gesamte Rentenversicherungsverhältnis umgestaltet wird: Es können vor allem keine weiteren rentensteigernden Beiträge mehr geleistet werden. Der Rentenberechtigte gestaltet durch seinen Antrag selbst mit, er beantragt nicht nur ein hoheitliches Handeln. Ähnliches gilt für den freiwilligen Beitritt zu einer Sozialversicherung, soweit er gesetzlich möglich ist. Er ist einseitige rechtsgestaltende Willenserklärung des Bürgers, kein Antrag auf Aufnahme[114]). Für frei ausgehandelte Verträge zwischen Verwaltung und Bürger läßt das Sozialrecht im allgemeinen keinen Raum. Allerdings sollten wir nicht verkennen, daß die Versicherungsverhältnisse der Sozialversicherung privatrechtlichen Versicherungsverhältnissen teilweise recht ähnlich sind. Wären z. B. die Ersatzkassen nicht juristische Personen des öffentlichen Rechts, würde wohl auch heute niemand daran Anstoß nehmen, die Zulassung zu ihnen als Vertrag mit Abschlußzwang anzusehen. Zudem bestehen zwischen mitwirkungsbedürftigem VA und Vertrag nicht immer große sachliche

---

[112]) Vgl. *O. Mayer, Deutsches* Verwaltungsrecht I³, 1924, S. 15, 108 f. — Schon in solchen Fällen kann das Fehlen des Antrags zur Nichtigkeit führen, vgl. BSGE 12, S. 265 (268).

[113]) BSGE 13, S. 79 (81); 20, S. 48 (49); vgl. auch 15, S. 157 (158 ff.); dagegen BSGE 16, S. 202 (203) und 20, S. 48 (49 ff.); gegen diese Rechtsprechung des BSG *Barth,* Die Sozialversicherung 1966, S. 1 ff.; allgemein zum Rentenantrag vgl. *Röss,* Die Sozialversicherung 1966, S. 6 ff., 40 ff.

[114]) BSGE 23, S. 248 (251); a. A. *Wertenbruch* (Anm. 13), S. 322.

Unterschiede[115]). Das BSG hat das klarer als das BVerwG in seiner Rechtsprechung zum Prozeßvergleich herausgearbeitet[116]).

2. *Das schlichte Verwaltungshandeln*

(17) Auch für die Verwaltung ist der VA nicht die einzige Handlungsform. Besondere Bedeutung gewinnt im Bereich des Sozialrechts das sog. schlichte Verwaltungshandeln.

Wir hatten uns schon mit der schlichten Erfüllung beschäftigt, der ein Erfüllungsanspruch des Bürgers korrespondiert. Dagegen scheinen noch viele Reserven zu bestehen, die ähnliche Gründe haben wie die zögernde Anerkennung rechtsgeschäftlicher Mitwirkung des Privaten: Der Untertan muß die staatliche Entscheidung abwarten, die er allenfalls beantragen kann. Ein Automatismus, der staatliches Handeln irgendwelcher Art nur vom Bürger abhängig macht und ihm einklagbare Erfüllungsansprüche gibt, ist unerträglich. Allenfalls kann der Bürger einen rechtswidrigen Staatsakt anfechten und damit negativ beseitigen. Das wird selten so klar ausgesprochen, dürfte aber vielfach im Hintergrund stehen. Wer so denkt, verkennt — wie das vielfach im 19. Jh. geschehen ist[117]) — den Unterschied zwischen den freien Akten staatlicher Souveränität (z. B. der Gesetzgebung) und dem Handeln der *gesetzlich* gebundenen Verwaltung. Die Verwaltung ist eben nicht souverän und sie hat es nicht mit prinzipiell rechtlosen Untertanen zu tun. Ganz abgesehen davon ist die ältere Anschauung, die nur die Beseitigung rechtswidriger Staatsakte auf dem Verwaltungsrechtsweg zuließ, zu deutlich von der bloßen Eingriffsverwaltung geprägt, als daß sie heute noch brauchbar wäre.

Auch im übrigen bietet das Sozialversicherungsrecht — mehr noch als das sonstige Sozialrecht — viele Beispiele für das schlichte Verwaltungshandeln. Zu erwähnen ist etwa die Vermittlung von Arbeitsplätzen und die Berufsberatung durch die Arbeitsämter. Hinzuweisen ist auch auf die vielfachen Beratungen und Auskünfte in der Kranken- und Rentenversicherung sowie auf das Verfahren der Beitragseinziehung[118]). Die Auskünfte und Beratungen sind für den Bürger von großer Bedeu-

---

[115]) Vgl. *Thieme*, in Hamburger Festschrift für Fr. Schack, 1966, S. 159 f.

[116]) BSGE 26, S. 210 (211 f.); bestätigt in BSG v. 22. 8. 1967, NJW 1968, S. 176; vgl. dazu *Haueisen*, DVBl. 1968, S. 287 f.; *ders.*, NJW 1969, S. 122 ff.; *ders.* NJW 1967, S. 590 f. — Siehe dazu auch BVerwGE 14, S. 103 (105); anders noch BSGE 16, S. 61 (62), dazu kritisch *Salzwedel* (97), S. 203 f.

[117]) Vgl. dazu *Rüfner*, Verwaltungsrechtsschutz in Preußen, 1962, S. 154; *ders.*, DÖV 1963, S. 720.

[118]) Vgl. dazu BSGE 17, S. 173 (175).

tung, dennoch haben sie mit VAen, die das Rechtsverhältnis gestalten, nichts zu tun. Sie sind aber auch nicht rechtlich unerheblich, sondern können zumindest Schadensersatzansprüche der Versicherten auslösen[119]).

III Das Dauerverhältnis

(18) Die relativ große Bedeutung des schlichten Verwaltungshandelns ist typisch für die verwaltungsrechtlichen Dauerverhältnisse, mit denen wir es im Bereich des Sozialrechts meist zu tun haben. Sie können nicht durch VAe gestaltet werden, weil der VA immer nur eingreift und sinnvoll ist, wenn ein fester Punkt für die Zunkunft geschaffen werden muß[120]). Dann allerdings hat er auch während eines laufenden Dauerverhältnisses seinen Platz.

Das Dauerverhältnis interessiert uns noch unter einem anderen Aspekt: Es muß sich veränderten Verhältnissen ständig anpassen und läßt sich darum nicht rein statisch betrachten und in starre gegeseitige Ansprüche auflösen. Wohl kann man die bestehenden Ansprüche zu jeder Zeit konkretisieren, aber es gibt keine Gewähr dafür, daß sie in alle Ewigkeit fortbestehen. Das ist relativ unproblematisch bei der Sozialhilfe, die immer unter dem Vorbehalt der Veränderung der Umstände gewährt wird. Es gilt nicht minder für die Sozialversicherung, soweit sie auf Dauer disponiert, vor allem Dauerleistungen gewährt. Seit der Rentenreform ist das für die Rentenversicherung augenfällig: Sie gewährt von vornherein keinen Anspruch auf eine bestimmte Geldsumme, sondern verheißt eine Rente nach einer bestimmten Rentenformel. Auch wenn wir das Versicherungsverhältnis als ein Rechtsverhältnis mit gegenseitiger Bindung ansehen, so ist doch eine spätere Veränderung möglich und im System bereits angelegt. Auch mit einer Veränderung der Rentenformel muß gerechnet werden. Formell gibt es dabei keine Hindernisse aus der zweiseitigen Bindung, weil der Gesetzgeber nicht wie eine Verwaltungsbehörde an Zusagen gebunden ist. Der Gesetzgeber ist jedoch nicht völlig frei: Er hat Erwartungen der Versicherten geweckt, die nicht ohne weiteres enttäuscht werden dürfen. Ein zureichender Schutz der Versicherten ist indes, wie schon erwähnt, nicht aus Art. 14 GG zu gewinnen. Das allfällige Eigentum der Rentenberechtigten steht unter dem Vorbehalt weitreichender Inhaltsveränderungen. Diese Änderungen dürfen nicht willkürlich sein, sondern müssen die bisherigen Dispositionen der Versicherten angemessen berücksichtigen. In diesem Rahmen darf der Gesetzgeber das

---

[119]) Dazu vgl. u. S. 216.
[120]) Vgl. dazu *Scheuner*, DÖV 1957, S. 383.

Rechtsverhältnis neuen Notwendigkeiten und sozialen Entwicklungen anpassen, wobei er im Fall der Not auch zu schmerzhaften Eingriffen befugt ist. Was im Einzelfall noch toleriert werden kann, ist abstrakt und generell nicht zu sagen. Als Richtmaß könnte etwa die schweizerische Willkürrechtsprechung zum Gleichheitssatz dienen[121]).

(19) Für das Sozialversicherungsverhältnis als Dauerverhältnis müssen schließlich die Regeln gelten, welche die Rechtsprechung zur Haftung wegen Verletzung von Schuldnerpflichten in vertragsähnlichen Verhältnissen des öffentlichen Rechts herausgearbeitet hat. Sie erkennt hier neben der Amtshaftung noch Ansprüche entsprechend den bürgerlichrechtlichen Regeln über die Verletzung von Schuldverpflichtungen an, die allerdings vor dem ordentlichen Gericht geltend zu machen sind. Das BSG hat mangels besonderer gesetzlicher Anknüpfungspunkte für solche Schadensersatzansprüche bisher keine Kompetenz der Sozialgerichte beansprucht und ist insoweit der Rechtsprechung des BVerwG zur Verletzung beamtenrechtlicher Fürsorgepflichten nicht gefolgt. Jedenfalls hat es Schadensersatzansprüche nicht zugesprochen[122]), allerdings einmal einem Versicherungsträger verwehrt, sich auf die verspätete Entrichtung eines Beitrags zu berufen, weil die Verspätung auf mangelnder Beratung des Versicherten beruhte[123]), und dabei Formulierungen gebraucht, die stark in die Richtung eines Schadensersatzanspruchs gehen[124]).

D Notwendigkeit und Zweckmäßigkeit öffentlichrechtlicher Handlungsformen

(20) Am Ende bleibt uns noch die Frage, ob die Einordnung des Rechts der sozialen Sicherung in das Verwaltungsrecht notwendig und zweckmäßig ist. Darüber, daß wir es auf allen behandelten Gebieten mit öffentlichem Recht zu tun haben, ist in Deutschland nicht mehr zu diskutieren: Für Fürsorge und Versorgung war es nie im Streit, für die Sozialversicherung haben wir die positive Regel des § 51 Abs. 2 SGG. Diskussionen, wie es sie bei uns in der Vergangenheit gegeben hat und in Frankreich heute noch gibt, sind de lege lata sinnlos.

---

[121]) Vgl. dazu die Nachweise bei *Rüfner*, Der Staat 1968, S. 45, Anm. 28.

[122]) BSGE 26, S. 129 (132 ff.) betrifft den Ausnahmefall des § 1436 RVO.

[123]) BSG v. 14. 6. 1962, ZfS 1962, S. 240 = MDR 1962, S. 1022; dazu kritisch *Handtke*, Sozialgerichtsbarkeit 1964, S. 68 und *Röß*, Sozialversicherung 1966, S. 42 f. Vgl. dazu neuestens BSG v. 18. 11. 1969, DVBl. 1970, S. 293.

[124]) BSG v. 20. 2. 1962, Sozialversicherung 1963, S. 62, betrifft einen Sonderfall.

Ehe ich die Frage nach der Zweckmäßigkeit der öffentlich-rechtlichen Abwicklung stelle, möchte ich daran erinnern, daß ich nicht nur für Fürsorge- und Versorgungsrecht, sondern auch für Renten- und Arbeitslosenversicherung sehr dezidiert den Standpunkt vertreten habe, es handele sich um Staatsleistungen an den Bürger, nicht um genossenschaftliche Selbsthilfe. Es geht daher um eine typische Staat-Bürger-Beziehung, nicht um das Verhältnis von Bürgern untereinander, an dem zufällig auch einmal der Staat beteiligt ist. Im Sinne der neueren Subjektstheorie, wie sie etwa von H. J. Wolff vertreten wird[125]), gehören also Renten- und Arbeitslosenversicherung fraglos ins öffentliche Recht. Für die Kranken- und Unfallversicherung läßt sich das vielleicht nicht mit derselben Entschiedenheit und nicht für jede mögliche Ausgestaltung behaupten.

Die geschichtliche Entwicklung in Deutschland hat indes dazu geführt, daß die Grenzlinie des formellen öffentlichen Rechts nicht solchen theoretischen Überlegungen entspricht. In weiten Bereichen hat der Staat die Wahl, ob er sich des öffentlichen oder des privaten Rechts bedient. Bevorzugt er das Privatrecht, so bleibt er zwar im sogenannten Verwaltungsprivatrecht mannigfachen Bindungen des öffentlichen Rechts unterworfen, aber für die Anwendung spezifisch verwaltungsrechtlicher Handlungsformen ist kein Raum.

Ob eine Aufgabe verwaltungsprivatrechtlich oder öffentlich-rechtlich erfüllt werden soll, ist unter diesen Umständen eine Frage der Rechtstechnik, die zumeist keine grundsätzliche Bedeutung hat. Ihre Entscheidung hängt hauptsächlich davon ab, ob der VA ein zweckmäßiges Gestaltungsmittel ist. Ich möchte das für die Renten- und Arbeitslosenversicherung bejahen, ohne daraus eine Weltanschauungsfrage zu machen. Es gibt im Sozialversicherungsrecht von der Befreiung von der Versicherungspflicht über die Festsetzung des Beitrags bei freiwilliger Versicherung bis zum Leistungsbescheid eine Menge von Entscheidungen, die zweckmäßigerweise durch VA einseitig und nach den Maßstäben des Verwaltungsrechts getroffen werden müssen und denen eine gewisse Beständigkeit zukommen muß.

(21) Für die Kranken- und Unfallversicherung lassen sich ähnliche praktische Erwägungen anstellen. Zwar wäre hier eine privatrechtliche Abwicklung noch eher angemessen als in der Rentenversicherung, da besonders die Unfallversicherung deutlich Züge einer genossenschaftlichen Selbsthilfe zeigt. Der Privatautonomie könnte jedoch auch die Erfüllung dieser öffent-

---

[125]) *H. J. Wolff*, AöR 76, S. 205 ff.; *Schmidt-Rimpler*, HdSW Bd. 12, S. 695 ff.

lichen Aufgaben nicht überlassen bleiben. Denkbar wäre nur eine privatrechtliche Organisations- und Handlungsform mit eingehenden Normativbestimmungen, die sich von den bestehenden kaum zu unterscheiden brauchten.

Alles das bestätigt die in jüngster Zeit vielfach vorgetragene These, daß die Unterschiede zwischen dem formellen öffentlichen Recht und dem Privatrecht zunehmend relativiert werden. Wir sollten dies nicht als eine Denaturierung des öffentlichen Rechts empfinden, sondern uns darüber klar sein, daß unsere öffentlichrechtlichen Begriffe und Denkschemen aus einer vergangenen Zeit stammen und nur für die eng begrenzte Tätigkeit des liberalen Staates entwickelt worden waren. Ihre Anpassung an die Erfordernisse der modernen Leistungsverwaltung muß notwendigerweise zur einer Annäherung an das Privatrecht führen.

Leitsätze des Mitberichterstatters über:

Die Rechtsformen der sozialen Sicherung und das Allgemeine Verwaltungsrecht

— Einordnung des Rechts der sozialen Sicherung in das (allgemeine) Verwaltungsrecht —

A Grundlagen

1. In der vorindustriellen Zeit beruhte die „soziale Sicherheit" im wesentlichen auf der Familien- und Hausgemeinschaft. Daneben gab es frühe Solidargemeinschaften und vor allem die örtliche Armenpflege.

2. Das heutige System der sozialen Sicherung, insbes. die Sozialversicherung als sein wichtigster Zweig, wurde zunächst als Fortentwicklung und Verbesserung der Armenpflege verstanden. Diese Sicht, die heute noch nachwirkt, verkennt, daß nach der Auflösung der alten Haus- und Familiengemeinschaften die gesamte Bevölkerung (von statistisch kaum ins Gewicht fallenden Ausnahmen abgesehen) auf die soziale Sicherung angewiesen ist. Insbesondere ist eine eigenverantwortliche Vorsorge für Alter und Invalidität in dem Umfang, wie sie gewünscht wird, weder Unselbständigen noch Selbständigen möglich (Inflation und Wirtschaftswachstum!). Insoweit ist heute die Gesamtbevölkerung und mit ihr der „Normalbürger" „sozial bedürftig".

B Grundsätzliches zur Einordnung des Rechts der sozialen Sicherung

I Fürsorge und Versorgung

3. Durch die Fürsorge (Sozialhilfe) deckt der Staat oder ein anderer Träger öffentlicher Verwaltung ohne Gegenleistung individuellen Bedarf. Die Versorgung erfüllt ebenfalls ohne Gegenleistung gruppentypische Bedürfnisse. Das Recht der Versorgung ist bislang in Deutschland noch wenig ausgebildet und im wesentlichen — wichtigste Ausnahme: Kindergeld — auf den Ausgleich von Kriegsfolgen beschränkt.

4. Fürsorge und Versorgung lassen sich verhältnismäßig leicht in das „klassische" Bild der Hoheitsverwaltung des ein-

seitig handelnden Staates einfügen. Die Stellung des Bürgers ist heute verfassungsrechtlich gesichert durch einen Anspruch auf das — variable und mit der wirtschaftlichen Entwicklung nach oben tendierende — Existenzminimum. Im übrigen hat er einen Anspruch auf Gleichbehandlung, wenn Leistungen erbracht werden.

II Sozialversicherung

5. Die Sozialversicherung ist das Kernstück der nachliberalen Sozialpolitik. Sie deckt wichtige Lebensrisiken durch eine Zwangsversicherung ab, zumeist, aber nicht notwendig, mit mehr oder weniger großen Umverteilungseffekten und unter Einschluß von Elementen der Versorgung, u. U. sogar der Fürsorge. Sie kann in Form einer Staatseinrichtung oder in Form obligatorischer genossenschaftlicher Selbsthilfe mit Normativbestimmungen organisiert sein.

6. Die Rentenversicherung (Alters- und Invalidenversicherung) ist eine Aufgabe, der sich der Sozialstaat nicht entziehen kann. Die bestehende Selbstverwaltung der deutschen Rentenversicherung ist technischer Art ohne wesentliche Entscheidungsbefugnis. Da es um eine zentrale Staatsaufgabe geht, ist eine Delegation der Verantwortung auf die gesellschaftliche Selbstverwaltung ausgeschlossen (Gegenbeispiel: Gewisse berufsständische Versorgungseinrichtungen).

7. Trotz der lohn- und damit weitgehend beitragsproportionalen Leistungen, die auf dem Austauschprinzip der Versicherung beruhen, sind die Renten Staatsleistungen, keine Leistungen aus (erzwungener) Selbsthilfe der Bürger. Entscheidend dafür sind nicht so sehr der Staatszuschuß oder die Durchbrechung der versicherungsmathematischen Äquivalenz durch Umverteilung als vielmehr ein Umschlag von der Quantität in die Qualität: Eine Zwangsversicherung, die finanziell einheitlich geführt wird, nahezu das gesamte Volk umfaßt und auf der Solidarität der Generationen beruht, ist notwendig staatlich.

8. Daraus folgt, daß es für Rentenansprüche allenfalls einen abgeschwächten Eigentumsschutz geben kann. Die Sicherung des Bürgers liegt in seinen Teilhabeansprüchen, nicht im Eigentum. Die technische Ähnlichkeit zum Versicherungsrecht ist nicht zu bestreiten, im Grundsätzlichen sind aber die Lösungen im öffentlichen Recht zu suchen, wobei auf Parallelen zum Abgaben- und Beamtenrecht besonders hinzuweisen ist.

9. Für die Arbeitslosenversicherung gilt Ähnliches, zumal sie mangels eines kalkulierbaren Risikos kaum als echte Versicherung (und damit auch nur mit Vorbehalten als Teil der So-

zialversicherung) anzusprechen ist. Neuerdings hat das Arbeitsförderungsgesetz (AFG) schärfer als bisher das AVAVG herausgearbeitet, daß die wichtigste staatliche Aufgabe in diesem Bereich nicht die Hilfe für die Arbeitslosen, sondern die Verhütung der Arbeitslosigkeit ist. Dahinter steht das Recht auf Arbeit und die Pflicht des Staates, für Vollbeschäftigung zu sorgen. Nur wo das mißlingt, tritt die finanzielle Hilfe für den Arbeitslosen ein.

10. Die Krankenkassen sind weitgehend auf dem Prinzip genossenschaftlicher Selbsthilfe aufgebaut. Der Spielraum der Selbstverwaltung ist auf der Einnahmeseite erheblich (freilich politisch geringer als juristisch), zudem treten die Krankenkassen gegenüber den Ärzten als Tarifpartner mit bedeutender sozialer Macht auf. Ebenso wie bei der Unfallversicherung kann man hier mehr als bei der Rentenversicherung von staatlich regulierter Selbsthilfe sprechen. Sie funktioniert, da in der Regel keine langfristigen Verpflichtungen entstehen.

C Das Recht der sozialen Sicherung und die Handlungsformen des formellen Verwaltungsrechts

I. Der Verwaltungsakt

11. Der Verwaltungsakt (VA), aus Polizeibefehl und Steuerbescheid entwickelt, hat sich in der Leistungsverwaltung erst nach dem 2. Weltkrieg voll durchgesetzt, und zwar zu einer Zeit, als die Generalklausel eingeführt war, aber der Rechtsschutz nur gegen VAe möglich zu sein schien. Heute ist in Deutschland — anders als nach der positiven gesetzlichen Regelung in Österreich, wo es grundsätzlich nur die Bescheidbeschwerde gibt — geklärt, daß der Rechtsschutz nicht mehr von der Annahme eines VA abhängt, vielmehr auch eine Leistungsklage möglich ist. Daher kann sich die Behörde auch mit der schlichten Erfüllung eines Anspruchs begnügen. Ein VA ist notwendig, wo eine Ermessensentscheidung zu treffen ist. Er ist darüber hinaus sinnvoll, wo eine verbindliche Entscheidung über einen Anspruch ohne gerichtliches Verfahren getroffen werden soll. Der VA als frei widerrufliche oder auch nur frei zurücknehmbare Entscheidung über gesetzlich fixierte Ansprüche ist sinnlos — ganz anders als im Polizeirecht.

12. Das Fürsorge- und Versorgungsrecht wuchs in das vom Denken in VAen bestimmte Verwaltungsrecht hinein. Im Fürsorgerecht ist der VA zur Konkretisierung der Ansprüche unentbehrlich. Rücknahmeprobleme ergeben sich selten, weil i. d. R. keine Dauerleistungen zugesagt werden. Im Versorgungs-

recht ist der Bescheid teilweise gesetzlich vorgeschrieben (z. B. in der Kriegsopferversorgung mit Regelung des Rücknahmeproblems), teilweise wird auch schlicht geleistet (Kindergeld).

13. Das Sozialversicherungsrecht arbeitete früher nicht generell mit VAen, sondern vielfach mit schlichter Erfüllung oder quasirichterlichen Entscheidungen, denen besonders vorgeschriebene rechtskraftfähige Bescheide gleichgestellt waren. § 77 SGG, der nach seinem klaren Wortlaut, wenn auch kaum nach der Absicht des Gesetzgebers, allen VAen der Sozialversicherung Bestandskraft verleiht, ist zu undifferenziert.

14. Im Leistungsrecht bietet die schlichte Erfüllung ohne vorherigen Bescheid, soweit zulässig, einen Ausweg aus der starren Bindung durch § 77 SGG. Die Dauerwirkung falsch berechneter Rentenbescheide entfällt praktisch nach der neueren Rechtsprechung des BSG, so daß das schwerstwiegende Problem entschärft zu sein scheint.

15. Im übrigen kann § 77 SGG nicht durch das allgemeine Verwaltungsrecht überspielt werden. Möglich sind aber Analogien zu spezielleren Normen, z. B. für Beitragsangelegenheiten zum Steuerrecht.

II Andere Handlungsformen

16. Im Sozialversicherungsrecht hat die öffentlichrechtliche Willenserklärung Privater, sei es als Antrag, sei es als einseitiges Rechtsgeschäft einen verhältnismäßig weiten Anwendungsbereich.

17. Im Sozialrecht, insbesondere im Sozialversicherungsrecht, hat das sogenannte schlichte Verwaltungshandeln einen wichtigen Platz. Die schlichte Erfüllung und der mit ihr korrespondierende unmittelbare Leistungsanspruch widersprechen nicht dem Wesen des öffentlichen Rechts und auch nicht der staatlichen Souveränität. Hinzuweisen ist darüber hinaus vor allem auf die Beratung der Bürger. Auch bei der Vermittlung von Arbeitsstellen durch die Arbeitsämter gibt es keine VAe.

III. Das Dauerverhältnis

18. Das Versicherungsverhältnis ist ein Dauerverhältnis, das veränderten Verhältnissen angepaßt werden kann und muß. Die Abänderung — sei es durch Gesetz, sei es durch Satzung — muß sich im Rahmen des Angemessenen halten (etwa im Sinn der schweizerischen Willkürrechtsprechung). Deshalb bietet der Gleichheitssatz dem Versicherten mehr Schutz als die Eigentumsgarantie.

19. Das Versicherungsverhältnis ist als ein Dauerschuldver-

hältnis zu qualifizieren, auf das neben der Amtshaftung auch die Regeln über die Schadensersatzpflichten bei der Verletzung von Schuldnerpflichten anwendbar sind.

D Notwendigkeit und Zweckmäßigkeit der öffentlichrechtlichen Handlungsformen

20. Das Fürsorge- und Versorgungsrecht, das Recht der Rentenversicherung und das Recht der Aufgaben der Bundesanstalt für Arbeit ist notwendig öffentliches Recht, insofern, als es sich um typische Staat-Bürger-Beziehungen handelt. Technisch wäre in der Rentenversicherung auch eine verwaltungsprivatrechtliche Abwicklung denkbar. Letztlich handelt es sich — wie meist bei der Wahl öffentlichen oder privaten Rechts — um eine Zweckmäßigkeitsfrage, die vor allem danach entschieden werden muß, ob der VA ein passendes Gestaltungsmittel der Rentenversicherung ist.

21. In der Kranken- und Unfallversicherung bestünden gegen eine genossenschaftlich-privatrechtliche Abwicklung noch weniger Bedenken, wenn Versicherungszwang und Leistungen durch Normativbestimmungen gesichert wären. Eine Erfüllung der Aufgaben mit Privatautonomie wäre auch hier nicht möglich.

Die Rechtsformen der sozialen Sicherung und das Allgemeine Verwaltungsrecht

3. Aussprache und Schlußworte

Thieme (Diskussionsleiter): Zur Gliederung der Diskussion möchte ich Ihnen nach Absprache mit den Referenten den folgenden Vorschlag machen: Man sollte versuchen, zunächst grundsätzliche Fragen vorweg zu diskutieren, soweit nicht beabsichtigt ist — ich bitte diesen Nebensatz zu beachten — die Grundsatzfragen im Zusammenhang mit einer Detailfrage anzusprechen. Soweit es sich darum handelt, aus der Grundsatzfrage Detailfragen abzuleiten, sollte das viellleicht lieber in diesem Zusammenhang geschehen. Aber es wird sicherlich auch der Wunsch bestehen, Grundsatzfragen vorweg einzeln zu diskutieren. Dazu kämen in diesen ersten Abschnitt etwa das von Herrn Henke aufgeworfene Problem der „Sozialisierung" unseres Verwaltungsrechts, des Freiheitsraumes, der großen und der kleinen Freiheit, wie er es genannt hat, nach meiner Auffassung auch die grundsätzliche Rechtsstellung des Bürgers im Sozialrecht, etwa das Problem des besonderen Gewaltverhältnisses, vielleicht auch einige Aspekte des Dauerschuldverhältnisses. Mit diesen Bemerkungen ist sicherlich keineswegs der Katalog der Fragen, die in diesem Zusammenhang angeschnitten werden könnten, abgeschlossen. Dagegen möchte ich mir die Anregung gestatten, in diesem Zusammenhang nicht etwa das Problem der Charakterisierung von Versicherung, Versorgung und Fürsorge zu erörtern; das könnte man vielleicht zwanglos unter einem der folgenden Detailpunkte tun.

Ich möchte Ihnen vorschlagen, die folgenden vier Einzelprobleme zu unterscheiden: Einmal die grundsätzlichen Fragen, sodann zweitens die Probleme der Organisation, wozu das Problem von Staatsverwaltung, Selbstverwaltung und genossenschaftlicher Selbsthilfe und auch die Frage der organisatorischen Zuordnung zum öffentlichen oder Privatrecht gehört. Einen dritten großen Bereich würden dann die Probleme der Handlungsformen ausmachen, das Problem des Verwaltungsaktes einschließlich der Bindungswirkung und des Rechtsschutzes, aber auch der sonstigen Probleme der Handlungsformen, wobei hier dann wiederum sowohl Fragen des Dauerschuldverhältnisses als auch Fragen der Abgrenzung zwischen öffentlichem und Privatrecht akut werden könnten. Und es wären dann noch viertens und fünftens zwei Fragenkreise zu bilden, nämlich das Problem der Entschädigung und der Finanzierung.

Ich gehe davon aus, daß das nur Anregungen sind, die keineswegs eine bindende Wirkung haben. Ich bin ja insofern in einer glücklicheren Lage, als Herr Quaritsch gestern, der konfrontiert war mit Diskutanten, die über das Problem der Toleranz nachdachten, während ich hier Diskutanten habe, die sich mehr mit dem Problem der Sozialität beschäftigen. Ich hoffe also, daß das ein akzeptabler Vorschlag ist, aber ich bitte um weitere Anregungen, sofern etwas gewünscht wird.

Bettermann: Ich bin der Meinung, daß die öffentlich-rechtliche Entschädigung mit dem Thema nichts zu tun hat.

Thieme: Herr Bettermann, nachdem der eine Referent einen großen Teil seines Referates darauf verwandt hat, gehört es einfach zur Diskussion, wobei es Ihnen natürlich freisteht, in der Diskussion nachzuweisen, daß der Referent unrecht hat.

Ipsen: In diesem Sinne wollte ich zu Punkt 4 sprechen.

Thieme: Dann darf ich um weitere Anregungen bitten. Wenn das nicht der Fall ist, möchte ich jetzt, bevor wir mit dem Punkt 1 beginnen, noch Herrn Schnorr das Wort geben. Herr Schnorr will noch einige Ausführungen über die besonderen österreichischen Verhältnisse machen.

Schnorr: Meine Herren, ich möchte mir zunächst einige grundsätzliche Bemerkungen zu den Referaten erlauben und anschließend aus dem österreichischen Verwaltungs- und Sozialversicherungsrecht einige Kontrastpunkte zu dem setzen, was wir heute früh hier gehört haben.

In beiden Referaten wurde eine grundsätzliche Frage transparent, die Frage: Paßt das an der Eingriffsverwaltung orientierte Instrumentarium des öffentlichen Rechts überhaupt noch adäquat auf die besonderen Probleme der Leistungsverwaltung oder, wie man auch sagen könnte, der staatlichen Daseinsvorsorge? Herr Henke hat diese Frage vom Grundsätzlichen her in Zweifel gezogen. Herr Rüfner hat zumindest Bedenken gegen den Verwaltungsakt als einzig mögliches Mittel zur Daseinsvorsorge angemeldet. Nun, einem Soziologen, hätte er heute früh diese beiden Referate gehört, würde das Herz höher klopfen. Denn das, was wir heute früh von den beiden Referenten gehört haben, war eigentlich ein soziologisches Problem, das grundlegende Problem der sozialen Rolle, die von Ralph Linton bereits in den dreißiger Jahren in seinem berühmten Buch „The Study of Man" aufgezeigt und auf das Recht projiziert worden ist. Und meine soziologisch-politologische geistige Hälfte hat tatsächlich großen Gefallen an diesen beiden Referaten, ganz besonders an dem Referat von Herrn Henke, gefunden. Aber dem Staatsrechtler wie dem Juristen überhaupt müssen einige Zweifel kommen. Es ist heute früh mehrfach betont worden, der Verwaltungsakt wie überhaupt das Instrumentarium des öffentlichen Rechts habe sich an der Eingriffsverwaltung entwickelt, und die staatliche Daseinsvorsorge als Leistungsprinzip sei eben etwas ganz anderes als die Eingriffsverwaltung, bei der man vor allem in erster Linie an die Polizeiverfügungen u. ä. denkt. Ich bin nicht ganz der Meinung, daß ein so großer Unterschied zwischen der Daseinsvorsorge und der Eingriffsverwaltung besteht. Herr Henke hat einmal — aber das steht m. E. etwas im Widerspruch zu seinen sonstigen Ausführungen — angedeutet, daß sich im Sozialversicherungsrecht Eingriffsverwaltung und Leistungsverwaltung nicht scharf trennen lassen. Worum geht es? Gerade dadurch, daß durch die klassische Staatsrechts- und Verwaltungslehre des vorigen Jahrhunderts (Jellinek, Otto Mayer und Georg Meyer) der Machtanspruch des Staates, das Gewaltverhältnis, betont und überbetont wurde, war der Anstoß gegeben, den Einzelnen durch ein fast lückenloses System normativer Kautelen vor diesem Machtanspruch, vor der Gewalt des Staates, zu schützen. Daß sich dieses System der Kautelen — ich denke an die Beschränkung des verwaltungsbehördlichen Ermessens, an die Gesetzesbindung der Verwaltung, an die Rechtsweggarantien — gerade an der Eingriffsverwaltung orientiert hat, war historischer Zufall, weil man die staatliche Daseinsvorsorge zur Zeit Otto Mayers und Georg Meyers noch nicht kannte. Die Eingriffsverwaltung war historische Einmaligkeit. In Wahrheit ging es unseren klassischen Staats- und Verwaltungsrechtlern gar nicht um eine Kanalisierung der Eingriffsverwaltung im engeren technischen Sinne, sondern um eine rechtliche Kanalisierung der staatlichen Macht an sich. Hier scheint mir der springende Punkt zu liegen. Staatliche Macht kann nicht nur durch Eingriffe in die persönliche Sphäre ausgeübt werden, sondern staatliche Macht kann gerade auch durch vermögenswirksame Leistungen an den Einzelnen ausgeübt werden. Ums Geld geht alles. Wenn der Staat Daseinsvorsorge betreibt, wenn der Staat — ich spreche jetzt einmal ganz vulgär — dem Einzelnen etwas gibt, dann will er auch etwas von dem Einzelnen; dann ist der Einzelne auch durch vermögenswerte Leistungen seitens des

Staates irgendwie dem Staat verpflichtet. Es ist also keineswegs so, daß der Staat mit der Daseinsvorsorge ein Benefizium leistet; ganz im Gegenteil, der Staat übt auch im Wege der Daseinsvorsorge obrigkeitliche Macht aus. Den Unterschied zwischen Eingriffsverwaltung und Daseinsvorsorge sehe ich wohl, aber ich sehe ihn graduell, nicht prinzipiell.

Nun steht in diesem Zusammenhang eine andere Frage: Wie soll man sich denn das vorstellen, wenn der Verwaltungsakt im klassischen Sinne als Instrument der Daseinsvorsorge nicht adäquat ist? Herr Henke hat von einem Verwaltungsrechtsverhältnis gesprochen, das gegenseitige Pflichten und Rechte zwischen Staat und Bürger erzeugt — ein Konglomerat von Rechten und Pflichten. Wenn wir dieses gegenseitige Rechte- und Pflichtenverhältnis einmal ganz pointiert ausdrücken, dann können wir sagen: das ist der verwaltungsrechtliche Vertrag; d. h., der Staat steigt von seinem Thron der Überordnung herab, gibt sich den Anschein einer vielleicht gesellschaftlich begründeten Gleichordnung mit dem Einzelnen und verhandelt mit dem Einzelnen auf vertraglicher Grundlage. Hier muß ich Sie um Verzeihung bitten, wenn ich vor Öffentlichrechtlern etwas in das Privatrecht abschweife. Aber die hochinteressanten intrasystematischen Ausführungen von Herrn Henke, die er in der Einleitung seines Vortrages gegeben hat, zwingen mich dazu. Es ist doch ein Märchen, heute anzunehmen, daß ein Rechte-Pflichtenverhältnis auf der Grundlage der Koordination dem Einzelnen mehr Freiheit gibt. Die Formel: Privatrecht oder Vertragsfreiheit oder Willenseinigung, oder wie Sie es nennen wollen, ist gleich ursprüngliche Freiheit, die stimmt gar nicht mehr. Ganz im Gegenteil, der Vertrag, auch der verwaltungsrechtliche Vertrag, unter dem ich jetzt einmal sozusagen als Wertposten dieses ganze Netz der gegenseitigen Rechte und Pflichten zwischen dem Staat und dem Einzelnen zusammenfasse, ist heute zu einem Instrument der Festigung von Machtpositionen geworden. Ich erinnere Sie nur an die allgemeinen Geschäftsbedingungen oder an die Lehre vom sogenannten sozialtypischen Verhalten im Zivilrecht, wo mit Hilfe der massentypischen Leistungen einfach ein Vertrag fingiert wird und sich auf diese Weise die Wirtschaft ein Eigenrecht extra legem schafft. In diesen Fällen wird eine Koordination der Partner angenommen, die in Wahrheit nicht besteht. Auch der Staat weicht weitgehend schon auf den Vertrag als verwaltungsrechtliches Instrument aus. Ich nenne nur als Stichwort die österreichische Privatwirtschaftsverwaltung. Staatliche Politik, betrieben in privatrechtlichen Formen, bedeutet eine Potenzierung der Macht.

Ich will meine allgemeinen Bemerkungen dahingehend zusammenfassen, daß ich nicht glaube, daß zwischen der Eingriffsverwaltung und der Daseinsvorsorge ein so prinzipieller Unterschied besteht, daß man das öffentliche Recht mit seinem Instrumentarium, vor allem den Verwaltungsakt, über Bord werfen müßte.

Nun möchte ich zur Illustration dieser allgemeinen Bemerkungen einige Kontrastpunkte aus dem österreichischen Verwaltungs- und Sozialrecht setzen. Zunächst eine allgemeine Bemerkung: In Österreich ist man weder in der Rechtslehre noch in der Rechtsprechung bisher auf den Gedanken gekommen, den Verwaltungsakt aus der Daseinsvorsorge, insbesondere aus dem Sozialversicherungsrecht, zu eliminieren. Hier sind trotz der gemeinsamen historischen Wurzeln beider Rechtssysteme ganz erhebliche dogmatische und systematische Unterschiede zu beobachten. Die scheinbare Ähnlichkeit zwischen unserem Recht der Sozialversicherung und dem deutschen Sozialversicherungsrecht trügt. Die Grundlagen sind anders, und ich möchte vor allem drei wichtige Punkte erwähnen.

Der erste Punkt: Der Unterschied zwischen der deutschen und der österreichischen sozialversicherungsrechtlichen Auffassung liegt schon im Begriff der Verwaltung begründet. Mit Hans Peters kennt das deutsche öffentliche Recht den sogenannten materiellen Verwaltungsbegriff, einen Verwaltungsbegriff, der sich am Zweck der Verwaltung orientiert. Verwaltung ist — wie Hans Peters einmal gesagt hat — die Verfolgung staatlicher Zwecke im Einzelfall. Der Zweck ist natürlich weit genug, um soziologische Gedankengänge in sich aufzunehmen. Daher sind für deutsche Verhältnisse die Zweifel an dem Instrumentarium des überkommenen Verwaltungsrechts akzeptabel. Wir in Österreich haben nach wie vor den formalen Verwaltungsbegriff. Um mit Antoniolli zu sprechen: Verwaltung ist gesetzes- und weisungsgebundene Staatstätigkeit. Da haben wir es ja schon: gesetzes- und weisungsgebundene Staatstätigkeit, ein ganz formaler Begriff, unter den sich sowohl die Eingriffsverwaltung als auch die Daseinsvorsorge, die Leistungsverwaltung, subsumieren läßt. Der Zweck spielt keine Rolle. Wir können daher mit dem herkömmlichen Instrumentarium des Verwaltungsrechts auch die soziale Leistungsverwaltung bewältigen.

Thieme: Ihre Beiträge beziehen sich auf Einzelpunkte. Ob man vielleicht doch so verfährt, daß Sie die weiteren Ausführungen, die Sie geplant haben, jeweils zu den einzelnen Punkten bringen?

Schnorr: Darf ich dann überschriftsweise die drei Punkte nennen, zu denen ich sprechen wollte? Der erste ist der bereits erörterte Verwaltungsbegriff. Der zweite ist die Anwendung des Allgemeinen Verwaltungsrechts, besonders des Allgemeinen Verwaltungsverfahrensgesetzes, auf die Selbstverwaltung in der Sozialversicherung. Der dritte Punkt behandelt die Frage der verwaltungsrechtlichen Handlungsformen.

Scheuner: In der Frage unseres Verhandlungsgegenstandes den Versuch zu machen, allgemein zu sprechen, ist nicht einfach, weil sich besondere und allgemeine Punkte verbinden. Ich bitte um Nachsicht, daß ich dabei auf den Punkt Entschädigung vorgreife, weil er so eng mit dem der sozialen Freiheit zusammenhängt. Ich möchte die Frage stellen: Wo ist eigentlich der Platz des Sozialversicherungsrechts in unserem Verwaltungsrecht? Weshalb empfinden wir es als Sondergebiet, dessen Verbindung zum Verwaltungsrecht ein Problem bildet? Sicherlich liegt der Grund hierfür — das hat Herr Henke für mich überzeugend dargelegt — nicht in dem Unterschied zwischen Öffentlichem und Privatem. Dieser Unterschied ist — ich folge Herrn Henke hier gern — sicherlich ein rein historischer, und die Grenze ist hier in ständiger Wandlung begriffen. Nur Folgendes darf ich anfügen: Die Frage, ob die Unterscheidung von öffentlichem und privatem Recht für ein Rechtsgebiet von Bedeutung ist, ist vielfach davon abhängig, ob der Staat von diesem Bereich voll Besitz ergriffen hat oder ob es sich um ein Gebiet handelt, in dem noch ein gewisses Ausmaß privater, freier, persönlicher Autonomie vorhanden ist. Im einzelnen kann — ich würde hier meinem Vorredner durchaus zustimmen — auch in öffentlichrechtlichen Verhältnissen durchaus eine private und persönliche Mitwirkung stattfinden. Keineswegs dürfen wir uns öffentlichrechtliche Verhältnisse nur als Zwang, Eingriff, Befehl vorstellen. Wir sind wohl über diese älteren Vorstellungen O. Mayers allmählich hinausgewachsen. Sicherlich aber wird man gerade für unseren Bereich feststellen können, daß es sinnvoll ist, in größeren Bereichen — und darin möchte ich beiden Referaten zustimmen — eine Mischung öffentlichrechtlicher und privatrechtlicher Beziehungen anzuerkennen. Wir kennen das aus dem Schulrecht oder dem Recht der öffentlichen Sachen, und mir ist heute fraglich, ob die Tendenz, die ich einst in jugendlicher Stimmung vertrat, das Wegerecht ganz in das öffentliche Recht zu ziehen, wirklich die Vorzüge bietet, die man ihm dogmatisch wie in der Lösung praktischer Fragen gelegentlich zuschreibt. In einer neueren Abhandlung hat ein Autor (Wittig DVBl. 1969 S. 680 ff.) mit Recht darauf aufmerksam gemacht, daß das Hamburger Wegerecht mit seinem öffentlichen Eigentum in einer Reihe von Punkten für die Freiheit des Einzelnen eine ungünstigere Gestaltung aufweist als die übliche privatrechtliche Formung. Ich würde daher auch darin Herrn Henke zustimmen, daß das Arzt-Patient-Verhältnis und andere Momente der Sozialversicherung ohne Schaden im Privatrecht belassen werden können. Freilich sollte man auch wieder nicht der Meinung verfallen — ich folge meinem Vorredner — daß ohne weiteres Privatrecht Freiheit, das öffentliche Recht Zwang verkörpert. Vielfach bringt heute der Staat eine stärkere Gewährleistung der individuellen Freiheit als das Privatrecht, in dem die Gruppenmacht im Wege von „freien" Verträgen Zwangslösungen zu erzwingen vermag. Ebensowenig können wir den Platz des Sozialversicherungsrechts klar innerhalb der Leistungs- und Eingriffsverwaltung bestimmen. Hier haben beide Referate Fragezeichen gesetzt. Sicherlich steht es der Leistungsverwaltung näher, aber dadurch, daß es die Menschen zur Wohlfahrt nötigt, enthält es auch Zwangsmomente.

Das führt mich auf eine der von Herrn Rüfner aufgeworfenen Fragen. Es gibt sicherlich Aufgaben, die der Staat zwingend erfüllen muß. Ob die Sozialversicherung hierhin gehört, läßt sich vielleicht nicht in allen Bereichen bejahend beantworten. Aber ich stimme Herrn Rüfner zu, daß heute ein gehöriges Stück Daseinsversorge zu jenen Gebieten gehört, die der Staat in eigener Regie zu führen hat und die er nicht auf genossenschaftliche Vorkehr oder freie Initiative des einzelnen abwälzen kann. Unter diesem Gesichtspunkt hat Herr Rüfner recht, dies Gebiet mehr zur Staatsverwaltung als zur Selbstverwaltung zu rechnen.

Mir scheint, Herr Rüfner hat richtig den entscheidenden Punkt bezeichnet, an dem wir bei der Sozialversicherung einsetzen müssen, das Problem der Freiheit. Dieses Problem findet sich, und hier darf ich beide Referate zu ergänzen versuchen, auch im Grundrechtsbereich überhaupt. Unsere Grundrechte kennen das Problem der Freiheit oft nur in einer altliberalen, nicht mehr ganz der heutigen sozialen Wirklichkeit entsprechenden Form. Ein deutlicher Beweis hierfür ist Art. 12 GG. Er ist nur noch für die unter 10% liegende Zahl der Mitbürger von Bedeutung, die selbständige Unternehmer oder Betriebsinhaber sind. Für die Arbeitnehmer enthält er zwar auch Aussagen, die aber kaum praktische Bedeutung erlangt haben. Ähnliches gilt für das Eigentum. Eigentum und Schutz der Gewerbefreiheit waren die Palladien der selbständigen Lebensführung und Lebenssicherung des Liberalismus. An ihrer Stelle muß heute eine Lebenssicherung treten, die sich in Altersvorsorge, Krankenschutz usw. auswirkt, so daß der Freiheitsbegriff heute nicht mehr nur in der Staatsferne und in der Abwehr staatlicher Eingriffe, sondern gerade auch in der Prästation notwendiger staatlicher Leistungen sich realisiert. Von dieser Seite her kommen wir der Sozialversicherung auch grundrechtlich näher, und hier hat Herr Rüfner einen entscheidenden Zusammenhang angesprochen, wenn er ausgeführt hat, die Arbeitslosenversicherung könne in ihrer eigentlichen Tiefe nur von dem Recht auf Arbeit her verstanden werden, das sie in praktischer Weise verwirklicht. So wie dies Herr Henke in seinem Schlußwort getan hat, soziale Sicherheit und persönliche Freiheit gegenüberzustellen, das scheint mir eine unrichtige, bereits veraltete Betrachtungsweise. Der heutige Staat garantiert denen, die noch das Risiko der Freiheit und Selbständigkeit auf sich nehmen, durch Art. 12,14 GG und andere Bestimmungen diese Freiheit. Er wird aber der Masse seiner Bürger, die das nicht mehr können oder wollen, die Freiheit durch Lebensvorsorge zu sichern haben, und hier ist der rechte Platz, wo sich die Sozialversicherung in den Bereich der Grundrechte einfügen läßt.

Darum ist dies Gebiet so merkwürdig verwandt mit der Schule. Die Schule ist auch eine Form, in der der Staat eine Daseinsvorsorge übernommen hat und in der wir ganz ähnlichen Problemen wie hier begegnen. Herr Rüfner hat etwa die Frage angesprochen, ob heute noch kleinere Nebenversicherungen für Ärzte, Apotheker, Schornsteinfegermeister sinnvoll erscheinen. Durchaus, weshalb nicht? Aber der Staat muß natürlich den allgemeinen Plafond der Sozialversicherung sowie die allgemeine Möglichkeit einer sozialen Sicherung für alle bereitstellen. Ähnlich beobachten wir im Schulrecht, wie sich eine gewisse soziale Umverteilung mit Daseinsvorsorge verbindet. Gewährleistet wird freie Bildung, aber verwirklicht werden kann sie erst durch Unterstützung von Studenten und Schülern.

Ich möchte abschließend nur noch einen Punkt berühren, den der Vorsitzende auch zu Punkt 1 rechnet, das Dauerverhältnis. Hier liegt ein wesentlicher Punkt. So sehr ich die lebhafte Verteidigung des Verwaltungsakts durch Herrn Schnorr begrüße und durchaus teile — ich glaube, beide Referenten haben den Verwaltungsakt nicht eliminieren oder beseitigen wollen — die Berichte haben doch darauf aufmerksam gemacht, daß der Verwaltungsakt einen engeren Anwendungsbereich hat, als oft angenommen. Das Deutsche Verwaltungsrecht Otto Mayers weist den gleichen Fehler auf, den auch das Bürgerliche Gesetzbuch zeigt. Das Dauerverhältnis wird in seiner Bedeutung unterschätzt. Das bürgerliche Recht hat für den allgemeinen

Teil des Schuldrechts den Kauf zum Muster genommen, nicht die Miete. Ebenso im Verwaltungsrecht Otto Mayers. Er stellt aktförmige, justizförmige Verwaltungsakte heraus, aber nicht administrative Verhältnisse, die sich in langer Zeit abwickeln. Ich würde gegen Herrn Schnorr nicht dafür sprechen, solche Verhältnisse nur vertragsähnlich zu sehen. Wir müßten dann jedenfalls einen anderen, weiteren Begriff des öffentlichrechtlichen Vertrages haben. Ich glaube, der Begriff des öffentlichen Dauerverhältnisses ist durchaus in der Lage, dieses ausgedehnte Geflecht öffentlichrechtlicher Beziehungen zu erfassen, das sich aus zeitlich langfristigen Relationen ergibt. Dies gilt vor allem auch unter dem Gesichtspunkt ihrer dynamischen Gestaltung. Es geht bei der Frage der Rechtsbindung nicht nur um Rechtsbestand und Rechtssicherung des einzelnen, sondern zugleich beiderseits um Möglichkeiten der Anpassung und Fortbildung des Verhältnisses.

Zum Schluß möchte ich nur noch darauf hinweisen, daß zwischen der sozialen Sicherheit und der öffentlichen Entschädigung ein tiefer Unterschied besteht. Er ist stärker als der von Herrn Henke hervorgehobene zwischen Enteignung und öffentlichrechtlicher Fehlhandlung. Jene beiden Institute ruhen auf dem öffentlichrechtlichen Gedanken der Opfergleichheit der Bürger und der Verantwortung für gewisse staatliche Eingriffe, seien sie rechtmäßige Inanspruchnahme von Vermögen, seien sie schädigende Fehlhandlungen des Staatsapparates. Schon in der Mitte des 19. Jahrhunderts hat ein vorausblickender Zivilrechtler auf einem Juristentage den Vorschlag gemacht, die ganze Staatshaftung in einer Risikohaftung nach der Methode der Versicherung zu erledigen. Hier wird gewiß eine Brücke zwischen öffentlichrechtlicher Entschädigung und Versicherung sichtbar, aber eine Brücke, die nicht die dogmatische Verschiedenheit der Grundlagen aufhebt. Die Basis der Sozialversicherung ist eine ganz andere als die der Entschädigung. Sie ist die Sicherung der sozialen Freiheit und nicht etwa das Aufkommen für staatliche Eingriffe. In dieser Hinsicht halte ich daher die Einbeziehung der öffentlichrechtlichen Entschädigung in unseren heutigen Zusammenhang nicht für berechtigt.

Zacher: Das Thema bezog sich auf die Rechtsformen sozialer Sicherung, und Herr Henke ließ mehr oder weniger dahingestellt, was diese soziale Sicherung ist. Er griff breit aus in etwas, was man *„Sozialrecht"* nennen könnte. Und da ist nun die Frage: gibt dieser Rahmen „Sozialrecht" überhaupt etwas für die Einbeziehung in das Verwaltungsrecht her? Ich glaube nicht. Sozialrecht im allgemeinen läßt sich nur teleologisch, nur funktional definieren als das Recht, das soziale Unterschiede abbaut und Abhängigkeiten mildert. Und auch hier besteht ein Differenzpunkt zwischen Herrn Henke und mir, weil Sozialrecht nämlich nicht nur, wie Herr Henke sagt, Schicksalsschläge oder schicksalhafte Schädigungen ausgleicht, sondern auch sonst Vermögens- und Wohlstandsdifferenzen abbaut. (Beispiel: Vermögensbildungsproblematik. Sie gehört zweifellos in den sozialrechtlichen Rahmen im weiteren Sinne der sozialrechtlichen Aufgabenstellung.) Wir können Sozialrecht immer nur schwerpunktartig fixieren und wir können deshalb auch gar kein System des Sozialrechts als solches bilden. Wir haben kaum typische sozialrechtliche Handlungsformen. Wir haben umfassend nur sozialrechtliche Ziele.

Ich glaube also, wir müssen enger werden. Und der Vorstand hat deshalb auch das Thema im Sinne von *sozialer Sicherung* gefaßt. Herr Rüfner stellte sich nun mit Recht auf den Standpunkt — der auch bei Herrn Henke anklang —, soziale Sicherung sei gleich Sozialversicherung, Versorgung und Fürsorge. Hier möchte ich doch kurz ausholen und auf den weiteren Beziehungsrahmen dieser engeren sozialen Sicherung hinweisen. Wir können ihr gegenüberstellen zunächst die *Selbstsicherung* des Einzelnen, die sich im wesentlichen im Rahmen des Eigentumsgrundrechts abspielt. Wir können dagegenstellen ferner die kollektive Sicherung des Einzelnen im Rahmen der *Privatversicherung*, wobei wir in der Sozialversicherung interessante organisations- und interessenstrukturelle Parallelen haben: in der eher anstaltlichen Struktur eine Parallele zum kapitalistischen Versicherungsunternehmen und in dem Versicherungsverein auf Gegenseitigkeit eine Parallele zur genossenschaftlichen, körperschaftlichen Struktur. Dann haben wir noch ein drittes Feld, nämlich die Tätigkeit der *Wohlfahrtsverbände*, die auch in den weiteren Rahmen der sozialen Sicherung fallen. Sie bringen sehr eigentümliche Rechtsstrukturen mit sich. In der Dimension Staat-Wohltätigkeitsverbände sehen wir einerseits die Kooperation, die sich ausdrückt in einem Subventionsverhältnis, auf der anderen Seite die Ermächtigung, etwas anstelle öffentlicher Träger zu tun, und zugleich die korrespondierende Kontrolle (die allerdings im allgemeinen sehr schwach zu sein pflegt), also etwas, was wir sonst mit der Figur des Beliehenen ansprechen. In der Verband-Bürger-Dimension haben wir dann die „prekaristischen" Rechtsverhältnisse, von denen wir eigentlich gar nicht wissen, was sie sind. Wenn sich jemand als Hilfeempfänger in die Hände der Inneren Mission oder der Caritas begibt, dann ist das rechtlich eine sehr unklare Sache. Das schwankt zwischen Rechtsverhältnissen und eben einem — Gewaltverhältnis will ich nicht sagen — „karitativen" Verhältnis.

Von diesen privatrechtlichen oder wenigstens dem Privatrecht zugewandten Flanken sozialer Sicherung möchte ich nun wieder zurückkehren zu der *sozialen Sicherung im engeren Sinne,* also zur herkömmlichen Trilogie Sozialversicherung, Versorgung und Fürsorge. Warum diese Konzentration? Weil diese leistungsfähige soziale Sicherung gegen die elementaren sozialen Risiken — jetzt müssen wir ja auf den Risikoschutz abstellen, wie bei der sozialen Sicherung immer —, weil also diese soziale Sicherung umfassend und verläßlich leistungsfähig nur geschaffen und erhalten werden kann aufgrund staatlicher Anordnung und staatlicher Organisation und unter bleibender staatlicher Verantwortung, vor allem in Hinsicht auf die finanzielle Garantie. Daher also der *öffentlichrechtliche Bezug* und daher auch das *verwaltungsrechtliche Feld,* in dem das ganze liegt. Was ist damit nun aber über die einzelnen Rechtsfiguren gesagt? Hier würde ich Herrn Henke zustimmen: damit ist noch sehr wenig gesagt. Oder an den gerichtet, der die „begrifflichen" Implikationen der Zuordnung zum öffentlichen Recht fürchtet: Einbeziehung ins öffentliche Recht ist zunächst noch unschädlich, wenn man dann offen bleibt dafür, wie die Rechtsfiguren im öffentlichen Recht geregelt werden. Ein Beispiel ist der Kollektivvertrag, der in dem Grenzfeld zwischen öffentlichem und privatem Recht liegt. Wir haben ja auch beim Tarifvertrag den Streit, ob er nicht eine öffentlichrechtliche Figur ist. Wir beobachten also im Kollektivvertrag eine der kollektivrechtlichen Erscheinungen, die im privaten und im öffentlichen Recht vorkommen und mit den je eigentümlichen Machtabhängigkeiten und dergleichen fertig werden müssen. Auch über den Verwaltungsakt ist mit der Einbeziehung der sozialen Sicherung in das öffentliche Recht zunächst noch sehr wenig gesagt. Denn wenn im Recht der sozialen Sicherheit der Verwaltungsakt eine zunehmend geringere, wenn auch sicher eine bleibende Rolle spielt, dann ist das doch nur ein Signum dafür, daß wir vielleicht unter dem Eindruck der Generalklausel auch im übrigen Verwaltungsrecht ein bißchen viel Erwartungen in den Verwaltungsakt gesetzt haben und ein bißchen wenig an Realakte, an sonstige öffentliche Rechtsgeschäfte und dergleichen gedacht haben. Zu Privatrecht und Freiheit meine ich im übrigen genau das, was Herr Scheuner gesagt hat.

Nun von diesem engeren Kreis der sozialen Sicherung aus möchte ich einige Beziehungsfelder öffnen, und davon schwerpunktartig eines: soziale Sicherheit — oder besser *soziale Sicherung* — ist ein *Bestandteil der sozialen Umverteilung.* Es ist ja eigentümlich, daß wir immer noch weder über eine ökonomische noch über eine juristische Dogmatik der Umverteilung verfügen, obwohl wir uns in einem Staat permanenter umfassender Umverteilung — nicht nur zwischen reich und arm, sondern zwischen allen — befinden. Umverteilung geschieht vornehmlich auf zwei Wegen: über öffentliche Haushalte, d. h. also auch über eine öffentliche Organisation, oder zwischen Privaten, etwa im Sinne entsprechend verfremdeter Lohn- und Preisregelung. Wir haben ein Beispiel des Alternierens ganz deutlich in der Lohnfortzahlung, die wir teilweise so geregelt haben, daß sie unter Privaten direkt stattfindet, teilweise so, daß sie über öffentliche Organisationen stattfindet. Ich klammere nun die direkte Umverteilung unter Privaten wieder aus und komme speziell zu der Umverteilung über öffentliche Haushalte. Soziale Umverteilung über öffentliche Haushalte kann im Nehmen, im Medium des Haushalts oder der Organisation und im Geben entweder spezifisch sein, d. h. exklusiv sozial determiniert, oder unspezifisch. Beispiel für das Unspezifische im Nehmen: das allgemeine Steuerrecht, wobei wieder ja die Eigenart die ist, daß wir hier soziale Implikationen und Modifikationen haben; denn beim Unspezifischen kann man das immer noch sekundär einbauen. Unspezifisch im Geben sind etwa allgemeine Verwaltungsleistungen; es wurde schon das Bildungswesen genannt. Die allgemeine Bereitstellung von Bildungseinrichtungen ist ein Akt der Umverteilung, die nicht speziell an Arme gibt. In die Volksschule gehen bekanntlich auch „reiche" Kinder. Spezifisch ist demgegenüber im Nehmen etwa der Sozialversicherungsbeitrag, in Haushalt und Organisation der Sozialversicherungsträger, im Geben die Sozialversicherungsleistung. Die soziale Sicherung zeichnet sich in diesem Beziehungsfeld der Umverteilung dadurch aus, daß sie im Geben immer spezifisch ist, daß sie dagegen im Nehmen und in Haushalt und Organisation entweder spezifisch sein kann oder unspezifisch. Da haben wir ferner die interessanten Rechtsfiguren des Übergangs, etwa den Finanzausgleich und den öffentlichen Zuschuß, durch den Mittel vom unspezifischen Nehmen in das spezifische Geben hineingeraten, ebenso wie sie von der unspezifischen Organisation in die spezifische Organisation hinüberwechseln und dergleichen.

Ein weiterer Beziehungsrahmen, in den man die soziale Sicherung im engeren Sinne stellen könnte, ist die Überschneidung mit der *Wirtschaftslenkung* (Wachstums- und Verteilungspolitik), die heute sehr stark in die soziale Sicherung hereinkommt, etwa indem die Sozialversicherungsträger und ihr

Vermögen als konjunkturpolitisches Becken verwendet werden. Mehr kann ich hier dazu nicht sagen.

Ein drittes Feld ist die Begegnung — jetzt komme ich wohl in eine neue Dimension —, die Begegnung mit *kooperativen Beziehungsformen* zwischen Verwaltung und Bürger, womit ich die synallagmatische Kooperation ebenso meine wie die nichtsynallagmatische Kooperation. In einer synallagmatischen Kooperation steht etwa das Dienstverhältnis, und hier sehen wir gleich ein Beispiel für das Überschneidungsfeld. Der Beamte steht in einer Beziehung sozialer Sicherung, indem er zugleich in einem Austauschverhältnis steht. (Ich habe hinsichtlich des Lohncharakters der Besoldung wohl nicht alle Beamtenrechtstheoretiker auf meiner Seite, aber ich glaube, darüber brauchen wir heute nicht mehr arg zu streiten.) Ein nichtsynallagmatisches Kooperationsverhältnis ist bekanntlich die Subvention. Und wenn Sie etwa bei der Rehabilitation bedenken, daß hier der Behinderte für sich etwas tun muß — er muß nämlich sich „bessern", im gesundheitlichen Sinne sich „bessern" wollen, sich umschulen lassen oder so etwa —, dann haben wir die Parallele zum Subventionsverhältnis. Das sei als weitere Sachstruktur hier nur am Rande aufgezeigt.

Nun zur Sachstruktur im Inneren des Sachbereichs sozialer Sicherung. Es wurde ausgegangen von der herkömmlichen Unterscheidung *Sozialversicherung — Versorgung — Fürsorge.* Ich möchte vorschlagen, daß wir noch eine andere Trilogie einführen, nämlich die Trilogie von *Vorsorgesystem, Entschädigungssystem und Ausgleichssystem.* Das *Vorsorgesystem* zeichnet sich dadurch aus, daß jemand von vornherein in bezug auf ein künftiges soziales Risiko in ein System einbezogen wird und meist nun auch gleich zu Leistungen herangezogen wird oder jedenfalls in bestimmte Erwartungen hineinversetzt wird. Letzteres ist das Minimum; aber meist ist das auch so, daß der Einbezogene aktiv zahlend an diesem Vorsorgeunternehmen teilnimmt. Es hängt von der Art des Risikos und des Personenkreises ab, ob so ein Vorsorgesystem möglich ist. Hauptbeispiel ist die Rentenversicherung. Vorsorgesysteme zeichnen sich dadurch aus, daß sie auch im Nehmen spezifisch sein können eben durch das Beitragsaufkommen. Das hat Auswirkungen auch für die materielle Gestaltung der Leistungen. Ich kann das hier im einzelnen nicht ausführen. Ein solches Vorsorgesystem scheint mir auch die Beamtenversorgung zu sein. Sie ist als Vorsorgesystem nur organisatorisch nicht aufgedeckt. Nun zu den *Entschädigungssystemen.* Kriegsopferversorgung und Lastenausgleich sind heute die herrschenden Beispiele von Entschädigungssystemen. Hier kann man nicht vorher einzahlen.

Man kann keine Kriegsversicherungskasse begründen. Herr Henke ist mir da freilich viel zu weit gegangen, indem er gewissermaßen pars pro toto an die Stelle der sozialen Sicherung setzen wollte, daß der Staat kraft seiner besonderen Verantwortlichkeit für bestimmte schädigende Ereignisse Entschädigungen auswirft. Und dazu gleich noch ein Wort, Herr Henke. Sie haben gesagt, der Richter möge einen allgemeinen Entschädigungsanspruch entwickeln. Der Richter konnte den enteignungsgleichen Eingriff ganz schön entwickeln. Das waren und sind peripherische, singuläre Fälle. Aber die Liquidation der Kriegsfolgen hätte niemals der Richter entwickeln können. Jede zentrale Veränderung unseres ökonomischen und sozialen Systems muß vom Gesetzgeber generell schon angesichts seiner Haushaltsverantwortung gesteuert und verantwortet werden. Nun haben wir noch eine zweite Art des Entschädigungssystems, in dem entschädigungspflichtige Private untereinander für den Fall ihrer Entschädigungspflicht vorsorgen, nämlich die Unfallversicherung. Da ist dann wieder eine spezifische Organisation schon im Nehmen nötig. Schließlich als dritter Typ die *Ausgleichssysteme*. Hauptbeispiel: Sozialhilfe. Hier wird zwischen denen, die in Not sind, und denen, die nicht in Not sind, umfassend ausgeglichen. Ein spezifisches Nehmen ist hier untypisch, genauso eine spezifische, autonome Organisation. Daß Sozialhilfe an die kommunale Selbstverwaltung angehängt ist, ist ja mit Recht heute vernachlässigt worden. Zugleich käme hier das Kindergeld als Ausgleichssystem in Betracht.

Schließlich noch zwei ganz kurze Bemerkungen. Anknüpfen könnte man auch an die *verschiedenen Arten von Leistungen*. Genommen wird regelmäßig Geld. Ausnahmsweise, wie beim Beamten, in dessen Kooperationsverhältnis, werden auch Dienstleistungen genommen; im Subventionsverhältnis, etwa beim Behinderten, werden auch ähnliche persönliche Leistungen genommen. Das Geben ist typisch aufgefächert in Dauerleistungen, in vorübergehende Leistungen, in einmalige Leistungen, in Geldleistungen, in Sachleistungen, in Dienstleistungen. Das alles bringt ganz verschiedene Strukturen des Rechtshandelns, des Gewährens und Gewährleistens mit sich, und gerade von hier müßte man dann die Analogie zum übrigen Verwaltungshandeln ziehen — von diesen Partikeln her zu den verwandten Partikeln des übrigen Verwaltungsrechts.

Und schließlich bieten sich als Sachstrukturen die verschiedenen *Risiken* an, die soziale Sicherung abzudecken sucht.

Stern: Nach den vorangegangenen Diskussionsbeiträgen glaube ich, daß mein Beitrag die Akzente anders setzen wird. Ich habe das Thema vor allen Dingen in der Richtung verstanden, daß es um die Fragestellung geht, Sozialrecht und allgemeines Verwaltungsrecht wieder miteinander in Kontakt zu bringen, und zwar wechselseitig. Herr Henke hat das auch in seinen einleitenden Bemerkungen angedeutet. Ich habe allerdings das Gefühl, daß in der Folge sein Referat doch einen sehr zwiespältigen Eindruck macht insofern nämlich, als die Frage auftaucht: War es ein Plädoyer für die Eigenständigkeit des Sozialrechts oder ging es ihm um die Frage, das Sozialrecht wieder zurückzuholen in das allgemeine Verwaltungsrecht, das wir ja noch immer als den Gravitationspunkt unseres Verwaltungsrechts ansehen. Im letzteren Falle würden wir in einer Parallelsituation zum Steuerrecht stehen, von dem viele von uns sich bemühen, es wieder in das Verwaltungsrecht zurückzuführen und aus der etwas schwammigen betrieblichen Steuerlehre herauszulösen — eine wichtige Frage der Durchsetzung des rechtsstaatlichen Prinzips. Ähnliches gilt etwa auch bei Fragen des Wirtschaftsverwaltungsrechts; ich erinnere an die Arbeiten von Ernst Rudolf Huber oder neuerdings an das Kulturverwaltungsrecht von Herrn Oppermann. Diese Intentionen scheinen mir nicht gelöst zu sein, obwohl Herr Rüfner deutliche Akzente gesetzt hat in seiner Auslegung der Reichsversicherungsordnung und des Sozialgerichtsgesetzes; vor allen Dingen bei Herrn Henke fand ich, daß er nur sehr partielle Bezüge zwischen beiden Rechtsgebieten hergestellt hat. Andererseits halte ich das besondere Gewaltverhältnis nicht für ein Anliegen unseres Themas. Herr Henke, Sie rennen offene Türen ein, das besondere Gewaltverhältnis zu einem Rechtsverhältnis zu machen, wiewohl ich mir selbstverständlich im Klaren darüber bin, daß dabei noch nicht alles gelöst ist, sei es Grundrechtsschutz, Verwaltungsakt und gerichtlicher Rechtsschutz. Indessen habe ich entscheidende Gesichtspunkte wie Ermessen, subjektives öffentliches Recht, beispielsweise in Auseinandersetzung mit Herrn Bogs auf dem 43. Deutschen Juristentag in München, der einen Rechtsanspruch auf soziale Sicherungsleistungen aus dem Sozialstaatsprinzip annimmt, vermißt. Damit im Zusammenhang steht die andere Frage: Kann das allgemeine Verwaltungsrecht aus den besonderen Strukturen und Rechtsformen des Sozialrechts etwas profitieren? Es ist bereits auf Rechtsschutz, die Rücknahme von Verwaltungsakten, den öffentlichrechtlichen Vertrag hingewiesen worden. Ferner würde sich anbieten: Dauerverhältnis, verwaltungsrechtliche Schuld- und Ausgleichsverhältnisse — im einzelnen brauche ich das nicht näher auszuführen.

Ein zweiter Punkt: Keiner der beiden Referenten hat den Begriff Soziale Sicherung definiert. Sicher ist, daß man den schwammigen Begriff Daseinsvorsorge und Daseinsfürsorge vermeiden soll. Dieser Begriff ist auch fast kaum in den Referaten aufgetaucht. Entscheidend ist m. E. bei der sozialen Sicherung, daß wir uns mit diesem Institut entschlossen haben, das römisch-rechtliche casum sentit dominus zu verlassen zugunsten eines Sekuritätsstrebens, das vielleicht etwas größer geworden ist, als es zur Zeit wünschenswert erscheint. Sekurität, das ist der entscheidende Gesichtspunkt, und damit meine ich, daß Sekurität, nicht Liberalität der entscheidende verfassungsrechtliche Ansatzpunkt ist, mit dem man diesem Thema zu Leibe gehen sollte, wobei zugegebenermaßen die Themenstellung nicht unbedingt Anlaß gab, zu den verfassungsrechtlichen Bezügen Stellung zu nehmen, aber man sollte es. Und Sekurität, meine ich, muß vorausgesetzt werden, um von der Liberalität Gebrauch machen zu können. Das ist doch der Anknüpfungspunkt unseres sozialstaatlichen Prinzips, d. h. daß Verhältnisse geschaffen werden sollen, von den Grundrechten den erforderlichen Gebrauch machen zu können. Herr Werner und noch vorher — wenn ich recht im Bilde bin — Herr Leibholz in einem Aufsatz von 1949 haben uns auf die Problematik aufmerksam gemacht, die dann in die vereinfachende Formel mündete: Verwaltungsrecht ist konkretisiertes Verfassungsrecht. Von daher ergaben sich die entscheidenden verfassungsrechtlichen Implikationen. Ich halte es nicht für richtig, den Art. 3 GG umzufunktionieren in einen § 242 BGB oder gar mit ihm parallel zu setzen. Wer das tut, müßte zwangsläufig zu dem Ergebnis kommen, daß er ähnlich dem BGB-Kommentar von Staudinger zu § 242 ein Buch von über 2000 Seiten schreiben müßte.

Mit der Definition der sozialen Sicherung taucht sofort eine neue Frage auf: Wie ist eine Abgrenzung etwa zu Problemen der Strukturpolitik vorzunehmen? Hat die Zielvorstellung der sozialen Sicherung Gemeinsames mit der Subventionierung? In unserem Kreise ist bekanntlich wiederholt das Thema Subventionierung angeklungen. Soll bei der sozialen Sicherung vielleicht bloß der Einzelne in einem ganz besonderen Fall unterstützt werden? Ich darf daran erinnern, daß sich der Arbeitsminister geweigert hat, in dem in § 12 des Stabilitätsgesetzes vorgesehenen Subventionsbericht seine Sozialleistungen mit anzugeben. Er hat den Standpunkt vertreten, daß diese Art von Sozialleistungen etwas ganz anderes sind als Subventionen. Zum zweiten: Fragen der Wirtschaftsförderung, gehören sie zu unserem Problemkreis oder sind sie davon Verschiedenes? Verbindungslinien unseres heutigen Themas zu vorangegangenen Tagungen sind offensichtlich festzustellen.

Ein Wort noch, wenn ich vorgreifen darf, zum Stichwort Entschädigungssystem. Ich meine, das Recht der sozialen Sicherung ist präventiv, ist vorsorgend orientiert. Das öffentlich-rechtliche Entschädigungssystem ist, so wie wir es bisher verstehen, an dem besonderen Fall eines Eingriffes oder eines Fehlverhaltens orientiert. Die Verbindungslinien zur sozialen Sicherung sind damit in meinen Augen nur sehr locker, ganz abgesehen davon, daß beim Entschädigungssystem die Wurzel das Rechtsstaatsprinzip, die iura quaesita, und der Konnex mit dem ius eminens sind, worauf auch Herr Henke aufmerksam gemacht hat. Herr Henke hat in diesem Zusammenhang — das war wohl sein Anknüpfungspunkt — von einem Ausgleichsanspruch aus Verwaltungsrisiko gesprochen. Ich meine, ein solcher Anspruch ist ohne jegliche Kontur, er würde uns eine ganz gefährliche Entschädigungshypertrophie in Parallele zum Gefährdungshaftungsanspruch von Herrn Leisner bescheren, und wir alle waren uns seinerzeit auf der Freiburger Tagung doch im klaren, daß wir die Gefährdungshaftung ohne eine genaue gesetzliche Begrenzung nicht akzeptieren können. Vermutlich werden wir auch mit dem Ausgleichsanspruch aus verwaltungsrechtlichem Risiko nicht arbeiten können. In diesem Zusammenhang fiel mir auf, daß ein Urteil des BGH nicht erwähnt wurde, das entscheidend ist für die andersartige Orientierung unseres Entschädigungssystems, nämlich das Urteil des BGH über den Turnunfall in der Schule. Der BGH hat ausdrücklich gesagt, Sicherung aus dem allgemeinen Lebensrisiko, das den Schüler beim Turnen trifft, kann über das bisherige Entschädigungssystem nicht geliefert werden, sondern muß anderweitig durch den Gesetzgeber gelöst werden. Hier waren die Trennungslinien seitens der Rechtsprechung sehr deutlich gezogen, eben der Judikatur, die in entscheidendem Maße unser Entschädigungsrecht geprägt hat.

Nur ein kurzes Wort noch zur Selbstverwaltung, die Herr Henke ebenfalls angesprochen hat. Ich glaube, sein Selbstverwaltungsbegriff und die Implikationen, die er aus dem Kommunalrecht entnommen hat, sind nicht tragfähig für die Selbstverwaltung im sozialrechtlichen Bereich. Hier bestehen entscheidende Unterschiede, aber das wird an anderer Stelle zu diskutieren sein.

Und zum Schluß: Herr Henke sagte — wenn ich mich recht erinnere —, die bewährten Institutionen des liberalen Verwaltungsrechts müssen vor der Zerstörung durch eine soziale Umdeutung um der Freiheit willen bewahrt werden. Ich glaube, wir sind uns völlig einig darüber, daß es ein entscheidendes Anliegen ist, auch im Bereich des Verwaltungsrechts die Freiheit zu erhalten. Aber ich meine: Unser Verwaltungsrecht ist in meinen Augen bereits kein liberales mehr, sondern ein soziales Verwaltungsrecht. Freilich bleibt zweifelhaft, ob man hier an die alten Untersuchungen von Hermann Roesler über das „soziale Verwaltungsrecht" noch anknüpfen kann. Entscheidend ist vielmehr heute, daß durch das *verfassungsrechtliche* Gebot des Sozialstaats eine deutliche Veränderung eingetreten ist. Was heißt dann aber „Sozialisierung des Verwaltungsrechts"? Ich kann damit nichts anfangen. Wenn es in dem Sinne gemeint ist, daß das Verwaltungsrecht völlig von seinen freiheitlichen Konturen entbunden werden soll, dann stimme ich Ihnen voll zu, daß wir dieser Sozialisierung mit allen Mitteln entgegentreten müssen.

Henke: Ich würde gerne zwischendurch etwas sagen, weil eine ganze Reihe von Punkten der Kritik schon vorgekommen sind, und weil das alles, glaube ich, nicht bis zum Schluß offen bleiben kann, auch weil mancher weiteren Kritik vielleicht noch vorgebeugt werden kann. Ich habe zunächst zur Kenntnis genommen und zur Kenntnis zu nehmen, daß sowohl Herr Zacher als auch Herr Stern ein anderes Referat zu diesem Thema gehalten hätten, als ich es gehalten habe. Ich habe es allerdings nicht als meine Aufgabe angesehen, — vielleicht habe ich den Vorstand mißverstanden — daß ich hier die Einordnung des Sozialrechts in das Verwaltungsrecht zu behandeln hätte, in das Allgemeine Verwaltungsrecht noch dazu — wenn Einordnung, dann höchstens doch als eines der Bestandteile des besonderen — sondern ich habe mir einfach überlegt: was ist mit unseren Vorstellungen, mit unseren Rechtsinstituten des Allgemeinen Verwaltungsrechts, wenn wir nun die Existenz dieses doch zunächst im Winkel groß gewordenen Sozialrechts beachten und ernst nehmen? Dabei bin ich auf diese vier Themen gekommen und habe daher etwas ganz anderes als das, was Herr Zacher sagte, vorgebracht. — Wenn gesagt wurde, daß ich bei dem besonderen Rechtsverhältnis offene Türen einrenne, so muß ich sagen: natürlich, daß das Gewaltverhältnis ein Rechtsverhältnis ist, ist jedermann bekannt und war mir auch klar. Ich habe nur den Eindruck, daß viel zu schematisch über alle sachlichen Besonderheiten hinweg jeweils mit dem Schema der einseitigen Entscheidung — also Befehl und Gehorsam — operiert wird, daß uns dagegen im Verwaltungsrecht das fehlt, was das Bürgerliche Recht im besonderen Schuldverhältnis hat. Ansätze dazu gibt es, aber wir haben noch kein ausgearbeitetes Subventionsverhältnis, so wie wir ein bis ins einzelne ausgearbeitetes Kaufvertragsrecht haben. Es gibt Bände über die Mängelhaftung beim Kauf, ein winziges Problem aus diesem großen Bereich, aber es gibt Vergleichbares bisher nicht — trotz Herrn Götz und seines Werkes über das Subventionsrecht, das einen Anfang darstellt — in den einzelnen Bereichen des Verwaltungsrechts. Die Frage der Entschädigung — ich gebe zu, daß die Verbindung zwischen diesem Punkt und dem Recht der sozialen Sicherung wohl am schwächsten war und die Darstellung dieser Verbindung auch etwas zu kurz gekommen ist, so daß sie nicht ganz deutlich war. Daß die Rechtsprechung etwa einen Lastenausgleich oder den Ausgleich von Kriegsfolgeschäden hätte entwickeln sollen, das war natürlich nicht gemeint.

Dürig: Herr Henke, gleichsam als „goldene Brücke" für die von Herrn Bettermann als überflüssig erachtete Einbeziehung des öffentlich-rechtlichen Entschädigungsrechts in Ihr Referat nenne ich nur als Stichwort: § 539 Reichsversicherungsordnung, der ja trotz seiner Stellung in der RVO in der Tat zum System des öffentlich-rechtlichen Entschädigungsrechts gehört.

Henke: Ich wollte auch nicht sozialversicherungsrechtliche Lösungen des Problems der Aufopferungsentschädigung verallgemeinern bzw. den Richter in die Lage versetzen, auch da, wo es den § 539 Abs. 1 Nr. 9 RVO nicht gibt, in einzelnen Fällen der Verwaltung eine Lösung zu finden. Was mich dazu gebracht hat, hier zur Entschädigung etwas zu sagen, ist einfach die ungemeine Verlegenheit, in die ich jedesmal komme, wenn ich in der Vorlesung zum enteignungsgleichen Eingriff komme. Ich erzähle den Studenten da etwas, was ich selbst nicht glaube. Der „Eingriff" ist doch wirklich weithin nicht Eingriff und nicht enteignungsgleich. Den Zusammenhang mit dem Sozialrecht sehe ich eben da — um es noch einmal mit einem Wort zu sagen — wo sich die Explosion eines Atommeilers und ein Erdbeben in den Auswirkungen einander nähern und wo der Staat — wie ich das doch gesagt habe und, wie ich dachte, deutlich genug gesagt habe — sich soweit zum Verwalter der individuellen Geschicke seiner Bürger macht, daß gar kein großer Unterschied mehr besteht zwischen Unfällen, Schädigungen, die im Zuge seiner Verwaltung vorkommen, und Unfällen, Schädigungen, die schicksalhaft ohne staatliches Eingreifen vorkommen.

Zur Gegenüberstellung von Sekurität und Liberalität, wie Herr Stern es schön lateinisch gesagt hat: Herr Stern, wenn Sie sagen, wir müssen letzte Reste der Freiheit im Verwaltungsrecht bewahren, darum geht es mir auch, aber nicht nur darum. Wenn Sie jedoch sagen, unsere Freiheit beruhe auf der Sekurität — Sie haben gesagt, die Daseinsvorsorge müsse den Einzelnen in Positionen setzen, in denen er von den Grundrechten Gebrauch machen kann — dann bestreite ich das, und ich bin mir im klaren darüber, wie zahlreich die Gegner in diesem Punkt sein werden. Aber ich wollte trotzdem versuchen, diesen schwierigen Punkt einmal anzubringen, gerade auch in der Erwartung von Widerspruch. Gibt es denn nicht eine liberale Position, auch heute noch, wo man wenigstens auf einen Teil der Sicherheit verzichtet um der Freiheit willen, wo man wenigstens der ständig fortschreitenden Perfektionierung der Sicherheit Grenzen steckt, weil man sich klar darüber ist, daß mit der fortschreitenden Sekurisierung die Freiheit nicht gewinnt, sondern letzten Endes verliert?

Ipsen: Nach der Replik von Herrn Henke kann ich dem künftigen Vorstand nur den dringenden Rat geben, keine Themata mehr zu bilden, deren Elemente durch das verfängliche Wörtchen „und" verknüpft sind. Darin scheint doch die Divergenz zwischen dem Referenten und beispielsweise der Auffassung von Herrn Zacher zu liegen. Ich habe mir auch die Frage gestellt, was das „und" bei diesem Thema bedeutet, und stelle deshalb eine Vorbemerkung voran, die an Ausführungen von Herrn Stern anknüpft und zur Zuordnung des Sozialrechts zum Allgemeinen Verwaltungsrecht zählt.

1. Unter Allgemeinem Verwaltungsrecht begreift das übliche Verständnis die ungeschriebenen Normen, die Rechtsprechung und Wissenschaft entwickelt haben, ohne daß es bislang zu ihrer Kodifikation gediehen ist. Zu diesem Punkt und in Anknüpfung an Auseinandersetzungen, die auf dem Münchener Juristentag 1960 zur Kodifikation des Allgemeinen Verwaltungsrechts stattgefunden haben, zeigen die beiden heutigen Referate deutlich, daß aus ihren Ergebnissen jedenfalls keine Gesichtspunkte *für* eine Kodifizierung unseres Allgemeinen Verwaltungsrechts hergeleitet werden könnten. Auch das scheint mir ein Ertrag zu sein. Aber das ist nicht das mir Wesentliche, das ich hier ausführen wollte.

2. Mir geht es um die Frage, die auch Herr Stern aufgeworfen hat: was heißt in unserer Thematik „soziale Sicherung", zu der beide Referenten eine Definition haben vermissen lassen? Es geht bei der sozialen Sicherung und ihrer rechtlichen Ordnung, Gestaltung und Absicherung heute um das Phänomen, daß in weitem Ausmaß eine „Ver-Öffentlichung" der Vorsorge stattfindet, die an sich ein jeder selbst in seinem Leben für sich und die Seinen zu tragen hat. Es findet statt eine Überbürdung der Lebensverantwortung für Risiken, die jedem begegnen können, auf die öffentliche Gewalt im weitesten Sinne des Wor-

tes. Solche Risiken, die im Sozialversicherungsrecht und im Sozialhilferecht bewältigt werden sollen, sind, mit Schlagworten formuliert: Armut, Alter, Invalidität, Krankheit, Unfall *und* (womit sich eine besondere Verfassungsfrage stellt) Arbeitslosigkeit.

3. Dazu knüpfe ich an Bemerkungen an, die Herr Scheuner am Beginn machte und zu denen ich gern sogleich geantwortet hätte. Aber Sie werden sich dessen, was Herr Scheuner stets eindrucksvoll zu sagen pflegt, noch deutlich genug erinnern, so daß ich die Brücke zu ihm schlagen kann. Wir haben in dem Referat von Herrn Rüfner gehört, daß die Arbeitslosenversicherung nicht so sehr finanzielle Schadloshaltung für Arbeitslosigkeit sei, sondern Vorsorge dafür, daß ein anderer Arbeitsplatz bereitgestellt oder der Betroffene durch Umschulung und andere fördernde Maßnahmen instand gesetzt wird, einen neuen Arbeitsplatz einzunehmen. Damit wird die Brücke von unserer Thematik zum Sozialstaatsprinzip geschlagen. Als Herr Forsthoff 1953 in Bonn über das Sozialstaatsprinzip referierte, hat er bekanntlich die These entwickelt, das Verfassungsprinzip der Sozialstaatlichkeit gebe unmittelbar vollziehbar nichts her; der Sozialstaat realisiere sich in der Gesetzgebung. Angesichts unserer heutigen Referate leuchtet die Richtigkeit dieser Forsthoff'schen These für das Sozialrecht ein. Auf dem Gebiet der sozialen Sicherung hat sich erwiesen, daß es Aufgabe des Gesetzgebers ist, das Sozialstaatsprinzip zu realisieren in ständigem Fortschritt, in ständiger Bewegung und Dynamik.

Aber hier zeigt sich am Lebensrisiko der Arbeitslosigkeit ein eigenartiger Zusammenhang zwischen dem Sozialstaatsprinzip und der Funktion des Art. 12, der seinerseits ja keinen Anspruch auf einen Arbeitsplatz vermittelt, aber nun mit Hilfe der Sozialgesetzgebung vollziehbar gemacht wird. Das geschieht, indem die Sozialhilfe sich ausdehnt auf staatlich vorgehaltene Förderungsmaßnahmen der Umschulung, der Berufsfortbildung usw., auf öffentliche Leistungen also, die Art. 12 selbst seinerseits nicht vermitteln kann. Wir stehen dabei selbstverständlich unter den bekannten Gefahren verplanender öffentlicher Ordnung, weil solche Maßnahmen erfolgreich auch im Rahmen einer Strukturpolitik — das Stichwort fiel bereits — nur dann wirken können, wenn der Staat gezielt und planhaft handelt. Hier zeigt sich also, wie mit Hilfe der Gesetzgebung auf dem Gebiet der sozialen Sicherung ein Grundrecht, das nach seiner Anlage als Freiheitsrecht sozialstaatlich nicht vollziehbar war, zunehmend aktiviert werden kann. Und wenn ich pflichtschuldigst auch hier meine EWG-Eskapade anschließen darf — das bin ich meinem Fach schuldig —, muß ich darauf hinweisen, daß das EWG-Recht in dieser Richtung wesentliche parallele Ansätze hat, vom Montanvertrag her bis hin zum EWG-Recht, in dem es Maßnahmen der Strukturpolitik gestaltend verbindet mit sichernden sozialen Maßnahmen der beruflichen Umsetzung.

4. Herr Henke hat — Herr Henke, entschuldigen Sie den Ausdruck, ich bin auch sogleich bereit, ihn wieder zurückzunehmen — mit einer dubiosen Formel gesprochen von Zeiten fortschreitender Sozialisierung von Gerechtigkeit und Freiheit. Diese Formel halte ich für verfänglich und eben: dubios. Es geht doch um die Frage, wie es um den verbleibenden Freiheitsbereich des Einzelnen bestellt ist angesichts der hier dargestellten Erscheinungen, und sie ist bei beiden Referenten, wie ich glaube, nicht deutlich genug beantwortet worden. Wenn Verantwortungen für Lebensrisiken von der öffentlichen Hand übernommen werden, darf darüber nicht vergessen werden, daß die primäre Verantwortung für diese Risiken dem Individuum obliegt und alle öffentlichen Maßnahmen sozialer Sicherung nicht so weit gehen dürfen, dort, wo private, individuelle Existenzverantwortung *noch prästiert werden kann*, auch sie noch zu nehmen. Das wäre ein unverhältnismäßiger Zugriff auf einen Freiheitsbereich, der bewahrt werden sollte. Ein plastisches Beispiel hierfür haben wir erlebt bei der Heraufsetzung der Pflichtversicherungsgrenze der Angestelltenversicherung mit dem Ausschuß dauernder Befreiungsmöglichkeit durch Privatversicherung. Dort ist mit der öffentlichrechtlichen Verpflichtung zur Vorsorge überhaupt, die ich durchaus bejahe, die Chance möglicher Eigenvorsorge genommen worden, und zwar in einem Perfektionismus, hinter dem auch handfeste Umverteilungspläne stehen, um nämlich der noch solventeren Angestelltenversicherung Reserven zu nehmen, damit die Invalidenversicherung über die Hürden der Überalterung kommt. Hierzu sollte der Gesichtspunkt der Subsidiarität nicht vernachlässigt werden, wonach Maßnahmen öffentlicher sozialer Sicherung die individuelle Eigenverantwortung für Lebensrisiken nicht verkürzen dürfen, wo sie aus eigener Kraft gewahrt werden kann. Wenn das gleichwohl geschieht, liegt darin ein verfassungsrechtlicher Verstoß gegen das Prinzip der Verhältnismäßigkeit.

5. Endlich zu der Formel, die ich dubios genannt habe, nämlich zur fortschreitenden Sozialisierung von Gerechtigkeit und Freiheit. Was soll das bedeuten? Das kann einmal bedeuten: in Zukunft Gerechtigkeit auch für diejenigen, denen sie bisher nicht zuteil wurde, also für die sozial Schwachen. Damit rennt der Referent — ebenso wie in seiner Forderung nach Ver-

Rechtlichung des besonderen Gewaltverhältnisses — offene Türen ein. Denn darin besteht doch das ganze Anliegen der Aufgaben der sozialen Sicherung. Wenn aber die Formel heißen soll: Sozialisierung von Gerechtigkeit durch zunehmende Umverteilung, dann geht solche Sozialisierung auf Kosten der Freiheit. Das aber halte ich für verfänglich und unzulässig, soweit der Gesichtspunkt der Subsidiarität durchschlägt.

Rüfner: Ich habe eigentlich nur eine Gegenfrage. Herr Ipsen, Sie haben gesagt, dort wo der Einzelne die Leistung nicht mehr prästieren könne, fänden Sie sich mit der Ausdehnung der Sozialversicherung ab. Würden Sie die Ausdehnung auf das ganze Volk bei der Rentenversicherung hinnehmen?

Ipsen: Nein, noch nicht.

Rüfner: Ich glaube allerdings, daß nur wenige übrig bleiben, die zur selbstverantwortlichen Vorsorge in der Lage sind.

Ipsen: Da ergeben sich erkleckliche Zahlen, die ich nicht im Kopf habe. Aber ich weiß, daß sie existieren. Ich glaube schon, daß ein nicht geringer Personenkreis imstande ist, noch individuell die Verantwortung zu tragen, vor allen Dingen, wenn Vorsorge dafür getroffen wird, daß die Währungsumstellung nach der nächsten Inflation die Lebensversicherung besser behandelt als das bei der letzten Währungsreform geschehen ist. Das könnten wir in die nächste Verfassung hineinschreiben.

Rüfner: Da das schlecht zu gewährleisten ist, sehe ich kaum Möglichkeiten.

Ipsen: Es ist kein Grund, gegen rechtsstaatliche Gesichtspunkte auf etwas zu verzichten, wenn der Staat in seiner Verantwortung, für die Stabilität der Währung zu sorgen, versagt.

Rüfner: Ich sehe die Inflation als ein Faktum an, das wir resignierend hinnehmen müssen. Ich betrachte es als eine Art von Volksbetrug, die Leute auf die Eigenvorsorge zu verweisen.

Ipsen: So jung — und schon so fatalistisch!

Rüfner: In dem Punkt ja. Bei der Krankenversicherung räume ich ein, daß wir heute schon an die Grenze des verfassungsrechtlich Möglichen gehen. Ich meine, ich hätte das in meinem Referat angedeutet.

Frowein: Nur eine unmittelbare Frage an Herrn Ipsen in diesem Zusammenhang: Sind die Bedenken, die Sie geäußert haben hinsichtlich der Möglichkeit des Gesetzgebers, die Rentenversicherung durch Steuern oder ähnliche Umlagen auf das gesamte Volk zu verteilen, Bedenken, die sich aus Grundrechten, aus Verfassungsnormen ergeben, und wenn ja, aus welchen; oder sind es andere Bedenken, die bei der Entscheidung, ob so etwas gemacht werden sollte, eine Rolle spielen könnten? Nur um meine Position anzudeuten: Ich sehe keinerlei grundrechtlichen Schutz gegen eine solche Maßnahme des Gesetzgebers, da nach meiner Ansicht Art. 2 nicht herangezogen werden kann, und wenn er herangezogen werden sollte, durch den Gesetzesvorbehalt in diesem Punkt begrenzt wäre.

Ipsen: Ich kann nur antworten: in dubio pro libertate. Ich könnte auch nichts anderes als Art. 2 Abs. 1 nennen. Ich glaube auch nicht, daß der Vorbehalt der verfassungsmäßigen Ordnung so intensiv einschränken darf, wie das weithin geschieht. Wir haben ja auch Ansatzpunkte dafür, daß die Beschränkung nicht einfach zu identifizieren ist mit einem allgemeinen Gesetzesvorbehalt. Wir haben alle Veranlassung, etwa im Sinne der Ausführungen von Herrn Rupp und Herrn Dürig, unausgesprochen immer vorneweg, anzugehen gegen die Gleichsetzung der Vorbehaltsformel in Art. 2 Abs. 1 mit einem allgemeinen Gesetzesvorbehalt. Wenn wir hier die Segel streichen, ist es mit diesem letzten Residuum vorbei.

Frowein: Wenn ich noch ein Wort dazu sagen darf: Bevor ich zu der Frage komme, ob der Gesetzesvorbehalt mit kritischen Äußerungen zum Bundesverfassungsgericht nicht anders verstanden werden sollte, müßte ja die Frage geklärt werden, ob unter den Obersatz „Freie Entfaltung" wirklich die Freiheit von solchen Abgaben fällt.

Ipsen: Freiheit von Abgaben ist mir viel zu „irdisch" gesehen. Es geht um die Freiheit der Eigenvorsorge für die Existenz der Person und der Seinen. Das halte ich für wesentlich gewichtiger als die Frage, ob Abgabepflichten entstehen und dagegen Grundrechtsschutz besteht.

Henke: Herr Ipsen, ich weiß nicht, ob ich richtig verstanden habe, wie Sie mich verstanden haben mit diesem „Dubiosen". Deswegen kann ich auch nicht sagen, ob Sie es zurücknehmen sollten oder nicht. Fortschreitende Sozialisierung von Freiheit und Gerechtigkeit schien mir eine Gefahr, auf die ich hinweisen wollte. Sie haben es offenbar so verstanden, als ob das etwas sei, was ich proklamieren wolle. Ich bin völlig mit Ihnen einig, daß eine fortschreitende Sozialisierung von Freiheit und Gerechtigkeit verhindert werden sollte und deswegen zum Beispiel die Ausdehnung der Sozialversicherungspflicht auf solche, die sie nicht nötig haben, aber bestens finanzieren könnten, nicht stattfinden dürfte. Ob das aus den Grundrechten folgt oder nicht, hängt davon ab, wie man die Grundrechte versteht. Jedenfalls: die Freiheit sozialisieren, das sollte heißen: an die Stelle der großen Freiheit die kleine Freiheit setzen, an die Stelle der Freiheit vom Staat und von der Gesellschaft die Freiheit von Not, von Krankheit, vom Arbeitgeber, von Armut usw.

Ule: Ich weiß nicht, ob ich Herrn Ipsen richtig verstanden habe. Herr Ipsen hat auf das Jahr 1953 und das Referat von Herrn Forsthoff angespielt und gemeint, die heutigen Referate hätten den damaligen Standpunkt von Herrn Forsthoff bestätigt. Ich bin nicht so sicher, und ich möchte nur eine Frage stellen, die im Streit um das Sozialhilfegesetz eine Rolle gespielt hat. Könnte unser Gesetzgeber wirklich die staatliche Sozialversicherung oder Sozialhilfe durch einen Federstrich abschaffen? Dies wäre doch nur möglich, wenn das Sozialstaatsprinzip keine verfassungsrechtliche Bedeutung, sondern nur — wie damals, glaube ich, gesagt worden ist — die Bedeutung eines Blankettbegriffs hätte.

Thieme: Herr Henke macht mich darauf aufmerksam, daß wir ihn unterbrochen haben. Ich glaube, es ist nützlich, wenn wir ihn erst zu Ende sprechen lassen.

Henke: Ich wollte nur zum dritten Mal die offene Tür des Rechtsverhältnisses einrennen, aber nur, indem ich auf die Ausführungen von Bühler — Strickrodt zum Steuerschuldverhältnis in dem ersten Band seines Steuerrechts (3. Aufl. S. 347 ff.) hinweise. Da findet sich das, was auch für Sie, Herr Stern, erläutern könnte, woran ich hier denke und was im Verwaltungsrecht wirklich fehlt.

Ipsen: Herr Ule, ich habe immer die Meinung vertreten, daß Sozialversicherung als Institution kraft Sozialstaatsprinzips unter einer Gewährleistung stünde. Das habe ich irgendwo auch einmal gedruckt.

Rüfner: Vielleicht kann man Herrn Ipsen so interpretieren: Er hat nicht sagen wollen, das Recht auf Arbeit habe keine verfassungsrechtliche Bedeutung. Er wollte vielmehr aus Art. 12 und dem Sozialstaatsgrundsatz eine Aufgabe des Gesetzgebers ablesen. Der Gesetzgeber hat wohl eine Pflicht, aber eine Pflicht, die man nicht einklagen kann.

Oppermann: Ich wollte mich auch in diese Diskussion einschalten, die eigentlich Herr Scheuner mit dem Hinweis auf Ihre These 9 eingeleitet hatte, Herr Rüfner, wo Sie beim Arbeitsförderungsgesetz diese Formulierung vom Recht auf Arbeit oder von der Pflicht des Staates, für Vollbeschäftigung zu sorgen, hinter dem Gesetz stehen sehen. Das ist ja im Grunde auch das Problem. Ich möchte es im Sinne einer Aufklärungsfrage an Sie weitergeben: wie weit handelt es sich hier bei Ihnen mit der Erwähnung des Rechtes auf Arbeit und der Pflicht des Staates, für Vollbeschäftigung zu sorgen, nun eigentlich um eine rechtliche oder um eine soziologische Aussage? Oder rechtlich allenfalls in dem Maße, daß es eine Zielbestimmung des Staates wäre, hier etwas zu tun? Sehen Sie heute einen Fortschritt im Verhältnis etwa zu der Anerkennung des Rechtes auf Arbeit, wie wir sie ziemlich volltönend z. B. auch in der neuen Menschenrechtskonvention der Vereinten Nationen von 1966 haben? Das ist doch hier wieder die alte Frage: Gibt es vom Sozialstaatsprinzip her echte Teilhabegrundrechte oder bleiben das mehr oder weniger Aufforderungen im Forsthoff'schen Sinne an den Gesetzgeber, in dieser Richtung, aber in einem sehr breiten allgemeinen Sinne tätig zu werden. Ich bin — offen gestanden — auch noch nicht über diesen Forsthoff'schen Gedankengang hinausgekommen. Beim Recht auf Arbeit habe ich es mir noch nicht eingehend überlegt, aber dieselbe Parallele besteht etwa bei dem berühmten Recht auf Bildung. Ist das nun wirklich mehr, trotz der vielen Aufsätze, die neuerdings darüber geschrieben worden sind, als ein allgemeiner Aufruf an den Gesetzgeber, die Bildungsinstitutionen auf der Höhe der Zeit zu halten? Man kann natürlich, Herr Ule, sagen — da besteht wohl ziemlich allgemeines Einverständnis — daß es wenigstens eine bestimmte Konkretisierung des Sozialprinzips gibt im Sinne einer institutionellen Garantie der grundsätzlichen Erhaltung derartiger sozialer Einrichtungen. Aber das ist doch etwas anderes, als die Frage, um die es hier geht: wie weit gibt es tatsächlich individuelle Teilhaberechte, und deswegen meine Frage an Sie, Herr Rüfner: ist dieses Recht auf Arbeit in Ihren Überlegungen doch schon etwas mehr in dieser Richtung entwickelt oder wie sehen Sie das?

Scheuner: Unabhängig von der Frage, wie das Sozialstaatsprinzip auszulegen ist, wird man sicherlich sagen dürfen, daß der Staat nicht mehr Personengruppen, die er durch Inflation oder wirtschaftliche Strukturmaßnahmen der Möglichkeit der Vermögensbildung, der Möglichkeit der eigenen Sicherung beraubt hat, auf eine solche Eigenverantwortung verweisen kann. Hier ist der Staat gehalten, seinerseits Einrichtungen zu schaffen. Da das aber die überwiegende Mehrheit des Volkes betrifft, ist eben doch das Sozialversicherungssystem bereits sehr breit fundiert. Das Recht auf Arbeit und das Recht auf Bildung gehören hier in dieselbe Kategorie. Die Menschenrechtskonvention von 1966 verpflichtet die Staaten in der Sozialkonvention nicht dazu, bestimmte Rechte zu geben, sondern nach bestem Wissen und bestem Können die in der Konvention übernommenen Verpflichtungen zu verwirklichen. Hier besteht zwischen der Konvention der politischen und bürgerlichen Rechte und der Konvention der sozialen und ökonomischen Rechte ein scharfer, auch dogmatisch absichtlich gemachter Unterschied.

Oppermann: Darf ich nur noch einmal dazwischenfragen, Herr Scheuner? Wenn nun der Staat es aber verabsäumt, die minderbemittelten Schichten in eine solche Versicherung, die für sie vielleicht das Richtige wäre, einzubeziehen, ist das dann ein Verfassungsverstoß? Das ist doch die eigentliche Kernfrage. Ist es ein Verfassungsverstoß in dem Sinne, daß diesen Personen irgendwelche individuell einklagbaren Teilhaberechte zustünden? Das würde ich de constitutione lata ablehnen.

Scheuner: Da sind wir einig.

Rüfner: Herr Oppermann, ich wollte keinesfalls einen einklagbaren Anspruch auf Arbeit bejahen. Die Wirtschaftsverfassung — wenn ich diesen Ausdruck einmal unpräzise gebrauchen darf — läßt sich nicht durch Annahme eines Rechts auf Arbeit revolutionieren. Man müßte nämlich die gesamte Marktwirtschaft aufgeben, wenn man ein Recht auf Arbeit gewähren wollte. Aber ich sehe es doch als eine verfassungsrechtliche Pflicht des Staates an, mit den Mitteln, die er zur Verfügung hat, für Vollbeschäftigung zu sorgen. Aus dieser verfassungsrechtlichen Pflicht ergeben sich keine einklagbaren Ansprüche, es sei denn der Anspruch auf Unterstützung des Arbeitslosen, falls die Vollbeschäftigung nicht herbeizuführen ist. Mehr ist wohl nicht erreichbar. Man kann nicht die gesamte Wirtschaftsordnung vom Recht auf Arbeit her umstürzen. Genügt Ihnen das als Präzisierung?

Partsch: Herr Rüfner hat in seinem Referat eine zwar richtige, aber nicht ganz deutliche Feststellung zu dem Recht auf Arbeit gemacht, indem er nämlich gesagt hat, daß die bisherige Arbeitslosenversicherung das Recht auf Arbeit in technisch weitest denkbarem Ausmaß sichert, und er hat dabei unterlassen zu erwähnen und hat wahrscheinlich unterstellt, daß wir sowieso daran denken: diese Sicherung wird gewährt, ohne gleichzeitig in das verfassungsrechtlich geschützte Recht der Freiheit der Arbeit einzugreifen. Wenn man das nämlich hinzusetzt, dann ist das, was Sie gesagt haben, völlig richtig, obwohl ich mir auf der anderen Seite natürlich sagen könnte: schauen Sie doch in die Länder, die eine Verteilung, eine dirigistische Verteilung der Arbeitskräfte haben — technisch kann es auch noch sehr viel weitergehen, aber dann ist es eben mit der Freiheit der Arbeit zu Ende. Sie haben jetzt von Marktwirtschaft gesprochen, aber es handelt sich ja hier nur um die Arbeit.

Dürig: Nur einen Satz dazu. Wenn Sie ein „Recht auf Arbeit" anerkennen würden, müssen Sie eine korrespondierende Pflicht des Bürgers annehmen, sich Arbeitseinsatz- und Arbeitslenkungsgesetzen zu unterwerfen. Von Zeiten des Booms und der Prosperität abgesehen, können Sie, solange Sie eine freie Arbeitsplatzwahl in der Verfassung stehen haben, auch nicht das Recht auf Arbeit verfassungsrechtlich garantieren.

Stern: § 1 Stabilitätsgesetz enthält für den Staat die Rechtspflicht, für hohen Beschäftigungsstand zu sorgen, ohne dem Einzelnen einen Rechtsanspruch auf Arbeit zu gewähren.

Kopp: Ich möchte auf zwei andere Fragen nochmals kurz zurückkommen, die bereits am Anfang der heutigen Diskussion angeklungen sind und auch in den beiden Referaten am Anfang standen. Ich möchte die Fragen dahin präzisieren: 1. ob aus der besonderen Situation des Sozialrechts und der in diesem Bereich gewonnenen Erkenntnisse die Folgerung gezogen werden kann oder vielleicht sogar muß, daß der Unterschied zwischen dem öffentlichen und dem privaten Recht an Bedeutung erheblich verloren hat, und 2. ob, was eng damit zusammenhängt, der Verwaltungsakt ein Begriff ist, auf den heute teilweise oder ganz verzichtet werden kann oder sollte. Beide Fragen erscheinen mir wesentlich für die Entwicklung des allgemeinen Verwaltungsrechts; denn wenn man sie bejahen würde, müßte das allgemeine Verwaltungsrecht ganz erheblich umgebaut und zum Teil neu konzipiert werden. Das Sozialrecht ist gewissermaßen ein Paradebeispiel dafür, an dem diese Fragen geprüft werden können.

Zur Frage, ob auf die herkömmliche Unterscheidung zwischen öffentlichem und privatem Recht verzichtet werden kann, wie es heute zum Teil, ich möchte fast sagen, modern geworden ist, möchte ich daran erinnern, daß das öffentliche Recht sich ja nicht zufällig, sondern in Antwort auf die besonderen Verhältnisse im Bereich der Verwaltung entwickelt hat und daß es eine Errungenschaft ist, um die manche andere Länder uns beneiden, wenn ich vor allem an den angelsächsischen Rechtskreis denke. Man sollte deshalb nicht leichthin darauf verzichten. Im Gegenteil glaube ich, daß die Unterscheidung von öffentlichem und privatem Recht auch — und gerade — für die Leistungsverwaltung von Bedeutung ist und auch hier ihre volle Berechtigung hat. Dasselbe gilt auch für den Begriff des Verwaltungsaktes. Auch insoweit sind die Probleme in der Leistungsverwaltung nicht wesentlich verschieden von den Problemen in der Eingriffsverwaltung, wenn man eimal unterstellt, daß überhaupt zwischen diesen beiden Bereichen eine strenge Scheidung möglich ist und nicht jede Versagung einer Leistung zugleich immer auch einen Eingriff in ein Recht oder einen rechtlich gesicherten Bereich darstellt.

Wir brauchen ein Recht, das uns die Massenerscheinungen der modernen Gesellschaft bewältigen hilft, das es uns insbesondere möglich macht, die hier auftretenden Fragen rasch und einfach und für alle Teile verbindlich mit der Wirkung der Rechtskraft oder Rechtsbeständigkeit zu klären und zu entscheiden, so daß Bürger und Staat auf die einmal getroffene Entscheidung vertrauen können. Wir brauchen insbesondere auch ein Recht, das die Gleichmäßigkeit der Anwendung gewährleistet. Das aber vermag letztlich nur das öffentliche Recht. Ich sehe insoweit keine grundlegenden Unterschiede zwischen der Leistungsverwaltung im Bereich der Sozialverwaltung und der Eingriffsverwaltung im überkommenen Sinn und möchte daher dafür eintreten, daß man doch auch an den alten und bewährten Begriffen festhält und insbesondere auch dem Verwaltungsakt seine zentrale Bedeutung beläßt, eben weil er das Instrument des öffentlichen Rechts ist, das den besonderen Verhältnissen hier Rechnung trägt. Das überkommene System des allgemeinen Verwaltungsrechts bedarf allenfalls einiger Ergänzungen, wie etwa der Ergänzung durch die Anerkennung des öffentlich-rechtlichen Vertrages — gegen dessen Ausdehnung durch die Rechtsprechung des Bundessozialgerichts ich freilich erhebliche Bedenken habe —, nicht eines völligen Neubaus oder Umdenkens.

Friauf: Ich möchte sehr nachdrücklich der Auffassung von Herrn Rüfner (Leitsatz 7) zustimmen, daß die sozialrechtlichen

Rentenleistungen Staatsleistungen und keine Leistungen aus erzwungener Selbsthilfe seien und daß die Sozialversicherung als echte staatliche Einrichtung angesehen werden müsse. Diese Feststellung mag in unserem Kreis auf den ersten Blick beinahe als eine Banalität erscheinen. Sie ist aber keineswegs so selbstverständlich. Ich selbst habe das vor einigen Monaten sehr deutlich erlebt, als ich vor einem Kreis von Vertretern des Sozialrechts ein Referat über „Die Sozialversicherung im System der Finanzverfassung" halten durfte. Damals habe ich die These aufgestellt, es handele sich bei der Sozialversicherung um einen integrierenden Teil des staatlichen Finanzwesens und damit der Finanzverfassung im materiellen Sinne. Diese These ist in der Diskussion auf das erbittertste bekämpft worden. Man glaubte, im Versicherungsdenken stehen bleiben und die staatliche Beteiligung am Rentensystem mehr oder minder als eine zwar notwendige, aber nicht allzu bedeutsame Zutat abtun zu können. — Bei diesem Meinungsstreit geht es nicht nur um eine theoretische Frage. Er hat vielmehr für die Auslegung und Anwendung des Sozialrechts ganz erhebliche praktische Konsequenzen. Nicht zuletzt erlangt er auch unmittelbare Bedeutung für unser heutiges Thema, die Integration des Sozialversicherungsrechts in die allgemeine Verwaltungsrechtsordnung.

Dagegen halte ich es nicht für zwingend, wenn Herr Rüfner aus dem billigenswerten Leitsatz 7 ohne weiteres in These 8 die Behauptung ableitet: daraus folge, daß es für Rentenansprüche allenfalls einen abgeschwächten Eigentumsschutz geben könne. Es läßt sich nämlich nicht übersehen, daß die Voraussetzungen, unter denen das Bundesverfassungsgericht öffentlichrechtlichen Positionen Eigentumsschutz zubilligt, zumindest dem Anschein nach auch auf Rentenleistungen zutreffen können. Immerhin hat der einzelne Versicherte regelmäßig erhebliche Beiträge aus seinem Vermögen bzw. seiner Arbeitsleistung aufgebracht, um damit eine Anwartschaft zu erwerben. Gleichwohl meine ich, daß im Ergebnis Herrn Rüfner auch hier zuzustimmen ist. Gerade die Situation bei den sozialversicherungsrechtlichen Leistungen gibt uns einen akuten Anlaß, den verfassungsrechtlichen Eigentumsbegriff neu zu überdenken und von der doch nach wie vor stark in zivilrechtlichen Analogien befangenen Auslegung des Bundesverfasungsgerichts abzugehen. Mehr kann ich dazu im Augenblick nicht sagen, ohne das Thema des heutigen Tages zu überschreiten.

Gallwas: Ich möchte noch einmal hinweisen auf den zweiten Teil des Themas, auf das Allgemeine Verwaltungsrecht. Es ist ja doch so, daß der Aspekt der öffentlichrechtlichen Entschädigung etwas zu einseitig gewesen ist. Der Bürger, der in einem Sozialversicherungsverhältnis steht, kann ja auch von anderer Seite und in anderer Form als durch staatliche Eingriffe beeinträchtigt werden. Ich möchte meinen, man darf an einer Erscheinung nicht vorübergehen, die ich mal bezeichnen möchte als Beeinträchtigung der Versicherungserwartung. Gerade hier hätte man — da darf ich anknüpfen an das, was Herr Professor Stern gesagt hat — gerade hier hätte man eine Brücke erwartet zu dem neuerdings eine gewisse Rolle spielenden Plangewährleistungsanspruch. Ob sich nicht vielleicht doch so etwas ergibt wie ein Anspruch aus enttäuschter Versicherungserwartung ähnlich eben diesem Plangewährleistungsanspruch? Wie man überhaupt, wenn man mit Dauerrechtsverhältnissen arbeitet, daran zu denken hätte, ob nicht besondere Typen von Leistungsstörungen zu entwickeln wären, die vielleicht in Anlehnung an das Zivilrecht oder aber in besonderen Abwandlungen ihre Rolle spielen könnten.

Noch eine Arabeske: Herr Professor Henke, Sie sprachen davon, daß der Art. 3 GG eine Art Generalklausel des Rechts der sozialen Sicherung sei. Wenn ich Ihre Leitsätze durchlese, möchte ich fast meinen, Sie hätten eine andere Generalklausel, nämlich das Wesen des gegenwärtigen Staates. Ich möchte aber meinen, daß wir viel präziser argumentieren könnten, wenn wir, die Verknüpfung zum allgemeinen Verwaltungsrecht herstellend, nochmal nachfragen würden, wie denn dort der beeinträchtigte Bürger geschützt wird, um von dieser Seite her Reaktionsansprüche zu ermitteln. Wir könnten dann vielleicht von daher das Sozialversicherungsrecht in einen besseren Griff bekommen und in einen besseren Zusammenhang zum allgemeinen Verwaltungsrecht stellen.

Thieme: Wir gehen dann zum zweiten Themenbereich über, also zum organisatorischen Teil.

Schnorr: Die Selbstverwaltung der Sozialversicherung in Österreich ist ein ganz eigenartiges System. Unser österreichisches Bundes-Verfassungsgesetz rechnet nämlich aufgrund der Generalklausel des Art. 102 die Sozialversicherung zur unmittelbaren Staatsverwaltung. Das österreichische Verfassungsrecht geht ja sehr sparsam mit der Selbstverwaltungsinstitution um. Wir kennen eigentlich nur die Selbstverwaltung der Gemeinden. Die Sozialversicherung ist in erster Linie unmittelbare Staatsverwaltung, und zwar mittelbare Bundesverwaltung, in der Mittelinstanz also ausgeführt durch die Länder. Aber nach Art. 102 Abs. 2 des Bundes-Verfassungsgesetzes 1920 kann der Bund instanzenmäßig durchgängig die Sozialversicherung auch in bundeseigene Verwaltung übernehmen. Hier haben wir doch einen ganz wesentlichen Unterschied. Der österreichische Verfassungsgesetzgeber hat gar nicht daran gedacht, irgendwie auch substantiell die Sozialversicherung aus dem allgemeinen Verwaltungsrecht herauszunehmen. Daß trotzdem auch in Österreich durch das Allgemeine Sozialversicherungsgesetz die Selbstverwaltung eingeführt worden ist, verdanken wir der Normativität des Faktischen. Der Verfassungsgerichtshof arbeitet hier mit einem Trick. Er sagt: Eigentlich sei es verfassungswidrig, daß die Sozialversicherung nach dem Selbstverwaltungsprinzip aufgebaut ist. Aber da die Selbstverwaltung in der Sozialversicherung historisch bedingt sei, habe Art. 102 B-VG dieses Selbstverwaltungsprinzip stillschweigend rezipiert. Und dann kommt aber wieder ein Bruch. Um nun zurückzukehren zum Schutz des Versicherten nach allgemeinem Verwaltungsrecht, qualifiziert der Verfassungsgerichtshof die Sozialversicherungsträger als Behörden und die Satzungen der Krankenkassen als Verordnungen, weil nämlich nach österreichischem Verfassungsrecht Satzungen, auch wenn sie von juristischen Personen des öffentlichen Rechts erlassen werden, nicht der Verfassungskontrolle durch den Verfassungsgerichtshof unterliegen, wohl aber Verordnungen. Dieses ganze, in sich bestimmt nicht schlüssige System des österreichischen Sozialversicherungsrechts zeigt aber doch, daß es viel mehr zum allgemeinen Verwaltungsrecht neigt, als dies in Deutschland der Fall ist, wo ja gar kein Zweifel besteht, daß Sozialversicherung echte Selbstverwaltung ist.

Pfeifer: Der Herr Vorredner hat schon mit Recht darauf hingewiesen, daß in der österreichischen Verfassung die Selbstverwaltung zu kurz gekommen ist. Praktisch hat sie nur die Gemeindeverwaltung in Grundzügen geregelt. Aber niemand hat zur Zeit, als das Bundes-Verfassungsgesetz geschaffen wurde, daran gezweifelt, daß z. B. die Tätigkeit der verschiedenen Kammern auch eine berufliche Selbstverwaltung war, und auch Sozialversicherungsträger haben schon damals bestanden. Der Verfassungsgerichtshof vertritt die Versteinerungstheorie: Was damals schon Selbstverwaltung war, das ist Selbstverwaltung geblieben. Das gehört natürlich in der Verfassung entsprechend normiert, um Klarheit und Rechtssicherheit zu schaffen. Das ist die verfassungsrechtliche Seite.

Dazu habe ich noch zu sagen, daß sich Österreich im sogenannten Österreichischen Staatsvertrag von 1955 in Art. 6 verpflichtet hat, alle Bewohner des Staates der Menschenrechte und

Grundfreiheiten teilhaftig werden zu lassen. Wenn man die Allgemeine Erklärung der Menschenrechte, die ja der Ausgangspunkt der völkerrechtlichen Kodifikation der Menschenrechte und Grundfreiheiten ist, durchliest, so findet man dort sehr viele Artikel, die soziale Rechte, insbesondere das Recht auf soziale Sicherheit und auf soziale Fürsorge gewährleistet sehen wollen.

Also durch den Staatsvertrag hat Österreich die Verpflichtung übernommen, das Sozialversicherungssystem oder ein gleichwertiges System der sozialen Sicherheit beizubehalten. Dieselbe Verpflichtung enthält auch Art. 12 der Europäischen Sozialcharta, die in Österreich im Jahre 1969 parlamentarisch genehmigt und seither auch im BGBl. kundgemacht worden ist.

Es darf nur nebenbei bemerkt werden, daß sich die österreichische Sozialversicherung ständig ausgedehnt hat und sich nicht mehr nur auf die unselbständig Erwerbstätigen erstreckt, sondern auch schon auf große Gruppen selbständig Erwerbstätiger. So haben wir eine eigene gewerbliche Selbständigenversicherung in der Form der Kranken- und Pensionsversicherung. Auch die selbständigen Landwirte sind schon in die Sozialversicherung einbezogen. Es gibt eine eigene Notarversicherung für die Notare und Notariatsanwärter. Es haben sich die Ärzte ihre eigene Pensionsversicherung im Rahmen ihrer Kammern geschaffen, und der Prozeß schreitet immer weiter fort, sodaß man die schon zählen kann, die nicht unter irgendeinen Zweig der Sozialversicherung fallen.

Was mich zunächst veranlaßt hatte — wenn das vielleicht auch mehr zurücktritt — mich zu Wort zu melden, war, daß Herr Kollege Rüfner anfangs wenigstens nur zwei Systeme unterschieden hat: Fürsorge und Versorgung. Aber es hat schon ein Vorredner ganz richtig von der Trias gesprochen. Man muß eben unterscheiden: Fürsorge, dann beitragsfreie Staatsbürgerversorgung, wie sie ja in ausländischen Staaten verwirklicht war und zum Teil noch ist, und drittens die Sozialversicherung, die eben auf der Beitragsleistung der unmittelbar beteiligten Arbeitgeber und Arbeitnehmer und ihrem Mitspracherecht beruht. Das gerade war der Gegenstand meiner Habilitationsschrift „Grundsätze und Probleme des österreichischen Sozialversicherungsrechtes" (1934).

Ich wollte also sagen, daß die Trias richtig ist. Es sind drei Zweige der öffentlichen Wohlfahrtspflege und -verwaltung: Erstens die öffentliche *Fürsorge,* die individuelle Hilfsbedürftigkeit voraussetzt und nur unter dieser Voraussetzung aus öffentlichen Mitteln gewährt wird. Zweitens die *Versorgung* aus öffentlichen Mitteln entweder in der Form der schon erwähnten allgemeinen beitragsfreien Staatsbürgerversorgung, wie sie in einzelnen Staaten verwirklicht war oder ist, oder sie ist wie in der Bundesrepublik und in Österreich nur auf bestimmten Gebieten verwirklicht, wie etwa dem der Kriegsopferversorgung, bei welcher der Betreffende nicht im vorhinein für den Fall seiner dauernden Körperbeschädigung oder seines Todes im Kriege finanzielle Beiträge geleistet hat, aber doch einen Rechtsanspruch auf eine bestimmte Versorgungsleistung für sich oder seine Hinterbliebenen hat. Denn der Versorgungsberechtigte der Kriegsopferversorgung hat ja ein Opfer für Volk und Heimat gebracht.

Der dritte Zweig ist eben die *Sozialversicherung,* die von Anfang an von Beitragsleistungen der Arbeitgeber und Arbeitnehmer ausgegangen ist. Wenn man dies geschichtlich zurückverfolgt, so geht das im deutschen Recht auf die Fürsorgepflicht des Dienstherren zurück.

Thieme: Das betrifft allerdings nicht so sehr den Themenkreis 2. Ob Sie das dann vielleicht wieder aufgreifen an seinem Orte? Wir sprechen im Augenblick nur über Organisation, und wir sollten dann doch vielleicht im Interesse der Förderung unserer Diskussion dabei bleiben.

Pfeifer: Selbst- und Staatsverwaltung gehören zu der Frage der Organisation, und dazu wollte ich auch noch ein Wort sagen. Ich habe anfangs schon gesagt, daß die Selbstverwaltung in unserer Verfassung viel zu kurz gekommen ist. Das ist auf *Kelsen* zurückzuführen, der die Selbstverwaltung nur als spezifisch organisierte Staatsverwaltung aufgefaßt hat und noch heute seine Anhänger hat, obwohl ich diese Auffassung nicht teile.

In Wirklichkeit gibt es viel mehr Selbstverwaltung als dies verfassungsrechtlich anerkannt und gewährleistet ist. Jedenfalls habe ich in meiner erwähnten Habilitationsschrift die Sozialversicherungsträger als Selbstverwaltungskörper qualifiziert, denn sie sind mit eigener Rechtsfähigkeit ausgestattet, von den Sozialpartnern (Dienstnehmer und Dienstgeber) getragene selbständige Anstalten, die eine eigene Finanzwirtschaft haben, denn sie haben ja eigene Einnahmen und eigene Ausgaben, und sie unterstehen nur dem Aufsichtsrecht des Staates. Daß sie dann vom Staat zusätzlich, insbesondere auf dem Gebiet der Pensionen, in erheblichen Maße Beihilfen erhalten, das ändert nichts daran, daß sie ihrer Entstehung und ganzen Struktur nach Selbstverwaltungskörper sind.

Bemerken möchte ich noch zuletzt, daß die Sozialversicherungsträger in Österreich ebenso wie die Fürsorgeträger und die Versorgungsämter in erheblichem Maße hoheitliche Verwaltung ausüben. Das zeigt sich in ihrem generellen Satzungsrecht und ganz besonders in ihrem individuellen Bescheidrecht, das sie in Verwaltungs- und Leistungssachen gesetzmäßig ausüben. Hierbei haben sie im allgemeinen nach den Bestimmungen des Allgemeinen Verwaltungsverfahrensgesetzes vorzugehen (§ 357 ASVG.). Damit kann ich mich im Augenblick begnügen.

Ipsen: Nur eine kurze Bemerkung zu der These III,1 von Herrn Henke: paradigmatisch für die Selbstverwaltung sei heute nicht mehr das Kommunalrecht, sondern eher das Sozialversicherungsrecht. In dieser Übersteigerung halte ich diese These für unbegründet. Ich würde sie sogar für unbegründet halten, wenn sie schlicht zum Ausdruck bringen wollte, daß in der Sozialversicherung Selbstverwaltung stattfinde. Gewiß geschieht das in einigen Bereichen sehr unterschiedlich. Herr Rüfner hat auf die Differenzierungen hingewiesen. Aber das Wesentliche einer Selbstverwaltung, wie wir es etwa bei Kammerorganisationen verschiedener Berufsstände noch kennen, findet dort nicht statt, und dies schon gar nicht in dem Sinne, in dem heute — wenn überhaupt noch — Selbstverwaltung im kommunalen Bereich stattfindet. Die Selbstverwaltungsfigur ist in der Sozialversicherung eine organisatorische Hülle. Im finanziellen Bereich funktioniert die Eigenverantwortung nur noch rudimentär, und im wesentlichen ist die Einkleidung in Selbstverwaltungsfiguren herzuleiten und auch heute noch gerechtfertigt aus der Separierung vom Staat. Das ist das entscheidende Element. Das berechtigt aber nicht zu einer so betonten Feststellung, wie sie in der These III,1 hervortritt.

Häberle: Lassen Sie mich der — m. E. vernachlässigten — *spezifisch verfassungsrechtlichen* Problematik nachgehen, die sich für den von Herrn Henke in seinen Thesen III entwickelten Selbstverwaltungsbegriff stellt. Es geht um drei Fragen:

Erstens: Kann man wirklich einen Selbstverwaltungsbegriff so allgemein „vor die Klammer ziehen", wie das im ersten Satz der These III geschehen ist, ohne das *GG* zu befragen? Hier scheint ein Selbstverwaltungsbegriff konzipiert zu sein, der *vor* der Verfassung steht. Richtiger müßte man sich doch wohl fragen, ob für die *einzelnen* jeweils unterschiedlich ausgestalteten Formen der Selbstverwaltung die *Verfassung* Direktiven und (Gemeinwohl) Kompetenzen gibt oder gewisse Organisations- und Verfahrensprinzipien (z. B. Öffentlichkeit) fordert: nämlich im Sozialstaats-, im Rechtsstaats- und Demokratieprinzip, nicht zuletzt unter dem Gesichtspunkt des Kulturstaats. Mag er formell auch nur in Art. 3 der Verfassung von Bayern als Staatsziel und Gemeinwohlauftrag zum Ausdruck kommen: die modernen Erscheinungsformen sozialer Kulturverwaltung als kultureller Selbstverwaltung im Bereich des Öffentlichen, z. B. Deutsche Forschungsgemeinschaft, Documenta GmbH[1]) etc., stehen in kultur*verfassungs*rechtlichen Zusammenhängen. Sie bringen die Eigenart *einer* Form der „Selbstverwaltung" (Autonomie) zum Vorschein. Mit anderen Worten: Von einem *vor*verfassungsrechtlichen, staatstheoretisch allgemeinen Selbstverwaltungsbegriff kann m. E. nicht ausgegangen werden.

Die *zweite* Frage: Gibt es wirklich einen, *den* Selbstverwaltungsbegriff, der erst hernach differenziert wird, oder ist nicht von vornherein *differenziert* anzusetzen, je nachdem vor welchen öffentlichen Aufgaben „die" Selbstverwaltung steht und in welchem Sozialbereich dies geschieht? Man denke an die soziale Selbstverwaltung der Tarifpartner (Art. 9 Abs. 3 GG) und manche neue Erscheinungsformen im Rahmen der „konzertierten Aktion", an Aufgaben im Bereich des wohl stärker staatlichen Sozialversicherungsrechts oder im Bereich des öffentlichen, freiheitlichen Kulturverfassungs- und -verwaltungsrechts (z. B. Art. 5 Abs. 3, 12 Abs. 1, 20 Abs. 1, 91 a Ziff. 1 und 91 b GG) in ihrer eigentümlichen Verknüpfung von Freiheit *vom* (seinerseits offenen) Staat und (privater und öffentlicher) Freiheit *durch* den Staat, die autonome und doch „geplante" Zonen schaffen. Die im Bildungswesen erkennbaren neuen Formen der Selbstverwaltung sind *Selbst*verwaltung der und durch Öffentlichkeit, so wie (gegen den Staat erkämpfte) Selbstverwaltung überhaupt oft in einem spezifischen Öffentlichkeitsbezug gestanden haben dürfte.

Endlich die *dritte* Frage: Stellt uns nicht sowohl der Begriff der „sozialen Selbstverwaltung" als auch die von Herrn Henke präsentierte Fülle moderner differenzierter Erscheinungen anderer Selbstverwaltungsformen die Aufgabe, die Verwaltungs*funktion* insgesamt neu zu überdenken — als *öffentliche* Funktion —, weil hier öffentliche Aufgaben im institutionell garantierten öffentlichen Bereich und zum Teil in öffentlicher Freiheit wahrgenommen werden? Das hat Konsequenzen auch für die Staatsverwaltung selbst. Ihre „Staatlichkeit" ist von der

[1]) Dazu jüngst *Preuß*, Zum staatsrechtlichen Begriff des Öffentlichen, 1969, S. 67 f., 70 f., 195.

grundgesetzlichen Öffentlichkeit her neu zu überdenken: unter dem Gesichtspunkt einer unterschiedlichen Entstaatlichung des Öffentlichen. Und: die staatliche Verwaltungsfunktion selbst wird zunehmend öffentlich. Ein aktuelles Stichwort hat Herr Ipsen gegeben: „Ver-Öffentlichung der Daseinsrisiken". D. h. hier entstehen öffentliche Aufgaben, die teils staatlich, teils in abgestuften Selbstverwaltungsformen sachgerecht erfüllt werden. Das wirft die Frage auf, was denn die öffentliche Verwaltungsfunktion als *primär öffentliche* (Gemeinwohl) Funktion und erst *sekundär staatliche* Funktion in unserer res publica angesichts dieser neuen Entwicklung ist. Dies umso mehr, als Herr Henke in III, 4 mit großem Recht auf die Skala von Übergängen zwischen reiner Staatsverwaltung und rein gesellschaftlicher Eigenverwaltung hingewiesen hat. Die unterschiedliche „Kombination staatlicher und gesellschaftlicher Wahrnehmung öffentlicher Aufgaben" bestätigt sich durch einen Blick auf die modernen Gesetze. In deren Tatbeständen finden sich Verfahrens- und Organisationsregelungen, die zunehmend und durchaus grundgesetzkonform „die Öffentlichkeit" in Gestalt von Anhörungspflichten und -rechten und sonstigen Beteiligungsformen betroffener Einzelner oder privater und öffentlicher Interessenverbände, z. B. in Form von Bekanntmachungs- und Veröffentlichungspflichten hereinholen (etwa in Raumordnungs- und Landesplanungsgesetzen sowie im Stabilitätsgesetz, überhaupt im Bereich der „planification") und zur Kooperation „zwingen". Verwaltung und Staat werden insofern (in der Konkretisierung öffentlicher Interessen) öffentlich. Und Herr Dagtoglou hat in seiner Untersuchung zum Privaten als „Fachmann und Interessenvertreter" in der Verwaltung das Seine getan, um zu der Frage zu zwingen, in welchem grundsätzlichen Wandel die öffentliche Verwaltungsfunktion als öffentliche und als Gemeinwohlfunktion überhaupt begriffen ist.

Weber: Zum Organisatorischen nur eine kurze ergänzende Bemerkung: Ich möchte Herrn Ipsen darin zustimmen, daß Herr Henke seine These über den paradigmatischen Charakter dieses oder jenes Selbstverwaltungsbereichs ein wenig forciert hat. Selbstverwaltung in der Sozialversicherung und Selbstverwaltung im Kommunalwesen sind wohl nur bedingt vergleichbar. Tatsache ist, daß diejenigen, die in der Sozialversicherung tätig sind, auf die Selbstverwaltung in der Sozialversicherung sehr großen Wert legen. Tatsache ist ferner, daß sich die Vorstellungen von Selbstverwaltung, die in der Sozialversicherung zur Verwirklichung drängen, weitgehend an dem allgemeinen Begriff von Selbstverwaltung orientieren, und zwar im Prinzipiellen wie auch im Technischen.

Es wurde schon darauf hingewiesen, daß die Reichsversicherungsordnung ein altes Gesetz ist, das seine Technik entwickelt hat, bevor wir ein modernes Verwaltungsrecht bekommen haben. Was darin über Selbstverwaltung ausgesagt ist, läßt sich mit modernen Selbstverwaltungstechniken nur schwer vergleichen und ist im einzelnen vielfach streitig. Immerhin hat das vor einigen Jahren erlassene Bundesversicherungsamtsgesetz, dem das Bundesversicherungsamt seine Errichtung verdankt, eine Reihe von altmodischen Bestimmungen der Reichsversicherungsordnung durch einen neuen Kodex ersetzt, der die Anlehnung an modernere Selbstverwaltungsformen sucht. Der Gesetzgeber hat das veraltete Selbstverwaltungs- und Aufsichtsrecht der früheren Reichsversicherungsordnung an unsere modernen Vorstellungen von Selbstverwaltung angepaßt und hat damit ein Bekenntnis zu unserem Thema abgelegt, nämlich das ältere Recht der sozialen Sicherung in den Zusammenhang des modernen allgemeinen Verwaltungsrechts hineinzuziehen, damit bei ihm mit denselben Begriffen und Techniken gearbeitet werden kann, die in allen Rechtsgebieten herrschend sind, und das Spezialistentum der Sozialversicherungspraktiker in die allgemeine Verwaltungspraxis eingebunden wird.

Selbstverwaltung ist hier übrigens ein ambivalenter Begriff. Das eine Mal ist damit die Selbstverwaltung der Sozialversicherungsträger durch die beiden Sozialpartner gemeint. Insoweit hat wohl die These von Herrn Henke am ehesten Berechtigung, wenn er Selbstverwaltung als Mobilisierung aktueller, wirklich noch vorhandener organisierter gesellschaftlicher Formationen zur Übernahme einer Verwaltungsverantwortung versteht. Der Gegensatz der kommunalen Selbstverwaltung zur staatlichen Selbstverwaltung ist heute in der Tat nicht mehr so manifest, wie er sich in der Gegenüberstellung der Sozialpartnerverbände und des Staates in der Sozialversicherung zeigt.

Die andere Seite der Sache ist die, daß unabhängig von dieser Art sozialpartnerschaftlicher Selbstverwaltung auch noch eine eigene Verantwortung der verschiedenen Sozialversicherungsträger als solcher besteht, nämlich eine eigene Sachverantwortung für die den Sozialversicherungsträgern gestellten Aufgaben. Allerdings ergibt sich hier, und dies besonders bei den Rentenversicherungsträgern, die eigentümliche Situation, daß sie in der Hauptsache eine vollkommen staatsgesetzlich durchnormierte Materie zu exekutieren haben. Insoweit kann von Selbstverwaltung wenig die Rede sein, sondern nur vom Vollzug einer staatlichen Aufgabe. Immerhin haben die Sozialversicherungsträger daneben ihren eigenen Apparat zu unterhalten und können sie mancherlei auch mit freien Mitteln ins Werk setzen.

Gerade die Diskussion der letzten Monate hat gezeigt, daß etwa bei den Landesversicherungsanstalten die freiwilligen Aufgaben und Leistungen eine nicht geringe Rolle spielen. Es ist das besonders daran deutlich geworden, daß die einzelnen Landesversicherungsanstalten im Bundesgebiet eine unterschiedliche Leistungskraft aufweisen und daß zwischen ihnen in der Erfüllung freiwilliger Leistungen ein starkes Gefälle besteht. Daraus sind nicht nur die Bemühungen hervorgegangen, die Träger der Arbeiterrentenversicherung mit Hilfe der Mittel der Angestelltenversicherung zu sanieren, sondern auch innerhalb der Landesversicherungsanstalten selbst einen Ausgleichsverbund zu schaffen, damit sie auch in ihren freiwilligen Leistungen ungefähr den gleichen Standard einhalten können. In diesem Bereich sind sehr erhebliche Momente von Selbstverwaltung enthalten.

Allgemein läßt sich sagen, daß bei den in der Sozialversicherung Tätigen das Bedürfnis offensichtlich lebhaft ist, dieses zunächst selbständig gewachsene Rechtsgebiet organisationsrechtlich und funktional den Anschluß an das allgemeine Verwaltungsrecht finden zu lassen, und daß dieses Bedürfnis auch in einer ganzen Reihe von Vorgängen sich Wirkung verschafft.

Podlech: Die Frage der Selbstverwaltung scheint mir bisher kontrovers geblieben zu sein. Ich bin der Auffassung, daß die Problematik der Selbstverwaltung nicht dem traditionellen Schema „Staat — Gesellschaft" eingegliedert werden sollte. Herr Henke vermißt eine neue Grundlage der Selbstverwaltung, nachdem die alte Grundlage, die durch Stein und Gneist geschaffen wurde, nicht mehr tragfähig ist. Diese neue Grundlage kann meines Erachtens nur durch eine Funktionsanalyse geleistet werden. Wird einem sozialen Untersystem Selbstverwaltung gewährt, so erhöht dies möglicherweise die Lernfähigkeit des politischen Gesamtsystems. Rechtskybernetisch gesprochen wird ein engerer Regelkreis erzeugt gegenüber dem allgemeinen Regelkreis, der vom Bürger über Wahlen zum Parlament und zur Regierung und über Gesetze und Verordnungen zur Verwaltung läuft und dann in der Wirkung wieder beim Bürger ankommt. Dieser sehr unspezifische Rückkopplungskreis wird in der Selbstverwaltung enger gefaßt. Selbstverwaltung hat meiner Ansicht nach folgende Funktionen: Sie erhöht erstens die Chance einer rascheren und spezifischeren Reaktion; sie macht zweitens nicht rechtlich sanktionierte Kommunikationsbahnen überflüssig — etwa die einer Lobby —; sie entlastet schließlich das politische Gesatmsystem von den Problemen des Untersystems, dem die Selbstverwaltung gewährt wurde, sie absorbiert also drittens politische Problematik. Unter solchen Gesichtspunkten könnte die Grundlage der Selbstverwaltung wieder neu theoretisch durchdacht werden. Die Unterschiede, die sich dabei auf dem einen oder anderen Gebiet ergeben können, werden bereits in dem Innenbereich des Sozialversicherungsrechts sichtbar. Herr Rüfner hat betont, daß die Selbstverwaltung in den einzelnen Selbstverwaltungsträgern von unterschiedlicher Effektivität ist. Ich glaube, es läßt sich von daher sehr schön zeigen, daß etwa die Effektivität der Selbstverwaltung der Krankenversicherung nicht sehr groß werden kann, während sie z. B. bei den Berufsgenossenschaften erheblich größer ist, besonders seit Erlaß des Unfallversicherungs-Neuregelungsgesetzes, das den Berufsgenossenschaften sehr viele Möglichkeiten gegeben hat, präventiv tätig zu werden, etwa im Bereich der Unfallverhütungsvorschriften. Diese Überlegungen decken sich zum Teil mit denjenigen, die Herr Weber gerade angestellt hat.

Henke: Wenn ich zwischendurch darauf eingehen darf, dann möchte ich sagen, daß die These sicherlich forciert ist — das haben Thesen ja an sich, besonders, wenn sie kurz sind, worum ich mich hier sehr bemüht hatte. Ich glaube allerdings nicht, daß man damit auskommt, wenn man sagt, Selbstverwaltung sei Separierung vom Staatlichen. Das ist bei der kommunalen Selbstverwaltung einmal so gewesen, und das war sicherlich ihr Sinn. Aber ich meinte hier an die Stelle dieser Grundlage eine andere setzen zu müssen. Kooperation zwischen Staat und Gesellschaft ist das, was nun die Selbstverwaltung ausmacht. Ich würde mit mir darüber reden lassen, ob man nicht für dieses Phänomen einen anderen Begriff nehmen sollte, um den der Selbstverwaltung stehen zu lassen für das, was sie bisher war. Worauf es mir vor allem ankam, waren die Differenzierungen — das betrifft das, was Herr Häberle sagte. Ich habe nicht eine Definition an den Anfang gestellt und dann differenziert, so daß Sie also mit dem umgekehrten Weg eine Alternative vorgeschlagen hätten, sondern ich wollte in diesen Begriff der Selbstverwaltung die Differenzierungen sozusagen gleich mithineinnehmen. Selbstverwaltung ist eine Kooperation mit ganz unterschiedlichen Gewichten des Anteils der verfaßten staatlichen Amtsgewalt und des Anteils der Verbände durch ihre Tätigkeit in Kompromiß und Koordination. Herr Häberle hat ferner gesagt, daß die Verwaltungsfunktion neu überdacht werden müsse. Das hängt offenbar damit zusammen, daß wir beide das Buch von Preuß über den staatsrechtlichen Begriff des Öffentlichen gelesen haben. Das kann man natürlich hier nicht ausbreiten. Es hat mir insofern Eindruck gemacht, als ich mich zu der Frage, ob der Staat ein Monopol des Öffentlichen hat, durch Herrn Preuß durchaus habe belehren lassen. Er hat es sicher nicht, aber daß man deswegen die Unterscheidung von Staat und Gesellschaft und damit von Staatsverwaltung und von gesellschaftlicher Eigenverwaltung fallen lassen könne, das glaube ich nicht. Man sollte sie allerdings entsprechend den praktischen Gegebenheiten der Kooperation beider bei der Bewältigung bestimmter öffentlicher Aufgaben in einem Begriff zusammenfassen, heiße er nun Selbstverwaltung oder heiße er anders.

Zu Herrn Podlech muß ich sagen: die Sprache, in der er gesprochen hat, ist hier ja nicht die übliche. Ich habe sie inzwischen verstehen gelernt, seit ich einer wirtschafts- und sozialwissenschaftlichen Fakultät angehöre. Sich damit wirklich auseinanderzusetzen, würde hier viel zu weit führen. Das gehört in das Kapitel „Sozialtechnologie oder Rechtswissenschaft", zu dem ich mich an anderer Stelle geäußert habe (Der Staat 1969, S. 1 ff.).

Vogel: Herr Henke hat uns heute mit freundlicher Miene ein Geschenk auf den Tisch gelegt, über dessen Sprengkraft (in Megatonnen gerechnet) wir uns noch kaum eine rechte Vorstellung machen können. Er hat es eben noch einmal sehr deutlich gesagt, daß er die Selbstverwaltung im herkömmlichen Sinne für tot ansieht; bei realistischer Betrachtung wird man ihm darin wohl folgen müssen. Gleichzeitig hat er etwas Neues an die Stelle gesetzt, was er nun seinerseits „Selbstverwaltung" genannt hat: Verwaltung öffentlicher Aufgaben durch die Gliederungen der Gesellschaft, vor allem, wenn nicht ausschließlich, durch die *Verbände*. Ich muß gestehen, daß ich im Moment nicht übersehe, was alles aus dieser neuen Konzeption folgt, und möchte nur darauf aufmerksam machen, da man jedenfalls diese Konsequenzen — ich unterstelle natürlich, daß das Herr Henke getan hat — sehr gründlich überdenken sollte.

Ergänzend nur eine Bemerkung: Herr Rüfner, der freilich den Begriff der Selbstverwaltung sehr anders versteht, hat für die einzelnen Sozialversicherungsleistungen gemeint, sie seien heute im Grunde weitgehend staatliche Leistungen. Wenn das in der Tat richtig ist, dann wäre die rechtspolitische Konsequenz doch wohl die, daß man die Pluralität der verschiedenen Sozialversicherungsträger mit ihrem immensen Verwaltungsaufwand zugunsten einer einheitlichen Volksversicherung abbauen müßte. Demgegenüber gibt die Henkesche These dieser Pluralität doch immerhin einen Sinn (oder besser: sie weist auf einen denkbaren Sinn der bestehenden gesetzlichen Regelung hin). Und das scheint mir, bei allen Bedenken, doch zunächst und vorläufig für diese These von Herrn Henke zu sprechen.

Rüfner: Eine Kleinigkeit gleich, Herr Vogel: Ich habe deutlich differenziert zwischen der Rentenversicherung, dem Aufgabenkreis der Bundesanstalt für Arbeit und der Kranken- und Unfallversicherung. Es ist allerdings richtig, daß die Einheitsversicherung die Konsequenz aus meinen Thesen zur Rentenversicherung wäre. Ich meine, soweit wir heute die gesetzliche Rentenversicherung haben, würde die einheitliche Organisation nichts Substantielles ändern und in der Logik der Entwicklung liegen. Für Kranken- und Unfallversicherung gilt anderes, das möchte ich festhalten.

Frowein: Ich habe die Frage an beide Referenten im Zusammenhang mit dieser Selbstverwaltungsorganisation, nämlich ob wir hier nicht doch in Bereiche kommen, in denen die Gleichheitsproblematik eine Rolle spielen muß. Es wurde vorhin schon dargelegt, daß der Freiheitsvorrang, aus dem Herr Henke unmittelbar das Selbstverwaltungsgebot ableitet, problematisch ist, und ich würde unterstützen, was Herr Scheuner dazu gesagt hat. Ich habe aber eine andere Frage, herkommend von den Gleichheitsverbürgungen der Verfassung und dem Art. 28 Abs. 3, der sowohl die Gleichheitsverbürgung als die Sozialstaatsklausel unter die Gewährleistung des Bundes stellt. Ist es irrelevant, ob Kranken- und Unfallversicherung unterschiedliche Leistungen, was zum Teil wohl immer noch der Fall ist — Herr Weber deutete es an —, für dieselben Versicherungsfälle darbieten? Wir sind uns alle darüber klar, daß Art. 3 nicht unmittelbar angewendet werden kann in Fällen, in denen unterschiedliche Körperschaften oder Anstalten des öffentlichen Rechts Leistungen im Wege der Selbstverwaltung gewähren. Aber gibt es hier nicht aus Art. 28 Abs. 3 und dem Sozialstaatsprinzip eine Gewährleistungspflicht des Staates, mindestens zu verhindern, daß diese Unterschiede ein unerträgliches Maß annehmen, und wenn ja, inwieweit ist das zu beachten?

Rüfner: Herr Frowein, in gewissem Maß ist das Problem durch den Gesetzgeber gelöst. Es gibt Pflichtleistungen der Krankenkassen, Mindestleistungen der Unfallversicherung. Nur für die Zusatzleistungen hat die Selbstverwaltung Spielraum. Ich glaube daher, das Problem, das Sie ansprechen, ist nicht akut. Ich gebe Ihnen gerne zu, es könnte akut werden, wenn man das ganze umkrempelte.

Scheuner: Der Verfassungsgesetzgeber rechnet in der berühmten Formel des Art. 72 Abs. 2 Ziffer 3 GG mit solchen wirtschaftlichen und sozialen Gegebenheiten. Daß aus dieser Formel, die soziale Verschiedenheiten voraussetzt und daher den Gesetzgeber einengen wollte, hinterher ein Verfassungsgebot wird, die Verhältnisse einheitlich zu regeln, ist eine Bewußtseinsänderung unserer Verfassungsauslegung und unseres Verfassungsverständnisses, die einmal ein sehr interessanter Beobachtungsgegenstand für einen Verfassungswandel darstellen könnte.

Thieme: Ich schlage vor, daß wir noch zu dem dritten Gegenstand übergehen, zur Frage der Handlungsformen. Da darf ich zunächst Herrn Schnorr wieder aufrufen.

Schnorr: Vielleicht ist hier ein ganz besonderer Hinweis angebracht. Wir in Österreich gehen von der Einheit des Verwaltungsrechts aus, d. h. — und Herr Kollege Marcic hat es gestern schon angedeutet — wir sind etwas traditionell nicht nur in den Grundrechten, sondern auch im allgemeinen Verwaltungsrecht. Wir sind in der glücklichen Lage, schon seit längerer Zeit das Verwaltungsrecht im Allgemeinen Verwaltungsverfahrensgesetz (AVG) kodifiziert zu haben. Gemäß § 357 des Allgemeinen Sozialversicherungsgesetzes finden die Vorschriften des AVG subsidiär auch auf Sozialversicherungsangelegenheiten Anwendung. Insofern haben wir mit den Formen gar keine allzu großen Schwierigkeiten; denn der § 357 des Allgemeinen Sozialversicherungsgesetzes, den Herr Rüfner heute vormittag zitiert hat, ist eigentlich nur eine der leges speciales, die in den sozialversicherungsrechtlichen Vorschriften enthalten sind. Sofern eine solche lex specialis im Sozialversicherungsrecht nicht eingreift, ist der Versicherte, wie übrigens auch der beitragzahlende Arbeitgeber, in voller Hinsicht durch das Allgemeine Verwaltungsverfahrensgesetz geschützt. Dies alles fungiert unter dem großen Dach des Art. 18 des Bundes-Verfassungsgesetzes. Danach sind die Verwaltungsbehörden strikt an das Gesetz gebunden. Das bedeutet ganz etwas anderes als bei Ihnen, nämlich eine sehr starke Ermessenseinschränkung. Ich glaube, auch darin ein Indiz dafür zu sehen, daß in Österreich die Frage, ob das Sozialversicherungsrecht aus dem Instrumentarium des Verwaltungsrechts auszuklammern ist, gar nicht so akut ist. Sie ist auch nirgends bisher aufgetreten. Vielleicht wird durch diese interessante Diskussion wissenschaftlich eine Infiltration neuer Ideen nach Österreich stattfinden. Ihre Umsetzung in die Praxis wird schwer sein.

Denn infolge der strikt interpretierten Bindung allen Verwaltungshandelns an das Gesetz können wir nicht einfach sagen, das Instrumentarium paßt nicht mehr, wir erfinden eine neue Theorie, sondern wir haben ein ziemlich starres positives Recht, auch was das allgemeine Verwaltungsrecht und das Sozialversicherungsrecht angeht. Wir müssen daher stets das Gesetz ändern, wenn wir neue Ideen, wie sie Herr Rüfner und Herr Henke heute vorgetragen haben, durchsetzen wollen.

Weber: Hierzu möchte ich nur einen kleinen ergänzenden Hinweis bringen. Es handelt sich ja jetzt um die Handlungsformen im Rahmen des Themas. In diesem Zusammenhang möchte ich für einen Moment die Aufmerksamkeit auf die Rolle der Sozialgerichtsbarkeit hinlenken. Früher wurden Versicherungsfälle in den Oberversicherungsämtern und im Reichsversicherungsamt von Spezialisten des Versicherungswesens entschieden, die weniger die Neigung als das Schicksal zu diesem Beruf geführt hatte. Gerade das Oberversicherungsamt war eine Art Abstellplatz bei den Bezirksregierungen, und im Reichsversicherungsamt setzte sich das Spezialistentum fort. Das waren Leute der Sozialversicherungspraxis, die gleichzeitig dann auch richterlich entschieden haben, sehr esoterisch, sehr abgesondert. Jetzt entscheidet die Sozialgerichtsbarkeit über alle Streitfälle, auch über die Versorgungsfälle, und sie entscheidet durch Richter, die sich außerordentlich stark dem allgemeinen Verwaltungsrecht verbunden fühlen, die nur in seltenen Fällen aus der Versicherungspraxis kommen, vielmehr gleich als ausgebildete Assessoren in die Sozialgerichtsbarkeit gehen, sie als Teil, als Sonderzweig der Verwaltungsgerichtsbarkeit empfinden und so mit den ganzen Vorstellungen des allgemeinen Verwaltungsrechts, wie sie sie in Studium und Ausbildung in sich aufgenommen haben, an ihre Aufgabe herangehen. Dazu kommen noch einige Bestimmungen im Sozialgerichtsgesetz, die materiell-verwaltungsrechtlichen Charakter haben, die ebenfalls einen Anschluß an das allgemeine Verwaltungsrecht vollziehen. Hierin liegt ein wesentliches Moment dafür, daß sich in den letzten zehn bis fünfzehn Jahren und weiterhin fortschreitend eine starke Hineinnahme auch des materiellen Rechts sowie der Handlungsformen des Sozialversicherungsrechts und des Versorgungsrechts in die allgemeine Problematik unseres allgemeinen Verwaltungsrechts vollzogen hat.

Vogel: Vielleicht sollte man auf einen Punkt noch kurz eingehen; ich bin nicht sicher, ob heute — wie gestern — der Satz „qui tacet consentire videtur" außer Kraft gesetzt ist:

Herr Rüfner hat sich dafür ausgesprochen, im Sozialversicherungsrecht der *„schlichten Erfüllung"* eine größere Bedeutung zuzuerkennen (so wie er es in seiner Habilitationsschrift auch für den Bereich der öffentlichen Anstalt vertreten hat), d. h. sehr viel häufiger als bisher davon auszugehen, daß geschuldete Leistungen nicht zunächst durch Verwaltungsakt festgesetzt, sondern unmittelbar schon auf Grund des gesetzlich begründeten Leistungsanspruchs gewährt werden. Dagegen spricht jedoch — wie mir scheint — ein wesentlicher Gesichtspunkt. Unser Begriff des Verwaltungsakts zeichnet sich ja insbesondere dadurch aus, daß der Verwaltungsakt — im Gegensatz sowohl zur Norm wie zum zivilrechtlichen Rechtsgeschäft — grundsätzlich auch dann (vorläufig) verbindlich ist, wenn er rechtswidrig ist, und daß er verbindlich *bleibt,* wenn er nicht fristgerecht angefochten wird. Dafür braucht es weder eine metaphysische Erklärung — etwa, daß der Verwaltungsakt „Emanation der Staatsgewalt" sei — noch handelt es sich um ein böses Relikt des Obrigkeitsstaates. Den Sinn dieser Regelung kann man vielmehr ganz nüchtern darin sehen, daß es im Großbetrieb der modernen Verwaltung dringend erforderlich ist, über bestimmte Rechtsfragen in relativ kurzer Frist Klarheit zu schaffen. Die Verwaltung soll nicht jederzeit gezwungen sein, erledigte Rechtsfragen wieder aufzugreifen und sie von neuem zu überprüfen; sie soll sich vielmehr darauf verlassen können, daß die Rechtmäßigkeit einer Regelung nach Ablauf einer bestimmten Frist nicht mehr angezweifelt werden kann. Dieses Ziel kann man natürlich auch durch kurze Verjährungsfristen erreichen, wie etwa im Zollrecht. Nur gibt uns das Instrument des Verwaltungsakts die Chance einer sehr viel differenzierteren, im Einzelfall anpassungsfähigeren Regelung: so beispielsweise durch die Möglichkeit der Nachsichtgewährung bei unverschuldeter Fristversäumung. Insofern ist also das Institut des Verwaltungsakts dem der Verjährungsfrist funktional überlegen.

Wenn es nun richtig ist, daß es die rechtspolitische Funktion des Verwaltungsaktes ist, *rechtliche Klarheit* zu schaffen, dann muß man, meine ich, auch die von Herrn Rüfner gestellte Frage — ob eine Festsetzung der Leistung durch Verwaltungsakt oder lediglich eine schlichte Erfüllung anzunehmen sei — von Fall zu Fall jeweils danach beurteilen, ob ein besonderes Interesse an dieser *Klarstellungsfunktion* des *Verwaltungsakts* besteht oder nicht. In einem Großbetrieb wie dem der Sozialversicherung würde ich das Interesse an einer Klarstellung durch Verwaltungsakte sehr hoch ansetzen: es ist aus praktischen Gründen ganz einfach notwendig, daß die Entscheidungen der Sozialversicherungsträger, auch über Leistungen, nach angemessener Frist endgültig werden und nicht mehr neu aufgerollt zu werden brauchen. Entgegen der Auffassung des Herrn Referenten würde ich deshalb doch an der bisherigen Auffassung festhalten, daß die Leistungen der Sozialversicherungsträger i. d. R. durch Verwaltungsakt festgesetzt werden.

Thieme: Liegen weitere Wortmeldungen zu dem dritten Themenbereich vor? Wenn das nicht der Fall ist, dann kommen wir zum vierten Fragenbereich, der Entschädigung.

Götz: Unsere zivilrechtlichen Kollegen beschäftigen sich schon seit langem mit einem ganz eigentümlichen Zusammenhang von Haftung und Versicherung. Sie sind nämlich geradezu fasziniert von einer Erscheinung, die sie Ablösung oder Ersetzung der Haftung durch Versicherung nennen. Worum es geht, ist dies, daß in zunehmendem Maße versicherungsrechtliche Ausgleichslösungen an die Stelle von Schadensersatzansprüchen treten. Unter diesem Gesichtspunkt befaßt man sich von dieser Seite her wie im übrigen auch mit unserer Unfallversicherung, die keineswegs für den Versicherten nur wohltätige Wirkungen hat, sondern ihm ja die im Falle der Fahrlässigkeit des Arbeitgebers bestehenden Schadenersatzansprüche nimmt. Dies vorausgeschickt, möchte ich nun meinen, daß an dieser Stelle, nämlich bei der Feststellung einer gewissen Austauschbarkeit von Schadenshaftung und Versicherung auch ein Zusammenhang zwischen Sozialversicherungsrecht und dem Recht der öffentlichen Entschädigung anzuerkennen ist. Ich würde dagegen meinen, daß keine unmittelbare Brücke von der sozialversicherungsrechtlichen Abdeckung von Lebensrisiken zur öffentlichrechtlichen Gefährdungshaftung oder zu einem — wie Sie es nennen, Herr Henke — Ausgleichsanspruch aus Verwaltungsrisiken geschlagen werden kann. Der Zusammenhang zwischen der öffentlichrechtlichen Entschädigung und der Versicherung und Versorgung, den ich anerkennen möchte, wird dagegen darin sichtbar, daß versicherungs- und versorgungsrechtliche Lösungen die Entschädigungsansprüche ergänzen können, daß also an Stellen, an denen das Entschädigungsrecht versagt, in nahtlosem Übergang versicherungs- und versorgungsrechtliche Leistungsansprüche bestehen können. Ein Stichwort von vielen möglichen hat Herr Stern schon einmal genannt: die Haftung für Turnunfälle. Weil es hier den Entschädigungsanspruch offenbar nicht gibt, muß der dringend notwendige Ausgleich über eine versicherungsrechtliche Lösung irgendwie geschaffen werden. Es ließen sich viele andere Fallgestaltungen bringen, die diesen Zusammenhang belegen.

Weber: Im Anschluß an das von Herrn Götz Gesagte möchte ich noch auf einen eigentümlichen Vorgang hinweisen, der sehr bezeichnend ist. Wir haben ja den § 539 RVO, früher § 537, den Herr Dürig vorhin schon in die Debatte geworfen hat und in dem ein ganzes Bündel von öffentlich-rechtlichen Entschädigungsansprüchen zusammengefaßt ist. Herr Götz hat schon darauf hingewiesen, daß, als die Entscheidung über den Schulturnunfall erging, sofort im Bundestag ein Initiativantrag zur Schülerunfallversicherung kam. Der Trend, solche Fälle öffentlich-rechtlicher Entschädigungsansprüche als sozialversicherungsrechtliche Tatbestände auszuformen, ist seit 1937 und der damaligen Novellierung des § 537 RVO deutlich erkennbar; man hat nur von dem heutigen § 539 RVO viel zu wenig Kenntnis genommen.

Hierbei ist folgendes wesentlich: Der Bundesgesetzgeber kann den öffentlich-rechtlichen Entschädigungsanspruch als allgemeinen Anspruch nicht regeln. Er kann ihn nur akzessorisch regeln im Zusammenhang mit einem bundesrechtlichen Spezialgesetz, wie der Landesgesetzgeber mit einem etwas breiteren Aktionsradius ihn in Bezug auf andere Tatbestände regeln kann. Der Bundesgesetzgeber wird aber für einen öffentlich-rechtlichen Entschädigungsanspruch sofort generell zuständig, sobald er die Sache sozialversicherungsrechtlich aufzieht. So geht also, wenn man — wie in solchen Fällen nötig, mindestens nützlich — eine bundesrechtliche Regelung anstrebt, ein starker Trend hin zur Einbeziehung in die Sozialversicherung. Herr Schellenberg und die anderen Experten des Sozialausschusses des Bundestags wissen natürlich auf dieser Klaviatur zu spielen, und so, Herr Henke, kommt von einer ganz anderen Seite her ein Sog, möglichst viele Anwendungsfälle des Aufopferungsanspruchs in eine Quasi-Sozialversicherung zu transponieren. Nach § 539 trägt ja kein eigentlicher Sozialversicherungsträger dann die Kosten, sondern es sind die Länder, die sie tragen, soweit sie sie nicht auf die Gemeindeunfallversicherungsverbände und großen Städte abwälzen. Bei der Schülerversicherung, die zur Zeit diskutiert wird, fragt man sich auch: Wen finden wir denn da überhaupt als Träger? Man ist noch nicht zu einem Ergebnis gekommen, ob das die Gemeinde sein soll, ob das Land, ob die Elternschaft, die dann beisteuern soll, oder wer sonst.

Dürig: Der § 539 RVO ist schätzungsweise 90 % unserer Anwälte und Richter unbekannt. Ich wage die Behauptung, daß

50% der Fälle, in denen sich unsere ordentliche Gerichtsbarkeit mit Fragen enteignungsgleicher Eingriffe oder aufopferungsgleicher Eingriffe herumschlägt, innerhalb einer Woche formularmäßig von den Sozialversicherungsträgern erledigt werden würden.

Ipsen: Bis zur Tübinger Tagung wußten auch 90% unserer Vereinigung nichts von der Existenz des § 539.

Scheuner: Ich möchte nur in Ergänzung meiner früheren Ausführungen und auch im Entgegenkommen an Herrn Henke noch bemerken, daß sicherlich geheime und tiefe Brücken zwischen der öffentlichrechtlichen Entschädigung und dem Bereich der sozialen Versicherung bestehen. Auf einige hat Herr Weber aufmerksam gemacht, auf andere Herr Götz. Eine vielleicht noch andere Brücke besteht darin — beide Referenten haben diese Frage nur nebenher behandelt — daß man sich fragen muß, welche Risiken eigentlich die Sozialversicherung abdeckt. Sie deckt Alter, Invalidität, Unfall, aber sie deckt sicherlich nicht Risiken ab, die aus allgemeinen staatlichen Entwicklungen und Strukturveränderungen entstehen. Von diesen Risiken hat der Staat bisher unter dem Begriff der Versorgung nur den Krieg, Erdbeben, Katastrophen und dergleichen aufgegriffen. Und hier würde ich auch sehr warnen, den Weg, den Herr Henke aufgezeichnet hat, zu betreten. Es ist unmöglich, daß der Staat eine Ausgleichsleistung oder soziale Haftung übernimmt für unerwartete oder vielleicht sogar erwartete Folgen struktureller Maßnahmen. Wenn der Staat etwa den Import bestimmter Artikel beschränkt, weiß er, daß die Importeure leiden. Wenn er den Export etwa durch Aufwertung außerordentlich schwer beschädigt, weiß er, daß er den Export schädigt. Hier können wir unmöglich von irgendwelchen Ausgleichsansprüchen ausgehen; wir würden in einen Sog von Ansprüchen hineingeraten, wenn wir nicht klar daran festhalten, den Umfang der Risiken, die in der Sozialversicherung oder in sozialen Ausgleichsansprüchen abgedeckt werden, ganz präzis zu umschreiben.

Rüfner (Schlußwort): Ich möchte mich zunächst für viele Anregungen bedanken, auch für den Hinweis auf manche Versäumnisse, die uns beiden unterlaufen sind. Gelegentlich wurde auch etwas angesprochen, das wir bewußt herausgehalten hatten, um die zugestandene Zeit nicht zu sehr zu überziehen. Das soll keine Kritik am Vorstand sein. Ich halte mehrstündige Referate nicht für sehr glücklich, einiges soll der Diskussion überlassen bleiben.

Auf einige Punkte möchte ich noch eingehen: Ich habe keineswegs eine Bilderstürmerei gegen den Verwaltungsakt predigen wollen. Wir können nicht das gesamte Verwaltungsrecht umwerfen und dann neu beginnen. Aber, unser Verwaltungsrecht ist von Otto Mayer unter anderen als den heutigen Voraussetzungen entwickelt worden. Es versteht sich am Rande, daß da manches nicht paßt. Wir sollten diese Probleme sehen, uns ihnen stellen und dann eine Anpassung an die neue Situation versuchen. Dabei können wir nicht auf das Jahr 1880 zurückgehen und so tun, als hätte Otto Mayer sein Lehrbuch nie geschrieben. Es bleibt nur übrig, mit dem Vorhandenen weiter zu bauen. Ich glaube, Herr Vogel, ich könnte mich mit Ihnen in jedem Einzelfall einigen. Der Verwaltungsakt kann seinen Sinn in der Leistungsverwaltung haben. Da und dort wird das ein technisches, kein grundsätzliches Problem sein. Es gibt z. B. das Klarstellungsinteresse bei den Renten, das den Rentenbescheid verlangt. Ob der Verwaltungsakt im übrigen überall erforderlich ist, darüber läßt sich streiten.

Zum Eigentumsschutz möchte ich noch sagen: Die Rentenansprüche sind durch Art. 14 GG etwa in demselben Maß geschützt, wie die Ansprüche des Soldaten auf sein Ruhegehalt nach der Rechtsprechung des Bundesverfassungsgerichts. Der wesentliche Schutz des Rentenversicherten liegt nicht im Eigentum, sondern darin, daß die Rentenformel vernünftig weiterentwickelt wird. Keinesfalls scheint es mir angängig zu sein, die heutige Rentenformel für alle Zeit unter Berufung auf Art. 14 GG festzulegen. Der Schutz des Bürgers liegt in der Gleichheit, aber m. E. in einer rechtsstaatlich, nicht egalitär verstandenen Gleichheit.

Zur Interdependenz von Sozialleistung, Lenkungsaufgaben, Stabilität, Wachstum und Vollbeschäftigung noch folgendes: Ich habe gerade unter diesem Gesichtspunkt so sehr betont, die Aufgaben der Rentenversicherungsträger und der Bundesanstalt für Arbeit seien Staatsaufgaben. Eine vernünftige Sozialpolitik kann nicht ohne Rücksicht auf die wirtschaftspolitischen Auswirkungen betrieben werden. Gerade deshalb möchte ich deziert daran festhalten, daß hier eine Staatsaufgabe vorliegt, die der Staat nicht übertragen kann.

Mehrfach sind noch die verfassungsrechtlichen Pflichten aus dem Sozialstaatsgrundsatz angesprochen worden. Sie binden in den meisten Fällen nur den Gesetzgeber; unmittelbare Ansprüche des Bürgers werden sich aus ihnen selten ableiten lassen. Das gilt etwa für das Recht auf Arbeit — in dem Sinne, wie ich es vorhin definieren und als realisierbar anerkennen wollte — oder auch für die Leistungen der Kranken- und Unfallversicherung. Der Gesetzgeber ist verpflichtet, ein Minimum an gleichmäßiger Sicherheit für Krankheit und Unfall zu gewährleisten, ein Minimum, das nicht zu gering anzusetzen ist.

Henke (Schlußwort): Ich bin Herrn Vogel vorhin noch eine Antwort schuldig geblieben auf seine Bemerkung über die nach Megatonnen berechneten Konsequenzen meiner Vorstellung von Selbstverwaltung. Herr Vogel, ich hatte nicht an eine Ausdehnung der Selbstverwaltung, sondern nur an ein gewandeltes Verständnis der vorhandenen Selbstverwaltung im jetzigen Ausdehnungsbereich gedacht.

Ich bin Herrn Scheuner sehr dankbar für den Begriff „geheime und tiefe Brücke". Das war vielleicht derjenige Begriff, der mir gefehlt hat, als ich die Verbindung zwischen dem Recht der sozialen Sicherung und der Entschädigung sah. Daß die Haftung für die Folgen staatlicher Veranstaltungen unabsehbar werden könnte, diese Gefahr sehe ich durchaus und meine, daß man den Begriff eingrenzen müßte. Ich meine nur, daß man diese Eingrenzung anhand eines Begriffs wie „sozialer Ausgleichsanspruch" sachgemäßer vornehmen kann als durch Anlehnung an die Enteignung, mit der — daran möchte ich doch festhalten — diese Dinge einfach nichts zu tun haben.

Schließlich habe ich mich zu bedanken, daß Sie das Referat zum Gegenstand der Diskussion gemacht haben, und zwar trotz des strengen Verdikts von Herrn Bettermann auch die Frage der Entschädigung. Was mich am meisten interessiert hat, als ich mich mit dem Thema beschäftigte, war — das habe ich schon gesagt — nicht das, was Herr Stern und Herr Zacher erwartet hatten, sondern war dieses soziale Prinzip, wenn ich es hier noch einmal so abgekürzt nennen darf: das soziale Prinzip Freiheit durch Sicherheit. Es scheint mir eine ganz entscheidende Frage zu sein, ob unser Verwaltungsrecht auf die Dauer und ob die Bewahrung der Freiheit in dem Verwaltungsrecht und durch das Verwaltungsrecht auf die Dauer unter diesem sozialen Prinzip gesehen wird: Freiheit durch Sicherheit, oder auf andere Weise. Und wenn ich noch einen Schritt weitergehen darf: die Worte sozial und sozialistisch hängen doch nicht zufällig zusammen, und ich weiß nicht, ob wir auf die Dauer um die Frage herumkommen, ob wir ein sozialistisches Staats- und Verwaltungsrecht haben oder ein sozialtechnologisches Staats- und Verwaltungsrecht im Sinne der positivistischen Sozialwissenschaften oder ob wir ein anderes Staats- und Verwaltungsrecht haben, und wenn wir ein anderes haben, welcher Art dieses Staats- und Verwaltungsrecht seinen Grundlagen nach dann ist.

Verzeichnis der Redner

Verzeichnis der Mitglieder der Vereinigung der Deutschen Staatsrechtslehrer

Stand: Mai 1970

Ehrenpräsident auf Lebenszeit

Kaufmann, Dr. jur. Dr. jur. h. c. Dr. phil. h. c. Erich, Professor, 69 Heidelberg, Schweizerweg 1, Tel. (06221) 4 41 18

Vorstand

1. *Schneider,* Dr. Hans, Professor, 69 Heidelberg, Ludolf-Krehl-Straße 44, Tel. (06221) 4 03 81
2. *Zacher,* Dr. Hans F., Professor, 6601 Scheidt/Saar, Im Flürchen 63, Tel. (0681) 8 42 87 (Universität des Saarlandes)
3. *Hollerbach,* Dr. Alexander, Professor, 7801 Hugstetten ü. Freiburg i. Br., Parkstr. 8, Tel. (07665) 62 51

Mitglieder

1. *Abelein,* Dr. Manfred, Professor, 53 Bonn, Rheinweg 12, Tel. (02221) 2 56 92 (Universität Regensburg)
2. *Abendroth,* Dr. Wolfgang, Professor, 355 Marburg, Wilhelm-Roser-Straße 53, Tel. (06421) 50 77
3. *Achterberg,* Dr. Norbert, Privatdozent, 355 Marburg/L., Universitätstraße 54, Tel. (06421) 6 11 13
4. *Antoniolli,* Dr. Walter, Professor, A 2344 Maria Enzersdorf, Oltensteinstr. 35, Tel. (02236) 4 99 45 (Universität Wien)
5. *Armbruster,* Dr. Hubert, Professor, 65 Mainz, An der Allee 69, Tel. (06131) 2 59 50
6. *Baade,* Dr. Hans W., Professor, Duke University, Law School, Durham, N. C., USA
7. *Bachof,* Dr. Dr. h. c. Otto, Professor, 74 Tübingen, Auf dem Kreuz 3, Tel. (07122) 6 11 44

8. *Badura,* Dr. Peter, Professor, 34 Göttingen, Ludwig-Beck-Straße 17, Tel. (0551) 5 71 59

9. *Barfuß,* Dr. Walter, Privatdozent, A 1015 Wien, Tegethoffstr. 3, Tel. (0222) 52 68 14

10. *Bartlsperger,* Dr. Richard, Privatdozent, 8520 Erlangen, Breslauer Straße 20, Tel. (09131) 3 19 36

11. *Bäumlin,* Dr. Richard, Professor, CH 3000 Bern, Kramgasse 35, Tel. (031) 22 42 67

12. *Bayer,* Dr. Hermann-Wilfried, Privatdozent, 7412 Gomaringen, Schumannstraße 2, Tel. (07122) 71 25 60 (Universität Tübingen)

13. *Becker,* Dr. jur. Dr. phil. Erich, Professor, 672 Speyer, Philipp-Melanchthon-Straße 10, Tel. (06232) 34 39

14. *Berchtold,* Dr. Klaus, Privatdozent, A 1010 Wien, Singerstr. 11a/4/8, Tel. (0222) 5 20 94 83

15. *Bernhardt,* Dr. Rudolf, Professor, 624 Königstein/Ts., Rombergweg 1, Tel. (06174) 48 96 (Universität Heidelberg)

16. *Bettermann,* Dr. Karl August, Professor, 2 Hamburg 63, Alte Landstraße 173, Tel. (0411) 5 26 20 64

17. *Blümel,* Dr. Willi, Professor, 1 Berlin 38, Prinz-Friedrich-Leopold-Straße 29, Tel. (0311) 8 04 94 62

18. *Böckenförde,* Dr. jur. Dr. phil. Ernst-Wolfgang, Professor, 6901 Dossenheim, Kirchstraße 20, Tel. (06221) 4 97 21 (Universität Bielefeld)

19. *Böhmert,* Dr. Viktor, Professor, 23 Kiel, Graf-Spee-Straße 9, Tel. (0431) 4 77 77

20. *Brohm,* Dr. Winfried, Professor, 48 Bielefeld, Melanchthonstr. 45, Tel. (0521) 7 96 83

21. *Bülck,* Dr. Hartwig, Professor, 69 Heidelberg, Werrgasse 9, Tel. (06221) 2 46 70 (Hochschule für Verwaltungswissenschaften Speyer)

22. *Bullinger,* Dr. Martin, Professor, 78 Freiburg i. Br., Sundgauallee 46, Tel. (0761) 8 22 29

23. Frhr. v. *Campenhausen,* Dr. Axel, Professor, 8 München, Volpinistraße 54, Tel. (0811) 15 53 31

24. *Carstens,* Dr. Karl, Professor, 53 Bonn, Wörthstraße 17 (Universität Köln)

25. *Dagtoglou*, Dr. Prodromos, Professor,
8411 Hillohe/Deuerling b. Regensburg, Hs. Nr. 20,
Tel. (09404) 6 05

26. *Denninger*, Dr. Erhard, Professor, 6374 Steinbach,
Rossertstraße 10, Tel. (06171) 7 17 78
(Universität Frankfurt)

27. *Doehring*, Dr. Karl, Professor, 69 Heidelberg,
Bergstraße 58, Tel. (06221) 4 58 80

28. *Drath*, Dr. Martin, Professor, 75 Karlsruhe,
Dragonerstraße 9, Tel. (0721) 5 77 12
(Universität Darmstadt)

29. *Dreier*, Dr. Ralf, Privatdozent,
44 Münster, Wilhelmstr. 67

30. *Dürig*, Dr. Günter, Professor, 7401 Pfrondorf,
Staufenstraße 9, Tel. (07122) 8 29 66
(Universität Tübingen)

31. *Ehmke*, Dr. Horst, Professor, 5204 Hangelar-Niederberg,
Siegstraße 17, Tel. (02241) 1 44 55
(Universität Freiburg i. Br.)

32. *Eichenberger*, Dr. Kurt, Professor,
CH 4144 Arlesheim b. Basel, Bärenbrunnenweg 4,
Tel. (061) 72 33 86

33. *Erichsen*, Dr. Hans-Uwe, Privatdozent,
44 Angelmodde/Münster, Bahnhofstraße 7—9,
Tel. (02506) 3 04

34. *Erler*, Dr. Georg, Professor, 34 Göttingen,
Schlegelweg 11, Tel. (05551) 5 93 43

35. *Ermacora*, Dr. Felix, Professor, A 1010 Wien I,
Karl-Lueger-Ring, Universität, Tel. (02222) 42 76 11

36, *Evers*, Dr. Hans-Ulrich, Professor, 33 Braunschweig,
Schaumburgstraße 40, Tel. (0531) 5 33 96

37. *Folz*, Dr. Hans-Ernst, Privatdozent, 66 Saarbrücken,
Waldhausweg 8, Tel. (0681) 2 69 25

38. *Forsthoff*, Dr. Dr. h. c. Ernst, Professor, 69 Heidelberg-
Schlierbach, Wolfsbrunnensteige 13, Tel. (06221) 2 67 83

39. *Friauf*, Dr. Karl Heinrich, Professor,
506 Bensberg-Frankenforst, Eichenhainallee 17
Tel. (02204) 45 84 (Universität Köln)

40. *Friesenhahn*, Dr. Dr. h. c. Ernst, Professor,
53 Bonn, Wegeler Straße 2, Tel. (02221) 5 75 38

41. *Fröhler,* Dr. Ludwig, Professor,
A 4010 Linz-Urfahr, Altenbergerstraße 39

42. *Fromont,* Dr. Michel, Professor,
F 21 Dijon, 35 Bd. François Pompon

43. *Frowein,* Dr. Jochen A., Professor, 4801 Hoberge-Uerentrup über Bielefeld, Wasserfuhr 1, Tel. (0521) 72 03 11

44. *Fuß,* Dr. Ernst-Werner, Professor, 68 Mannheim, Trützschlerstraße 13, Tel. (0621) 4 94 76

45. *Gallwas,* Dr. Hans-Ulrich, Privatdozent,
8 München 19, Leonrodstraße 62, Tel. (0811) 52 73 95

46. *Geck,* Dr. M. A. Wilhelm Karl, Professor, 667 St. Ingbert, Eichendorffstraße 18, Tel. (06894) 73 26
(Universität des Saarlandes)

47. *Gerber,* D. Dr. Hans, Professor, 78 Freiburg i. Br., In der Röte 5, Tel. (0761) 4 42 54

48. *Glum,* Dr. Friedrich, Professor, 8 München 19, Südliche Auffahrtsallee 24, Tel. (0811) 6 34 56

49. *Görg,* Dr. Hubert, Professor, 5062 Ellersberg Post Forsbach, Bez. Köln, Tel. (02304) 25 40 und 355 Marburg a. d. Lahn, Universitätsstraße 10 (Universität Marburg)

50. *Götz,* Dr. Volkmar, Professor, 34 Göttingen, Nikolausberger Weg 56, Tel. (0551) 4 31 19

51. *Grewe,* Dr. Wilhelm G., Professor,
44, rue des Mimosas, Bruxelles 3 (Universität Freiburg i. Br.)

52. *Gröll,* Dr. Florian, Professor,
A 9020 Klagenfurt, Babenbergerstraße 10

53. *Gygi,* Dr. Fritz, Professor, CH 3006 Bern, Beatusstraße 28, Tel. (031) 44 86 38

54. *Häberle,* Dr. Peter, Professor, 355 Marburg/Lahn, Universitätsstraße 6, Tel. (06421) 69 31 25 / 31 28

55. *Häfelin,* Dr. Ulrich, Professor,
CH 8049 Zürich, Müseliweg 1, Tel. (051) 56 84 60

56. *Hahn,* Dr. Hugo J., Professor,
A 4020 Linz/Donau, Bachlbergweg 77, Tel. 33 40 05

57. *Hamel,* Dr. Walter, Professor, 355 Marburg, Calvinstraße 21, Tel. (06421) 28 62

58. *Heckel,* Dr. Martin, Professor,
74 Tübingen, Lieschingstraße 3, Tel. (07122) 6 14 27

59. *Henke,* Dr. Wilhelm, Professor, 8501 Rückersdorf, Strengenbergstraße 47, Tel. (09123) 27 85 (Universität Erlangen-*Nürnberg*)

60. *Herzog,* Dr. Roman, Professor, 6904 Ziegelhausen ü. Heidelberg, Heinrich-Stoeß-Straße 29a, Tel. (06221) 5 06 00 (Hochschule für Verwaltungswissenschaften Speyer)

61. *Hesse,* Dr. Konrad, Professor, 7802 Merzhausen, Schloßweg 29, Tel. (0761) 2 56 11 (Universität Freiburg i. Br.)

62. *Hettlage,* Dr. Karl Maria, Professor, 53 Bonn-Bad Godesberg, Friedrich-Ebert-Straße 83, Tel. (02229) 6 43 61 (Universität Mainz)

63. Frhr. v. d. *Heydte,* Dr. Friedrich August, Professor, 8702 Gerbrunn, Gieshügelerstraße 45, Tel. (0931) 70 69 14 (Universität Würzburg)

64. *Heyer,* Dr. Friedrich, Professor, 53 Bonn, Humboldtstraße 53, Tel. (02221) 3 73 64

65. v. *Hippel,* Dr. Ernst, Professor, 6531 Perscheid über Bingen, Tel. (06744) 5 20 (Universität Köln)

66. *Hoegner,* Dr. Wilhelm, Professor, 8 München 9, Am Blumengarten 17, Tel. (0811) 43 42 41

67. *Hoffmann,* Dr. Gerhard, Professor, 355 Marburg, Friedrichstraße 31, Tel. (06421) 6 32 74

68. *Hollerbach,* Dr. Alexander, Professor, 7801 Hugstetten ü. Freiburg i. Br., Parkstr. 8, Tel. (07665) 62 51

69. *Huber,* Dr. Ernst Rudolf, Professor, 78 Freiburg-Zähringen, In der Röte 2, Tel. (0761) 5 37 13 (Universität Göttingen)

70. *Huber,* Dr. Dr. h. c. Hans, Professor, CH 3074 Muri bei Bern, Mannenriedstraße 5, Tel. (031) 52 09 25

71. *Ipsen,* Dr. Hans Peter, Professor, 2 Hamburg 13, Heinrich-Barth-Straße 25a, Tel. (0411) 45 09 22 und 3141 Raven ü. Lüneburg, Haus Opferberg, Tel. (04172) 6 70

72. *Jaenicke,* Dr. Günther, Professor, 6906 Leimen b. Heidelberg, Waldstraße 13, Tel. (06224) 35 71 (Universität Frankfurt/M.)

73. *Jahrreiß,* Dr. jur. Dr. h. c. Dr. h. c. Dr. h. c. LL.D. h. c. Hermann, Professor, 5 Köln-Sülz, Nassestraße 30, Tel. (0221) 41 35 53

74. *Jerusalem,* Dr. Franz, Professor, 8 München 27, Flemingstraße 58, Tel. (0811) 48 18 95

75. *Kafka*, Dr. Gustav E., Professor,
A 8010 Graz, Alberstraße 8, Tel. 3 45 90

76. *Kaiser*, Dr. Joseph H., Professor, 7813 Staufen,
Tel. (07633) 57 28 (Universität Freiburg i. Br.)

77. *Kaufmann*, Dr. jur. Dr. jur. h. c. Dr. phil. h. c. Erich,
Professor, 69 Heidelberg, Schweizerweg 1,
Tel. (06221) 4 41 18 (Universität München)

78. *Kewenig*, Dr. Wilhelm, Privatdozent,
53 Bonn 1, Lutfridstraße 7, Tel. (02221) 62 89 75

79. *Kimminich*, Dr. Otto, Professor,
84 Regensburg, Killermannstraße 6, Tel. (0941) 2 41 75

80. *Kipp*, Dr. Heinrich, Professor, A 6080 Kurort Igls,
Lanserstraße 61, Tel. (05222) 72 09 (Universität Innsbruck)

81. *Kisker*, Dr. Gunter, Professor, 6301 Leihgestern ü.
Gießen, Albert-Schweitzer-Straße 3, Tel. (06403) 31 30

82. *Klecatsky*, Dr. Hans R., Professor, A 6020 Innsbruck,
Reithmannstraße 20, Tel. (05222) 52 21 44

83. *Klein*, Dr. Friedrich, Professor, 44 Münster,
Prinz-Eugen-Straße 12, Tel. (0251) 5 53 12

84. *Klein*, Dr. Hans-H., Professor, 3401 Nikolausberg
ü. Göttingen, Kalklage 22

85. *Knemeyer*, Dr. Franz-Ludwig, Privatdozent, 463 Bochum,
Wiemelhauserstraße 267 b, Tel. (02321) 3 36 88

86. *Knöpfle*, Dr. Franz, Professor, 672 Speyer,
Freiherr-vom-Stein-Straße 2

87. *Koja*, D. Dr. Friedrich, Professor, A 5020 Salzburg,
Lederwaschgasse 22, Tel. (06222) 86 97 85

88. *Kopp*, Dr. Ferdinand O., Privatdozent, 8033 Planegg b.
München, Liesl-Karlstadt-Straße 24, Tel. (0811) 89 86 62

89. *Kordt*, Dr. Erich, Professor, 4 Düsseldorf,
Sybelstraße 1a, Tel. (0211) 62 57 24 (Universität Köln)

90. *Kriele*, Dr. Martin, Professor, 5 Köln-Lindenthal,
Wildenburgstraße 1, Tel. (02221) 43 10 23

91. *Krüger*, Dr. Herbert, Professor, 2 Hamburg 52,
Elbchaussee 184, Tel. (0411) 8 80 79 34

92. *Küchenhoff*, Dr. Erich, Privatdozent, 44 Münster,
Kanalstraße 403, Tel. (0251) 2 13 06

93. *Küchenhoff*, Dr. Günther, Professor, 87 Würzburg, Seinsheimerstraße 13, Tel. (0931) 7 83 34

94. *Laun*, Dr. jur., Dr. rer. pol. h. c. Rudolf, Professor, 207 Ahrensburg, Voßberg 2, Tel. (04102) 5 02 81 (Universität Hamburg)

95. *Leibholz*, Dr. jur., Dr. phil. Gerhard, Professor, 34 Göttingen, Herzberger Landstr. 57, Tel. (0551) 5 70 40 u. 75 Karlsruhe, Rheingoldstraße 19, Tel. (0721) 2 68 88

96. *Leisner*, Dr. Walter, Professor, 852 Erlangen, Kochstraße 2, Tel. (09131) 8 70 71 / 3 56

97. *Lerche*, Dr. Peter, Professor, 8035 Gauting b. München, Junkerstraße 13, Tel. (0811) 86 20 88

98. *Liermann*, D. Dr. Hans, Professor, 852 Erlangen, Am Meilwald 18, Tel. (09131) 27 60

99. *Mallmann*, Dr. Walter, Professor, 63 Gießen, Arndtstraße 14, Tel. (0641) 7 74 88

100. *Marcic*, Dr. René, Professor, A 5020 Salzburg, Franziskanergasse 2

101. *Martens*, Dr. Wolfgang, Professor, 463 Bochum-Querenburg, Hustadtring 81

102. *Marti*, Dr. Hans, Professor, CH 3000 Bern, Schwanengasse 9, Tel. (031) 22 16 83

103. *Maunz*, Dr. Theodor, Professor, 8032 Gräfelfing b. München, Hartnagelstr. 3, Tel. (0811) 85 16 30

104. *Maurer*, Dr. Hartmut, Professor, 3551 Wehrda, Freiherr-vom-Stein-Straße 8, Tel. (06421) 6 60 21 (Universität Marburg)

105. *Mayer*, Dr. Franz, Professor, 84 Regensburg, Haidplatz 8, Tel. (0941) 2 33 51

106. *Meder*, Dr. Walter, Professor, 1 Berlin 33, Buchsweiler 20, Tel. (0311) 76 02 89

107. *Meissner*, Dr. Boris, Professor, 5 Köln, Kleine Budengasse 1, Tel. (0221) 23 97 54

108. *Melichar*, Dr. Erwin, Professor, A 1010 Wien I, Schulerstr. 20, Tel. (02222) 52 88 83

109. *Menger*, Dr. Christian-Friedrich, Professor, 44 Münster, Vredenweg 14, Tel. (0251) 4 24 36

110. *Menzel*, Dr. Eberhard, Professor, 23 Kiel-Schulensee, Am See 8, Tel. (0431) 6 52 51

111. *Merk,* Dr. Wilhelm, Professor, 74 Tübingen, Wildermuthstraße 6, Tel. (07122) 59 01

112. *Merkl,* Dr. Dr. h. c. Adolf Julius, Professor, A 1190 Wien XIX, Pfarrplatz 1, Tel. (02222) 3 65 03 82

113. *Mosler,* Dr. Dr. h. c. Hermann, Professor, 69 Heidelberg, Mühltalstraße 117, Tel. (06221) 4 00 82

114. *Müller,* Dr. Friedrich, Privatdozent, 78 Freiburg, Aumattenweg 4, Tel. (0761) 20 34 17

115. *Münch,* Dr. Fritz, Professor, 69 Heidelberg, Zur Forstquelle 2, Tel. (06221) 33 59 99 (Universität Bonn)

116. *v. Münch,* Dr. Ingo, Professor, Blankenstein/Ruhr, Wilhelmstr. 44, Tel. (02324) 2 25 04

117. *Mußgnug,* Dr. Reinhard, Privatdozent, 6901 Dossenheim ü. Heidelberg, Hauptstr. 2, Tel. (06221) 4 46 58

118. *Naumann,* Dr. Richard, Professor, 314 Lüneburg, Uelzener Straße 40, Tel. (04131) 47 15 (Universität Hamburg)

119. *Novak,* Dr. Richard, Professor, A 8020 Graz, Thadd. Stammelstraße 8/4

120. *Obermayer,* Dr. Klaus, Professor, 852 Erlangen, Niendorfstraße 25, Tel. (09131) 8 76 06

121. *Oppermann,* Dr. Thomas, Professor, 74 Tübingen, Melanchthonstraße 24, Tel.(07122) 2 66 55

122. *Ossenbühl,* Dr. Fritz, Professor, 41 Duisburg, Rheinbabenstraße 5, Tel. (02131) 53 25 93 (Universität Bonn)

123. *Partsch,* Dr. Karl-Josef, Professor, 53 Bonn, Lennéstraße 53, Gartenhaus, Tel. (02221) 5 54 53 und 6507 Ingelheim, Frankenstraße 10, Tel. (06132) 26 32

124. *Pernthaler,* Dr. Peter, Professor, A 6020 Innsbruck, Philippine-Nelser-Straße 27, Tel. (05222) 93 22 83

125. *Petz,* Dr. Rudolf, Privatdozent, A 8020 Graz-Waltendorf, Polsergasse 21, Tel. 3 42 35

126. *Pfeifer,* Dr. Helfried, Professor, A 1130 Wien XIII, Lainzer Straße 57, Tel. (02222) 82 56 36

127. *Pirson,* Dr. jur. Dr. theol. Dietrich, Professor, 3551 Wehrda, Grüner Weg 46, Tel. (06421) 31 01 (Universität Köln)

128. *Podlech,* Dr. phil. Dr. jur. Adalbert, Privatdozent, 69 Heidelberg 1, Wolfgangstr. 15, Tel. (06221) 3 47 86

129. *Püttner,* Dr. Günter, Privatdozent, 5 Köln-Lindenthal, Theresienstraße 81, Tel. (0221) 44 45 16

130. *Quaritsch,* Dr. Helmut, Professor, 1 Berlin 41, Grunewaldstr. 27, Tel. (0311) 8 22 12 64 und 53 Bonn, Bundeshaus, Tel. (02221) 16 24 10 / 11

131. *Rauschning,* Dr. Dietrich, Professor, 23 Kiel, Seeblick 5, Tel. (0431) 3 17 20 (Universität Göttingen)

132. *Ridder,* Dr. Helmut, Professor, 6301 Vetzberg, Krofdorferstraße 43, Tel. (06409) 523 (Universität Gießen)

133. *Ringhofer,* Dr. Kurt, Professor, A 5020 Salzburg, Anton-Behacker-Straße 9

134. *Roellecke,* Dr. Gerd, Professor, 75 Karlsruhe-Durlach, Eckhartstraße 9, Tel. (0721) 4 51 81 (Universität Mannheim)

135. *Rudolf,* Dr. Walter, Professor, 463 Bochum-Wiemelhausen, Nußbaumweg 25, Tel. (02321) 3 72 36

136. *Rüfner,* Dr. Wolfgang, Professor, 2301 Meimersdorf ü. Kiel, Kieler Weg 110

137. *Rühland,* Dr. Curt, Professor, 33 Braunschweig, Dürerstraße 26, Tel. (0531) 3 21 16

138. *Rumpf,* Dr. Helmut, Professor, 53 Bonn-Bad Godesberg, Bismarckstr. 27, Tel. (02221) 6 46 46

139. *Rupp,* Dr. Hans Heinrich, Professor, 65 Mainz-Bretzenheim, Am Marienpfad 29, Tel. (06131) 3 45 88

140. *Salzwedel,* Dr. Jürgen, Professor, 5201 Heidebergen ü. Siegburg, Siebengebirgsstraße 11, Tel. (02221) 4 47 19 (Universität Bonn)

141. *Sattler,* Dr. Andreas, Privatdozent, 34 Göttingen, Ludwig-Beck-Straße 11, Tel. (0551) 4 32 11

142. *Schack,* Dr. Friedrich, Professor, 8 München 19, Hubertusstraße 7, Tel. (0811) 57 13 69 (Universität Hamburg)

143. *Schaumann,* Dr. Wilfried, Professor, 8702 Zell ü. Würzburg, Küsterbergstr. 8, Tel. (0931) 59 54 09 (ab 1. 10. 1970: Universität Freiburg i. Ue.)

144. *Scheuner,* Dr. Ulrich, Professor, 53 Bonn — Bad Godesberg, Beethovenstr. 77, Tel. (02221) 603/6172 (dienstlich)

145. *Schick,* Dr. Walter, Professor, 85 Nürnberg, Karolinenstraße 51, Tel. (0911) 20 31 91 - 93

146. *Schindler*, Dr. Dietrich, Professor, CH 8702 Zollikon ZH, Alte Landstraße 44, Tel. (051) 65 41 40 (Universität Zürich)

147. *Schlochauer*, Dr. Hans Jürgen, Professor, 6 Frankfurt/M., Mertonstr. 17, Tel. (0611) 7 98 31 91

148. *Schmid*, Dr. Carlo, Professor, 53 Bonn, Adenauerallee 120 (Universität Frankfurt)

149. *Schmidt*, Dr. Walter, Privatdozent, 63 Gießen, Wilhelmstraße 63, Tel. (0641) 7 33 36

150. *Schmitt Glaeser*, Dr. Walter, Professor, 355 Marburg/L, Teichwiesenweg 3

151. *Schneider*, Dr. Hans, Professor, 69 Heidelberg, Ludolf-Krehl-Straße 44, Tel. (06221) 4 03 81

152. *Schneider*, Dr. Peter, Professor, 65 Mainz, Goldenluftgasse 23/10, Tel. (06131) 2 32 73

153. *Schnorr*, Dr. Gerhard, Professor, A 6020 Innsbruck, Innrain 52

154. *Schnur*, Dr. Roman, Professor, 4630 Bochum, Königsallee 121, Tel. (02321) 3 76 80 (Hochschule für Verwaltungswissenschaften Speyer)

155. *Scholler*, Dr. Heinrich, Privatdozent, 8 München 71, Zwengauerweg 5, Tel. (0811) 79 64 24

156. *Scupin*, Dr. Hans Ulrich, Professor, 44 Münster, Robert-Koch-Straße 46, Tel. (0251) 49 07 09

157. *Seidl-Hohenveldern*, Dr. Ignaz, Professor, 5072 Schildgen, Klutstein 31, Tel. (02202) 89 10 (Universität Köln)

158. *v. Simson*, Dr. Werner, Professor, Bertrange/Luxemburg, Tel. 3 14 92 und 78 Freiburg i. Br., Luisenstraße 3, Tel. (0761) 3 58 63 (Universität Freiburg i. Br.)

159. *Smend*, D. Dr. Dr. h. c. Rudolf, Professor, 34 Göttingen, Am Goldgraben 13, Tel. (0551) 5 65 07

160. *Soell*, Dr. Hermann, Privatdozent, 6904 Ziegelhausen ü. Heidelberg, Neurottweg 36, Tel. (06221) 5 08 31

161. *Spanner*, Dr. Hans, Professor, 8 München 90, Candidstraße 24/VII, Tel. (0811) 65 21 41

162. *Starck*, Dr. Christian, Privatdozent, 8702 Burggrumbach, Hofgartenstraße 11, Tel. (09367) 549 (Universität Würzburg)

163. *Stein*, Dr. Ekkehart, Professor, 775 Konstanz, Hermann,von-Vicari-Straße 33 a, Tel. (07531) 6 45 91

164. *Stern,* Dr. Klaus, Professor, 5 Köln-Lindenthal, Gyrhofstraße 8 c, Tel. (0221) 4 70 22 89

165. *Stödter,* Dr. Rolf, Professor, 2057 Wentorf, Golfstraße 7, Tel. (0411) 7 22 66 16 (Universität Hamburg)

166. *Thieme,* Dr. Werner, Professor, 2 Hamburg 63, Am Karpfenteich 58, Tel. (0411) 59 49 92

167. *Tomuschat,* Dr. Christian, Privatdozent, 69 Heidelberg, Gerbodoweg 11, Tel. (06221) 2 28 75

168. *Tsatsos,* Dr. Dimitris, Privatdozent, 53 Bonn, Mittelpfad 150, Tel. (02221) 5 06 50

169. *Uber,* Dr. Giesbert, Professor, 4403 Hiltrupp, Burgstraße 67 a, Tel. (02501) 31 59 (Universität Münster)

170. *Ule,* Dr. Carl Hermann, Professor, 69 Heidelberg, Oberer Gaisbergweg 9, Tel. (06221) 2 78 32 (Hochschule für Verwaltungswissenschaften Speyer)

171. *v. Unruh,* Dr. Georg Christoph, Professor, 2305 Kiel-Kitzeberg, Steenkamp 2, Tel. (0431) 23 14 59

172. *Vogel,* Dr. Klaus, Professor, 69 Heidelberg, Zeppelinstraße 39, Tel. (06221) 4 53 70

173. *Voigt,* Dr. Alfred, Professor, 8602 Buttenheim, Tel. (09545) 4 83 (Universität *Erlangen*-Nürnberg)

174. *Wacke,* Dr. Gerhard, Professor, 2 Hamburg 52, Ordinger Weg 14, Tel. (0411) 82 64 37

175. *Wagener,* Dr. Frido, Professor, 4 Düsseldorf-Oberkassel, Kaiser-Wilhelm-Ring 41, Tel. (0211) 57 12 47 (Hochschule für Verwaltungswissenschaften Speyer)

176. *Wagner,* Dr. Heinz, Professor, 6602 Dudweiler-Süd, Richard-Wagner-Straße, Hochhaus (Universität des Saarlandes)

177. *Walter,* D. Dr. Robert, Professor, A 1190 Wien XIX, Iglaseegasse 70/8, Tel. (02222) 3 63 83 64

178. *Weber,* Dr. Werner, Professor, 34 Göttingen, Wackenroderweg 1, Tel. (0551) 5 94 03

179. *Wehrhahn,* Dr. Herbert, Professor, 66 Saarbrücken 15, St. Johannes-Stadtwald, Tel. (0681) 2 13 51

180. *Weides,* Dr. Peter, Privatdozent, 65 Mainz, Kaiserstraße 36, Tel. (06131) 2 76 50

181. *Wenger,* Dr. Karl, Professor, A 1130 Wien, Meytensgasse 18, Tel. (02222) 8 22 72 44

182. *Wengler,* Dr. jur. Dr. rer. pol. Wilhelm, Professor, 1 Berlin 37, Werderstraße 15, Tel. (0311) 84 65 35

183. *Wertenbruch,* Dr. Wilhelm, Professor, 5353 Katzvey (Post Mechernich), An der Rodung 44, Tel. (02256) 3 18 (Universität Bochum)

184. *Wildhaber,* Dr. Luzius, Privatdozent, CH 3928 Spiegel/ Bern, Balsigerrain 25 (Universität Basel)

185. *Winkler,* Dr. Günther, Professor, A 1010 Wien I, Hafnersteig 5/I/7

186. *Wittig,* Dr. Peter, Privatdozent, 75 Karlsruhe-Bergwald, Elsa-Brandström-Straße 11, Tel. (0721) 4 52 74 (Universität Würzburg)

187. *Wolff,* Dr. Hans J., Professor, 44 Münster, Görresstraße 26, Tel. (0251) 2 31 96

188. *Zacher,* Dr. Hans F., Professor, 6601 Scheidt/Saar, Im Flürchen 63, Tel. (0681) 8 42 87 (Universität des Saarlandes)

189. *Zieger,* Dr. Gottfried, Privatdozent, 34 Göttingen, Leuschnerweg 10, Tel. (0551) 5 99 92

190. *Zippelius,* Dr. Reinhold, Professor, 852 Erlangen, Niendorfstraße 5, Tel. (09131) 79 51

191. *Zuleeg,* Dr. Manfred, Privatdozent, 5 Köln 41, Lortzingstraße 49, Tel. (0221) 44 27 04

Satzung

(Nach den Beschlüssen vom 21. Oktober 1949, 19. Oktober 1951, 14. Oktober 1954, 10. Oktober 1956, 13. Oktober 1960 und 5. Oktober 1962)

§ 1

Die Vereinigung der Deutschen Staatsrechtslehrer stellt sich die Aufgabe:

1. wissenschaftliche und Gesetzgebungsfragen aus dem Gebiete des öffentlichen Rechts durch Aussprache in Versammlungen der Mitglieder zu klären;
2. auf die ausreichende Berücksichtigung des öffentlichen Rechts im Hochschulunterricht und bei staatlichen und akademischen Prüfungen hinzuwirken;
3. in wichtigen Fällen zu Fragen des öffentlichen Rechts durch Eingaben an Regierungen oder Volksvertretungen oder durch öffentliche Kundgebungen Stellung zu nehmen.

§ 2

Mitglied der Vereinigung kann werden, wer an der rechtswissenschaftlichen Fakultät einer deutschen oder deutschsprachigen Universität oder an der Hochschule für Verwaltungswissenschaften Speyer für das Fach des Staatsrechts und ein weiteres öffentlich-rechtliches Fach als habilitierter Privatdozent oder als planmäßiger Professor tätig ist oder gewesen ist und sich der wissenschaftlichen Forschung auf dem Gesamtgebiete des Staats- und Verwaltungsrechts gewidmet hat.

Das Aufnahmeverfahren wird durch schriftlichen Vorschlag von drei Mitgliedern der Vereinigung eingeleitet. Ist der Vorstand einstimmig der Auffassung, daß die Voraussetzungen für den Erwerb der Mitgliedschaft erfüllt sind, so verständigt er in einem Rundschreiben die Mitglieder von seiner Absicht, dem Vorgeschlagenen die Mitgliedschaft anzutragen. Erheben mindestens fünf Mitglieder binnen Monatsfrist gegen die Absicht des Vorstandes Einspruch oder beantragen sie mündliche Erörterung, so beschließt die Mitgliederversammlung über die Aufnahme. Die Mitgliederversammlung beschließt ferner, wenn sich im Vorstand Zweifel erheben, ob die Voraussetzungen der Mitgliedschaft erfüllt sind. Von jeder Neuaufnahme außerhalb einer Mitgliederversammlung sind die Mitglieder zu unterrichten.

§ 3

Eine Mitgliederversammlung soll regelmäßig einmal in jedem Jahre an einem vom Vorstand zu bestimmenden Orte stattfinden. In dringenden Fällen können außerordentliche Versammlungen einberufen werden. Die Tagesordnung wird durch den Vorstand bestimmt.

Auf jeder ordentlichen Mitgliederversammlung muß mindestens ein wissenschaftlicher Vortrag mit anschließender Aussprache gehalten werden.

§ 4

Der Vorstand der Vereinigung besteht aus einem Vorsitzenden und zwei Stellvertretern. Die Vorstandsmitglieder teilen die Geschäfte untereinander nach eigenem Ermessen. Der Vorstand wird am Schluß jeder ordentlichen Mitgliederversammlung neu gewählt.

Zur Vorbereitung der Mitgliederversammlung kann sich der Vorstand durch Zuwahl anderer Mitglieder verstärken. Auch ist Selbstergänzung zulässig, wenn ein Mitglied des Vorstandes in der Zeit zwischen zwei Mitgliederversammlungen ausscheidet.

§ 5

Zur Vorbereitung ihrer Beratungen kann die Mitgliederversammlung, in eiligen Fällen auch der Vorstand, besondere Ausschüsse bestellen.

§ 6

Über Eingaben in den Fällen des § 1 Ziffer 2 und 3 und über öffentliche Kundgebungen kann nach Vorbereitung durch den Vorstand oder einen Ausschuß im Wege schriftlicher Abstimmung der Mitglieder beschlossen werden. Ein solcher Beschluß bedarf der Zustimmung von zwei Dritteln der Mitgliederzahl; die Namen der Zustimmenden müssen unter das Schriftstück gesetzt werden.

§ 7

Der Mitgliederbeitrag wird von der Mitgliederversammlung festgesetzt. Der Vorstand kann den Beitrag aus Billigkeitsgründen erlassen.

Bei Fragen zur Produktsicherheit wenden Sie sich bitte an:
If you have any questions regarding product safety,
please contact:

Walter de Gruyter GmbH
Genthiner Straße 13
10785 Berlin
productsafety@degruyterbrill.com